파이썬을 이용한

화학 인공지능

Chemical Artificial Intelligence *Using* **Python**

| 정근홍 지음 |

사이플러스
Science plus

머리말

Preface

화학과 양자화학에 대한 인공지능 응용의 중요성

화학과 양자화학은 우리 일상생활의 많은 부분에서 활용된다. 신약 개발, 에너지 저장과 발전, 재료 공학, 기후변화와 같은 전 지구적 차원의 문제를 이해하고 인류의 건강 문제 해결, 공기 중에서 이산화 탄소를 제거하려는 시도 등 환경 문제를 해결하는 데 중심이 된다. 수백만, 수십억 가지의 화합물과 반응을 조사하고 이해하는 것은 대단한 도전이며, 인간의 두뇌나 전통적인 컴퓨터만으로는 감당하기 어려울 것이다. 여기서 인공지능이 중요한 역할을 할 수 있다. 화학과 양자화학에 인공지능을 응용하면, 우리는 이런 복잡성을 관리하고 창조적인 해결책을 발견하는 데 도움이 될 수 있다.

우리는 약국에서 약을 구입한 경험이 있다. 약은 사람의 건강에 긍정적인 영향을 미치도록 설계된 수많은 화학적 물질들의 산물이다. 그러나, 신약 개발은 시간과 비용이 많이 든다. 실제로, 새로운 약물 하나를 시장에 출시하는 데는 보통 10년 이상이 걸리며, 수십억 달러의 비용이 든다. 신약 개발에 인공지능을 활용하면, 이러한 문제를 개선하고 새로운 약물 개발을 가속화하는 데 크게 기여할 수 있다. 인공지능 알고리즘은 대규모 화합물 데이터베이스에서 유망한 후보를 식별하고, 그 후보들이 어떤 효과를 나타낼지 예측하며, 심지어 생각해보지 못한 새로운 화합물을 제안할 수 있다. 이러한 장점으로 인공지능은 연구자들로 하여금 훨씬 더 빠르고 효과적으로 신약을 개발할 수 있도록 도울 수 있다.

에너지 저장과 에너지 관련 효율의 증대도 마찬가지로 인공지능이 큰 영향을 미칠 수 있는 분야이다. 우리의 에너지 시스템이 점점 더 재생 가능한 자원에 의존하게 되면서 효율적인 에너지 저장 방법이 점점 중요해지고 있다. 여기서도 인공지능은 중요한 역할을 한다. 인공지능은 새로운 에너지 저장 물질을 찾고, 에너지 생성 효율을 높이는 촉매를 개발하고, 성능을 예측하며, 심지어 새로운 에너지 저장 및 생성 물질 관련 기술을 설계하는 데 사용될 수 있다.

그러나 이 모든 것은 우리가 화학물질과 화학 반응을 어떻게 표현할 것인가, 이들의 성질을 어떻게 계산할 것인가, 더불어 그 결과를 어떻게 이해하고 활용할 것인가에 달려 있다. 이것이 바로 이 책의 시작점이다. 너무 거창하긴 하지만 이 책은 이런 도전에 대한 해결책의 단초를 제공하고자 한다.

화학에서 모든 물질의 성질은 근본적으로 물질을 구성하는 원자와 원자 사이의 상호작용으로 결정된다. 원자 간 상호작용은 전자의 움직임으로 결정되며, 전자는 우리가 일상에서 경험하는 고전역학적 세계와는 다른 법칙, 즉 양자역학의 법칙에 따라 행동한다. 물질의 성질을 더욱 정확하게 예측하려면 전자를 기술하기 위한 양자역학을 이해해야 한다. 이것이 바로 양자화학이 필요한 이유이다. 양자화학은 원자와 전자의 행동을 정확하게 설명하고 예측하는 강력한 도구이다. 또한 화합물의 안정성, 화학 반응의 가능성, 물질의 전기적 특성 등을 이해하는 데 필요한 정보를 제공한다. 그러나 양자화학은 전자의 수가 적은 시스템에서만 비교적 정확하게 작동한다. 전자의 수가 많아지면 계산하는 데 필요한 시간과 자원이 기하급수적으로 증가하는데, 이는 전자 간 상호작용에서 기인한다. 전자 간 상호작용으로 대부분의 실제 화학 시스템에 대한 완벽한 양자화학적 계산은 현재의 컴퓨터로는 실현 불가능하다. 그렇다면, 우리는 이 문제를 어떻게 해결할 수 있을까? 여기서 인공지능이 그 해답을 일부 제공할 수 있다.

인공지능은 데이터를 학습하여 복잡한 패턴을 발견하고 예측하는 능력이 있다. 즉, 비교적 정확한 양자화학적 계산에서 얻은 데이터를 학습하여 더 복잡한 시스템의 성질을 예측할 수 있다. 또한 인공지능은 큰 화합물이나 복잡한 화학반응의 성질을 빠르고 정확하게 예측하는 데 필요한 도구를 제공한다. 이런 방식으로, 인공지능은 우리가 양자화학의 복잡성을 관리하고 더 큰 화학적 공간을 탐색하는 데 중요한 도구가 될 수 있다. 이것이 바로 이 책의 주제인 화학과 양자화학에 대한 인공지능 응용의 중요성이다.

최근에는 인공지능과 머신러닝이 눈부시게 발전되고 있다. 특히 생성형 AI가 그 선두에 서 있다. 생성형 AI는 텍스트, 이미지, 음악, 심지어는 코드까지 생성할 수 있는 능력을 갖추고 있다. 대표적으로 GPT-3, 또는 이를 기반으로 한 ChatGPT와 같은 모델을 꼽을 수 있다. 자연어 처리는 컴퓨터가 사람의 언어를 이해하고 처리하는 능력을 개발하는 인공지능의 한 분야이다. 이 기술은 최근 몇 년 동안 급속도로 발전해왔으며 ChatGPT와 같은 생성형 AI 모델은 이런 발전의 선두에 서 있다. 이들은 인간과 같은 방식으로 텍스트를 생성하고, 질문에 대답하며, 심지어 복잡한 문제를 해결하는 데 이용될 수 있다. 예를 들어, ChatGPT는 프로그래밍과 관련된 여러 종류의 질문에 대답할 수 있다. 사용자가 "Python에서 리스트를 어떻게 오름차순으로 정렬하나요?"라고 묻는다면, ChatGPT는 정확한 코드 조각을 생성해낼 수 있다. 이러한 과정으로 코드 작성에 많은 시간을 들이지 않아도 되므로 프로그래머는 문제 해결에 더 집중할 수 있다. 이런 개념을 양자화학과 인공지능 연구에 적용해보면, ChatGPT는 인공지능을 활용한 양자화학 계산을 위한 코드를 작성하거나 계산 결과를 분석하는 데 도움을 줄 수 있다. 예를 들어, 연구자가 어떤 화합물의 에너지를 계산하려면, 일반적으로 양자화학 소프트웨어의 복잡한 인터페이스를 사용해야 한다. ChatGPT를 사용하면, 2021년까지의 학습된 데이터를 사용하긴 하지만 관련 라이브러리를 찾아서 Python으로 코드를 작성하고, 필요한 설정을 제공할 수 있다. (책을 집필하기 시작한 이후 1년 남짓 지난 이제는 실시간 정보를 탐색하고 있는 GPT를 볼 수 있다. 정말 현재 우리는 관련 분야에 있어 눈부신 발전 속도를 몸소 체험할 수 있다.) 또한 ChatGPT는 계산의 결과를 분석하고, 그 의미를 설명하는 데도 도움을 준다. 연구자가 복잡한 데이터 분석에 많은 시간을 투자하지 않아도 되고 연구자로 하여금 더 깊은 연구를 진행할 수 있도록 한다. 이와 같은 방식으로, ChatGPT와 같은 생성형 AI는 양자화학 연구의 효율성을 획기적으로 향상시킬 수 있다.

그러나 이것이 끝이 아니다. 실제로 우리는 아직 미래의 가능성에 대해 막연하게 이해하고 있는 분야가 있다. 바로 양자정보통신 기술이다. 최근에 각광받는 양자 머신러닝은 머신러닝 알고리즘을 양자 컴퓨터에 적용하는 기술로, 아직 초기 단계이지만 큰 가능성을 보여주고 있다. 양자 컴퓨터는 전통적인 컴퓨터와는 근본적으로 다른 큐비트를 활용하여 정보를 처리하고 저장한다. 이는 일부 문제, 특히 양자화학 계산을 전통적인 컴퓨터보다 훨씬 빠르게 해결할 수 있다는 것을 의미한다. 양자 머신러닝은 이런 양자 컴퓨터의 능력을 활용하여 전통적인 머신러닝 알고리즘보다 더 빠르고 더욱 정확한 예측을 할 수 있는 가능성을 제시한다. 단편적인 이야기지만 양자 컴퓨터와 양자 머신러닝 등이 발전함에 따라 화학, 양자화학, 그리고 인공지능 연구에 혁명을 일으킬 수 있을 것이다. 이것은 무궁무진한 화학적 공간에서 새로운 화합물을 더 빠르게 발견하고, 화학 반응을 더 정확하게 예측하고, 새로운 화학적 원칙을 발견하는 데 도움이 될 수 있다. 이러한 가능성은 관련 연구자들에게 설레는 미래를 제시할 것이다.

이 책의 목표와 구조

이 책의 주요 목표는 인공지능, 화학, 양자화학 간의 상호작용을 이해하고 설명하는 것이다. 우리는 각 주제의 간단한 기본적인 이론부터 시작하여 실제 응용 예제들을 통해 이러한 이론들이 어떻게 적용되는지 설명하고자 한다. 서론에서는 인공지능이 화학과 양자화학에 어떻게 적용될 수 있는지, 그리고 이 책이 어떤 구조로 이루어져 있는지를 설명한다. 이 부분은 독자가 이 책을 어떻게 접근하고 이해해야 하는지 가이드 역할을 할 것이다.

1장 '인공지능과 화학의 만남'에서는 화학물질의 표현 방식에 대해 설명한다. 이를 통해 컴퓨터가 이해하는 화학물질을 어떻게 기술하고 인공지능 모델에 적용할 수 있는지 이해하게 된다.

2장 '화학 정보의 탐색: Chemical Space와 빅데이터'에서는 화학 물질의 다양성을 이해하고, 이를 화학 공간이라는 개념으로 어떻게 표현하는지를 설명한다. 또한, 웹 스크래핑과 같은 기술을 통해 빅데이터를 수집하고 활용하는 방법을 소개한다.

3장 '머신러닝과 화학특성: 회귀 모델과 분류 모델'과 4장 '딥러닝을 활용한 화학 특성 분석'에서는 머신러닝과 딥러닝의 기본 개념을 설명하고, 머신러닝과 딥러닝이 화학물질의 특성을 예측하는 데 어떻게 활용될 수 있는지를 소개한다.

5장 '양자화학의 기초'에서는 양자화학의 기본 이론을 소개하고, Python과의 접점을 소개하고 통합적으로 이들이 어떻게 활용할 수 있는지 양자화학적 계산에 대해 설명한다.

6장 'Python과 양자화학 소프트웨어의 활용'에서는 Python 언어를 이용하여 양자화학적 계산 관련 라이브러리와 어떻게 소프트웨어를 활용할 수 있는지를 소개한다. 특히 학교에서 실용적인 학습 및 활용을 위해서 Gaussian 프로그램 위주의 내용을 소개한다. 이 책의 쓰임의 경향이나 앞으로 독자들의 요구에 따라서 추후에 다른 프로그램에 대한 내용도 추가할 수도 있다는 여지를 남기고 싶다.

7장 'ChatGPT 활용과 예'에서는 ChatGPT의 기능을 소개하고, ChatGPT가 화학과 양자화학 문제를 해결하는 데 어떻게 활용할 수 있는지 실제 사례를 통해 보여준다. 최초 해당 분야에 대해서 많은 준비를 하였으나 ChatGPT의 발전 속도가 매우 빠르고 관련 분야가 양자화학 및 인공지능에 미치는 영향에 대하여 조금 더 종합적인 고려할 필요가 있다. 더불어 실제 ChatGPT를 활용하여 일부 Python 코드를 정리하고 설명하였기 때문에 ChatGPT의 파급 효과를 충분히 설명하였다고 판단하여 해당 장에서는 기본적인 소개를 위주로 편성하였다.

이 책은 이론적인 배경과 실제적인 응용 사례를 통해 독자들이 실제로 구글 코랩을 사용하여 직접 실습해 보면서 화학, 인공지능 그리고 양자화학 사이의 관계를 이해하고 관련 연구를 수행할 수 있도록 돕는 것을 목표로 한다. 독자들은 세 가지 주제가 어떻게 결합되어 연구를 수행하게 되는지 이해하는 데 이 책이 도움이 되길 바란다. 학습을 위한 관련 코드는 https://github.com/doas1min/CAIP에 포함되어 있다.

2024월 9월 10일

정근홍 적음

차 례

Contents

제6장

제7장

Chemical Artificial Intelligence Using Python

제 1 장

인공지능과 화학의 만남

차례

화학 물질의 구조와 성질은 다양하고 복잡하기 때문에, 그 구조로부터 성질 및 반응성을 연결짓는 것은 단순하지 않은 일이다. 이러한 복잡성으로 화학 물질을 정확히 표현하는 것은 인공지능의 중요한 분야가 되었다. 인공지능으로 활용하기 위하여 컴퓨터가 화학 물질을 올바르게 이해하고 이를 기반으로 여러 원하는 특성 및 성질을 예측하려면, 화학 물질의 표현이 정확해야 한다.

통상적으로 이용되는 화학 물질의 표기법은 아래와 같으며, 이외에도 다른 여러가지 방법이 있다.

- **IUPAC 이름(International Union of Pure and Applied Chemistry):** IUPAC 이름은 화학 물질을 명명하기 위해 사용되는 국제적으로 표준화된 명명 규칙이다. 명명 규칙은 화학 구조와 화학적 작용기를 설명하는 데 사용된다. 예를 들어, 아이소뷰테인은 "2-methylpropane"로 명명될 수 있다. 이는 구조에서 메틸기가 2번째 탄소에 결합 되어 있음을 나타낸다.
- **CAS 레지스트리 번호(Chemical Abstracts Service):** CAS 레지스트리 번호는 화학 물질을 식별하기 위해 사용되는 고유한 숫자 식별자이다. 각 화학 물질은 고유한 CAS 번호를 가지며, 이는 국제적으로 인정되는 표준이다. CAS 번호는 숫자와 하이픈(-)으로 구성되어 있으며, 예를 들어 물은 CAS 번호 7732-18-5를 가지고 있다.
- **PubChem CID (PubChem Compound Identifier):** PubChem CID는 PubChem 데이터베이스에서 화학 물질을 식별하기 위해 사용되는 숫자 식별자이다. PubChem 데이터베이스에 등록된 화학 물질은 각각 고유한 CID를 가지며, CID를 통해 정보를

검색하고 분석할 수 있다. PubChem CID는 데이터베이스 내에서 화학 물질에 대한 다양한 정보와 연결되어 있다.

- **RDKit Mol 객체:** RDKit Mol 객체는 추후 이야기하겠지만 RDKitLibrary에서 화학 물질을 표현하고 다루는 데 사용되는 내부 객체이다. Mol 객체는 원자, 결합, 특성 등의 정보를 저장하고 처리하는 기본적인 단위이다. RDKit을 사용하여 화학 정보를 추출하거나 분자 구조를 조작하고 분석할 때 Mol 객체를 활용할 수 있다. 뒤에서 RDKit을 활용한 해당 객체에 대하여 본격적으로 살펴볼 것이다.

화학물질 표기는 전체 고유 이름을 의미하지만, 인공지능을 도입하기 위한 컴퓨터가 이해하기에는 적절하지 않다. 아마도 컴퓨터가 이해하기 쉬운 화학구조에 대한 정보를 준다면 인공지능과 화학이 만날 수 있을 것이다. 화학 물질의 구조는 원자와 결합으로 구성된다. 각 원자는 위치와 종류에 따라 다르게 표현될 수 있으며, 결합은 두 원자 간의 거리와 각도 등에 따라 달라진다. 이런 구조적 특징들은 화학 물질의 성질과 반응성을 결정한다. 화학 물질의 표현은 위와 같이 다양한 방법으로 이루어질 수 있으며, 가장 간단한 컴퓨터가 이해하는 방법 중 하나는 SMILES (Simplified Molecular Input Line Entry System)로, 화학 물질을 문자열로 간단하게 표현할 수 있게 하여 컴퓨터가 이해하도록 한다. 또한, 더 복잡한 구조를 표현하기 위해 인접 행렬이나 그래프 등을 사용할 수도 있을 것이다. 더 고민해보자면 더 복잡한 방법을 사용하여 화학물질을 표현하는 경우에서는 다양한 '표현 인자'를 포함한다. 이러한 표현 인자는 화학 물질의 구조와 성질을 나타내는 특징으로, 원자의 종류, 결합의 종류, 결합의 각도, 원자 간의 거리 등을 포함할 수 있다. 이는 인공지능 모델이 화학 물질의 성질과 반응성을 이해하고 예측하는 데 중요한 역할을 할 수 있다. 인공지능이 화학 물질을 '이해'하는 데 필요한 '언어'를 제공해주는 이러한 표현 인자를 선택하는 것은 인공지능 모델의 성능과 정확성에 큰 영향을 미치게 된다. 따라서 이번 장에서는 화학 물질의 표현과 표현 인자에 대한 중요성을 이해하고, 이를 인공지능에 어떻게 적용하는지에 대해 배우게 될 것이며, 이를 통해 인공지능이 화학의 복잡한 문제를 어떻게 해결할 수 있는지 이해하게 될 것이다.

1.1 화학 물질의 구조와 표현

화학 물질의 구조는 그것을 이루는 원자들 간의 배열과 연결 방식을 나타낸다. 예를 들어, 물은 수소 원자 두 개와 산소 원자 하나가 특정한 방식으로 결합하여 만들어진 화학 물질이다. 물은 분자식으로 나타내면 H_2O로 표현할 수 있다. 이 분자식은 물이 두 개의 수소 원자와 하나의 산소 원자로 구성되어 있다는 것을 나타낸다. 다른 예로, 과산화수소는 수소 원자 두 개와 산소 원자 두 개가 특정한 방식으로 연결된 화학 물질이다. 분자식으로 나타내면 H_2O_2이다. 이와 같은 분자식을 화학물질의 성질과 연결하기는 어려울 것이다. 왜냐하면 분자식은 같더라도 구조는 여러 개가 가능하기 때문이다. 따라서, 화학 물질의 구조를 표현하는 방법 중 하나는 '구조식'이다. 구조식은 화학 물질의 원자들과 그들 간의 결합을 그림으로 나타낸다. 예를 들어, 물의 구조식은 하나의 산소 원자가 두 개의 수소 원자와 결합한 모양을 그림으로 나타낸다.

H_2O　　　　H_2O_2

물과 과산화수소의 분자식과 구조식(구와 막대 형식)

구조식은 원자들 간의 결합과 그 방향을 직관적으로 보여주어 물의 분자 구조를 이해하는 데 도움을 준다. 하지만 이와 같은 표현 방식의 구조식과 분자식은 컴퓨터에 적절한 표현법이 아니다. 따라서 화학 물질을 문자열로 나타낼 수 있는, 앞에서 말한 SMILES (Simplified Molecular Input Line Entry System)라는 방법이 최근 도입되었는데, 이는 원자와 결합을 간단한 문자열로 표현하는 방법이다. 예를 들어, 물의 SMILES 표현은 'O'로, 과산화수소는 'OO'로 표현된다. 간단한 문자열로 화학 물질의 구조를 나타낼 수 있기 때문에 한정된 컴퓨터 시스템에서 대량의 화학 물질과 물질에 대한 정보를 다루기 편리하다.

1.2 화학 물질 표현 인자

- **SMILES:** SMILES (Simplified Molecular Input Line Entry System)은 화학 물질의 구조를 짧은 ASCII 문자열로 나타내는 방법이다. 주로 화학 정보학에서 화합물의 구조를 컴퓨터가 이해할 수 있는 형태로 저장하고 표현하기 위해 사용된다. SMILES 문자열은 각 원자를 그들의 원소 기호로, 결합을 몇 가지 간단한 규칙으로 나타낸다. 예를 들어, 에탄(두 개의 탄소와 여섯 개의 수소로 이루어진 간단한 탄화수소)은 "CC"로 표현된다. SMILES을 표현하는 몇 가지 주요한 규칙이 있다. 또한 뒤에서 배우며 느끼겠지만 구조식을 SMILES로 바꾸는 연습까지는 필요 없으므로 간단한 규칙만 설명한다.
  - **원자:** 원자는 원소 기호를 사용하여 표시한다. 유기원소인 탄소(C), 질소(N), 산소(O), 인(P), 황(S), 할로겐(F, Cl, Br, I)은 대괄호([]) 없이 표현할 수 있다(수소는 꼭 필요한 경우를 제외하고 일반적으로 생략한다). 다른 원소(일반적으로 금속 원소)들은 대괄호 안에 기호로 표현된다. 예를 들어, 금(Au)은 [Au]로 표현한다.
  - **결합:** 단일 결합은 "–"와 같이 표현할 수 있으나, 일반적으로는 생략한다. 이중 결합은 "="로, 삼중 결합은 "#"으로 표현한다. 이온성 결합은 "."로 표시한다.
  - **가지:** 가지는 괄호()를 사용하여 표시한다. 예를 들어, 에탄올(CH_3CH_2OH)은 "CCO" 또는 "C(C)O"로 표현될 수 있다. 반면, 아이소프로판올은 CC(C)O이다.
  - **고리:** 고리는 숫자를 사용하여 표시한다. 같은 숫자가 두 번 등장하면, 그 두 원자 사이에 결합이 있다는 것을 나타낸다. 예를 들어, 벤젠(C_6H_6)은 "c1ccccc1"로 표현

된다(방향족을 표현하기에 소문자임).

- **이성질체:** 이성질체는 /와 \를 사용해 *cis*-와 *trans*-를 표시하며, @와 @@를 사용해 R-과 S-를 표시한다. 예를 들어, "F/C=C/F"는 *trans*-1,2-difluoroethylene을 나타내며, "NC@C(=O)O"는 L-알라닌을 나타낸다.

이런 규칙들로 인해 SMILES는 매우 간단하면서도 유용한 시스템이며, 복잡한 분자 구조도 짧고 간단한 문자열로 표현할 수 있다. 그러나 SMILES는 원자와 결합에 대해서 주로 정보를 제공하며, 입체 구조에 대한 정보는 제한되어 표현된다. 이 책에서는 주로 SMILES만을 대상으로 다루지만, 참고를 위해 소개하자면 SMILES 외에도 다음과 같은 방법들이 있다.

➤ **InChI (International Chemical Identifier):** InChI (International Chemical Identifier)는 분자의 구조를 나타내는 텍스트 기반의 표현 방식이다. InChI는 IUPAC (International Union of Pure and Applied Chemistry)와 InChI Trust에 의해 개발되었다. 이 표현 방식은 고유한 식별자로서 사용되며, 분자의 구조와 특성을 기술한다. InChI는 계층적 구조를 가지고 있다. 가장 간단한 형태의 InChI는 주 계층(main layer)만을 포함하며, 분자의 기본적인 정보를 제공한다. 주 계층은 다음과 같은 정보를 포함한다.

- **원자의 종류와 수:** 분자에 포함된 원자들의 종류와 개수를 나타낸다.
- **결합의 종류와 위치:** 원자들 간의 결합 종류와 결합의 위치를 나타낸다.
- **전하:** 이온인 경우 이온의 전하를 나타낸다.

이외에도 선택적으로 추가되는 서브 계층(sublayer)이 있다. 서브 계층은 주 계층에 추가적인 정보를 제공하여 분자의 세부적인 특성을 기술한다. 예를 들어, 이성질체나 고리 구조 등의 정보를 포함할 수 있다.

예를 들어, 카페인(caffeine)은 InChI 표기법을 사용하여 다음과 같이 표현된다.

InChI=1S / $C_8H_{10}N_4O_2$ / c1-10-4-9-6-5(10)7(13)12(3)8(14)11(6)2 / h4H,1-3H3

이를 해석하면 다음과 같다.

- **InChI=1S:** InChI의 시작을 나타내는 표시이다. 1S는 표준 InChI의 버전 1을 의미한다
- **$C_8H_{10}N_4O_2$:** 카페인을 구성하는 원자와 수이다. 이 경우 8개의 탄소(C), 10개의 수소(H), 4개의 질소(N), 2개의 산소(O)로 구성된다.
- **c1-10-4-9-6-5(10):** 원자들의 연결 관계를 나타내는 부분이다. 1번 탄소 원자에서 시작하여 10번 탄소 원자까지 이어지는 체인 구조를 가지고 있음을 의미한다.
- **7(13)12(3):** 고리 구조에 대한 정보를 나타낸다. 7번 탄소 원자가 13번과 결합하고, 12번 탄소 원자와도 결합하여 고리를 형성한다.

- **8(14)11(6)2:** 다른 고리 구조에 대한 정보이다. 8번 탄소 원자가 14번 탄소 원자, 11번 탄소 원자, 2번 탄소 원자와 각각 결합한다.
- **h4H,1-3H3:** 수소 원자에 대한 정보이다. 4번 탄소 원자와 수소 원자 4개가 결합하고, 1번부터 3번 탄소 원자에도 각각 수소 원자 1개씩 결합한다.

이렇게 InChI 표기법은 분자의 구조와 특성을 자세히 설명하며, 각 원자의 종류, 수, 결합 관계, 고리 구조 등을 포함한다. 이를 통해 화학 물질을 SMILES에 비해서 더욱 고유하게 식별하고 표현할 수 있다.

➤ **SMARTS (SMILES Arbitrary Target Specification):** SMARTS는 SMILES의 확장 버전으로, 분자의 특정 부분에 대해 더욱 복잡한 구조를 표현할 수 있다. 이는 화학적 패턴을 찾는 데 특히 유용하다. SMARTS는 주로 분자 데이터베이스에서 특정 구조 또는 패턴을 검색하는 데 사용된다. 예를 들어, 특정 반응에 참여하는 원자 또는 결합을 찾거나, 특정 화합물 클래스에 속하는 분자를 검색하는 데 활용될 수 있다. 또한 화학적 패턴을 분석하기 위해 사용하는데, SMARTS는 분자의 특정 부분에 대한 패턴을 정의하여 분석하는 데 용이하다. 예를 들어, 특정 유기 기능기의 존재 여부를 확인하거나 특정 기능기를 포함하는 분자를 식별하는 데 사용된다. SMARTS는 패턴을 표현하기 위해 다양한 기호와 규칙을 사용한다. 주요 기호 및 규칙은 다음과 같다.

- **원자 기호:** 화학 원자를 나타내기 위해 원소 기호를 사용한다. 예를 들어, "C"는 탄소를, "N"은 질소를 나타낸다.
- **결합 기호:** 화학 결합을 나타내기 위해 "−"(단일 결합), "="(이중 결합), "#"(삼중 결합) 기호를 사용한다.
- **괄호:** 패턴의 그룹을 지정하기 위해 괄호를 사용한다. 괄호는 패턴을 그룹화하고 논리적 연산자를 적용하는 데 사용된다.
- **논리적 연산자:** 패턴의 논리적 조건을 지정하기 위해 "&"(AND), "|"(OR), "!"(NOT) 연산자를 사용한다.

아래의 SMARTS 예제를 보자.

[NH2;!$(NC=O)]

- **"[NH2]":** 질소(N) 원자에 수소 원자(H)가 2개 결합한 경우를 나타낸다. 따라서 질소 원자에 수소가 2개 결합한 경우를 찾는 패턴이다.
- **"!$(NC=O)":** 이 부분은 패턴의 부정을 나타낸다. "$" 기호는 현재 원자를 나타내고, "!"는 부정을 의미한다. "NC=O"는 질소(N) 원자와 탄소(C) 원자가 단일 결합으로 연결되어 산소(O) 원자와 이중 결합한 경우를 나타낸다. 따라서 이 부분은 질소와 탄소가 이중 결합으로 산소와 결합한 경우(아마이드 결합)를 배제하는 조건을 포함한다.

결과적으로, 이 SMARTS 패턴 "[NH2;!$(NC=O)]"은 질소 원자에 수소가 2개 결합한 아미노 그룹을 찾되, 아마이드 결합은 제외하는 패턴을 나타낸다.

이와 같이 SMARTS는 SMILES 표기법의 확장된 버전으로, 더 복잡한 화학 패턴을 표현할 수 있으며. 이를 활용하면 대량의 화학구조 데이터로부터 원하는 화학 구조를 특정하는 데 유용하게 사용할 수 있다.

- **MOL file (MDL Molfile):** MOL 파일은 화학적인 분자 구조 정보를 포함하는 파일 형식이다. MDL Information Systems에 의해 개발되었으며, 원자의 종류, 수, 위치, 결합의 종류와 위치 등의 정보를 포함한다. MOL 파일은 주로 2D 또는 3D 분자 구조를 표현하는 데 사용된다. 파일 내에는 분자의 원자와 결합에 대한 정보가 포함되어 있으며, 각 원자는 고유한 ID 번호와 원자의 원소 기호, 좌표 위치, 전하 등의 속성을 가지고 있다. 또한, 결합에 대한 정보는 결합 유형과 결합 원자들의 ID 번호로 표현된다. MOL 파일은 분자 구조 데이터베이스에서 널리 사용되며, 다른 형식으로 변환할 수 있다. 이때 정확한 정보가 포함되어 있으므로 매우 유용하다. RDKit와 같은 화학 정보 처리 도구를 사용하여 MOL 파일을 읽고 분석할 수 있다. 이를 통해 분자의 2D 또는 3D 구조를 시각화하거나 분자의 특성을 계산하는 등의 작업을 수행할 수 있다. 이 파일 형식은 분자 구조 정보의 저장과 공유를 위한 표준화된 형식으로 널리 사용되고 있다.
- **PDB (Protein Data Bank) format:** PDB는 주로 큰 생물학적 분자, 예를 들어 단백질과 핵산을 기록하고 표현하는 데 사용되는 형식이다. 이 형식은 아미노산 서열, 원자 좌표, 2차 구조 정보 등을 포함하고 있다(https://www.rcsb.org/).
- **CIF (Crystallographic Information File):** CIF는 결정학적 데이터를 저장하고 교환하기 위해 사용되는 표준 형식이다. CIF는 국제결정학회(IUCr)에서 정의된 표준 형식이며, 결정 구조의 세부 정보, 결정체의 화학적 및 물리적 특성, 측정 조건 등 다양한 데이터를 기록하는 데 사용된다. CIF 파일은 텍스트 형식으로 작성되어 있으며, 데이터는 읽을 수 있는 형태로 구성된다. 파일 내에는 특정 결정체에 대한 다양한 정보가 텍스트 형식으로 나열되어 있다. 이러한 정보에는 결정 구조의 기하학적 매개 변수, 원자의 좌표, 결정체의 공간 그룹, 결정체의 화학식, 결정체의 물리적 특성 등이 포함될 수 있다. CIF 파일은 주로 X-선 결정학, 중성자 결정학, 전자 결정학 등의 분야에서 사용된다. 국제결정학회(IUCr)의 표준화된 규약에 따라 작성되며, 결정 구조와 관련된 데이터의 공유와 교환을 원활하게 한다. 또한 CIF 파일은 결정 구조 데이터베이스에 활용되어, 다양한 연구 및 응용 분야에서 검색, 분석 및 활용될 수 있다. 결정학 데이터를 활용하여 최근 많은 AI 분야에 적용되는것을 IUCr 저널 홈페이지에서 확인할 수 있다. (https://journals.iucr.org/e/)
- **SDF (Structure-Data File):** SDF는 분자 구조와 관련된 데이터를 마음껏 포함할 수 있는 파일 형식이다. MDL (Molecular Design Limited) Information Systems에 의해 개발되었으며, 화학 물질과 관련된 다양한 정보를 효과적으로 저장하고 교환하기

위해 활용될 수 있다. SDF 파일은 일반적으로 하나 이상의 화학 물질을 포함할 수 있다. 각 화학 물질은 분자 구조 정보뿐만 아니라 다른 관련 데이터도 포함할 수 있다. 예를 들어, 분자의 이름, 분자량, 녹는점, 끓는점, 화학 반응성 등의 화학적 특성과 같은 데이터를 포함할 수 있다. 또한 분자 구조에 대한 추가적인 특성을 설명하기 위해 서술적인 텍스트나 주석도 포함할 수 있다. SDF 파일은 일반적으로 화학 정보 데이터베이스에서 가장 널리 사용되는 형식 중 하나이며, 다양한 분야의 화학 연구 및 응용 분야에서 데이터 저장, 검색, 분석에 활용된다. 이러한 특성으로 SDF 파일은 분자 디자인, 화학 정보학, 약물 디스커버리, 화학 데이터 마이닝 등 다양한 분야에서 중요한 도구로 활용되고 있다. SDF 파일은 텍스트 파일 형식으로 저장되며, 각 분자와 관련된 데이터는 특정 형식에 따라 정의된 필드에 저장된다. 각 필드는 고유한 식별자를 가지며, 데이터의 유형과 속성을 나타낸다. 이러한 구조는 데이터의 구조화와 관리에 용이하다. 또한, SDF 파일은 다른 형식으로 변환할 수 있으며, 다양한 화학 소프트웨어 및 도구에서 지원되는 가장 표준에 근접한 형식이다.

- **XYZ:** XYZ 파일 형식은 분자의 3차원 좌표를 간단하게 표현하는 텍스트 기반 형식이다. 주로 분자 구조의 3D 좌표를 저장하고 교환하는 데 사용된다. XYZ 파일은 비교적 간단하고 직관적인 구조로 되어 있어 다양한 시스템과 프로그램에서 사용되며, 분자의 3D 좌표를 시각화하거나 분자 동역학 시뮬레이션 등의 작업에 활용된다. 또한 XYZ 파일은 다른 파일 형식으로 변환할 수 있으며, 화학 소프트웨어 및 도구 간의 호환성을 제공하는 표준 형식 중 하나이다.
- **GJF (Gaussian Input File):** GJF는 Gaussian이라는 계산화학 소프트웨어에서 사용하는 입력 파일 형식이다. Gaussian 프로그램에 계산을 설정하고 제어하는 데 필요한 정보를 제공한다. GJF 파일은 분자 구조, 계산 방법, 이론적 수준, 기저 집합 등 다양한 계산 매개 변수를 정의하는 데 사용된다. GJF 파일은 Gaussian 소프트웨어와의 상호 작용을 위해 사용되며, 계산 환경과 조건을 정의하는 데 중요한 역할을 한다. 일반적으로 Gaussian 소프트웨어에서 직접 생성되거나, 분자 구조 및 계산 매개 변수를 포함하는 다른 형식의 파일에서 변환하여 생성될 수 있다. 따라서, Gaussian 계산의 설정과 결과를 기록하고 다른 사용자나 프로그램과 공유할 수 있는 표준 형식이다. (Linux 기반에서는 주로 이를 com 파일로 사용 및 정의된다.) Gaussian은 양자화학계산 분야에서 가장 많이 사용되는 프로그램으로 일반화학부터 유기화학, 물리화학까지 광범위하게 사용되고 있다. 이 프로그램은 우리나라에서도 특히 많이 사용되기 때문에 해당 서적에서는 이에 대한 내용을 주로 다루려고 한다.

위 방식은 모두 분자 구조를 나타내는 데 사용되지만, 사용된 정보의 양과 복잡성은 방식에 따라 다르다. 일부 형식은 특정 정보(예: SMILES는 2D 구조 정보, PDB는 3D 구조 정보)를 포함하는 반면, 다른 형식은 보다 넓은 범위의 정보를 포함할 수 있다. 화학 물질 표현 방식 간에 변환 도구가 존재하여 하나의 형식에서 다른 형식으로 데이터를 쉽게 변환할 수 있고 소개가 되겠지만, 서로 변환에 따라 있을 수 있는 데이터의 손실은 확인하여야 한다. 특히 앞으로 주로 사용되는 RDKit에서는 주로 SMILES, SDF가 많이 사용된다.

1.3 화학에서 사용되는 Python과 구글 코랩

화학 데이터를 분석하고 모델링하는 데 주로 사용되는 프로그래밍 언어 중 하나는 Python이다. Python은 간결하고 명확한 문법, 풍부한 라이브러리 및 패키지, 그리고 커뮤니티의 지원 등의 이유로 과학계에서 널리 사용되고 있다. 또한 Python은 그 간결하고 읽기 쉬운 문법 때문에 초보자들이 배우기 좋은 프로그래밍 언어이다. 화학 분야에서는 데이터 분석, 시각화, 모델링 등 다양한 작업을 수행하는 데 있어 유용한 도구로 활용된다. 화학 분야에서 데이터 분석을 하게 되는 경우 일반적으로 화학 데이터, 즉 분광학 데이터, 분석화학 데이터 또는 분자 구조 데이터 등을 사용하게 되는데, 이때 Python을 이용하면 큰 양의 데이터를 빠르게 처리할 수 있게 되기 때문에 이 분야에서 Python이 유용하게 쓰이는 것이다. 특히 Python에는 numpy, pandas, matplotlib 등의 라이브러리가 있어 데이터 처리와 시각화를 쉽게 할 수 있다. 예를 들어, pandas는 테이블 형태의 데이터를 효과적으로 처리할 수 있도록 도와주며, matplotlib는 데이터를 그래프나 차트 등으로 시각화할 수 있게 도와준다. 또한, 화학 분야에서는 분자의 구조를 분석하거나 시뮬레이션하는 데 Python이 활용된다. 이러한 작업을 돕기 위한 Python 라이브러리로는 RDKit, OpenBabel, PyMol 등이 있으며, 여러분이 앞으로 관심이 있다면 이 책을 포함하여 관련 학습 및 연구를 통해 차차 접하게 될 것이다.

구글 코랩은 웹 브라우저를 통해 Python을 작성하고 실행할 수 있는 온라인 환경이다. 구글 코랩의 가장 큰 장점 중 하나는 Python과 필요한 여러 라이브러리를 미리 설치해 놓았다는 점이다. 즉, 사용자는 별도의 설치 없이 웹 브라우저만을 이용해 Python 코딩을 시작할 수 있다. 구글 코랩은 화학 교육에도 활용될 수 있다. 학생들은 각자의 컴퓨터에 Python과 필요한 라이브러리를 설치할 필요 없이 웹 브라우저를 통해 화학 문제를 해결하는 Python 코드를 작성하고 실행할 수 있다. 예를 들어, 학생들은 RDKit 라이브러리를 활용해 SMILES 문자열로부터 분자를 생성하고, 그 구조를 시각화하는 Python 코드를 구글 코랩에서 실행할 수 있다. 또한 분자의 물리화학적 성질을 계산하고, 그 결과를 pandas 데이터프레임으로 정리하고, matplotlib을 이용해 그래프로 시각화하는 과정도 코랩에서 가능하다. 이와 같이 구글 코랩은 학생들이 Python과 화학적 콘텐츠를 학습하는 데 중요한 도구로 활용될 수 있다. 그리고 코랩은 공유하기 쉬운 특성을 가지고 있어, Python 코드를 다른 사람들과 쉽게 공유하거나 함께 작업할 수 있다.

다음은 구글 코랩에 대한 간단한 가이드이다(부록에 조금 더 자세한 설명을 첨부하였다).

- **구글 코랩 접속: 구글 코랩 웹사이트**(https://colab.research.google.com/)에 접속하여 로그인한다. Google 계정이 필요하다
- **새 노트북 생성:** 코랩 웹사이트에서 “새 노트북” 버튼을 클릭하여 새로운 노트북을

생성한다.

- **런타임 유형 설정:** Colab 메뉴에서 "런타임" 〉 "런타임 유형 변경"을 선택한다. "하드웨어 가속기" 옵션에서 "GPU"를 선택한다. RDKit은 GPU 가속을 지원하므로, GPU 가속을 사용하면 더 빠른 연산이 가능하다. 변경을 위해 "저장" 버튼을 클릭한다.
- **RDKit 설치:** 새로운 코드 셀을 생성하고 아래의 코드를 입력한다.

```
!pip install rdkit
```

코드 셀을 실행하면 RDKit이 설치된다.

- **RDKit 임포트:** RDKit을 사용하기 위해 코드 셀에서 다음의 코드를 입력하면 RDKit 라이브러리의 Chem 모듈을 불러오게 된다.

```
from rdkit import Chem
```

RDKit을 성공적으로 임포트하면, 이제 RDKit을 활용하여 화학 데이터를 다루고 분석할 수 있다. 화학에 Python을 적용하기 전에 Python의 기초 문법에 대해 알아볼 필요가 있다. 아래에는 Python의 기본 문법과 사용 예시를 간략하게 정리해 보았다. 좀 더 자세한 기본 문법 습득을 위하여 부록에 관련 자료를 추가하였다.

1) 변수와 데이터 타입

Python에서 변수는 값을 저장하는 데 사용되며, 다음과 같이 선언한다. Python에서 주석은 코드에 설명을 추가하는 데 사용되며, # 기호 뒤에 작성된 내용은 Python이 이를 무시하게 된다.

```
# 변수 선언
x = 10          # 정수형 변수
y = 2.5         # 부동소수점형 변수
z = "Hello"     # 문자열형 변수
```

2) 리스트, 튜플, 사전

이들은 Python에서 여러 값을 한 번에 저장하고 관리할 수 있는 데이터 구조이다.

```
# 리스트
elements = ['H', 'He', 'Li', 'Be', 'B', 'C', 'N', 'O', 'F', 'Ne']

# 튜플
water = ('H', 'H', 'O')
```

```
# 사전
atomic_number = {'H': 1, 'He': 2, 'Li': 3, 'Be': 4, 'B': 5, 'C': 6,
'N': 7, 'O': 8, 'F': 9, 'Ne': 10}
```

3) 조건문과 반복문

조건문은 특정 조건이 충족될 때 코드를 실행하며, 반복문은 코드를 여러 번 실행한다.

```
# 조건문
if atomic_number['O'] > 2:
    print('Oxygen has more than 2 protons.')

# 반복문
for element in elements:
    print(element)
```

출력:

```
Oxygen has more than 2 protons.
H
He
Li
Be
B
C
N
O
F
Ne
```

4) 함수

함수는 특정 작업을 수행하는 코드의 묶음이다.

```
# 함수 정의
def print_atomic_number(element):
   print(f'The atomic number of {element} is {atomic_number[element]}.')

# 함수 호출
print_atomic_number('O')
```

출력:

```
The atomic number of O is 8.
```

5) Numpy

Numpy는 'Numerical Python'의 줄임말로, Python에서 수치 계산을 위한 필수 라이브러리이다. 이 라이브러리는 크고 다차원의 배열을 쉽게 처리할 수 있도록 해주며, 수학 함수와 난수 생성, 선형 대수 연산 등의 기능을 제공한다.

예를 들어, Numpy를 사용해 배열을 만들고 연산을 수행해 보자.

```
import numpy as np

# Numpy 배열 생성
a = np.array([1, 2, 3])
b = np.array([4, 5, 6])

# 배열 덧셈
c = a + b
print(c)  # 출력: array([5, 7, 9])
```

출력:

```
[5 7 9]
```

6) Pandas

Pandas는 데이터 분석을 위한 Python 라이브러리로, 표 형태의 데이터를 효과적으로 처리할 수 있게 해준다. 또한, CSV, 엑셀 파일 등 다양한 형태의 데이터 파일을 읽고 쓸 수 있다. 예를 들어, Pandas를 사용해 분자의 목록과 그들의 원자량을 데이터프레임으로 만들어 보자.

```
import pandas as pd

# 데이터프레임 생성
df = pd.DataFrame({
    'Element': ['H', 'He', 'Li', 'Be', 'B', 'C', 'N', 'O', 'F', 'Ne'],
    'Atomic Weight': [1.008, 4.0026, 6.94, 9.0122, 10.81, 12.011, 14.007,
                      15.999, 18.998, 20.180]
})

print(df)
```

출력:

```
  Element  Atomic Weight
0       H         1.0080
1      He         4.0026
2      Li         6.9400
3      Be         9.0122
```

```
4       B         10.8100
5       C         12.0110
6       N         14.0070
7       O         15.9990
8       F         18.9980
9       Ne        20.1800
```

7) Matplotlib

Matplotlib은 데이터 시각화를 위한 Python 라이브러리이다. 이 라이브러리를 이용해 그래프, 히스토그램, 산점도 등 다양한 형태의 차트를 만들 수 있다.

예를 들어, Matplotlib를 사용해 원소의 원자량을 그래프로 그려보자.

```
import matplotlib.pyplot as plt

# 데이터 시각화
plt.plot(df['Element'], df['Atomic Weight'])
plt.xlabel('Element')
plt.ylabel('Atomic Weight')
plt.show()
```

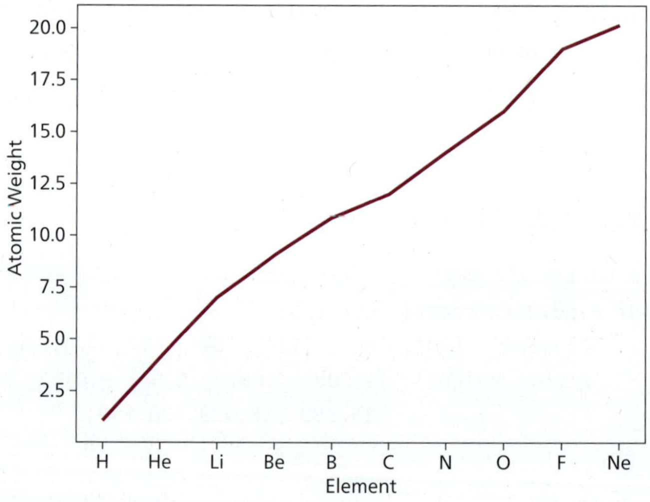

이와 같이 Numpy, Pandas, Matplotlib는 Python에서 데이터 처리와 시각화를 위한 핵심 도구이다. 화학에서 이들 라이브러리를 활용하면 복잡한 데이터를 쉽게 분석하고 이해할 수 있다. 이러한 Python의 기본 문법을 이해하면, 화학에 Python을 적용하는 데 있어 더 많은 통찰력을 얻을 수 있다. 예를 들어, RDKit을 사용하여 화학 물질의 구조를 분석하거나, 앞으로 배우게 될 머신러닝 라이브러리인 scikit-learn을 사용하여 화학 물질의 특성을 예측하는 머신러닝 모델을 만드는 데 활용할 수 있다.

8) RDKIT

RDKit은 Python 기반의 오픈 소스 라이브러리로서, 화학 정보학 분야에서 분자 구조의 모델링, 시각화, 분석을 위한 도구로 널리 사용된다. RDKit은 화학 데이터를 처리하고 화학적 특성을 예측하는 데 도움을 주며, 약물 디자인, 화학 데이터베이스 검색, 화학 정보 추출 등 다양한 응용 분야에서 활용된다. RDKit은 오픈 소스 프로젝트로 개발되어 커뮤니티 기반으로 지속적으로 발전하고 있다. 이는 RDKit을 사용하는 사람들이 새로운 기능과 개선 사항을 기여하고 공유할 수 있도록 하여 활발한 지식 공유와 협업을 가능하게 함으로써 계속 발전하고 있다.

RDKit의 주요 기능에는 다음과 같은 것들이 있다.

- **화학 데이터 구조 및 표현:** RDKit은 분자의 원자와 결합 정보를 다룰 수 있으며, 분자 그래프와 SMILES와 같은 표기법을 사용하여 분자 구조를 표현할 수 있다. 이를 통해 화학 데이터의 구조와 속성을 효과적으로 조작할 수 있다.
- **분자 시각화:** RDKit은 2D와 3D 분자 구조의 시각화를 지원한다. 분자 구조를 그래픽으로 표현하여 시각적으로 이해하기 쉽게 만들어준다. 예를 들어, 분자의 원자들을 표시하고 결합을 시각적으로 연결하여 분자 구조를 그릴 수 있다.
- **화학 데이터 분석:** RDKit은 다양한 분자 디스크립터를 계산하여 분자의 특성을 추출할 수 있다. 분자 디스크립터는 분자의 크기, 형태, 화학적 특성 등을 나타내는 수치 데이터이다. 이를 통해 화학 데이터를 분석하고 비교할 수 있다. 예를 들어, 분자의 logP 값(octanol–water partition coefficient)을 계산하여 지질 용해도를 예측할 수 있다.
- **화학 반응 예측:** RDKit은 화학 반응을 모델링하고 예측하는 기능을 제공한다. 분자 간의 화학적인 변화를 모사하고 새로운 분자 구조를 생성하는 데 사용된다. 예를 들어, 약물 디자인에서 원하는 효능을 가진 분자를 찾기 위해 반응 예측 용도로 사용할 수 있다.

이와 같이 RDKit의 기능은 다양한 응용 분야에서 사용될 수 있다. 예를 들어, 약물 디자인에서는 원하는 약물 특성을 가진 분자를 찾기 위해 RDKit을 사용하여 화학적 특성을 예측하고 분자 구조를 조작할 수 있다. 또한, 화학 데이터베이스에서 특정 분자를 검색하거나 분자 간의 유사성을 비교하기 위해 RDKit을 활용할 수 있다.

> **주의 사항** 코랩을 사용할 경우 연결될 때마다 초기화되므로 앞에서 이야기한 것처럼 !pip install rdkit 이후에 코딩해야 한다.

다음은 RDKit을 사용하여 간단한 분자 구조를 그리는 예시 코드이다. 앞으로 소개되는 대부분의 코드는 Github을 통해서 얻을 수 있다(https://github.com/doas1min/CAIP).

```
from rdkit import Chem
```

```
from rdkit.Chem import Draw

# 분자 SMILES 표기법으로 생성
smiles = "CCO"

# SMILES를 RDKit 분자 Mol 객체로 변환
mol = Chem.MolFromSmiles(smiles)

# 분자 구조를 2D로 그리기
img = Draw.MolToImage(mol)

# 이미지 출력
img.show()
```

이 코드는 에탄올에 해당하는 "CCO"라는 SMILES 표기법으로 분자를 생성하고, 그 분자의 2D 구조를 그려주는 예시이다. 이를 실행하면 아래와 같이 분자의 구조를 나타내는 이미지가 생성되고 표시된다.

코드 분석

- **from rdkit import Chem:** RDKit 라이브러리에서 Chem 모듈을 import한다. Chem 모듈은 분자와 관련된 기능을 제공한다.
- **from rdkit.Chem import Draw:** Chem 모듈에서 Draw를 import한다. Draw 모듈은 분자 구조를 그리는 기능을 제공한다.
- **smiles = "CCO":** 분자의 SMILES 표기법을 "CCO"로 정의한다. 앞에서 소개한 것처럼 SMILES는 분자 구조를 문자열로 표현하는 방법이다.
- **mol = Chem.MolFromSmiles(smiles):** 입력받은 SMILES 표기법을 RDKit 분자 객체로 변환한다.
- **img = Draw.MolToImage(mol):** RDKit의 Draw 모듈을 사용하여 분자의 2D 구조를 그린다. MolToImage 함수는 RDKit 분자 객체를 이미지로 변환한다.
- **img.show():** 그려진 이미지를 출력한다. 출력되는 형식은 사용하는 개발환경에 따라 다를 수 있다.

1.4 RDKIT과 화학정보학

화학 정보학은 화학 데이터를 수집, 저장, 분석 및 활용하는 학문 분야이다. 화학 정보학은 컴퓨터과학, 화학, 통계학 등 다양한 학문 분야의 기술과 방법을 결합하여 화학적인 문제를 해결하고 화학적인 지식을 발전시키는 데 활용된다. 화학 정보학에서는 분자의 특성과 성질을 이해하고 예측하기 위해 다양한 분자 디스크립터를 사용한다. 분자 디스크립터는 분자의 특성을 수치로 나타내는 값들이다. 예를 들어, 분자의 크기, 형태, 화학적 안정성, 용해도 등을 디스크립터로 사용할 수 있다. 이러한 분자 디스크립터는 RDKit을 사용하여 계산하고 분석할 수 있다. 또한, 화학 정보학은 분자의 유사성과 다양성을 평가하는 방법도 제공한다. 유사성은 두 개 이상의 분자가 서로 얼마나 비슷한지를 나타내는 척도이다. 유사성 평가는 분자의 구조나 특성을 비교하여 분자 간의 관계를 파악하고, 비슷한 구조를 가진 분자를 찾거나 분자 라이브러리를 탐색하는 데 사용된다. 화학 정보학의 개념을 이해하기 위해 다음의 예시 코드를 살펴보려 한다.

```
from rdkit import Chem
from rdkit.Chem import Descriptors

# 분자 SMILES 표기법으로 생성
smiles = "CCO"

# SMILES를 RDKit 분자 객체로 변환
mol = Chem.MolFromSmiles(smiles)

# 분자의 분자량 계산
mw = Descriptors.MolWt(mol)

# 분자의 분배계수,logp 값 계산
logp = Descriptors.MolLogP(mol)

print("분자량:", mw)
print("분배계수 값:", logp)
```

이 코드는 알코올에 해당하는 "CCO"라는 SMILES 표기법으로부터 분자를 생성하고, RDKit을 사용하여 분자의 분배계수 값과 분자량을 계산하는 예시이다. 분배계수(logP) 값은 화학적인 특성 중 하나로, 약물의 지질 친화도를 나타내는 지표이다. 높을수록 지질 친화도가 높아 물 안에서의 분해성이 낮아질 수 있다는 근거로 약물의 인체 내 흡수 후 분해성을 예측하는 데 사용할 수 있다. 분자량은 분자의 질량을 나타내며, 당연히 여러 화학적인 특성과 관련이 있을 수 있다.

출력:

```
분자량: 46.069
분배계수 값: -0.0014000000000000123
```

아래는 코드에 대한 자세한 설명이다.

- **from rdkit.Chem import Descriptors:** Chem 모듈에서 Descriptors를 import한다. Descriptors 모듈은 분자의 특성을 계산하는 기능을 제공한다.
- **mw = Descriptors.MolWt(mol):** RDKit의 Descriptors 모듈을 사용하여 분자의 분자량을 계산한다. MolWt 함수는 RDKit 분자 객체의 분자량을 반환한다.
- **logp = Descriptors.MolLogP(mol):** Descriptors 모듈을 사용하여 분자의 분배계수(logP)

값을 계산한다. MolLogP 함수는 RDKit 분자 객체의 분배계수 값을 반환한다.

- **print("분자량:", mw):** 계산된 분자량을 출력한다.
- **print("분배계수 값:", logp):** 계산된 분배계수(logP) 값을 출력한다.

대량의 데이터를 로딩하고 저장하는 것은 Python의 가장 큰 장점이다. 이와 RDKit을 이용하여 다음의 내용에서처럼 csv 파일을 읽고 저장하고 추출해서 데이터를 생성하는 작업을 수행할 수 있다.

```
import pandas as pd
from rdkit import Chem
from rdkit.Chem import Descriptors

# 분자 이름과 SMILES 리스트 생성
molecules = [
    ('Water', 'O'),
    ('Methane', 'C'),
    ('Ethanol', 'CCO'),
    ('Benzene', 'c1ccccc1'),
    ('Aspirin', 'CC(=O)Oc1ccccc1C(=O)O'),
    ('Caffeine', 'CN1C=NC2=C1C(=O)N(C(=O)N2C)C'),
    ('Acetaminophen', 'CC(=O)Nc1ccc(O)cc1'),
    ('Vitamin C', 'C(C(=O)O)C(=O)O'),
    ('Paracetamol', 'CC(=O)NC1=CC=C(C=C1)O'),
    ('Ibuprofen', 'CC(C)CC1=CC=C(C=C1)C(C)C(=O)O')
]

# 분자와 SMILES 정보를 DataFrame으로 저장
df = pd.DataFrame(molecules, columns=['Molecule', 'SMILES'])

# DataFrame을 CSV 파일로 저장
df.to_csv('RDKIT.csv', index=False)

# 저장된 CSV 파일 로딩
loaded_df = pd.read_csv('RDKIT.csv')

# 다시 로딩된 DataFrame에서 분배계수(logP) 계산
loaded_logp_values = []
for smiles in loaded_df['SMILES']:
    mol = Chem.MolFromSmiles(smiles)
    logp = Descriptors.MolLogP(mol)
    loaded_logp_values.append(logp)

# 로딩된 DataFrame에 분배계수(logP) 값 추가
loaded_df['logP'] = loaded_logp_values

# 로딩된 DataFrame을 CSV 파일로 저장
loaded_df.to_csv('RDKIT_logP.csv', index=False)
```

이 코드는 10개 분자의 데이터를 생성한 뒤 각각에 해당하는 SMILES를 생성하여 'RDKIT.csv' 파일로 저장하고, 다시 해당 파일을 로딩한 후 RDKit을 사용하여 logP 값을 계산하여 'RDKIT_logP.csv' 파일로 저장하는 예시이다. 이를 위해 pandas 라이브러리를 사용했으며, 해당 파일이 만들어진 것을 Files에서 확인할 수 있다. (ls를 타이핑하여 해당 파일이 있는지 확인 가능하다. 또는 코랩 내 새로고침(↻) 버튼을 눌러 파일이 생성되었는지 확인이 가능하다.)

> **주의 사항** 구글 코랩은 클라우드 기반으로서 파일을 계속 저장하고 있지 않으므로 파일 및 결과 내용은 구글 드라이브 등으로 옮겨 저장해야 한다.

해당하는 코드에 대한 자세한 설명은 다음과 같다.

- **import pandas as pd:** Pandas 라이브러리를 가져온다.
- **molecules = [...]:** 분자 이름과 SMILES를 튜플로 하는 리스트를 생성한다.
- **df = pd.DataFrame(molecules, columns=['Molecule', 'SMILES']):** 이 줄은 molecules 리스트를 Pandas DataFrame으로 변환한다. DataFrame은 2차원의 레이블이 지정된 데이터 구조이다.
- **df.to_csv('RDKIT.csv', index=False):** DataFrame을 CSV 파일로 저장한다.
- **loaded_df = pd.read_csv('RDKIT.csv'):** CSV 파일을 다시 읽어 와서 새로운 DataFrame에 저장한다.
- **loaded_logp_values = []:** logP 값을 저장할 빈 리스트를 생성한다.
- **for smiles in loaded_df['SMILES']::** 이 줄은 DataFrame의 'SMILES' 열에 대해 루프를 시작한다.
- **logp = Descriptors.MolLogP(mol):** 분자의 logP 값을 계산한다.
- **loaded_logp_values.append(logp):** 계산된 logP 값을 리스트에 추가한다.
- **loaded_df['logP'] = loaded_logp_values:** 계산된 logP 값을 DataFrame에 추가한다.
- **loaded_df.to_csv('RDKIT_logP.csv', index=False):** 마지막으로, 이 줄은 logP 값이 추가된 DataFrame을 CSV 파일로 다시 저장한다.

위의 코드는 이전에 비하여 난이도가 높은 편에 해당하므로 반드시 Python 기본에 대한 학습을 추가적으로 수행하고 이를 이해하길 바란다. 아울러 다음의 예제 내용을 잘 수행할 수 있는 조건에서 이에 다음 단계로 넘어가는 것을 추천한다.

예제 1.1 위의 코드에 계속해서 수행하여 전체 분자의 개수를 출력하는 코드를 작성하라.

```
molecule_count = len(df)
print("분자의 수:", molecule_count)
```

출력:

```
분자의 수: 10
```

예제 1.2 분자 이름과 해당 분자의 분배계수(logP) 값을 출력하는 코드를 작성하라.

```
for index, row in loaded_df.iterrows():
    molecule_name = row['Molecule']
    logp_value = row['logP']
    print(f"{molecule_name}: {logp_value}")
```

출력:

```
Water: -0.8247
Methane: 0.6361
Ethanol: -0.0014000000000000123
Benzene: 1.6866
Aspirin: 1.3101
Caffeine: -1.0293
Acetaminophen: 1.3505999999999998
Vitamin C: -0.4543
Paracetamol: 1.3505999999999998
Ibuprofen: 3.073200000000001
```

예제 1.3 로딩된 DataFrame에서 분배계수(logP) 값이 가장 높은 분자의 이름을 출력하는 코드를 작성하라.

```
max_logp_molecule = loaded_df.loc[loaded_df['logP'].idxmax(), 'Molecule']
print("분배계수(logP) 값이 가장 높은 분자:", max_logp_molecule)
```

출력:

```
분배계수(logP) 값이 가장 높은 분자: Ibuprofen
```

예제 1.4 분자의 SMILES 정보를 입력받아 해당 분자의 분배계수(logP) 값을 계산하는 코드를 작성하라.

```
smiles_input = input("분자의 SMILES 정보를 입력하라: ")
mol = Chem.MolFromSmiles(smiles_input)
logp = Descriptors.MolLogP(mol)
print("분배계수(logP) 값:", logp)
```

출력:

```
분자의 SMILES 정보를 입력하라: CCCCCCCC
분배계수(logP) 값: 3.3668000000000022
```

예제 1.5 로딩된 DataFrame에서 분배계수(logP) 값이 특정 범위에 속하는 분자들의 이름과 분배계수(logP) 값을 출력하는 코드를 작성하라. 예를 들어, 분배계수(logP) 값이 0보다 크거나 같고 2보다 작은 분자들의 정보를 출력하는 경우:

```
filtered_df = loaded_df[(loaded_df['logP'] <= 2) &
(loaded_df['logP'] > 0)]
for index, row in filtered_df.iterrows():
    molecule_name = row['Molecule']
    logp_value = row['logP']
    print(f"{molecule_name}: {logp_value}")
```

출력:

```
Methane: 0.6361
Benzene: 1.6866
Aspirin: 1.3101
Acetaminophen: 1.3505999999999998
Paracetamol: 1.3505999999999998
```

코드 분석

- **molecule_count = len(df):** DataFrame의 길이(즉, 행의 수 또는 분자의 수)를 구하고, 그 값을 molecule_count 변수에 저장한다.
- **print("분자의 수:", molecule_count):** 분자의 총 수를 출력한다.
- **for index, row in loaded_df.iterrows():** DataFrame의 각 행을 반복한다. 각 반복에서 index는 행의 인덱스를, row는 행의 데이터를 가르킨다.
- **molecule_name = row['Molecule']:** 현재 행의 'Molecule' 열의 값을 가져와 molecule_name 변수에 저장한다.
- **logp_value = row['logP']:** 현재 행의 'logP' 열의 값을 가져와 logp_value 변수에 저장한다.
- **print(f"{molecule_name}: {logp_value}"):** 분자의 이름과 그에 해당하는 logP 값을 출력한다.
- **max_logp_molecule = loaded_df.loc[loaded_df['logP'].idxmax(), 'Molecule']:** 이 줄은 'logP' 열의 값이 최대인 행의 'Molecule' 열의 값을 찾아 max_logp_molecule 변수에 저장한다.
- **print("분배계수(logP) 값이 가장 높은 분자:", max_logp_molecule):** logP 값이 가장 큰 분자의 이름을 출력한다.
- **smiles_input = input("분자의 SMILES 정보를 입력하라: "):** 이 줄은 사용자에게 분자의 SMILES 문자열을 입력하도록 요청한다.
- **print("분배계수(logP) 값:", logp):** 계산된 logP 값을 출력한다.
- **filtered_df = loaded_df[(loaded_df['logP'] <= 2) & (loaded_df['logP'] > 0)]:** 이 줄은 logP 값이 0보다 크고 2보다 작은 행만 포함하는 새로운 DataFrame을 생성한다.
- **print(f"{molecule_name}: {logp_value}"):** 이 줄은 필터링된 DataFrame에서 분자의 이름과 그에 해당하는 logP 값을 출력한다.

화학 분자의 2D 구조 시각화는 분자를 구성하는 원자와 그들의 결합을 평면상에서 표현하는 것이다. 앞서 보여 주었다시피 RDKit을 사용하여 분자의 2D 구조를 나타낼 수 있으며, 시각화된 2D 구조를 통해 분자 내의 원자들과 그들의 결합, 그리고 다양한 화학적 특성을 이해할 수 있게 된다. 분자의 크기, 모양, 구조 상태 등을 시각적으로 확인하여 분자의 화학적 특성을 이해하는 데 도움이 된다.

화학 분자의 3D 구조 시각화는 분자의 원자와 결합을 3차원 공간상에서 표현하는 것이다. 이를 통해 분자의 입체 구조와 공간 배치를 시각적으로 확인할 수 있다. 예를 들어, RDKit을 사용하여 분자의 3D 구조를 시각화하는 방법은 다음과 같다:

```
from rdkit import Chem
from rdkit.Chem import AllChem
from rdkit.Chem import Draw

# 분자의 SMILES 문자열로부터 RDKit 분자 객체 생성
smiles = 'CCO'  # 예시: 에탄올
mol = Chem.MolFromSmiles(smiles)

# 수소 원자를 추가
mol = Chem.AddHs(mol)

# 분자의 3D 구조를 생성
AllChem.EmbedMolecule(mol)

# UFF 힘장을 사용하여 분자의 3D 구조를 최적화
AllChem.UFFOptimizeMolecule(mol)

# 3D 구조 시각화
img = Draw.MolToImage(mol)

# 이미지 출력
img.show()
```

위의 코드는 "CCO"라는 SMILES 표기법으로 분자를 생성하고, RDKit을 사용하여 분자의 3D 구조를 생성하는 예시이다. EmbedMolecule 함수를 사용하여 분자를 3D 공간에 배치하고, MolToImage 함수를 사용하여 분자를 이미지로 변환한다. 마지막으로, show 함수를 사용하여 이미지를 출력한다. 3D 구조 시각화를 통해 분자의 입체적인 형태와 원자의 공간 배치를 확인할 수 있다. 이를 통해 분자의 입체적인 상호작용, 화학 반응에 참여하는 원자 등을 시각적으로 파악할 수 있다. 하지만 해당 코드를 통하여 나오는 것은 아래의 그림과 같이 명확한 3D 구조는 아니다.

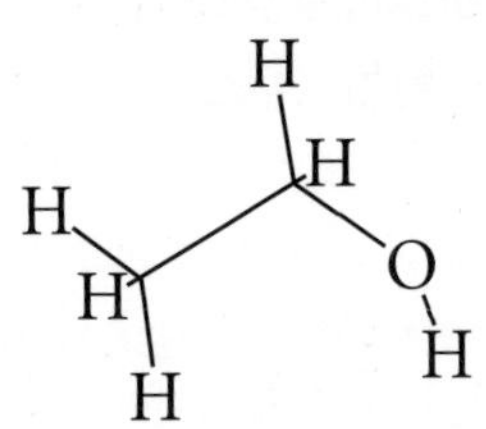

RDKit는 3차원 분자 구조를 생성하고 시각화하는 데 필요한 도구를 제공한다. 하지만, 3D 분자 구조를 직접 그리는 기능은 내장되어 있지 않다. 대신, RDKit는 3D 구조를 다른 형식으로 내보내는 기능을 제공하며, 이를 사용하여 다른 프로그램(예: GaussView, PyMOL, Jmol 등)에서 시각화할 수 있다. 다음은 RDKit을 사용하여 분자의 3D 구조를 생성하고 시각화하는 기본적인 절차이다:

```
from rdkit import Chem
from rdkit.Chem import AllChem

# 분자의 SMILES 문자열로부터 RDKit 분자 객체 생성
smiles = 'CCCO'  # 예시: 프로판올
mol = Chem.MolFromSmiles(smiles)

# 수소 원자를 추가
mol = Chem.AddHs(mol)

# 분자의 3D 구조를 생성
AllChem.EmbedMolecule(mol)

# UFF 힘장을 사용하여 분자의 3D 구조를 최적화
AllChem.UFFOptimizeMolecule(mol)

# MOL 파일 형식으로 저장
Chem.MolToMolFile(mol, "propanol.mol")
```

위와 같은 방식으로 생성된 3D 구조는 PyMOL, Jmol, GaussView, Avogadro 등의 프로그램을 사용하여 시각화할 수 있다. 아울러 Jupyter notebook과 같은 환경에서는 3Dmol.js와 같은 JavaScript 라이브러리를 사용하여 직접 브라우저에서 3D 분자 구조를 시각화하는 것도 가능하다. 아래는 GaussView를 사용해서 propanol.mol을 3D 분자구조로 표현한 값이다.

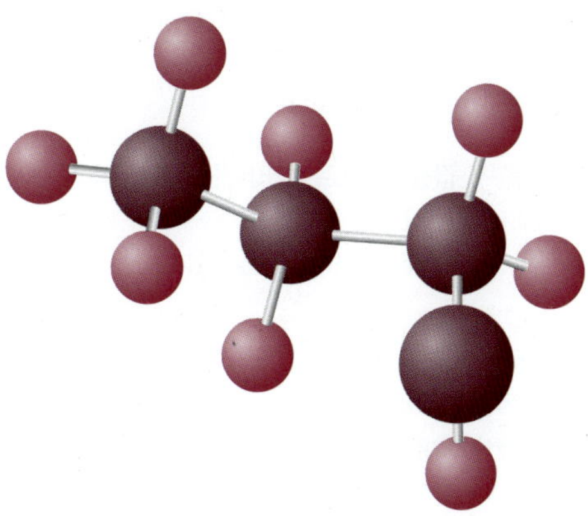

1.5 분자 속성 시각화

화학 분자의 속성을 시각화하는 것은 분자의 특정 속성을 색상, 크기, 형태 등의 시각적인 요소로 나타내는 것을 의미한다. 이를 통해 분자의 속성과 특징을 쉽게 파악할 수 있다. 예를 들어, 분자의 분배계수 값은 화학적 용해도를 예측하는 데 사용되는 중요한 분자 속성 중 하나이다. 이를 시각화하여 분자들 간의 분배계수 값을 비교할 수 있다.

```
import pandas as pd
from rdkit import Chem
from rdkit.Chem import Descriptors
import matplotlib.pyplot as plt

# 분자 SMILES와 분배계수(logP) 값 리스트 생성
molecules = [
    ("Water", "O"),
    ("Methane", "C"),
    ("Ethanol", "CCO"),
    ("Benzene", "c1ccccc1"),
    ("Aspirin", "CC(=O)Oc1ccccc1C(=O)O"),
    ("Caffeine", "CN1C=NC2=C1C(=O)N(C(=O)N2C)C"),
    ("Acetaminophen", "CC(=O)Nc1ccc(O)cc1"),
    ("Vitamin C", "C(C(=O)O)C(=O)O"),
    ("Paracetamol", "CC(=O)NC1=CC=C(C=C1)O"),
    ("Ibuprofen", "CC(C)CC1=CC=C(C=C1)C(C)C(=O)O")
]

# 분자와 분배계수(logP) 값을 DataFrame으로 저장
df = pd.DataFrame(molecules, columns=["Molecule", "SMILES"])
logp_values = []
for smiles in df["SMILES"]:
    mol = Chem.MolFromSmiles(smiles)
    logp = Descriptors.MolLogP(mol)
    logp_values.append(logp)
df["logP"] = logp_values

# 분배계수(logP) 값을 색으로 나타내는 분자 속성 시각화
fig, ax = plt.subplots()
scatter = ax.scatter(range(len(df)), df["logP"], c=df["logP"],
                                                    cmap="coolwarm")
cbar = plt.colorbar(scatter)
cbar.set_label("logP")
ax.set_xticks(range(len(df)))
ax.set_xticklabels(df["Molecule"], rotation=45, ha="right")
ax.set_xlim(-0.5, len(df) - 0.5)
ax.set_ylabel("logP")
plt.tight_layout()
plt.show()
```

위의 코드는 분자들의 분배계수 값을 시각화하는 예시이다. DataFrame을 사용하여 분자의 이름, SMILES, 분배계수 값으로 구성된 데이터를 생성하고, RDKit을 사용하여 분배계수 값을 계산한다. 이후, matplotlib을 사용하여 분배계수 값을 색상으로 나타내는 분자 속성 시각화를 생성한다. 분배계수 값이 큰 분자는 빨간색에 가깝고, 작은 분자는 파란색에 가까워지는데, 이를 통해 분자의 분배계수 값을 시각적으로 비교할 수 있다. (이 책에서는 2-color이므로 알기 어려우므로 직접 실행해보길 바란다.)

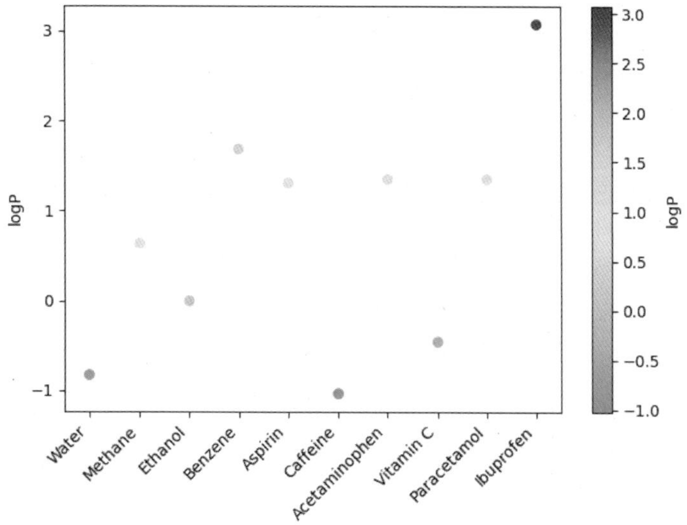

분자 속성을 시각화함으로써 분자 간의 차이와 특징을 빠르게 파악할 수 있다. 이를 잘 응용하면 다양한 속성을 시각화하여 분자의 특성을 비교하고 분석하는 데 활용할 수 있다. 해당 코드는 분자의 속성을 시각화하기 위해 matplotlib을 활용하여 이전에 비해 상대적으로 수준 높은 코딩을 사용하였다. 좋은 예시를 포함하는 matpoltlib 사이트의 경우, https://matplotlib.org/stable/gallery/index.html를 참조하면 좋을 것이다. 앞으로 이용할 시각화 툴인 seaborn의 경우, https://matplotlib.org/stable/gallery/index.html을 참조하면 이해하기에 도움이 될 것이다. 또는 뒤에서 예시로 들었던 chatGPT를 적절히 이용할 경우 원하는 plot을 만드는 데 도움을 받을 수 있다. 또한 여기에서 matpoltlib를 복잡하게 표현했지만 축, 색, 라벨 등을 바꿔가며 출력할 경우 금방 의미를 알 수 있을 것이다.

위의 코드에 대한 자세한 설명은 다음과 같다.

- **18-21. for smiles in df["SMILES"]:** SMILES 문자열을 하나씩 가져와서 RDKit 분자 객체로 변환하고 logP를 계산한 후, logp_values 리스트에 추가한다.
- **df["logP"] = logp_values:** 계산된 logP 값들을 DataFrame의 새로운 열 'logP'에 추가한다.
- **fig, ax = plt.subplots():** 새로운 matplotlib 그림과 축을 생성한다.
- **scatter = ax.scatter(range(len(df)), df["logP"], c=df["logP"], cmap="coolwarm"):** scatter plot을 생성한다. x 값은 분자의 인덱스이고, y 값과 색상은 logP 값이다.
- **cbar = plt.colorbar(scatter):** 색상 막대를 그림에 추가한다. 색상 막대는 logP 값에 따른 색상을 보여준다.

- **cbar.set_label("logP"):** 색상 막대의 라벨을 'logP'로 설정한다.
- **ax.set_xticks(range(len(df))):** x축의 눈금 위치를 설정한다.
- **ax.set_xticklabels(df["Molecule"], rotation=45, ha="right"):** x축 눈금의 라벨을 분자 이름으로 설정하고, 라벨을 45도 회전시킨다.
- **ax.set_xlim(-0.5, len(df) - 0.5):** x축의 범위를 설정한다.
- **ax.set_ylabel("logP"):** y축의 라벨을 'logP'로 설정한다.
- **plt.tight_layout():** 그림 내의 모든 요소가 적절하게 맞도록 레이아웃을 조정한다.
- **plt.show():** 그림을 표시한다. 이 코드를 실행하면 분자의 이름에 따른 logP 값이 색상과 위치로 시각화된 scatter plot이 표시된다.

1.6 화학 표현자 변환

앞에서 이야기했던 표현자에 대하여 Python을 사용하여 가장 간단한 SMILES 문자열을 다른 형식으로 변환하는 코드를 작성할 수 있다.

```
from rdkit import Chem
from rdkit.Chem import AllChem

# SMILES 문자열
smiles_string = "CCO" # 예: 에탄올

# SMILES를 분자로 변환
mol = Chem.MolFromSmiles(smiles_string)

# 3D 좌표 생성 (smiles에는 3차원의 정보가 없으므로 아래의 코드 사용을 주시하라.)
mol = Chem.AddHs(mol)
AllChem.EmbedMolecule(mol)
AllChem.MMFFOptimizeMolecule(mol)

# InChI로 변환
inchi = Chem.MolToInchi(mol)
print("InChI:")
print(inchi)

# InChIKey로 변환
inchi_key = Chem.MolToInchiKey(mol)
print("InChIKey:")
print(inchi_key)

# SMARTS로 변환
smarts = Chem.MolToSmarts(mol)
print("SMARTS:")
print(smarts)

# SDF 형식으로 출력
sdf_block = Chem.MolToMolBlock(mol)
```

```
print("SDF 형식:")
print(sdf_block)

# MOL 형식으로 출력
mol_block_with_stereo = Chem.MolToMolBlock(mol, includeStereo=True)
print("MOL 형식:")
print(mol_block_with_stereo)

# PDB 형식으로 출력
pdb_block = Chem.MolToPDBBlock(mol)
print("PDB 형식:")
print(pdb_block)

# XYZ 형식으로 출력
xyz_block = Chem.MolToXYZBlock(mol)
print("XYZ 형식:")
print(xyz_block)
```

위와 같은 코드를 활용하여 원하는 프로그램에 사용하거나 앞에서 이야기한 3D 구조 등에 대한 정보를 얻는 데 사용할 수 있다.

출력:

```
SDF 형식:

     RDKit          3D

  9  8  0  0  0  0  0  0  0  0999 V2000
    0.9017    0.0488    0.0475 C   0  0  0  0  0  0  0  0  0  0  0  0
   -0.5259   -0.4489   -0.0435 C   0  0  0  0  0  0  0  0  0  0  0  0
   -1.4197    0.5540    0.4172 O   0  0  0  0  0  0  0  0  0  0  0  0
    1.6044   -0.7188   -0.2885 H   0  0  0  0  0  0  0  0  0  0  0  0
    1.1476    0.3276    1.0774 H   0  0  0  0  0  0  0  0  0  0  0  0
    1.0390    0.9450   -0.5664 H   0  0  0  0  0  0  0  0  0  0  0  0
   -0.6615   -1.3385    0.5783 H   0  0  0  0  0  0  0  0  0  0  0  0
   -0.7872   -0.7055   -1.0746 H   0  0  0  0  0  0  0  0  0  0  0  0
   -1.2985    1.3364   -0.1473 H   0  0  0  0  0  0  0  0  0  0  0  0
  1  2  1  0
  2  3  1  0
  1  4  1  0
  1  5  1  0
  1  6  1  0
  2  7  1  0
  2  8  1  0
  3  9  1  0
M  END
```

```
MOL 형식:

     RDKit          3D

  9  8  0  0  0  0  0  0  0  0999 V2000
    0.9017    0.0488    0.0475 C   0  0  0  0  0  0  0  0  0  0  0  0
   -0.5259   -0.4489   -0.0435 C   0  0  0  0  0  0  0  0  0  0  0  0
   -1.4197    0.5540    0.4172 O   0  0  0  0  0  0  0  0  0  0  0  0
    1.6044   -0.7188   -0.2885 H   0  0  0  0  0  0  0  0  0  0  0  0
    1.1476    0.3276    1.0774 H   0  0  0  0  0  0  0  0  0  0  0  0
    1.0390    0.9450   -0.5664 H   0  0  0  0  0  0  0  0  0  0  0  0
   -0.6615   -1.3385    0.5783 H   0  0  0  0  0  0  0  0  0  0  0  0
   -0.7872   -0.7055   -1.0746 H   0  0  0  0  0  0  0  0  0  0  0  0
   -1.2985    1.3364   -0.1473 H   0  0  0  0  0  0  0  0  0  0  0  0
  1  2  1  0
  2  3  1  0
  1  4  1  0
  1  5  1  0
  1  6  1  0
  2  7  1  0
  2  8  1  0
  3  9  1  0
M  END

PDB 형식:
HETATM    1  C1  UNL     1       0.902   0.049   0.047  1.00  0.00           C
HETATM    2  C2  UNL     1      -0.526  -0.449  -0.044  1.00  0.00           C
HETATM    3  O1  UNL     1      -1.420   0.554   0.417  1.00  0.00           O
HETATM    4  H1  UNL     1       1.604  -0.719  -0.289  1.00  0.00           H
HETATM    5  H2  UNL     1       1.148   0.328   1.077  1.00  0.00           H
HETATM    6  H3  UNL     1       1.039   0.945  -0.566  1.00  0.00           H
HETATM    7  H4  UNL     1      -0.662  -1.339   0.578  1.00  0.00           H
HETATM    8  H5  UNL     1      -0.787  -0.705  -1.075  1.00  0.00           H
HETATM    9  H6  UNL     1      -1.299   1.336  -0.147  1.00  0.00           H
CONECT    1    2    4    5    6
CONECT    2    3    7    8
CONECT    3    9
END

XYZ 형식:
9

C      0.901721    0.048771    0.047478
C     -0.525883   -0.448914   -0.043520
O     -1.419685    0.553967    0.417185
```

```
H      1.604402   -0.718834   -0.288518
H      1.147623    0.327578    1.077386
H      1.039042    0.945032   -0.566380
H     -0.661538   -1.338542    0.578335
H     -0.787177   -0.705480   -1.074631
H     -1.298504    1.336421   -0.147335

InChI:
InChI=1S/C2H6O/c1-2-3/h3H,2H2,1H3
InChIKey:
LFQSCWFLJHTTHZ-UHFFFAOYSA-N
SMARTS:
[#6](-[#6](-[#8]-[H])(-[H])-[H])(-[H])(-[H])-[H]
```

각기 해당하는 코드의 내용에 대한 소개는 초기에 했으므로 생략한다. Python과 RDKit을 활용하여 이와 같은 변환이 가능하다는 것을 아는 것이 중요하다.

1.7 화학 지문과 표현법

분자 지문은 일반적으로 one-hot vector 방식으로 화학적 구조를 나타내는 방법이다. one-hot-vector란 특정 요소가 활성화된 상태를 1로 표시하고, 나머지 모든 요소는 0으로 표시하는 벡터를 의미한다. 예를 들어, *n*개의 가능한 상태 중 하나만 활성화된 경우 해당 위치에 1을 나머지는 0을 나타낸다. 이는 복잡한 분자 구조를 간단한 형식으로 압축하며, RDKit에서 제공하는 분자 지문을 사용하면 화학 물질 간의 비교 및 분석이 가능하고 약물 발견 및 앞으로 논의되는 Chemical Space를 탐색하는 데 결정적인 정보로 활용될 수 있다.

- **Morgan Fingerprints (또는 Circular Fingerprints):** 이 지문은 각 원자를 중심으로 하는 작은 "원"을 생각하면 이해하기 쉽다. 각 원은 일정 반경 내의 원자들과 그들 사이의 연결을 캡처한다. 이러한 정보는 특별한 식별자(또는 "해시")로 변환되며, 이는 비트 벡터라는 데이터 구조에 저장된다. 비트 벡터는 긴 숫자의 리스트로 생각하면 된다. 여기서 비슷한 구조를 가진 분자들은 비슷한 원을 가지므로, 그들의 지문도 유사하게 된다.
- **ECFP (Extended Connectivity Fingerprints):** ECFP는 Morgan 지문과 매우 유사한 개념으로, 구조적 유사성에 기반한 분자 지문을 제공한다. "ECFP6"라는 용어는 이 지문이 원의 반경을 3번 확장한다는 것을 의미한다. 6은 결합에 필요한 2개의 전자를 생각해서 3번의 반복을 생각하면 된다. 이는 원의 중심 원자로부터 최대 3개의 결합 거리만큼 떨어진 원자까지 캡처한다는 것을 의미한다.
- **MACCS keys:** 이것은 미리 정의된 166개의 "키"로 이루어져 있다. 각 키는 분자 내에서 특정한 구조적 특징(예: 특정한 기능적 그룹, 화합물 클래스, 구조적 요소 등)의

존재를 나타낸다. 예를 들어, 일부 키는 "분자에 특정한 화학적 그룹이 존재하는가?"와 같은 질문에 대한 답을 제공한다. 이러한 키들은 모두 함께 사용되어, 분자의 전반적인 화학적 구조를 설명하는 데 사용된다.

- **Topological Fingerprints (Daylight-like fingerprints):** 이 지문은 분자의 결합 토폴로지(즉, 결합들이 어떻게 연결되어 있는지)에 기반한다. RDKit에서는 RDKFingerprint 함수를 사용하여 이 지문을 생성할 수 있다.
- **Avalon Fingerprints:** 이 지문은 Avalon Chemoinformatics Toolkit에서 사용되는 알고리즘에 기반하여 분자를 표현한다. RDKit에서는 AvalonFP 함수를 사용하여 이 지문을 생성할 수 있다.
- **Pattern Fingerprints:** 이 지문은 분자 내에서 발견되는 특정 패턴을 기반으로 한다. 이것은 매우 자세한 정보를 제공할 수 있으며, RDKit에서는 LayeredFingerprint 함수를 사용하여 이 지문을 생성할 수 있다.

주의 사항 RDkit은 종종 라이브러리가 업데이트될 때마다 모듈 내의 함수가 변경되는 경우가 있다. 함수명이 변경되거나 모듈이 생성되며 함수가 옮기는 경우, 홈페이지에 들어가서 찾는 노력이 필요하다.

```
from rdkit import Chem
from rdkit.Chem import AllChem
from rdkit.Chem import MACCSkeys
from rdkit.Chem import rdMolDescriptors, rdchem
from rdkit.Avalon import pyAvalonTools as avalon

# 카페인 분자 구조 생성
caffeine = Chem.MolFromSmiles('CN1C=NC2=C1C(=O)N(C(=O)N2C)C')

# Morgan Fingerprint (비트 벡터 형태)
morgan_fp = AllChem.GetMorganFingerprintAsBitVect(caffeine, radius=2,
                                                   nBits=1024)

# ECFP6 Fingerprint
ecfp6_fp = AllChem.GetMorganFingerprintAsBitVect(caffeine, radius=3,
                                                  nBits=1024)

# MACCS keys
maccs_fp = MACCSkeys.GenMACCSKeys(caffeine)

# Molecular Quantum Numbers
mqn = rdMolDescriptors.MQNs_(caffeine)

# Topological Fingerprint
topo_fp = Chem.RDKFingerprint(caffeine)

# Avalon Fingerprint
```

```
avalon_fp = avalon.GetAvalonFP(caffeine)

# Pattern Fingerprint
pattern_fp = AllChem.LayeredFingerprint(caffeine)

print(f"Morgan Fingerprint: {morgan_fp.ToBitString()}")
print(f"ECFP6 Fingerprint: {ecfp6_fp.ToBitString()}")
print(f"MACCS keys: {maccs_fp.ToBitString()}")
print(f"Molecular Quantum Numbers: {mqn}")
print(f"Topological Fingerprint: {topo_fp}")
print(f"Avalon Fingerprint: {avalon_fp}")
print(f"Pattern Fingerprint: {pattern_fp}")
```

위 스크립트는 다음과 같은 분자 지문을 생성한다. 앞에서 자세한 설명을 하였지만 해당 코드에 맞춰 나열 및 설명하겠다.

- **Morgan Fingerprint:** 이것은 분자의 구조적 정보를 인코딩하는 방법 중 하나이다. 여기서는 반경 2(즉, 각 원자에서 2결합 거리까지 고려)와 1024개의 비트를 사용하여 Morgan 지문을 계산한다.
- **ECFP6 Fingerprint:** 이것은 Morgan 지문과 유사한 방법을 사용하되, 반경이 3인 원자까지 고려한다. 이는 Extended Connectivity Fingerprint 6 (ECFP 6)라는 용어에서 유래하였다.
- **MACCS keys:** 이것은 166개의 구조적 프래그먼트에 대한 존재 여부를 나타내는 비트 벡터이다.
- **Molecular Quantum Numbers (MQN):** 이것은 분자의 특성(예: 크기, 복잡성, 극성 등)을 나타내는 42개의 정수값을 계산한다.
- **Topological Fingerprint:** 이것은 분자의 구조적 특성을 인코딩하는 또 다른 방법이다. 여기서는 분자의 링 구조, 연결성 등을 고려한다.
- **Avalon Fingerprint:** 이것은 분자 구조를 인코딩하는 데 사용되는 또 다른 유형의 분자 지문이다.
- **Pattern Fingerprint:** 이것은 분자 내의 특정 구조적 패턴을 인코딩한다. 이 지문은 분자가 특정 구조적 특성을 가지고 있는지 여부를 표현한다.

스크립트는 각 지문을 비트 문자열로 출력하며, 각 비트는 특정 구조적 특성의 존재 여부를 나타낸다. 그러나 MQN의 경우에는 이 값들이 비트 벡터가 아니라 정수 배열로 반환된다. 이는 2D 디스크립터를 의미하며 이에 대해서는 바로 다음에 알아보도록 하자.

출력:

```
Morgan Fingerprint: 1000000000000000000000이하생략
ECFP6 Fingerprint: 100000000000000000000000000000000이하생략
MACCS keys: 000000000000000이하 생략
```

```
Molecular Quantum Numbers: [8, 0, 0, 0, 0, 0, 0, 0, 4, 2, 0, 14, 3, 2, 0,
5, 5, 0, 0, 8, 6, 0, 0, 0, 0, 5, 0, 0, 0, 2, 7, 0, 0, 0, 1, 1, 0, 0, 0,
0, 2, 1]
Topological Fingerprint: <rdkit.DataStructs.cDataStructs.ExplicitBitVect
                                        object at 0x7f10afaf33e0>
Avalon Fingerprint: <rdkit.DataStructs.cDataStructs.ExplicitBitVect
                                        object at 0x7f10afaf34c0>
Pattern Fingerprint: <rdkit.DataStructs.cDataStructs.ExplicitBitVect
                                        object at 0x7f10afaf3530>
```

여기에서 <rdkit.DataStructs.cDataStructs.ExplicitBitVect object at 0x7f10afaf3530> 이와 같은 내용은 RDKit의 fingerprint는 일반적으로 비트 벡터(bit vector) 형태로 표현된다. 이는 각 bit가 특정 화학적 특성이나 구조를 나타내는 방식이다. 이를 확인하려면 .ToBitString() 메소드를 사용하여 비트 벡터를 문자열 형태로 변환할 수 있다.

```
pattern_fp.ToBitString()
```

위의 코드는 Pattern Fingerprint의 비트 벡터를 문자열로 변환하여 출력한다.

```
0010000010010000000010000011101011000001010010011011 이하 생략
```

이 문자열에서 '1'은 해당하는 특성이나 구조가 분자에 존재함을 나타내며, '0'은 그렇지 않음을 나타낸다.

Molecular Quantum Numbers (MQN)는 다른 화학 지문과 다르게 분자의 전체적인 특성(예: 크기, 극성, 분자 구조 등)과 직접적으로 연관되어 있는 42개의 2D 물리화학적 기술자(descriptor, 디스크립터)를 나타낸다. 이러한 값은 어떤 분자가 다른 분자와 어떻게 관련되어 있는지 분류하고 구별하는 데 사용될 수 있다. MQN에 대한 세부 내용은 RDKit의 문서에서는 자세하게 명시되어 있지 않으나, 분자 양자수(MQN)를 가지고 유기 분자의 분류를 대량으로 한 논문("Classification of Organic Molecules by Molecular Quantum Numbers" ChemMedChem, 2009)에 따르면, MQN은 다음과 같이 정의된다.

- **MQN 1-6:** Atom count descriptors (total atoms, total bonds, single, double, triple, aromatic bonds)
- **MQN 7-10:** Ring descriptors (3 to 6−membered ring)
- **MQN 11-18:** Atom type descriptors (O, N, C, S, P, F, Cl, Br, I atoms)
- **MQN 19-21:** Carbocycle descriptors (3 to 6−membered carbocycle)
- **MQN 22-24:** Heterocycle descriptors (3 to 6−membered heterocycle)
- **MQN 25-30:** Aromatic descriptors (aromatic atoms, aromatic bonds, aromatic carbocycles, aromatic heterocycles, 5 and 6−membered aromatic rings)
- **MQN 31-36:** Aliphatic descriptors (aliphatic atoms, aliphatic bonds, aliphatic car-

bocycles, aliphatic heterocycles, 3 and 4-membered aliphatic rings)
- **MQN 37-38:** Cis-trans isomerism descriptors (C=C and C=N)
- **MQN 39-42:** Chiral descriptors (chiral centres, R/S, M/P, undefined)

MQN을 각각 계산하여 해당 내용과 함께 카페인 구조에 대하여 저장하는 코드는 다음과 같다.

```
import csv
from rdkit import Chem
from rdkit.Chem import rdMolDescriptors

# 카페인 분자 구조 생성
caffeine = Chem.MolFromSmiles('CN1C=NC2=C1C(=O)N(C(=O)N2C)C')

# Molecular Quantum Numbers (MQN) 계산
mqn = rdMolDescriptors.MQNs_(caffeine)

# MQN 이름
mqn_names = ['Total atoms', 'Total bonds', 'Single bonds', 'Double
                                                            bonds',
          'Triple bonds', 'Aromatic bonds', '3-membered rings',
          '4-membered rings', '5-membered rings', '6-membered rings',
          'O atoms', 'N atoms', 'C atoms', 'S atoms', 'P atoms',
          'F atoms', 'Cl atoms', 'Br atoms', '3-membered carbocycles',
          '4-membered carbocycles', '5-membered carbocycles',
          '3-membered heterocycles', '4-membered heterocycles',
          '5-membered heterocycles', 'Aromatic atoms', 'Aromatic bonds',
          'Aromatic carbocycles', 'Aromatic heterocycles',
          '5-membered aromatic rings', '6-membered aromatic rings',
          'Aliphatic atoms', 'Aliphatic bonds', 'Aliphatic carbocycles',
          'Aliphatic heterocycles', '3-membered aliphatic rings',
          '4-membered aliphatic rings', 'C=C cis-trans isomerism',
          'C=N cis-trans isomerism', 'Chiral centres',
          'R/S chiral centres', 'M/P chiral centres',
          'Undefined chiral centres']

# CSV 파일로 저장
with open('caffeine_mqn.csv', 'w', newline='') as f:
    writer = csv.writer(f)
    writer.writerow(mqn_names)  # CSV header
    writer.writerow(mqn)  # MQN values
```

이 코드는 MQN 값을 “caffeine_mqn.csv”라는 파일에 저장한다. 첫 번째 행은 각 MQN의 이름을 나열하고, 두 번째 행은 해당하는 MQN 값들을 나열한다.

앞에서 계산한 2D Descriptor를 기준으로 간단히 1D와 3D를 포함하는 Descriptor에 대해 살펴보자. 1차원(1D), 2차원(2D), 3차원(3D) 분자 디스크립터는 구조의 각각 1

차원, 2차원, 3차원 정보를 포함한다. 1차원 분자 디스크립터는 가장 간단한 정보로, 분자의 질량, 결합 수, 원자 수 등이 포함된다. 이는 분자 구조의 세부적인 형태에 대한 정보는 포함하지 않는다. 2차원 분자 디스크립터는 분자의 구조적 특성을 추가로 포함한다. 분자 내의 특정 원자 간의 결합 형태, 특정 기능 그룹의 존재 등을 포함할 수 있다. 이러한 정보는 분자 지문으로 나타내는 경우가 많다. 3차원 분자 디스크립터는 분자의 공간적 형태를 고려한 정보를 제공한다. 3D 분자 구조를 고려한 디스크립터는 종종 분자 동력학 시뮬레이션, 분자 도킹 등의 연구에서 중요한 역할을 한다. 이제 RDKit을 사용하여 간단한 1D, 3D 분자 디스크립터를 추가로 계산하는 코드를 살펴보고자 한다. 주요 디스크립터에 대한 예를 보여줄 것이며, 그중 일부는 앞서 언급한 것과 중복될 수 있다. 카페인을 사용하여 각 디스크립터를 계산하는 예제이다.

```
from rdkit import Chem
from rdkit.Chem import Descriptors
from rdkit.Chem import AllChem
from rdkit.Chem import rdMolDescriptors

# 카페인 분자 생성
caffeine = Chem.MolFromSmiles('CN1C=NC2=C1C(=O)N(C(=O)N2C)C')

# 수소 추가
caffeine = Chem.AddHs(caffeine)

# 분자의 3D 좌표 생성
AllChem.EmbedMolecule(caffeine)

# 분자의 3D 좌표 최적화
AllChem.UFFOptimizeMolecule(caffeine)

# 1D 디스크립터 계산
mol_weight = Descriptors.MolWt(caffeine)  # 분자량
num_atoms = caffeine.GetNumAtoms()  # 원자 수
num_heavy_atoms = caffeine.GetNumHeavyAtoms()  # 수소를 제외한 원자의 수
num_valence_electrons = Descriptors.NumValenceElectrons(caffeine)
                                                          # 가용 전자 수
num_heteroatoms = Descriptors.NumHeteroatoms(caffeine)
                                           # 탄소와 수소를 제외한 다른 원자 수

# 3D 디스크립터 계산
tpsa = Descriptors.TPSA(caffeine)  # Topological Polar Surface Area
labute_asa = rdMolDescriptors.CalcLabuteASA(caffeine)
                                                   # Labute의 근사 표면적
pme_ed = rdMolDescriptors.CalcPMI1(caffeine)
                                          # 주요 관성 모멘트: 첫 번째 고유값
pme_ed_ratio = rdMolDescriptors.CalcPMI2(caffeine)
                                           # 두 번째와 첫 번째 고유값의 비율
pme_id_ratio = rdMolDescriptors.CalcPMI3(caffeine)
                                  # 세 번째(가장 작은)와 첫 번째 고유값의 비율
```

```
# 계산된 디스크립터 출력
print(f"Molecular Weight: {mol_weight}")
print(f"Number of Atoms: {num_atoms}")
print(f"Number of Heavy Atoms: {num_heavy_atoms}")
print(f"Number of Valence Electrons: {num_valence_electrons}")
print(f"Number of Heteroatoms: {num_heteroatoms}")

print(f"Topological Polar Surface Area (TPSA): {tpsa}")
print(f"Labute's Approximate Surface Area: {labute_asa}")
print(f"Principal moments of inertia: First eigenvalue: {pme_ed}")
print(f"Ratio of second to first eigenvalue (PMI2): {pme_ed_ratio}")
print(f"Ratio of third (smallest) to first eigenvalue (PMI3):
                                                    {pme_id_ratio}")
```

위 코드에서 Molecular Weight는 분자의 질량을 나타내며 앞에서도 나왔던 코드이다. Number of Atoms는 분자 내의 원자 개수를 나타낸다. 이들은 1D 디스크립터에 해당한다. Topological Polar Surface Area (TPSA)는 분자의 극성 표면적을 나타내며, 3D 디스크립터에 해당한다. 이 값은 분자의 흡수, 분배, 투과, 반감기 등의 특성을 예측하는 데 사용된다. 분자의 3D 좌표를 계산하기 위해, RDKit의 EmbedMolecule과 UFFOptimizeMolecule 함수를 사용하여 분자를 3D로 변환하고 최적화하였다. 여기서 우선 분자에 수소를 추가하는 작업이 필요하다. AddHs() 함수를 사용하여 수행할 수 있다. 앞에서도 나왔듯이 일반적으로 3차원 구조를 생성하거나 분자 기하학적 디스크립터를 계산하기 전에 수행되는 과정이다. RDKit에서 분자를 생성하거나 읽어 들일 때, 기본적으로 분자에는 수소 원자가 포함되지 않는다. 하지만 분자의 3차원 구조를 생성하거나 일부 디스크립터를 계산하는 데는 수소의 위치 정보가 필요하다. 이와 같이 RDKit는 분자의 여러 가지 디스크립터를 계산하는 매우 유용한 도구이다. 이는 화학, 약물학, 생물학 등의 분야에서 데이터 분석과 예측 모델링을 위한 훌륭한 도구이다.

출력:

```
Molecular Weight: 194.19400000000007
Number of Atoms: 24
Number of Heavy Atoms: 14
Number of Valence Electrons: 74
Number of Heteroatoms: 6
Topological Polar Surface Area (TPSA): 61.82
Labute's Approximate Surface Area: 93.07866201982742
Principal moments of inertia: First eigenvalue: 472.4564720859811
Ratio of second to first eigenvalue (PMI2): 705.5619339142369
Ratio of third (smallest) to first eigenvalue (PMI3): 1167.8242039514432
```

코드 분석

- **caffeine = Chem.MolFromSmiles('CN1C=NC2=C1C(=O)N(C(=O)N2C)C'):** SMILES 문자열을 사용하여 카페인 분자를 생성한다.
- **caffeine = Chem.AddHs(caffeine):** 분자에 수소 원자를 추가한다. 일부 계산에서는 명시적으로 수소 원자를 포함하는 것이 필요한다.
- **AllChem.EmbedMolecule(caffeine):** 분자의 3D 구조를 생성한다. 이 단계에서는 분자의 각 원자에 3D 좌표가 할당된다.
- **AllChem.UFFOptimizeMolecule(caffeine):** UFF(Universal Force Field)를 사용하여 분자의 3D 구조를 최적화한다.
- 9-13. 다음으로는 분자의 1D 디스크립터를 계산한다. 계산된 디스크립터에는 분자량, 원자 수 등이 포함된다.
- 14-18. 이어서 분자의 3D 디스크립터를 계산한다. 계산된 디스크립터에는 Topological Polar Surface Area(TPSA), Labute의 근사 표면적, 주요 관성 모멘트의 첫 번째 고유값, 두 번째와 첫 번째 고유값의 비율, 세 번째(가장 작은)와 첫 번째 고유값의 비율 등이 포함된다.
- 19-29. 마지막으로, 계산된 모든 디스크립터를 출력한다.

DescList는 RDKit에서 제공하는 디스크립터의 리스트로, 208개의 디스크립터를 한 번에 계산한다. 각 디스크립터는 분자의 구조와 성질을 나타내는 수치로서, 분자의 특징을 정량화하여 분자 간 비교, 분류, 예측 등 다양한 화학 정보 분석에 사용된다. 아래는 카페인 분자에 대해 descList에 포함된 모든 디스크립터를 계산하고, 그 결과를 descList.csv 파일로 저장하는 코드이다.

```
import pandas as pd
from rdkit import Chem
from rdkit.Chem import Descriptors

# 카페인의 SMILES 표기법
smiles = "CN1C=NC2=C1C(=O)N(C(=O)N2C)C"

# SMILES를 RDKit 분자 객체로 변환
mol = Chem.MolFromSmiles(smiles)

# 디스크립터 계산
descriptor_values = []
for desc in Descriptors.descList:
    try:
        value = desc[1](mol)
    except:
        value = None
    descriptor_values.append((desc[0], value))

# 결과를 데이터프레임으로 변환
df = pd.DataFrame(descriptor_values, columns=["Descriptor", "Value"])
```

```
# 결과 저장
df.to_csv("descList.csv", index=False)
```

위 코드를 실행하면 descList.csv 파일이 생성되며 해당 파일은 카페인 분자에 대한 descList에 포함된 모든 디 스크립터의 이름과 계산된 값을 포함하게 된다. 이에 대한 설명은 다음과 같으며, 이와 같이 csv 파일을 저장해두면 지속적으로 사용하는 데 편리하다. (다시 한번 이야기하지만 코랩은 일정 연결 시간이 지나 연결이 끊기면 데이터가 사라지니 미리 저장해두자.)

코드 분석

- **smiles = "CN1C=NC2=C1C(=O)N(C(=O)N2C)C":** 카페인의 SMILES 표기를 변수에 저장한다.
- **mol = Chem.MolFromSmiles(smiles):** SMILES를 RDKit 분자 객체로 변환하여 mol 변수에 저장한다.
- **descriptor_values = []:** 디스크립터 계산 결과를 저장할 빈 리스트를 생성한다.
- **for desc in Descriptors.descList::** Descriptors.descList에서 각 디스크립터에 대해 반복한다.
- **try:** 예외 처리를 시작한다.
- **value = desc[1](mol):** 현재 디스크립터 함수를 분자 객체에 적용하여 값을 계산한다.
- **except:** 예외가 발생한 경우 처리한다.
- **value = None:** 예외가 발생했을 경우 None 값을 할당한다.
- **descriptor_values.append((desc[0], value)):** 이 줄에서는 계산된 디스크립터 이름과 값의 튜플을 descriptor_values에 추가한다.
- **df = pd.DataFrame(descriptor_values, columns=["Descriptor", "Value"]):** 계산된 디스크립터 값을 데이터프레임으로 변환한다.
- **df.to_csv("descList.csv", index=False):** 결과를 "descList.csv" 파일로 저장한다.

최상의 디스크립터 생성 library: Mordred

Mordred는 화학 정보학에서 널리 사용되는 Python 라이브러리로, 분자 구조에서 다양한 디스크립터를 계산하는 데 사용된다. Mordred는 1800개 이상의 1D, 2D, 3D 디스크립터(descriptor)를 계산할 수 있으며, 디스크립터는 분자의 크기, 형태, 전하 분포, 굴곡성, 표면적, 극성, 리간드 결합 특성 등 다양한 분자 특성을 나타낸다. Mordred는 RDKit 분자 객체를 입력으로 받아 디스크립터를 계산한다.

앞에서 계속 설명했지만 디스크립터(descriptor)란 분자의 특정 특성을 정량적으로 나타내는 값이다. 이러한 디스크립터는 QSAR (Quantitative Structure–Activity Relationship) 모델링, 분자 특성 및 동역학 시뮬레이션, 분자 도킹 등 다양한 화학 응용에서 중요한 역할을 한다.

다음은 RDKit과 Mordred를 사용하여 카페인에 대한 모든 디스크립터를 계산하는 Python 코드의 예시이다.

```
from rdkit import Chem
from rdkit.Chem import AllChem
from mordred import Calculator, descriptors

# 카페인 분자 생성
caffeine = Chem.MolFromSmiles('CN1C=NC2=C1C(=O)N(C(=O)N2C)C')

# 3D 좌표 계산
caffeine = Chem.AddHs(caffeine)
AllChem.EmbedMolecule(caffeine)
AllChem.MMFFOptimizeMolecule(caffeine)
caffeine = Chem.RemoveHs(caffeine)

# 모든 가능한 디스크립터를 계산하기 위한 계산기 생성
calc = Calculator(descriptors, ignore_3D=False)

# 디스크립터 계산
desc_values = calc(caffeine)

# 결과 출력
print(desc_values)
```

해당 코드는 먼저 카페인 분자의 SMILES 문자열을 RDKit 분자 객체로 변환하고, 이 객체의 3D 구조를 생성한다. 그런 다음 Mordred를 사용하여 디스크립터를 계산한다. 결과는 디스크립터 이름과 값을 포함하는 Pandas 데이터 프레임으로 반환된다.

이 코드를 실행하려면, 먼저 Mordred를 설치해야 한다. 이는 다음 pip 명령을 사용하여 수행할 수 있다:

```
!pip install mordred
```

1.8 화학적 유사도 계산

화학적 유사도는 분자 간의 구조적 또는 화학적 유사성을 측정하는 데 사용되는 중요한 개념이다. 화학적 유사도를 계산하는 방법은 분자 디스크립터를 활용하여 분자 간의 유사성을 수치적으로 평가하는 것이다. 이번 절에서는 RDKit을 사용하여 화학적 유사도를 계산하는 방법에 대해 알아보자. 예시를 통해 화학적 유사도 계산을 살펴보자. 아래의 코드는 RDKit을 사용하여 두 개의 분자 간의 유사도를 계산하는 예시이다.

```
from rdkit import Chem
from rdkit.Chem import DataStructs
from rdkit.Chem import AllChem
```

```
# 분자 SMILES 표기법으로 생성
smiles1 = "CCO"
smiles2 = "CC(C)O"

# SMILES를 RDKit 분자 객체로 변환
mol1 = Chem.MolFromSmiles(smiles1)
mol2 = Chem.MolFromSmiles(smiles2)

# 분자의 지문(fingerprint) 생성
fp1 = AllChem.GetMorganFingerprint(mol1, 2)
fp2 = AllChem.GetMorganFingerprint(mol2, 2)

# 화학적 유사도 계산
similarity = DataStructs.TanimotoSimilarity(fp1, fp2)

# 계산된 유사도 출력
print("화학적 유사도:", similarity)
```

위의 예시에서는 "CCO"와 "CC(C)O"라는 두 개의 분자를 생성하고, 분자 지문(fingerprint)을 생성한다. 분자 지문은 앞에서 설명한 것처럼 분자의 특징을 나타내는 2진 벡터로, 분자의 구조와 특성을 나타내는 정보를 포함한다. GetMorganFingerprint 함수를 사용하여 분자 지문을 생성한 후, TanimotoSimilarity 함수를 사용하여 두 분자 지문 간의 화학적 유사도를 계산한다. 계산된 유사도 값은 0에서 1 사이의 범위로 나타나며, 1에 가까울수록 분자 간의 유사성이 높음을 나타낸다.

Tanimoto 유사함수는 두 개의 집합 A와 B의 교집합 크기를 합집합 크기로 나눈 값이다.

$$T(A, B) = \frac{|A \cap B|}{|A \cup B|}$$

따라서, 분자 지문에서

$$T = \frac{\text{공통 1 비트의 수}}{\text{A 1비트수} + \text{B 1비트수} - \text{공통 1비트수}}$$

로 예를 들어 $A = 1010101$, $B = 1110001$의 경우

$$T = \frac{3}{4 + 4 - 3} = 0.6$$

이 된다.

출력:

```
화학적 유사도: 0.16666666666666666
```

코드 분석

- **from rdkit import Chem:** RDKit 라이브러리에서 Chem 모듈을 import한다.
- **from rdkit.Chem import DataStructs:** Chem 모듈에서 DataStructs를 import 한다.
- **from rdkit.Chem import AllChem:** Chem 모듈에서 AllChem을 import한다. AllChem 모듈은 화학적 계산을 위한 다양한 함수를 제공한다.
- **smiles1 = "CCO" 및 smiles2 = "CC(C)O":** 분자의 SMILES 표기법을 정의한다.
- **mol1 = Chem.MolFromSmiles(smiles1) 및 mol2 = Chem.MolFromSmiles(smiles2):** 입력된 SMILES 정보를 RDKit 분자 객체로 변환한다.
- **fp1 = AllChem.GetMorganFingerprint(mol1, 2) 및 fp2 = AllChem.GetMorganFingerprint(mol2, 2):** RDKit의 AllChem 모듈을 사용하여 분자의 Morgan fingerprint를 생성한다. 여기서 2는 fingerprint의 반지름을 나타낸다
- **similarity = DataStructs.TanimotoSimilarity(fp1, fp2):** 생성된 두 개의 fingerprint 간의 Tanimoto 유사도를 계산한다.
- **print("화학적 유사도:", similarity):** 계산된 화학적 유사도를 출력.

이 코드를 실행하면 "CCO"와 "CC(C)O"라는 두 분자의 화학적 유사도를 계산하고, 계산된 유사도를 출력하게 된다. 이를 통해 두 분자 간의 구조적 유사성을 수치적으로 확인할 수 있다. 화학적 유사성은 빅데이터 수집 및 약물 스크리닝에서도 중요하게 사용되는 함수이다. 이에 여러 함수를 살펴볼 필요가 있다. Tanimoto 계수 외에도 Dice, Cosine, Soergel, Russell–Rao, Hamming, Euclidean 등이 있다. 이 방법들은 주로 두 분자의 비트 벡터나 실수 벡터 형식의 표현 간의 유사성을 측정하는 데 사용된다.

- **Dice (또는 Sørensen–Dice) 계수:** Dice 계수는 Tanimoto 계수와 유사하게 두 벡터 간의 공유된 특성을 측정하지만, 그 계산 방식이 약간 다르다. Dice 계수는 두 세트의 공통 요소의 수를 두 세트의 총 요소 수로 나눈다.

$$\text{Dice}(A, B) = 2 * |A \cap B| \;/\; (|A| + |B|)$$

- **코사인 유사성(Cosine Similarity):** 코사인 유사성은 두 벡터 사이의 각도를 사용하여 유사성을 측정한다. 이 방법은 특히 텍스트 분류 및 클러스터링과 같은 자연어 처리 작업에서 널리 사용되지만, 비트 벡터 또는 실수 벡터 형식의 분자 표현 간의 유사성을 측정하는 데도 사용할 수 있다.

$$\text{Cosine}(A, B) = A \cdot B \;/\; (||A|| * ||B||)$$

- **Soergel Distance:** Soergel 거리는 1에서 Tanimoto 계수를 뺀 값으로, 두 벡터 간의 '비유사성'을 측정한다.

$$\text{Soergel}(A, B) = 1 - \text{Tanimoto}(A, B)$$

- **Russell–Rao Distance:** Russell–Rao 거리는 두 벡터에서 동시에 1로 설정된 비

트의 수를 두 벡터의 길이로 나눈 것이다. 이는 Tanimoto 계수와 유사하지만, 여기서는 두 벡터에서 둘 다 0으로 설정된 비트를 고려하지 않는다.

$$\text{RussellRao}(A, B) = |A \cap B| / n$$

- **Hamming Distance:** Hamming 거리는 두 벡터에서 서로 다른 위치의 수를 측정한다. 이것은 보통 바이너리 벡터에서 사용되지만, 분자의 특정 표현(예: 바이너리 분자 지문)에서 두 분자 간의 '비유사성'을 측정하는 데 사용할 수 있다.
- **Euclidean Distance:** 유클리드 거리는 실수 벡터에 적합하며, 이는 벡터 간의 직선 거리를 측정한다. 분자의 실수 벡터 표현(예: 실수 분자 지문)에서 두 분자 간의 '비유사성'을 측정하는 데 사용할 수 있다.

다른 함수에 따른 비교를 위하여 이 중에서 가장 많이 쓰이는 Tanimoto 유사성과 Dice 유사성에 대한 예를 다음과 같이 들어보자.

```
from rdkit import Chem
from rdkit import DataStructs
from rdkit.Chem.Fingerprints import FingerprintMols
from rdkit.Chem import AllChem

# 두 분자의 SMILES
smiles1 = "CC(=O)OC1=CC=CC=C1C(=O)O"
smiles2 = "CC(=O)O"

# 분자 객체 생성
mol1 = Chem.MolFromSmiles(smiles1)
mol2 = Chem.MolFromSmiles(smiles2)

# 분자 지문 생성
fp1 = FingerprintMols.FingerprintMol(mol1)
fp2 = FingerprintMols.FingerprintMol(mol2)

# Tanimoto 유사성 계산
tanimoto_sim = DataStructs.FingerprintSimilarity(fp1, fp2)
print(f"Tanimoto Similarity: {tanimoto_sim}")

# Dice 계수 계산
dice_sim = DataStructs.DiceSimilarity(fp1, fp2)
print(f"Dice Similarity: {dice_sim}")

# Cosine 유사성은 RDKit에서 직접 계산할 수 없지만,
# 분자 지문을 NumPy 배열로 변환한 후 다른 라이브러리(예: SciPy)를 사용하여 계산할
수 있다.
```

Tanimoto 유사성과 Dice 유사성은 두 가지 유명한 비교 메트릭으로, 분자 구조와 같은 이진 벡터 데이터에 널리 사용된다. 이 둘의 차이점은 공유 특성을 정규화하는 방법이다.

출력:

```
Tanimoto Similarity: 0.1875
Dice Similarity: 0.3157894736842105
```

Tanimoto 유사성은 앞에서 설명한 바와 같이 두 벡터 사이에 공유되는 특성의 수를 고려한다. 다음으로 이를 두 벡터의 총 특성 수로 나눈다. Tanimoto 계수는 한쪽에 특성이 많이 포함된 벡터가 있다면, 이는 그것을 공유하는 것이 더 어렵다고 판단하는 방식이다. 따라서 Tanimoto 계수는 특성이 많은 벡터가 '비슷한' 다른 벡터를 찾는 것을 더 어렵게 한다. Dice 유사성도 두 벡터 간에 공유되는 특성을 고려하지만, 이를 두 벡터에서 공유되는 특성 수의 두 배로 나누므로 Dice 계수는 특성이 많은 벡터를 '비슷하게' 보는 경향이 있다. 두 메트릭 모두 0과 1 사이의 값을 가지며, 1은 완벽한 일치를, 0은 완전한 불일치를 나타낸다. 어떤 방법을 선택하는 것은 여러분이 어떤 유형의 일치를 찾고 있는지에 따라 달라진다. 아이템의 특성이 많은 경우에는(예를 들어, 많은 원자가 있는 큰 분자), Dice 계수는 더 유용할 수 있다. 반면, 두 벡터 사이에 특성이 공유되지 않는 경우 Tanimoto 계수가 개념적으로 더 복잡하기 때문에 더 유용할 수 있다. 또한 어떤 Fingerprint를 사용했는지에 따라 다르며, 아래의 예를 보면 이해할 수 있을 것이다.

```
from rdkit import Chem
from rdkit.Chem import rdFingerprintGenerator
from rdkit.Chem import rdMolDescriptors
from rdkit import DataStructs

# 두 분자 정의
mol1 = Chem.MolFromSmiles('CCCO')
mol2 = Chem.MolFromSmiles('CC(=O)OC1=CC=CC=C1C(=O)O')

# Morgan Fingerprint
fp1 = rdFingerprintGenerator.GetMorganGenerator(radius=2).
                                                    GetFingerprint(mol1)
fp2 = rdFingerprintGenerator.GetMorganGenerator(radius=2).
                                                    GetFingerprint(mol2)
print("Morgan Fingerprint")
print("Tanimoto Similarity: ", DataStructs.TanimotoSimilarity(fp1, fp2))
print("Dice Similarity: ", DataStructs.DiceSimilarity(fp1, fp2))

# RDKit Fingerprint
fp1 = rdFingerprintGenerator.GetRDKitFPGenerator().GetFingerprint(mol1)
fp2 = rdFingerprintGenerator.GetRDKitFPGenerator().GetFingerprint(mol2)
print("\nRDKit Fingerprint")
print("Tanimoto Similarity: ", DataStructs.TanimotoSimilarity(fp1, fp2))
print("Dice Similarity: ", DataStructs.DiceSimilarity(fp1, fp2))

# MACCS Keys
fp1 = rdMolDescriptors.GetMACCSKeysFingerprint(mol1)
```

```
fp2 = rdMolDescriptors.GetMACCSKeysFingerprint(mol2)
print("\nMACCS Keys Fingerprint")
print("Tanimoto Similarity: ", DataStructs.TanimotoSimilarity(fp1, fp2))
print("Dice Similarity: ", DataStructs.DiceSimilarity(fp1, fp2))
```

위 코드는 각각 Morgan, RDKit, MACCS Keys fingerprints를 사용하여 두 분자의 Tanimoto 및 Dice 유사도를 계산한다.

출력:

```
Morgan Fingerprint
Tanimoto Similarity:  0.06666666666666667
Dice Similarity:  0.125

RDKit Fingerprint
Tanimoto Similarity:  0.01675977653631285
Dice Similarity:  0.03296703296703297

MACCS Keys Fingerprint
Tanimoto Similarity:  0.12903225806451613
Dice Similarity:  0.22857142857142856
```

앞서 Fingerprint에 대해 설명했듯이, Morgan Fingerprint (Circular Fingerprints)는 분자의 각 원자 주위를 돌면서 그 원자의 환경을 나타낸다. 이는 분자의 구조적 특성을 포착하는 데 유용하다. RDKit Fingerprint는 분자의 하위 구조를 나타내는 비트 벡터를 생성한다. MACCS Keys는 이전에 설명하였듯이 166비트 길이의 비트 벡터로, 각 비트는 공통 화학구조 특성의 존재 여부를 나타낸다. 조금 더 자세하게 해당 코드를 아래와 같이 설명하였다.

- **from rdkit import DataStructs:** rdkit에서 DataStructs 모듈을 가져온다.
- **mol1 = Chem.MolFromSmiles('CCCO'):** 첫 번째 분자를 SMILES로 정의하여 mol1 변수에 저장한다.
- **mol2 = Chem.MolFromSmiles('CC(=O)OC1=CC=CC=C1C(=O)O'):** 두 번째 분자를 SMILES로 정의하여 mol2 변수에 저장한다.
- **fp1 = rdFingerprintGenerator.GetMorganGenerator(radius=2).GetFingerprint(mol1):** Morgan Fingerprint를 생성하여 fp1 변수에 저장한다. 반지름(radius)은 2로 설정한다.
- **fp2 = rdFingerprintGenerator.GetMorganGenerator(radius=2).GetFingerprint(mol2):** Morgan Fingerprint를 생성하여 fp2 변수에 저장한다. 반지름(radius)은 2로 설정한다.
- **print("Morgan Fingerprint"):** Morgan Fingerprint의 결과를 출력한다.

- **print("Tanimoto Similarity: ", DataStructs.TanimotoSimilarity(fp1, fp2)):** Morgan Fingerprint의 Tanimoto 유사도를 계산하여 출력한다.
- **print("Dice Similarity: ", DataStructs.DiceSimilarity(fp1, fp2)):** Morgan Fingerprint의 Dice 유사도를 계산하여 출력한다.
- **fp1 = rdFingerprintGenerator.GetRDKitFPGenerator().GetFingerprint(mol1):** RDKit Fingerprint를 생성하여 fp1 변수에 저장한다.
- **fp2 = rdFingerprintGenerator.GetRDKitFPGenerator().GetFingerprint(mol2):** RDKit Fingerprint를 생성하여 fp2 변수에 저장한다.
- **print("\nRDKit Fingerprint"):** RDKit Fingerprint의 결과를 출력한다.
- **print("Tanimoto Similarity: ", DataStructs.TanimotoSimilarity(fp1, fp2)):** RDKit Fingerprint의 Tanimoto 유사도를 계산하여 출력한다.
- **print("Dice Similarity: ", DataStructs.DiceSimilarity(fp1, fp2)):** RDKit Fingerprint의 Dice 유사도를 계산하여 출력한다.
- **fp1 = rdMolDescriptors.GetMACCSKeysFingerprint(mol1):** MACCS Keys Fingerprint를 생성하여 fp1 변수에 저장한다.
- **fp2 = rdMolDescriptors.GetMACCSKeysFingerprint(mol2):** MACCS Keys Fingerprint를 생성하여 fp2 변수에 저장한다.
- **print("\nMACCS Keys Fingerprint"):** MACCS Keys Fingerprint의 결과를 출력한다.
- **print("Tanimoto Similarity: ", DataStructs.TanimotoSimilarity(fp1, fp2)):** MACCS Keys Fingerprint의 Tanimoto 유사도를 계산하여 출력한다.
- **print("Dice Similarity: ", DataStructs.DiceSimilarity(fp1, fp2)):** MACCS Keys Fingerprint의 Dice 유사도를 계산하여 출력한다.

각 fingerprint 방법은 분자의 다른 측면을 강조하므로 어떤 유사도 척도를 선택할 때는 주어진 문제에 가장 적합한 방법을 고르는 것이 중요하다. 통상적으로는 여러 가지 방법을 통합적으로 고려하여 필요한 유사도를 적절하게 이용하게 된다.

1.9 화학 반응 예측

RDKit 라이브러리는 화학 반응을 예측하는 데 응용할 수 있다. RDKit은 화학정보학을 위한 강력하고 유연한 오픈소스 툴킷이다. RDKit에서 제공하는 ChemicalReaction 클래스를 사용하면, 화학 반응을 나타내는 SMARTS 문자열을 사용하여 반응을 정의하고, 이 반응을 통해 주어진 원료(reagents)로부터 생성물(products)을 예측할 수 있다. 다만 모든 화학 반응 또는 catalyst가 필요한 특수한 반응에 대한 것은 아니다. 응용하는 면에서 해당 부분을 이해하길 바란다.

```
from rdkit import Chem
from rdkit.Chem import AllChem

# Reactant 1: 알코올 구조
```

```
reactant1_smiles = "CCCO"

# Reactant 2: Acid 구조
reactant2_smiles = "CC(=O)O"

# RDKit을 활용한 mol 객체 생성(반응물)
reactant1 = Chem.MolFromSmiles(reactant1_smiles)
reactant2 = Chem.MolFromSmiles(reactant2_smiles)

# SMARTS pattern을 활용한 반응 정의
reaction_smarts = "[OH:1].[C:2](=[O:3])O>>[O:3]=[C:2][C:1]=O"

# SMARTS pattern을 활용한 반응 생성
reaction = AllChem.ReactionFromSmarts(reaction_smarts)

# SMARTS pattern을 활용한 반응 확인
reactivity = reaction.RunReactants([reactant1, reactant2])

if reactivity:
    print("반응 가능성: True")
    for product in reactivity:
        product_smiles = Chem.MolToSmiles(product[0])
        print("생성된 분자의 SMILES:", product_smiles)
else:
    print("반응 가능성: False")
```

출력:

```
반응 가능성: True
생성된 분자의 SMILES: CCCC(=O)C(C)=O
```

위 코드는 에스터화 반응을 나타낸다. 즉, 산(여기서는 아세트산)과 알코올(여기서는 에탄올)이 반응하여 에스터를 생성한다. 앞에서도 말한 바와 같이, SMARTS는 SMILES 언어의 확장판으로, 화학 분자와 반응의 패턴을 표현하기 위한 언어이다. 화학 분자의 구조뿐만 아니라 원자 간 연결성, 원자의 속성 등을 표현할 수 있다. 특히 이 코드에서 사용된 SMARTS 문자열은 아세트산(acetic acid)과 에탄올(ethanol)이 반응하여 에스터(ester)를 생성하는 반응을 표현하고 있다. 또한, 이 문자열에서 :[number]는 원자에 매핑 ID를 부여하는 것으로, 반응의 시작물과 생성물 사이에서 동일한 원자를 추적할 수 있게 한다. 이를 통해 반응이 어떤 방식으로 일어나는지를 설명할 수 있다. 따라서 해당 코드는 주어진 SMARTS 문자열을 통해 화학 반응을 정의하고, 이를 ChemicalReaction 객체로 만드는 역할을 한다. 그러나 RDKit는 반응 경로를 예측하거나, 반응의 열역학적 또는 속도론적 속성을 계산하는 능력은 가지고 있지는 않다. 이러한 고급 기능을 위해서는 전문적인 계산화학 소프트웨어나 QM/MM (양자역학/분자역학) 시뮬레이션 툴 등이 필요하다. 이에 대하여 나중에 이 책에서 Gaussian을 통해서 일부 다루게 될 것이며, 이는 Python이 계산화학에 있어 어떻게 도움이 되는지에 대한 연결고리를 알아가는 것이 중요하다.

유사한 반응으로 Amide coupling이 되는 반응에 대해서도 해볼 수 있다. 비슷한 예제이므로 다음의 코드 제시 이후에 자세한 설명을 추가하겠다. 다음은 여기에 생성 물질의 그림까지 주어지는 코드를 제공한다.

```
from rdkit import Chem
from rdkit.Chem import AllChem
from rdkit.Chem.Draw import IPythonConsole
from rdkit.Chem import rdmolops  # 추가

# Reactant 1: 아민 구조
reactant1_smiles = "CC(C)N"

# Reactant 2: Acid 구조
reactant2_smiles = "CC(=O)O"

# RDKit을 활용한 mol 객체 생성(반응물)
reactant1 = Chem.MolFromSmiles(reactant1_smiles)
reactant2 = Chem.MolFromSmiles(reactant2_smiles)

# SMARTS pattern을 활용한 반응 정의
reaction_smarts = "[NH2:1].[C:2](=[O:3])O>>[NH:1][C:2]=O"

# SMARTS pattern을 활용한 반응 생성
reaction = AllChem.ReactionFromSmarts(reaction_smarts)

# SMARTS pattern을 활용한 반응 확인
reactivity = reaction.RunReactants([reactant1, reactant2])

if reactivity:
    print("반응 가능성: True")
    for product in reactivity:
        product_mol = product[0]
        rdmolops.SanitizeMol(product_mol)  # 추가
        product_smiles = Chem.MolToSmiles(product_mol)
        product_name = "Product"
        print("생성된 분자의 SMILES:", product_smiles)

        # 2D 그림으로 분자 구조 표현
        img = Draw.MolsToGridImage([product_mol], molsPerRow=1,
                                                  subImgSize=(300, 300))
        display(img)
else:
    print("반응 가능성: False")
```

위의 코드에서는 먼저, 아민 구조와 Acid 구조를 나타내는 SMILES 문자열을 입력으로 받았다. 이후에는 RDKit의 Chem 모듈을 사용하여 입력된 SMILES 문자열을 RDKit의 Molecule 객체로 변환한다. 이를 통해 입력된 반응물들을 분자로 표현할 수 있게 된다.

그 다음으로는 반응 SMARTS 패턴을 정의한다. 앞에서 말한 바와 같이 SMARTS는

화학적 패턴을 기술하는 문자열로, 원하는 반응의 특정 패턴을 지정할 수 있다. SMARTS 패턴을 사용하여 반응 객체를 생성한다. 반응 가능성을 확인하기 위해 입력된 반응물들을 반응 객체에 적용한다. reaction.RunReactants() 함수를 사용하여 반응을 수행하고, 생성된 생성물들을 얻을 수 있다. 이때 가능한 여러 개의 생성물이 존재할 수 있으며, 만약 반응이 가능한 경우, 즉 생성물이 존재하는 경우, reactivity 변수에는 생성된 생성물들이 저장된다. 이후에는 각 생성물을 순회하면서 SMILES 표기법으로 변환하여 출력하고, 해당 생성물의 2D 그림을 표시한다. 반대로 반응이 불가능한 경우, 즉 생성물이 없는 경우, "반응 가능성: False"를 출력한다. 따라서 이 코드는 입력된 반응물과 반응 SMARTS 패턴을 사용하여 반응을 시뮬레이션하고, 가능한 생성물의 정보를 제공하는 기능을 수행한다.

- **반응 가능성:** True
- **생성된 분자의 SMILES:** CC(=O)NC(C)C

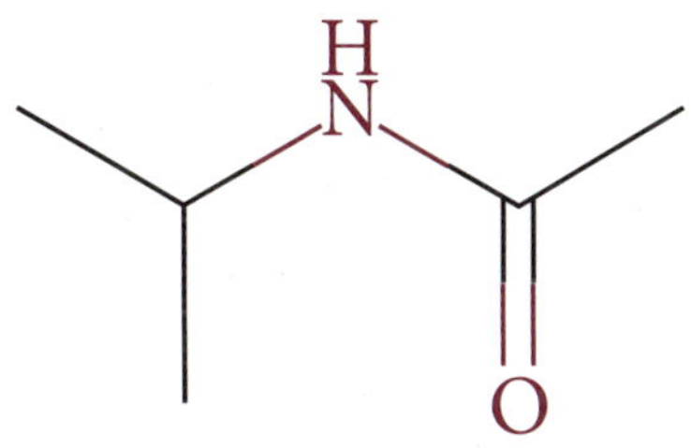

코드 분석

- **from rdkit.Chem.Draw import IPythonConsole:** IPythonConsole 모듈은 분자를 시각화하는 데 사용한다.
- **from rdkit.Chem import rdmolops:** rdmolops 모듈은 분자에 대한 다양한 연산을 수행하는 함수들을 제공한다. 여기서는 분자를 '정리'(sanitize)하는 데 사용한다.
- **reactant1_smiles = "CC(C)N":** 이 줄은 아민(amine)의 SMILES 문자열을 정의한다.
- **reactant2_smiles = "CC(=O)O":** 이 줄은 산(acid)의 SMILES 문자열을 정의한다.
- **reactant1 = Chem.MolFromSmiles(reactant1_smiles):** 이 줄은 SMILES 문자열을 RDKit 분자 객체로 변환한다.
- **reactant2 = Chem.MolFromSmiles(reactant2_smiles):** 동일한 동작을 두 번째 반응물에 대해 수행한다.
- **reaction_smarts = "[NH2:1].[C:2](=[O:3])O>>[NH:1][C:2]=O":** 이 줄은 반응의 SMARTS 문자열을 정의한다.
- **reaction = AllChem.ReactionFromSmarts(reaction_smarts):** 이 줄은 SMARTS 문자열을 RDKit 반응 객체로 변환한다.
- **reactivity = reaction.RunReactants([reactant1, reactant2]):** 이 줄은 주어진 반응물들이 SMARTS 패턴에 의해 정의된 반응을 수행할 수 있는지 테스트한다.
- **if reactivity::** 이 줄은 반응이 발생하는 경우에만 다음의 코드 블록을 실행하도록 한다.

- **for product in reactivity::** 이 줄은 각 예측된 생성물에 대해 루프를 시작한다.
- **product_mol = product[0]:** 이 줄은 첫 번째 생성물 분자를 가져온다.
- **rdmolops.SanitizeMol(product_mol):** 이 줄은 분자를 '정리'(sanitize)하여 화학적으로 의미가 있고 일관성이 있는지 확인한다.
- **product_smiles = Chem.MolToSmiles(product_mol):** 이 줄은 생성물 분자를 SMILES 문자열로 변환한다.
- **product_name = "Product":** 이 줄은 생성물의 이름을 정의한다.
- **print("생성된 분자의 SMILES:", product_smiles):** 이 줄은 생성된 분자의 SMILES 문자열을 출력한다.
- **img = Draw.MolsToGridImage([product_mol], molsPerRow=1, subImgSize=(300, 300)):** 이 줄은 생성된 분자를 2D 이미지로 생성한다.
- **display(img):** 이 줄은 생성된 이미지를 표시한다.
- **else::** 이 줄은 반응이 발생하지 않는 경우에만 아래의 코드 블록을 실행하도록 한다.
- **print("반응 가능성: False"):** 이 줄은 반응이 발생하지 않음을 출력한다.

연습 문제

1 리스트를 만들고, 이 리스트에 5개의 원소를 추가하라. 그 후, 이 리스트의 세 번째 원소를 출력하라.

2 Pandas를 이용하여 다음의 데이터를 포함하는 데이터프레임을 생성하라: 원소명 ['H', 'He', 'Li', 'Be', 'B']와 원자량 [1.008, 4.0026, 6.94, 9.0122, 10.81]. 그리고 이 데이터프레임의 앞 3개 행을 출력하라.

3 Numpy를 이용하여 1부터 10까지의 숫자를 원소로 갖는 배열을 생성하라. 그 후, 이 배열의 모든 원소에 5를 더하라.

4 Matplotlib를 이용하여 $y = x^2$ 함수의 그래프를 그려라. (x는 −10에서 10까지의 값을 가진다.)

5 앞서 생성한 데이터프레임(df)에서 원자량이 5보다 큰 모든 원소를 선택하라.

6 아래 분자 10개의 종류를 생성하고,

```
('Carbon Tetrachloride', 'ClC(Cl)(Cl)Cl'),
('Ammonia', 'N'),
('Acetic Acid', 'CC(=O)O'),
('Hydrogen Peroxide', 'OO'),
('Sodium Chloride', 'Cl'),
('Methanol', 'CO'),
('Ethylene', 'C=C'),
('Acetone', 'CC(=O)C'),
('Ethyl Acetate', 'CCOC(=O)C'),
('Toluene', 'Cc1ccccc1'),
```

해당하는 SMILES를 생성하여 'RDKIT2.csv' 파일로 저장하고, 다시 해당 파일을 로딩하여 RDKit을 사용하여 분자량(mw) 값을 계산하고 'RDKIT_mv.csv' 파일로 저장하는 코드를 만들어라.

7 위의 전체 분자의 개수를 출력하는 코드를 작성하라.

8 분자 이름과 해당 분자의 분자량 값을 출력하는 코드를 작성하라.

9 로딩된 DataFrame에서 분자량이 가장 낮은 분자의 이름을 출력하는 코드를 작성하라.

10 분자의 SMILES 정보를 입력받아 해당 분자의 분자량 값을 계산하는 코드를 작성하라.

11 로딩된 DataFrame에서 분자량 값이 특정 범위에 속하는 분자들의 이름과 분자량을 출력

하는 코드를 작성하라. 예를 들어, 분자량이 50보다 작거나 같고 0보다 큰 분자들의 정보를 출력하는 경우:

12 에탄올 SMILES 코드(CCO)를 input.sdf 파일로 저장하고 다시 해당 SDF 파일 형식을 SMILES 코드로 변환시키는 코드를 작성하라.

※ SDF 파일을 읽어 들여서 분자 리스트로 변환하는 RDKit 함수는 아래와 같다.

```
mols = Chem.SDMolSupplier('input.sdf')
```

13 탈리도마이드 SMILES를 사용하여, 분자의 수소 결합 Donor의 개수, 수소 결합 Acceptor의 개수, Morgan Fingerprint를 계산하라.

※ 탈리도마이드 SMILES를 사용할 시에 Chiral center를 고려하라.

14 탈리도마이드 SMILES를 사용하여, 분자의 분자량(Descriptors.MolWt), 가용 전자 수(Descriptors.NumValenceElectrons), 고리의 수(rdMolDescriptors.CalcNumRings), 회전 가능한 결합의 수(rdMolDescriptors.CalcNumRotatableBonds), 고리의 수(rdMolDescriptors.CalcNumRings), Topological Polar Surface Area(Descriptors.TPSA), Labute의 근사 표면적 계산(rdMolDescriptors.CalcLabuteASA)을 계산하는 코딩을 작성하라.

15 탈리도마이드 SMILES를 사용하여, 분자의 chiral center의 개수와 위치를 알려주는 코드를 만들어라.

16 다음 SMILES 표기법으로 주어진 두 분자에 대한 RDKit fingerprint를 이용한 Tanimoto 유사도를 계산하라.

```
분자 1: 'CCO' (에탄올)
분자 2: 'CCN' (에타닐아민)
```

17 다음 SMILES 표기법으로 주어진 두 분자에 대한 MACCS Keys fingerprint를 이용한 Dice 유사도를 계산하라.

```
분자 1: 'CCO' (에탄올)
분자 2: 'CCN' (에타닐아민)
```

18 아세트알데하이드(CH_3CHO)와 메탄올(CH_3OH)가 반응할 때 생성되는 주요 생성물은 무엇인지 RDKit의 AllChem.ReactionFromSmarts 함수를 사용해서 코드를 만들어라.

19 아세트알데하이드(CH_3CHO)와 메틸아민(CH_3NH_2)이 반응할 때 생성되는 주요 생성물은 무엇인지 RDKit의 AllChem.ReactionFromSmarts 함수를 사용해서 코드를 만들어라.

20 아세트알데하이드(CH_3CHO), 메탄올(CH_3OH), 메틸아민(CH_3NH_2)이 함께 반응하면 어떤 생성물이 나올지 RDKit의 AllChem.ReactionFromSmarts 함수를 사용해서 코드를 만들어라.

제 2 장

화학 정보의 탐색: Chemical Space와 빅데이터

차례

2.1 화학 물질의 '화학 공간' 이해

화학 공간은 가능한 모든 화학 물질이 있는 가상의 공간이라고 생각할 수 있다. 화학 공간은 매우 광범위한 개념이며, 무수히 많은 가능한 화학 물질들로 이루어져 있다. 우리가 알고 있는 모든 원소의 다양한 조합이 여기에 포함된다. 가령, 우리가 생각할 수 있는 가장 간단한 화학 물질인 수소와 산소를 예로 들어 보자. 이 두 원소를 다양하게 조합하면 물(H_2O), 과산화 수소(H_2O_2), 산소 분자(O_2) 등 다양한 물질을 만들 수 있다. 그러나 이들은 아직 화학 공간의 극히 일부일 뿐이다. 다양한 원소들과 그 원소들을 결합할 수 있는 방법이 수없이 많기 때문에, 화학 공간의 크기는 거의 무한하다고 생각할 수 있다. 우리가 인류의 발전을 위해 주로 다루고 있는 수소, 산소, 탄소, 질소, 인 등의 유기 화학의 원소들에 비해서 주기율표에는 얼마나 많은 원소가 있는가? 원소 간의 다양한 결합 특성 및 결합 구조 등을 생각한다면 상상을 초월하는 숫자가 있다는 것을 쉽게 이해할 수 있다.

화학 공간은 다양한 화학적 성질(예: 분자량, 굴절률, 끓는점 등), 구조적 특성(예: 화학 결합의 유형, 분자의 3차원 구조 등), 생물학적 특성(예: 어떤 특정 단백질과의 결합력 등)과 같은 또 다른 많은 화학적인 차원을 가지고 있다. 화학 공간을 이해하고 탐색하는 것은 우리가 알려진 물질들의 성질을 이해하고, 새로운 물질을 발견하고, 특정 물질이 어떻게 다른 물질과 상호 작용하는지 이해하는 데 중요하다. 예를 들어, 약물 개발에서 화학 공간을 탐색하면 약물 표적(예: 특정 단백질)과 결합하는 물질을 찾는 데 도움이 될 수 있다. 화학 공간의 탐색은 컴퓨터 시뮬레이션, 데이터베이스 검색, 실험적 방법 등 다양한 방법으로 이루어질 수 있다.

화학 공간은 매우 다양하며, 그중에서 인류는 잘 찾아내어, 인류가 만들어내어 사용하고 있는 약물, 농약, 플라스틱, 의류 등 다양한 용도로 사용되는 화학 물질이 있다. 따라서 화학 공간은 인류의 발전과 함께 끊임없이 확장되고 있으며, 새로운 화학 물질이 개발되고 있다. 새로운 화학 물질의 개발은 새로운 제품과 기술의 개발로 이어지며, 결국 의료, 농업, 산업 등 경제와 사회에 큰 영향을 미친다.

반면, 화학 공간은 매우 복잡하기에 화학 공간에 존재할 수 있는 화학 물질의 특성을 예측하는 것은 쉽지 않다. 이는 화학 물질의 특성이 화학 물질의 구조, 원소 조성, 분자량, 전기적 성질, 물리적 성질 등에 따라 달라지기 때문이다. 화학 물질의 특성을 예측하는 것은 새로운 화학 물질을 개발하고 안전하게 사용하는 데 중요한 기능을 제공하므로 이러한 예측을 진행하기 위하여 화학 공간의 빅데이터를 사용하게 되며 그 사례는 여러 가지가 있다. 예로서, 앞에서 간단히 제시한 의약품 개발에서 화학 공간 빅데이터는 중요한 역할을 한다. 화학 물질의 대량 데이터를 분석하여 새로운 약물 후보를 탐색하거나, 약물이 인체에 미치는 효과를 예측하는 데 활용된다. 예를 들어, 기계 학습 알고리즘은 수백만 개의 화합물을 분석하여 특정 질병을 치료하는 데 효과적인 화합물을 신속하게 식별할 수 있다. 재료 과학 분야에서도 빅데이터는 중요한 역할을 한다. 빅데이터를 활용하여 새로운 재료의 성질을 예측하거나, 최적의 제조 공정을 찾는 데 사용된다. 예를 들어, 배터리, 연료전지, 반도체 등의 성능을 향상시키기 위해 필요한 재료의 특성을 예측하는 데 빅데이터가 사용된다. 크게 보면 빅데이터는 환경 모니터링에서도 활동될 수 있다. 대기, 수질, 토양 등의 자연 또는 인공 화학 물질 모니터링 데이터를 분석하여 오염 원인을 파악하거나, 새로운 화학물질의 사용에 따른 환경 변화를 예측하는 데 사용될 수 있다. 화학 교육에서 화학 공간의 빅데이터는 학생들이 가상공간에서의 실제 데이터를 바탕으로 학습하도록 도울 수 있다. 이는 학생들의 화학적 이론 지식을 실제 상황에 적용하는 능력을 구비하게 하는 데 중요한 역할을 할 수 있다.

각 사례는 빅데이터가 화학 분야에서 어떻게 활용될 수 있는지를 보여주며, 화학 공간에 존재하는 빅데이터가 화학의 미래를 어떻게 바꿀 수 있는지 시사한다. 앞에서 배웠던 Python 코딩을 기반으로 간단한 예를 들자면, 만일 끓는점과 녹는점의 빅데이터가 chemial_properties.csv에 저장되어 있다면 간단히 아래와 같은 코드를 만들 수 있을 것이다. (1장에서 배운 것을 바탕으로 한다면 직접 몇 개의 데이터로 csv 파일을 만들어서 해 볼 수 있을 것이다.)

```
import pandas as pd

# CSV 파일에서 데이터 로드
data = pd.read_csv('chemical_properties.csv')

# 데이터의 처음 5행을 출력
print(data.head())
```

```
# 물질의 끓는점과 녹는점 사이의 관계를 분석
correlation = data['Boiling_Point'].corr(data['Melting_Point'])

print('끓는점과 녹는점 사이의 상관관계: ', correlation)
```

이 코드는 CSV 파일에서 화학 물질의 속성 데이터를 불러오고, 끓는점과 녹는점 사이의 상관관계를 계산한다. 이는 화학 물질의 물리적 속성 사이의 관계를 이해하는 데 도움이 될 수 있다. 이러한 데이터 분석은 화학 물질의 속성을 이해하고 예측하는 데 사용될 수 있을 것이다. 예를 들어, 상관관계를 바탕으로 끓는점을 알지 못하는 새로운 물질의 끓는점과 녹는점까지도 예측할 수 있다. 그러나 실제 화학과 빅데이터의 사례 연구는 이보다 훨씬 복잡하고 전문적인 지식을 필요로 한다. 앞으로 배우게 되는 기계 학습 알고리즘을 사용하여 새로운 약물 후보를 탐색하는 작업은 전문적인 데이터 분석 및 기계 학습 지식을 요구한다.

화학 정보학에서 종종 언급되는, 특히 가장 발전한 의학 분야 등에서 거론되는 화학 공간은 잠재적인 약리학적 활성 분자의 공간이다. 그것의 크기는 10^{60} 분자 정도로 추정된다. 실제로는 더욱 많을 것으로 예상하나, 잠재적인 약리학적 활성 분자의 수를 추정하는 데 사용되는 가정은 리핀스키 규칙, 특히 분자량 한계인 500을 사용하여 예측한다. 이 추정치는 또한 탄소, 수소, 산소, 질소, 황과 같은 화학 원소로만 고려한다. 또한, 최대 30개의 원자가 500 Dalton 이하에 머무른다고 가정하고 최대 4개의 고리 이하를 허용한다면 대략 10^{63}개의 물질을 추정할 수 있다. 여기에 할로젠과 다른 요소를 포함하면 훨씬 더 큰 화학 공간이 가능하다. 2018년 C, N, O, S 및 할로겐 원소들로만 이뤄진 17개의 원소를 고려했을 때 1,664억 개의 분자 숫자에 대한 데이터베이스를 만든 연구가 최근 알려져 있다.

이러한 어마어마한 화학 공간 내에서 인터넷의 보급과 정보의 공유 속에서 얻을 수 있는 화학 공간 내의 화학 물질에 대한 정보는 다양하게 존재한다. 따라서 일부는 공식적으로 이를 종합하여 공공의 목적으로 무료로 제공하고 있다. 물론 일부는 상업적으로 이용되기도 한다. 일부 온라인으로 접근할 수 있는 화학 공간의 예는 아래와 같다.

- **PubChem:** 미국 국립 의학 도서관이 운영하는 이 데이터베이스는 화학 물질의 구조와 생물학적 활동 정보를 제공한다. 다양한 화학, 생물학적 데이터를 분석하고 다운로드할 수 있다.
- **ChemDB:** 캘리포니아 대학교 어바인 캠퍼스에서 개발한 ChemDB는 화학 물질의 구조, 물리화학적 성질, 예상된 생물학적 활동 등을 검색하고 검색할 수 있는 도구를 제공한다.
- **ZINC:** 캘리포니아 대학교 샌프란시스코의 존 아이레인 연구소에서 개발한 이 데이터베이스는 신약 개발에 중점을 둔 화학 물질의 집합을 제공한다. ZINC은 특히 약물 표적으로의 연결성에 중점을 두었다.

- **ChEMBL:** 유럽 생명 과학 정보 연구소(European Bioinformatics Institute)에서 제공하는 ChEMBL은 약물 표적에 대한 대규모 생물활성 데이터를 제공한다.
- **DrugBank:** 이 데이터베이스는 약물과 약물 표적에 대한 포괄적인 정보를 제공한다. 약물의 화학, 약리학, 약물동태학 정보를 포함하며, FDA 승인 약물뿐 아니라 실험적 약물에 대한 정보도 포함하고 있다.

이러한 데이터베이스들은 모두 자신들만의 방식으로 '화학 공간'을 정의하고 있으며(설정값과 예측값의 혼용), 과학자들이 이 공간을 탐색하고 이해하는 데 도움을 주고 있다. 여기서 주의할 점은 이들 데이터베이스가 모두 가능한 모든 화학 공간을 포함하고 있지는 않다는 점이다. 앞에서도 이야기했듯이 화학 공간은 거의 무한하며, 이를 완전히 탐색하고 이해하는 것은 현재의 컴퓨팅 능력으로는 불가능하다.

2.2 빅데이터 활용과 웹 스크래핑 기술 소개

빅데이터는 화학과 관련된 다양한 분야에서 중요한 역할을 할 수 있으며, 대표적인 예를 들어보면 아래와 같다.

- **새로운 화학적 이해와 발견:** 빅데이터를 사용하면 이전에는 알 수 없었던 패턴이나 상관관계를 찾을 수 있다. 예를 들어, 화학 반응의 결과를 예측하거나, 새로운 화합물의 성질을 추측하는 것도 가능해진다. 소위 'AI instinct'라 불리우는 분야를 접목할 수 있어 새로운 화학적 관계를 추출하고, 이론을 개발하거나 검증하는 데 도움이 될 수 있다.
- **화학적 실험과 연구의 효율성 증대:** 빅데이터는 화학 실험과 연구의 효율성을 증대시키는 데 기여할 수 있다. 대규모의 데이터를 분석하여 최적의 실험 조건을 찾거나, 실험에서 얻은 결과를 기반으로 미래의 화학 실험 결과를 예측할 수 있다. 이는 실험의 수를 줄이고, 연구 과정을 가속화시키는 데 도움이 된다.
- **새로운 화학적 응용 분야 개발:** 빅데이터는 새로운 화학적 응용 분야를 개발하는 데도 중요하다. 예를 들어, 앞에서 이야기한 바와 같이 의약품 개발, 에너지 저장 재료, 환경 모니터링 등에 빅데이터를 활용할 수 있다. 이러한 응용 분야와 무궁무진한 많은 화학 물질과 관련된 분야와 산업발전에의 적용은 인간의 삶의 질을 향상시키는 데 기여할 수 있음이 분명하다.
- **교육과 학습 향상:** 빅데이터는 화학 교육과 학습의 질을 향상시키는 데도 기여한다. 학생들은 빅데이터를 활용하여 실제 또는 가상의 데이터를 바탕으로 학습할 수 있으며, 이는 이론적인 지식을 가상 공간에서 안전한 화학실험을 할 수 있는 환경을 제공할 수 있다.

따라서 화학에서 빅데이터의 중요성은 매우 크며, 빅데이터를 활용하는 능력은 미래의 여러 분야의 화학자에게 중요한 역량으로 간주된다. 이러한 빅데이터를 추출하고 저장하는 방법은 여러 논문, 책 등으로부터 직접 받아오거나 생성하는 방법이 있겠지만, 가장 많이 쓰이는 방법은 웹상에 존재하는 정보를 모으는 것이다. 웹 스크래핑은 웹 페이지에서 정보를 추출하는 과정이다. 화학 데이터를 웹에서 스크래핑하기 위해 우선 해당 웹사이트의 구조를 이해하는 것이 중요하다.

- **웹 페이지의 구조:** 웹 페이지는 HTML(HyperText Markup Language)로 작성되어 있다. HTML은 웹 페이지의 내용을 정의하며, 태그라는 것을 사용하여 데이터를 구조화한다. 주요 HTML 태그에는 <head>, <body>, <h1>, <p>, <div>, <a>, <img> 등이 있다. 화학 정보를 포함하는 웹사이트는 일반적으로 화합물의 이름, 구조, 속성, 반응 등에 관한 정보를 포함한다. 이 정보는 다양한 HTML 태그로 구조화되어 있을 수 있다.
- **화학 정보 웹사이트:** 화학 정보를 제공하는 대표적인 웹사이트 중 하나는 PubChem이다. PubChem은 화합물, 물리화학적 특성, 생물학적 실험 결과 등에 대한 정보를 제공하며 가장 널리 쓰이므로 이를 기준으로 여기서는 주로 설명하고자 한다. PubChem의 각 화합물 페이지는 해당 화합물의 이름, 구조식, 분자량, 물리화학적 속성, 관련 연구 자료 등의 정보를 포함한다. 이 정보는 다양한 HTML 태그를 사용하여 웹 페이지에 구조화되어 있다.
- **웹 스크래핑을 위한 도구:** 웹 스크래핑을 수행하기 위해 여러 도구를 사용할 수 있다. Python에서는 Beautiful Soup와 Scrapy 등의 라이브러리를 사용하여 웹 스크래핑을 수행할 수 있다. 이들 라이브러리는 웹 페이지의 HTML을 분석하고, 필요한 데이터를 추출하는 기능을 제공한다. 이제 화학 정보 웹사이트의 대략적인 정보를 기준으로 웹 스크래핑을 수행하는 방법을 알아보자.

```
import requests

# PubChem에서 화합물 페이지에 접근
url = "https://pubchem.ncbi.nlm.nih.gov/compound/12345"
response = requests.get(url)

# HTML 데이터를 파일에 저장
with open("pubchem_page.txt", "w", encoding="utf-8") as file:
    file.write(response.text)
```

위의 코드에서는 requests 라이브러리를 사용하여 화합물 페이지의 HTML 데이터를 가져온다. 그리고 open 함수를 사용하여 pubchem_page.txt 파일을 생성하고, write 메소드를 사용하여 HTML 데이터를 파일에 작성한다. 파일을 열 때 encoding="utf-8"을 지정하여 UTF-8 인코딩으로 저장한다. 이를 통해서 UTF-8이 지원하는 다양한 언어의 문자를 손실 없이 저장이 가능하며, 이를 통해서 pubchem_page.txt 파일에 화합물 페이지의 HTML 데이터가 저장된다.

- **import requests:** requests 라이브러리를 불러온다. 이 라이브러리는 HTTP 요청을 보내고 웹사이트의 데이터를 가져오는 데 사용된다.
- **url = "https://pubchem.ncbi.nlm.nih.gov/compound/12345":** 접근할 PubChem 화합물 페이지의 URL을 지정한다. 예시에서는 "**https:**//pubchem.ncbi.nlm.nih.gov/compound/12345"를 사용하였지만, 실제로는 원하는 화합물에 해당하는 URL을 사용해야 한다.
- **response = requests.get(url):** requests 모듈의 get 메소드를 사용하여 지정한 URL에 GET 요청을 보낸다. 그 결과로 서버로부터의 응답을 받아온다. response 변수에는 응답의 객체가 저장된다.
- **with open("pubchem_page.txt", "w", encoding="utf-8") as file:** "pubchem_page.txt"라는 파일을 쓰기 모드("w")로 열고, 파일 내용들을 file 변수에 저장한다. encoding="utf-8"은 파일을 UTF-8 인코딩으로 저장하기 위해 사용된다. with 구문을 사용하여 파일을 열면, 파일 사용이 끝난 후에 자동으로 닫히게 된다.
- **file.write(response.text):** response 객체의 text 속성을 사용하여 서버로부터 받은 HTML 데이터를 파일에 작성한다. write 메소드를 사용하여 데이터를 파일에 쓴다.

이에 대한 분석을 기준으로 아래와 같이 BeautifulSoup을 이용하여 파싱하고(데이터를 자르고) soup 함수를 이용하여 데이터를 찾을 수 있다.

```
import requests
from bs4 import BeautifulSoup

# PubChem에서 화합물 페이지에 접근
url = "https://pubchem.ncbi.nlm.nih.gov/compound/12345"
response = requests.get(url)

# BeautifulSoup 객체 생성
soup = BeautifulSoup(response.text, 'html.parser')

# 'Molecular Weight' 텍스트가 있는 HTML 요소 찾기
mw_label = soup.find('th', text='Molecular Weight')

if mw_label:
    # 'Molecular Weight' 텍스트 다음에 나오는 숫자 찾기
    mw_value = mw_label.find_next_sibling('td')
    if mw_value:
        print('Molecular Weight:', mw_value.text.strip())
    else:
        print('Molecular Weight 값을 찾을 수 없습니다.')
else:
    print('Molecular Weight 정보를 찾을 수 없습니다.')
```

이 코드는 "https://pubchem.ncbi.nlm.nih.gov/compound/12345"라는 URL의 페이지를 요청하고, 페이지의 HTML을 파싱하여 "Molecular Weight"라는 텍스트를 포함하는 'th' 태그를 찾는다. 그 다음에 'td' 태그를 찾아 그 내용을 출력한다. 이 코드가 실제로 작동하려면 웹 페이지의 구조가 이와 정확히 일치해야 한다. 웹 페이지의 구조가 변경되면 웹 스크래핑 코드도 업데이트해야 한다.

웹페이지마다 구성이 각기 다르고 매우 복잡하여 정보를 쉽게 찾을 수 없지만, 특정 정보를 추출하는 데 용이하게 이용할 수 있다. 따라서 여기에서는 가장 많이 쓰이고 있는 방법인 PubChem의 REST API를 사용하여 특정 화합물에 대한 정보를 가져와서 하는 일반적인 방법을 주로 소개한다.

```
import requests
import json

compound_name = "glucose"

# PubChem의 REST API를 사용하여 JSON 형식으로 데이터 요청
url = f"https://pubchem.ncbi.nlm.nih.gov/rest/pug/compound/name/
{compound_name}/property/MolecularFormula,MolecularWeight,Canonical
SMILES,InChI,InChIKey/JSON"
response = requests.get(url)

# JSON 데이터를 Python 사전으로 변환
data = json.loads(response.text)

# 데이터에서 화합물의 정보를 추출
properties = data['PropertyTable']['Properties'][0]

# 화합물의 정보 출력
print('분자식:', properties['MolecularFormula'])
print('분자량:', properties['MolecularWeight'])
print('Canonical SMILES:', properties['CanonicalSMILES'])
print('InChI:', properties['InChI'])
print('InChIKey:', properties['InChIKey'])
```

이 코드는 PubChem의 REST API를 사용하여 특정 화합물에 대한 정보를 JSON 형식으로 요청한다. 응답은 Python 사전(딕셔너리)으로 변환되며, 이 사전에서 화합물의 정보를 추출한다.

이 방법은 웹 스크래핑보다 훨씬 효율적이며, 웹사이트의 구조가 변경되어도 코드를 업데이트할 필요가 없다. 하지만, 웹사이트가 REST API를 제공하지 않는 경우에 웹 스크래핑을 사용해야 한다.

```
분자식: C6H12O6
분자량: 180.16
Canonical SMILES: C(C1C(C(C(C(O1)O)O)O)O)O
InChI: InChI=1S/C6H12O6/c7-1-2-3(8)4(9)5(10)6(11)12-2/h2-11H,1H2/
                                                t2-,3-,4+,5-,6?/m1/s1
InChIKey: WQZGKKKJIJFFOK-GASJEMHNSA-N
```

API는 Application Programming Interface의 약자로, 다양한 소프트웨어 사이의 상호작용을 가능하게 만드는 규약이다. REST는 Representational State Transfer의 약자로, 웹 서비스의 아키텍처 스타일 중 하나이다. REST API는 일반적으로 HTTP를 통해 통신하며, 웹 서비스가 클라이언트에게 자원을 제공하는 방법을 정의한다. 자원은 URL을 통해 식별되고, HTTP 메소드(GET, POST, PUT, DELETE 등)를 사용하여 액세스하고 조작할 수 있다. 예를 들어, 위의 예제에서는 PubChem의 REST API를 사용하여 특정 화합물의 정보를 가져온다. URL은 화합물의 이름을 포함하며, HTTP GET 메소드를 사용하여 정보를 요청한다. 여기서 쓰이는 JSON은 JavaScript Object Notation의 약자로, 데이터를 교환하는 데 사용되는 경량의 데이터 형식이다. JSON은 언어에 독립적이며, Python, JavaScript, Java 등 대부분의 프로그래밍 언어에서 사용할 수 있다.

JSON 데이터는 키-값 쌍으로 구성된 객체와 배열로 표현될 수 있다. Python에서는 JSON 객체를 사전으로, JSON 배열을 리스트로 쉽게 변환할 수 있다. 위의 예제에서는 PubChem의 REST API로부터 JSON 형식의 응답을 받는다. 이 응답은 Python 사전으로 변환되어 화합물의 정보를 쉽게 추출할 수 있다. 이런 방식으로, REST API와 JSON은 웹에서 데이터를 효율적으로 교환하는 데 필수적인 도구이다. 이를 이해하면, 다양한 웹 서비스에서 데이터를 가져오는 방법을 배울 수 있다. 아래에는 위의 코드를 자세히 설명하는 부분을 첨부하였다.

- **compound_name = "glucose":** compound_name 변수에 "glucose"라는 문자열 값을 할당한다. 이 변수는 API 요청 URL에서 사용되며, 변수로 한 이유는 많은 다른 물질로 반복문으로 사용할 수 있다는 것을 추측할 수 있다.
- **url = f"https://pubchem.ncbi.nlm.nih.gov/rest/pug/compound/name/{compound_name}/property/MolecularFormula,MolecularWeight,CanonicalSMILES,InChI,InChIKey/JSON":** url 변수에 PubChem의 REST API 요청 URL을 할당한다. 이 URL은 compound_name 변수의 값을 사용하여 요청할 회합물의 정보를 지정한다.
- **response = requests.get(url):** requests.get() 함수를 사용하여 위에서 정의한 URL에 GET 요청을 보내고, 응답을 받아 response 변수에 저장한다.
- **data = json.loads(response.text):** response.text를 사용하여 응답에서 텍스트 데이터를 가져온 후, json.loads() 함수를 사용하여 JSON 형식의 데이터를 Python 사전으로 변환하여 data 변수에 저장한다.
- **properties = data['PropertyTable']['Properties'][0]:** 변환된 데이터에서 화합물의 정보를 추출하기 위해 data 변수에서 필요한 데이터를 접근하여 properties 변수에 할당한다. 이 코드에서는 PropertyTable 키의 값 중 첫 번째([0]) 화합물의 속성(Properties)을 가져온다.
- **print('분자식:', properties['MolecularFormula']), print('분자량:', properties['MolecularWeight']), print('Canonical SMILES:', properties['CanonicalSMILES']), print('InChI:', properties['InChI']), print('InChIKey:', properties['InChIKey']):** 화합물의 정보를 출력한다. properties 변수에서 추출한 정보를 사용하여 각각의 정보에 해당하는 값을 출력한다. 각 출력문은 해당 정보의 이름과 값을 포함한다.

해당하는 요청에 해당하는 내용을 SMILES로 조정하여 요청도 가능하다. 이에 대한 코드는 다음과 같다.

```
import requests
import json

smiles = "C([C@@H]1[C@H]([C@@H]([C@H](C(O1)O)O)O)O)O"

# PubChem의 REST API를 사용하여 JSON 형식으로 데이터 요청
url = f"https://pubchem.ncbi.nlm.nih.gov/rest/pug/compound/smiles/
{smiles}/property/MolecularFormula,MolecularWeight,CanonicalSMILES,
InChI,InChIKey/JSON"
response = requests.get(url)

# JSON 데이터를 Python 사전으로 변환
data = json.loads(response.text)

# 데이터에서 화합물의 정보를 추출
properties = data['PropertyTable']['Properties'][0]

# 화합물의 정보 출력
print('분자식:', properties['MolecularFormula'])
print('분자량:', properties['MolecularWeight'])
print('Canonical SMILES:', properties['CanonicalSMILES'])
print('InChI:', properties['InChI'])
print('InChIKey:', properties['InChIKey'])
```

위에서와 같은 방식으로 데이터가 추출되며 위와 다르게 SMILES 문자열에 해당하는 화합물의 정보를 조회하고 출력한다. 해당하는 코드는 이전과 다르게 SMILES 문자열은 복잡한 구조를 가진 화합물을 정확하게 표현할 수 있도록 설계되었기 때문에, 간단한 화합물 이름을 입력하는 것보다 복잡할 수 있다.

```
import pubchempy as pcp

compound_name = "glucose"

# 화합물 검색
compounds = pcp.get_compounds(compound_name, 'name')

# 검색된 화합물 중 첫 번째 화합물 선택
compound = compounds[0]

# 화합물의 정보 출력
print('화합물 ID:', compound.cid)
print('분자식:', compound.molecular_formula)
print('분자량:', compound.molecular_weight)
print('Canonical SMILES:', compound.canonical_smiles)
print('InChI:', compound.inchi)
print('InChIKey:', compound.inchikey)
```

위의 코드를 설명하기 앞서 PubChem을 본격적으로 활용하기 위해 가장 많이 사용하는 라이브러리인 pubchempy를 소개하려고 한다. pubchempy는 PubChem 데이터베이스에서 정보를 가져오는 데 사용되는 Python 라이브러리이다. pubchempy를 사용하면 다양한 기능을 수행할 수 있다. 주로 많이 쓰는 기능은 화합물 및 동의어 검색으로 주어진 이름, SMILES 문자열, InChI 문자열, 구조식 파일 등으로 PubChem에서 화합물을 검색할 수 있다. 또한 화합물 정보를 가져오는 것이 가능하여 화합물의 다양한 속성을 가져올 수 있다. 여기에는 다음과 같은 주요 정보들을 포함할 수 있다.

- **cid:** PubChem에서 사용하는 고유한 화합물 ID
- **isomeric_smiles, canonical_smiles:** 화합물의 SMILES 표현
- **inchi:** 화합물의 InChI 표현
- **inchikey:** 화합물의 InChIKey 표현
- **iupac_name:** 화합물의 IUPAC 이름
- **synonyms:** 화합물의 다른 이름들
- **xlogp:** XLogP 값
- **exact_mass, molecular_weight:** 화합물의 정확한 질량과 분자량
- **complexity:** 복잡성 값
- **tpsa:** Topological Polar Surface Area
- **charge:** 전하 값
- **h_bond_donor_count, h_bond_acceptor_count:** 수소 결합 주체 및 수용체 수
- **rotatable_bond_count:** 회전 가능한 결합의 수
- **heavy_atom_count:** 무거운 원자의 수
- **isotope_atom_count:** 동위원소 원자의 수
- **atom_stereo_count:** 원자의 입체 이성질체 수
- **defined_atom_stereo_count:** 정의된 원자의 입체 이성질체 수
- **undefined_atom_stereo_count:** 정의되지 않은 원자의 입체 이성질체 수
- **bond_stereo_count:** 결합의 입체 이성질체 수
- **covalent_unit_count:** 공유 결합 단위 수
- **volume_3d, multipoles_3d, conformer_rmsd_3d, effective_rotor_count_3d, conformer_id_3d 등:** 3차원 구조에 대한 정보

또한 CID, SID, AID로 정보 검색이 가능하며, PubChem에서 사용하는 다양한 식별자를 사용하여 정보를 검색할 수 있다. CID는 Compound ID를, SID는 Substance ID를, AID는 Assay ID를 나타낸다. 더불어 상호작용, 반응 및 경로 데이터에 대한 접근이 가능하다.

PubChem은 화합물과 생물학적 대상 간의 상호작용, 화합물이 참여하는 화학 반응, 대사 경로 등의 정보도 제공하기 때문이다. pubchempy를 사용하기 위해서는 먼저 라이브러리를 설치해야 한다. pip를 사용하여 설치할 수 있다.

```
!pip install pubchempy
```

Python에서 pubchempy를 불러와 이용할 수 있다. 예를 들어, 화합물의 이름을 사용하여 정보를 검색하는 코드는 다음과 같다:

```
import pubchempy as pcp

compound = pcp.get_compounds('glucose', 'name')[0]
print(compound.molecular_formula)
print(compound.molecular_weight)
print(compound.canonical_smiles)
print(compound.isomeric_smiles)
print(compound.inchi)
print(compound.inchikey)
print(compound.iupac_name)
```

이 코드는 'glucose'라는 이름으로 PubChem에서 화합물을 검색하고, 검색된 화합물 중 첫 번째 화합물의 여러 속성을 출력한다.

특히 compound = pcp.get_compounds('glucose', 'name')[0]의 의미는 pcp.get_compounds 함수를 사용하여 'glucose'라는 화합물에 대한 정보를 가져온다. 첫 번째 인자는 검색할 화합물의 이름이며, 두 번째 인자는 검색 조건을 지정한다. 여기서는 'name'을 사용하여 화합물 이름으로 검색하도록 지정하였다. [0]을 사용하여 반환된 화합물 리스트에서 첫 번째 화합물을 선택하는 코드이다.

출력:

```
C6H12O6
180.16
C(C1C(C(C(C(O1)O)O)O)O)O
C([C@@H]1[C@H]([C@@H]([C@H](C(O1)O)O)O)O)O
InChI=1S/C6H12O6/c7-1-2-3(8)4(9)5(10)6(11)12-2/h2-11H,1H2/
t2-,3-,4+,5-,6?/m1/s1
WQZGKKKJIJFFOK-GASJEMHNSA-N
(3R,4S,5S,6R)-6-(hydroxymethyl)oxane-2,3,4,5-tetrol
```

더 많은 정보와 사용 예제는 pubchempy의 공식 문서에서 확인할 수 있다: http://pubchempy.readthedocs.io/

PubChem과 pubchempy를 활용을 잘 한다면 얼마든 빅데이터를 만들 수 있다. 아래는 다섯 가지 물질에 대해서 필요한 데이터를 만드는 방법에 대한 코드이다.

```
import pubchempy as pcp

# 원하는 화합물의 리스트 생성
compounds = ['glucose', 'ethanol', 'aspirin', 'caffeine', 'ibuprofen']

# 결과를 저장할 빈 사전 생성
results = {}

# 각 화합물에 대해 반복
for compound_name in compounds:
    # 화합물 검색
    compound = pcp.get_compounds(compound_name, 'name')

    # 검색 결과가 있으면
    if compound:
        # 첫 번째 결과를 사용
        compound = compound[0]

        # 필요한 정보 추출
        molecular_formula = compound.molecular_formula
        molecular_weight = compound.molecular_weight
        canonical_smiles = compound.canonical_smiles
        iupac_name = compound.iupac_name

        # 결과 저장
        results[compound_name] = {
            'Molecular Formula': molecular_formula,
            'Molecular Weight': molecular_weight,
            'Canonical SMILES': canonical_smiles,
            'IUPAC Name': iupac_name,
        }

# 결과 출력
for compound_name, properties in results.items():
    print(f'{compound_name}:')
    for property_name, value in properties.items():
        print(f'  {property_name}: {value}')
    print()
```

이 코드는 각 화합물의 분자식, 분자량, Canonical SMILES, IUPAC 이름을 출력한다. 원하는 정보를 추가하려면 코드를 수정하여 다른 속성을 추출하면 된다.

출력:

```
glucose:
  Molecular Formula: C6H12O6
  Molecular Weight: 180.16
```

```
  Canonical SMILES: C(C1C(C(C(C(O1)O)O)O)O)O
  IUPAC Name: (3R,4S,5S,6R)-6-(hydroxymethyl)oxane-2,3,4,5-tetrol

ethanol:
  Molecular Formula: C2H6O
  Molecular Weight: 46.07
  Canonical SMILES: CCO
  IUPAC Name: ethanol

aspirin:
  Molecular Formula: C9H8O4
  Molecular Weight: 180.16
  Canonical SMILES: CC(=O)OC1=CC=CC=C1C(=O)O
  IUPAC Name: 2-acetyloxybenzoic acid

caffeine:
  Molecular Formula: C8H10N4O2
  Molecular Weight: 194.19
  Canonical SMILES: CN1C=NC2=C1C(=O)N(C(=O)N2C)C
  IUPAC Name: 1,3,7-trimethylpurine-2,6-dione

ibuprofen:
  Molecular Formula: C13H18O2
  Molecular Weight: 206.28
  Canonical SMILES: CC(C)CC1=CC=C(C=C1)C(C)C(=O)O
  IUPAC Name: 2-[4-(2-methylpropyl)phenyl]propanoic acid
```

이와 같이 나온 데이터를 csv 형태로 저장하는 것도 가능할 것이다(연습 문제 참조).

해당하는 코드에 대한 자세한 설명은 아래와 같다.

- **import pubchempy as pcp:** pubchempy 모듈을 pcp라는 이름으로 가져온다.
- **compounds = ['glucose', 'ethanol', 'aspirin', 'caffeine', 'ibuprofen']:** compounds 리스트를 생성하고, 원하는 화합물 이름을 포함한다.
- **results = {}:** 결과를 저장할 빈 사전(results)을 생성한다.
- **for compound_name in compounds::** compounds 리스트의 각 화합물 이름에 대해 반복한다.
- **compound = pcp.get_compounds(compound_name, 'name'):** pcp.get_compounds() 함수를 사용하여 화합물을 검색한다. 검색 결과는 compound 변수에 저장된다.
- **if compound::** 검색된 화합물이 있는지 확인한다.
- **compound = compound[0]:** 검색된 화합물 중 첫 번째 화합물을 선택하여 compound 변수에 할당한다.
- 필요한 정보를 추출하여 변수에 할당한다. 예제에서는 molecular_formula, molecular_weight, canonical_smiles, iupac_name 정보를 추출한다.

- **results[compound_name] = { ... }:** 결과를 results 사전에 저장한다. 각 화합물 이름(compound_name)을 키로 사용하고, 해당 화합물의 정보를 사전 형태로 값으로 저장한다.
- **for compound_name, properties in results.items()::** results 사전의 각 항목에 대해 반복한다. compound_name은 화합물 이름, properties는 해당 화합물의 정보 사전이다.
- 이후 결과를 출력한다. 화합물 이름을 출력한 후, 해당 화합물의 정보를 반복하여 출력한다.

다만, PubChem API에는 요청에 대한 제한이 있으므로 너무 많은 데이터를 한 번에 요청하지 않도록 주의해야 한다. 큰 규모의 작업을 계획하고 있다면 PubChem API의 사용 제한을 확인해야 한다. 이를 위하여 time이라는 라이브러리를 통상 사용해서 이에 대한 시간 통제를 해주며, 이는 Tanimoto 유사성을 이용하여 빅데이터를 구축하는 다음의 예에 포함되어 있다.

화학 공간 빅데이터의 가장 많은 분야에서 주목하고 있는 의약적 분야에서 간단히 적용할 수 있는 한 가지 데이터를 얻는 방법에 대해서 알아보자. 만일 acetaminophen (타이레놀)의 비슷한 구조를 화학 공간에서 알아내어 해당하는 물질을 약의 후보 물질로 사용하고자 한다면, acetaminophen과 유사한 물질의 구조를 찾는 것은 하나의 방법이 될 수 있을 것이다.

```
import pubchempy as pcp
from rdkit import Chem, DataStructs
from rdkit.Chem import AllChem
import pandas as pd
import time

acetaminophen_cid = pcp.get_cids('acetaminophen', 'name')[0]
                                                # Acetaminophen의 CID를 얻음
acetaminophen = pcp.Compound.from_cid(acetaminophen_cid)
acetaminophen_mol = Chem.MolFromSmiles(acetaminophen.isomeric_smiles)

similar_smiles = []

#CID의 제한을 두고 찾음
for cid in range(acetaminophen_cid - 5000, acetaminophen_cid + 5000):
    time.sleep(0.1)
                                                # PubChem 요청에 시간지연 추가
        compound = pcp.Compound.from_cid(cid)
        mol = Chem.MolFromSmiles(compound.isomeric_smiles)
        if mol is not None:
            fp1 = AllChem.GetMorganFingerprint(acetaminophen_mol, 2)
            fp2 = AllChem.GetMorganFingerprint(mol, 2)
            similarity = DataStructs.TanimotoSimilarity(fp1, fp2)
            if similarity >= 0.7: # similarity 조절
                similar_smiles.append(compound.isomeric_smiles)
                if len(similar_smiles) >= 100:
                                            # 갯수 조절 최대 100 화합물만을 선택
```

```
                break
    except Exception as e:
        continue

pd.DataFrame(similar_smiles, columns=['SMILES']).
                                        to_csv('drug.csv', index=False)
```

위의 코드는 PubChemPy와 RDKit을 사용하여 acetaminophen (아세트아미노펜)과 유사한 화합물을 검색하고, 이들의 SMILES 형식을 추출하여 CSV 파일에 저장하는 기능을 수행한다. 코드는 acetaminophen의 CID를 얻은 후, 일정 범위 내의 다른 화합물에 대해 반복적으로 유사도를 계산하고 필터링하여 유사한 화합물을 찾는다. 유사한 화합물의 SMILES는 리스트에 저장되며, 최대 100개의 화합물만을 선택하여 CSV 파일로 저장한다. 이를 통해 acetaminophen과 구조적으로 유사한 다른 화합물을 쉽게 찾을 수 있다.

아래에 코드의 각 부분 중 중요한 부분을 자세히 설명하였다.

- **acetaminophen_cid = pcp.get_cids('acetaminophen', 'name')[0]:** 'acetaminophen' 이름의 화합물에 대한 CID(Chemical Identifier)를 가져와서 acetaminophen_cid 변수에 할당한다.
- **acetaminophen = pcp.Compound.from_cid(acetaminophen_cid):** acetamino phen_cid를 사용하여 PubChemPy에서 해당 화합물 정보를 가져온다.
- **acetaminophen_mol = Chem.MolFromSmiles(acetaminophen.isomeric_smiles):** 가져온 화합물 정보에서 SMILES를 추출하여 RDKit의 Chem 모듈을 사용하여 분자 객체(Mol)를 생성한다.
- **similar_smiles = []:** 유사한 화합물의 SMILES를 저장할 빈 리스트(similar_smiles)를 생성한다.
- **for cid in range(acetaminophen_cid - 5000, acetaminophen_cid + 5000)::** Acetaminophen 주변 범위의 CID를 반복한다.
- **time.sleep(0.1):** PubChem 서버에 과부하를 방지하기 위해 0.1초의 지연을 삽입한다.
- try-except 블록을 사용하여 예외 처리를 수행한다.
- **compound = pcp.Compound.from_cid(cid):** 현재 CID에 해당하는 화합물 정보를 가져온다.
- **if mol is not None::** 분자 객체가 유효한 경우에만 다음 코드를 실행한다.
- **fp1 = AllChem.GetMorganFingerprint(acetaminophen_mol, 2):** Acetaminophen 분자의 Morgan fingerprint를 계산한다.
- **fp2 = AllChem.GetMorganFingerprint(mol, 2):** 현재 화합물의 Morgan fingerprint를 계산한다.
- **similarity = DataStructs.TanimotoSimilarity(fp1, fp2):** 두 분자 간의 Tanimoto 유사도를 계산한다.
- **if similarity >= 0.7::** 유사도가 0.7 이상인 경우를 필터링한다. (조정 가능)
- **similar_smiles.append(compound.isomeric_smiles):** 유사한 화합물의 SMILES를 similar_smiles 리스트에 추가한다.

- **if len(similar_smiles) >= 100::** 최대 100개의 화합물만 선택한다.
- **pd.DataFrame(similar_smiles, columns=['SMILES']).to_csv('drug.csv', index=False):** similar_smiles 리스트를 데이터프레임으로 변환하고, 'drug.csv'라는 파일명으로 CSV 파일로 저장한다.

이 코드는 주어진 CID 범위 내에서 화합물을 찾아낸다. 앞서 말한 범위는 임의로 설정한 것이므로, 실제로 원하는 결과를 얻기 위해서는 CID 범위를 적절하게 조정해야 한다. 또한, 이 코드는 각 요청에 실패할 경우 이를 무시하고 다음 CID로 넘어가도록 설정되어 있다. 이는 일부 CID가 유효하지 않거나, 해당 CID의 화합물 정보가 없는 경우를 처리하기 위한 것이다. 이 방식으로 오류를 회피하면서도 가능한 한 많은 화합물을 검색할 수 있다(빅데이터를 수집할 때 매우 중요함). 다만 이러한 방법은 library를 사용하여 API를 호출하고 모든 화합물을 한 번에 유사성 검색을 수행하여 시간이 오래 걸린다. 따라서 다음의 방법처럼 API의 호출 방식을 바꾼 방법이 더욱 효율적이다.

```
import requests
import time
from urllib.parse import quote
import pandas as pd
from rdkit.Chem import PandasTools

# PubChem에서 유사화합물 조회
def query_pubchem_for_similar_compounds(smiles, threshold=60,
                                                            n_records=400):
    escaped_smiles = quote(smiles).replace("/", ".")
    url = f"https://pubchem.ncbi.nlm.nih.gov/rest/pug/compound/
                                                        similarity/smiles/\
    {escaped_smiles}/JSON?Threshold={threshold}&MaxRecords={n_records}"
    r = requests.get(url)
    r.raise_for_status()
    key = r.json()["Waiting"]["ListKey"]
    return key

# 작업 상태를 확인하고 준비되면 결과를 다운로드
def check_and_download(key, attempts=30):
    url = f"https://pubchem.ncbi.nlm.nih.gov/rest/pug/compound/listkey/
                                                            {key}/cids/JSON"
    print(f"Querying for job {key} at URL {url}...", end="")
    while attempts:
        r = requests.get(url)
        r.raise_for_status()
        response = r.json()
        if "IdentifierList" in response:
            cids = response["IdentifierList"]["CID"]
            break
```

```
        attempts -= 1
        print(".", end="")
        time.sleep(10)
    else:
        raise ValueError(f"Could not find matches for job key: {key}")
    return cids

# PubChem CIDs로부터 SMILES를 가져옴
def smiles_from_pubchem_cids(cids):
    url = f"https://pubchem.ncbi.nlm.nih.gov/rest/pug/compound/cid/
              {','.join(map(str, cids))}/property/CanonicalSMILES/JSON"
    r = requests.get(url)
    r.raise_for_status()
    return [item["CanonicalSMILES"] for item in r.json()
                                    ["PropertyTable"]["Properties"]]

# 아세트아미노펜의 SMILES 문자열
acetaminophen_smiles = 'CC(=O)NC1=CC=C(C=C1)O'

# PubChem에서 유사 화합물을 조회
job_key = query_pubchem_for_similar_compounds(acetaminophen_smiles,
                                         threshold=90, n_records=10)

# 작업 상태를 확인하고 결과가 준비되면 다운로드
similar_cids = check_and_download(job_key)

# PubChem CIDs로부터 SMILES를 가져옴
similar_smiles = smiles_from_pubchem_cids(similar_cids)

# 결과를 DataFrame으로 저장
similar_compounds_df = pd.DataFrame({"smiles": similar_smiles,
                                          "CIDs": similar_cids})
PandasTools.AddMoleculeColumnToFrame(similar_compounds_df,
                                            smilesCol="smiles")

# DataFrame을 CSV 파일로 저장
similar_compounds_df.to_csv("drug1.csv", index=False)
```

위의 코드를 실행하면 drug1.csv 파일이 만들어지는 것을 확인할 수 있다. drug1.csv 파일을 다운로드하여 열어 보면 아래처럼 파일이 만들어지는 것을 확인할 수 있다. 특히, query_pubchem_for_similar_compounds 함수는 SMILES 문자열을 인자로 받아 해당 화합물과 구조적으로 유사한 화합물을 검색한다. 유사성 검색의 결과는 유사성 점수에 따라 정렬되며, 유사성 점수는 주어진 화합물과 검색된 화합물 간의 구조적 유사성을 나타내는 지표이다. 여기서 threshold 매개변수는 위에서 사용했던 Tanimoto 유사성 점수의 임계값을 설정하며(90은 Tanimoto 0.9를 의미), 이 값 이상의 유사성 점수를 가진 화합물만 검색 결과로 반환한다. n_records 매개변수는 반환할 검색 결과의 최대 개수를 설정한다. 따라서 이 코드는 주어진 화합물과 구조적으로 유사한 화합물을 검색하고, 검색된 화합물의 PubChem CID와 Canonical SMILES를 반환한다. 위의 방식과 같이 빅데이터를 추출한다면 앞으로 여러분은 화학 공간을 다룰 수 있는 좋은 툴이 생겼다고 할 수 있다. 물론 다시 한번 말하지만 이 방법이 최고 또는 유일한 방법은 아닐 것이다.

1	smiles	CIDs	ROMol
2	CC(=O)NC1=CC=C(C=C1)O	1983	<rdkit.Chem.rdchem.Mol object at 0x7f9b91b07ed0>
3	CNC1=CC=C(C=C1)O	5931	<rdkit.Chem.rdchem.Mol object at 0x7f9b91b05150>
4	CC(=O)NC1=CC(=CC=C1)O	12124	<rdkit.Chem.rdchem.Mol object at 0x7f9b91890040>
5	CC(=O)NC1=CC=CC=C1O	11972	<rdkit.Chem.rdchem.Mol object at 0x7f9b918900b0>
6	CC(=O)NC1=CC=C(C=C1)OS(=O)(=O)O	83939	<rdkit.Chem.rdchem.Mol object at 0x7f9b91890120>
7	C1=CC=C(C=C1)NC2=CC=C(C=C2)O	31208	<rdkit.Chem.rdchem.Mol object at 0x7f9b91890190>
8	CCCCCC=CCC=CCC=CCC=CCCCC(=O)N	6604822	<rdkit.Chem.rdchem.Mol object at 0x7f9b91890200>
9	C1=CC(=CC=C1NC2=CC=C(C=C2)O)O	74461	<rdkit.Chem.rdchem.Mol object at 0x7f9b91890270>
10	CCCC(=O)NC1=CC=C(C=C1)O	66874	<rdkit.Chem.rdchem.Mol object at 0x7f9b918902e0>
11	CC(C)(C)OC(=O)NC1=CC=C(C=C1)O	2756771	<rdkit.Chem.rdchem.Mol object at 0x7f9b91890350>
12	CCC(=O)NC1=CC=C(C=C1)O	74325	<rdkit.Chem.rdchem.Mol object at 0x7f9b918903c0>
13	CCCCCCCCCCCC(=O)NC1=CC=C(C=C1)	66902	<rdkit.Chem.rdchem.Mol object at 0x7f9b91890430>
14	C=CC(=O)NC1=CC=C(C=C1)O	36830	<rdkit.Chem.rdchem.Mol object at 0x7f9b918904a0>
15	CC(=C)C(=O)NC1=CC=C(C=C1)O	29520	<rdkit.Chem.rdchem.Mol object at 0x7f9b91890510>
16	CCCCCCCCCCCCCCCCCC(=O)NC1=CC=	7689	<rdkit.Chem.rdchem.Mol object at 0x7f9b91890580>
17	CCCCNC1=CC=C(C=C1)O	7665	<rdkit.Chem.rdchem.Mol object at 0x7f9b918905f0>
18	COC(=O)NC1=CC=C(C=C1)O	15566853	<rdkit.Chem.rdchem.Mol object at 0x7f9b91890660>
19	CC(=O)NC1=CC(=C(C=C1)O)F	3014069	<rdkit.Chem.rdchem.Mol object at 0x7f9b918906d0>
20	C1=CC(=CC=C1NC(=O)CCC(=O)O)O	605610	<rdkit.Chem.rdchem.Mol object at 0x7f9b91890740>
21	CCOC(=O)NC1=CC=C(C=C1)O	602288	<rdkit.Chem.rdchem.Mol object at 0x7f9b918907b0>
22	C1=CC(=CC=C1NC(=O)C(F)(F)F)O	320996	<rdkit.Chem.rdchem.Mol object at 0x7f9b91890820>
23	CCCCCCCCCCCCCCCC(=O)NC1=CC=C((	292039	<rdkit.Chem.rdchem.Mol object at 0x7f9b91890890>
24	CCC(=O)NC1=CC(=CC=C1)O	210708	<rdkit.Chem.rdchem.Mol object at 0x7f9b91890900>
25	C1=CC(=CC=C1NC(=O)N)O	197742	<rdkit.Chem.rdchem.Mol object at 0x7f9b91890970>

해당 프로그래밍의 이해를 위하여 위의 두 가지 차이를 설명하고자 한다. 첫 번째 방법은 pubchempy 라이브러리를 사용하여 PubChem에서 정보를 검색하는 방식이었다. 이 방법은 PubChem API를 간편하게 사용할 수 있도록 만들어진 Python 패키지이며, API 요청의 생성 및 결과의 파싱을 자동화한다. 두 번째 방법은 PubChem RESTful 웹 서비스를 직접 호출하여 검색 결과를 가져오는 방식이다. 이 방식은 라이브러리를 사용하는 것보다 더 많은 제어력과 유연성을 제공한다. 예를 들어, 요청을 보내고 그 결과를 확인하는 시간을 직접 관리하거나 원하는 만큼의 비슷한 분자를 가져오는 것이 가능하다. 두 방법 모두 PubChem에서 데이터를 검색하는 데 사용되지만, 다음과 같은 주요 차이점이 있다.

- **API 호출 방식:** 첫 번째 방법은 pubchempy 라이브러리를 통해 API를 호출하는 반면, 두 번째 방법은 직접 API를 호출한다.
- **유사성 검색 방식:** 첫 번째 방법에서는 모든 화합물에 대해 한 번에 유사성 검색을 수행하지만, 두 번째 방법에서는 원하는 만큼의 비슷한 분자를 찾을 때까지 반복적으로 검색을 수행한다.
- **커스터마이징 가능성:** 두 번째 방법은 유사성 임계값, 최대 레코드 수 등의 매개변수를 자유롭게 설정할 수 있어, 검색 결과를 사용자의 요구에 맞게 더욱 잘 조정할 수 있다.
- **에러 처리:** 두 번째 방법에서는 API 호출이 성공적인지 확인하고, 문제가 발생하면 적절하게 대응한다. 이는 시간이 오래 걸리는 작업을 수행할 때 중요하다.

- **타임아웃 관리:** 두 번째 방법에서는 요청 사이에 일정 시간을 두어, PubChem 서버에 많은 요청을 동시에 보내지 않는다. 이는 API 사용 제한을 준수하는 데 도움이 된다. 따라서 해당 방법으로 화학 공간 내 빅데이터 수집하는 것을 추천한다. 이를 포함한 위의 코드를 좀 더 자세하게 설명하면 아래와 같다.

- **query_pubchem_for_similar_compounds(smiles, threshold=60, n_records=400):** PubChem에서 유사한 화합물을 검색하는 함수이다. 주어진 SMILES와 유사도 임계값, 최대 검색 결과 수를 인자로 받아 검색을 수행하고, 결과를 리스트 형태로 반환한다.
- **check_and_download(key, attempts=30):** 작업 상태를 확인하고 결과를 다운로드하는 함수이다. 작업 키를 인자로 받아 해당 작업의 상태를 확인하고, 결과가 준비되면 결과를 다운로드하여 PubChem Compound ID(CID)를 리스트로 반환한다.
- **smiles_from_pubchem_cids(cids):** PubChem CID를 사용하여 SMILES를 가져오는 함수이다. CID 리스트를 인자로 받아 PubChem REST API를 사용하여 해당 화합물의 Canonical SMILES를 추출하여 리스트로 반환한다.
- **acetaminophen_smiles = 'CC(=O)NC1=CC=C(C=C1)O':** Acetaminophen(아세트아미노펜)의 SMILES 문자열을 지정한다.
- **job_key = query_pubchem_for_similar_compounds(acetaminophen_smiles, threshold=90, n_records=10):** Acetaminophen의 SMILES를 사용하여 PubChem에서 유사한 화합물을 검색하는 작업을 수행한다. 유사도 임계값과 최대 검색 결과 수를 인자로 지정한다.
- **similar_cids = check_and_download(job_key):** 검색 작업의 상태를 확인하고, 결과가 준비되면 검색된 화합물의 CID를 가져온다.
- **similar_smiles = smiles_from_pubchem_cids(similar_cids):** 검색된 화합물의 CID를 사용하여 PubChem에서 해당 화합물의 SMILES를 가져온다.
- **similar_compounds_df = pd.DataFrame({"smiles": similar_smiles, "CIDs": similar_cids}):** 검색 결과를 데이터프레임으로 생성한다. SMILES와 CID를 열로 갖는 데이터프레임을 생성한다.
- **PandasTools.AddMoleculeColumnToFrame(similar_compounds_df, smilesCol="smiles"):** 데이터프레임에 SMILES을 추가한다. RDKit의 PandasTools를 사용하여 SMILES 열을 생성한다.
- **similar_compounds_df.to_csv("drug1.csv", index=False):** 데이터프레임을 CSV 파일로 저장한다. "drug1.csv"라는 파일명으로 저장하며, 인덱스는 저장하지 않는다.

리핀스키룰은 앞에서 간단히 설명했지만 조금 더 상세히 설명하자면, 신약 발견에서 약물이 체내에서 잘 흡수되고 동향되는지 예측하는 일반적인 가이드라인이다. 이 규칙은 1997년에 Christopher A. Lipinski에 의해 제안되었으며, 그로 인해 흔히 "리핀스키의 규칙"이라고 불린다. 이는 흡수, 분배, 대사, 배설(ADME)과 관련된 약물의 성질을 빠르게 예측하는 데 도움이 된다.

리핀스키의 규칙은 다음과 같다:

- 분자량 500 이하
- logP (즉, 분자의 친수성과 소수성을 측정하는 값) 5 이하

- 수소 결합 수용체 10개 이하
- 수소 결합 공여체 5개 이하

이런 규칙들이 모두 충족되면, 그 물질은 좋은 "약물 유사성"을 가지고 있다고 일반적으로 생각할 수 있다. 즉, 물질이 체내에서 잘 흡수되고 분포될 확률이 높아진다. 물론 이 규칙은 절대적인 것은 아니다. 최근 FDA를 통과한 약물을 보면 쉽게 알 수 있다. 또한 역사적으로도 많은 약물이 이 규칙 중 하나 이상을 위반하고 있음에도 불구하고 체내에서 잘 작동한다. 그래서 이 규칙은 약물 설계의 지침일 뿐, 확실한 법칙이 아니다. 그런데도 이 규칙은 약물 발견의 초기 단계에서 유망한 약물 후보를 신속하게 식별하는 데 유용하게 사용된다.

앞의 코드에 이를 추가하고 Class로 통합하여 효율적으로 의약적 구조에 대한 물질의 구조를 찾아낼 수 있다.

```
import requests
import time
from urllib.parse import quote
import pandas as pd
from rdkit.Chem import PandasTools, Lipinski, MolFromSmiles

class PubChemSimilaritySearcher:

    def __init__(self, smiles, threshold=60, n_records=400,
                                                        attempts=30):
        self.smiles = smiles
        self.threshold = threshold
        self.n_records = n_records
        self.attempts = attempts

    def query(self):
        escaped_smiles = quote(self.smiles).replace("/", ".")
        url = f"https://pubchem.ncbi.nlm.nih.gov/rest/pug/compound/
                                                similarity/smiles/\
        {escaped_smiles}/JSON?Threshold={self.threshold}&MaxRecords=
                                                  {self.n_records}"
        r = requests.get(url)
        r.raise_for_status()
        return r.json()["Waiting"]["ListKey"]

    def check_and_download(self, key):
        url = f"https://pubchem.ncbi.nlm.nih.gov/rest/pug/compound/
                                            listkey/{key}/cids/JSON"
        print(f"Querying for job {key} at URL {url}...", end="")
        while self.attempts:
            r = requests.get(url)
            r.raise_for_status()
```

```
            response = r.json()
            if "IdentifierList" in response:
                return response["IdentifierList"]["CID"]
            self.attempts -= 1
            print(".", end="")
            time.sleep(10)
        raise ValueError(f"Could not find matches for job key: {key}")

    def smiles_from_pubchem_cids(self, cids):
        url = f"https://pubchem.ncbi.nlm.nih.gov/rest/pug/compound/cid/
             {','.join(map(str, cids))}/property/CanonicalSMILES/JSON"
        r = requests.get(url)
        r.raise_for_status()
        return [item["CanonicalSMILES"] for item in r.json()
                                          ["PropertyTable"]["Properties"]]

    def pass_lipinski(self, smiles):
        mol = MolFromSmiles(smiles)
        if mol:
            return Lipinski.NumHDonors(mol) <= 5 and Lipinski.
NumHAcceptors(mol) <= 10 and Lipinski.rdMolDescriptors.
CalcExactMolWt(mol) <= 500 and Lipinski.rdMolDescriptors.
CalcCrippenDescriptors(mol)[0] <= 5
        return False

    def search_similar_compounds(self):
        job_key = self.query()
        similar_cids = self.check_and_download(job_key)
        similar_smiles = self.smiles_from_pubchem_cids(similar_cids)
        similar_compounds_df = pd.DataFrame({"smiles": similar_smiles,
                                          "CIDs": similar_cids})
        similar_compounds_df = similar_compounds_df[similar_compounds
                               _df["smiles"].apply(self.pass_lipinski)]
        PandasTools.AddMoleculeColumnToFrame(similar_compounds_df,
                                            smilesCol="smiles")
        return similar_compounds_df

# 아세트아미노펜 SMILES 문자열
acetaminophen_smiles = 'CC(=O)NC1=CC=C(C=C1)O'

# 아세트아미노펜과 유사한 화합물을 검색하기 위한 검색기 생성
searcher = PubChemSimilaritySearcher(acetaminophen_smiles, threshold=90,
                                                          n_records=20)

# 유사구조 검색
similar_compounds_df = searcher.search_similar_compounds()

# DataFrame의 csv로 저장
similar_compounds_df.to_csv("drug1.csv", index=False)
```

위의 코드는 PubChemSimilaritySearcher라는 클래스를 정의하여 PubChem에서 유사한 화합물을 검색하고, 리핀스키의 규칙을 통과하는 유사한 화합물만 선택하여 데이터프레임으로 저장하고, 이를 CSV 파일로 내보내는 기능을 수행한다. 해당 drug1.csv 파일을 열면 다음과 같은 데이터가 나오게 된다.

smiles	CIDs	ROMol
CC(=O)NC1=CC=C(C=C1)O	1983	<rdkit.Chem.rdchem.Mol object at 0x7f9b91891540>
CNC1=CC=C(C=C1)O	5931	<rdkit.Chem.rdchem.Mol object at 0x7f9b918913f0>
CC(=O)NC1=CC(=CC=C1)O	12124	<rdkit.Chem.rdchem.Mol object at 0x7f9b91891460>
CC(=O)NC1=CC=CC=C1O	11972	<rdkit.Chem.rdchem.Mol object at 0x7f9b91891620>
CC(=O)NC1=CC=C(C=C1)OS(=O)(=O)O	83939	<rdkit.Chem.rdchem.Mol object at 0x7f9b91891380>
C1=CC=C(C=C1)NC2=CC=C(C=C2)O	31208	<rdkit.Chem.rdchem.Mol object at 0x7f9b91891310>
C1=CC(=CC=C1NC2=CC=C(C=C2)O)O	74461	<rdkit.Chem.rdchem.Mol object at 0x7f9b918912a0>
CCCC(=O)NC1=CC=C(C=C1)O	66874	<rdkit.Chem.rdchem.Mol object at 0x7f9b91891230>
CC(C)(C)OC(=O)NC1=CC=C(C=C1)O	2756771	<rdkit.Chem.rdchem.Mol object at 0x7f9b918911c0>

해당 코딩은 생각보다 복잡하기에 이에 대한 설명을 최대한 자세하게 아래에 나타내었다. 처음에 이 책을 접할 때는 생략해도 좋다.

```
import requests
import time
from urllib.parse import quote
import pandas as pd
from rdkit.Chem import PandasTools, Lipinski, MolFromSmiles
```

- **requests:** HTTP 요청을 보내기 위한 모듈이다.
- **time:** 시간 지연을 위한 모듈이다.
- **urllib.parse.quote:** URL에서 특수 문자를 건너뛰기 위한 함수이다.
- **pandas:** 데이터프레임을 다루기 위한 모듈이다.
- **rdkit.Chem:** RDKit에서 화학 정보를 다루기 위한 모듈이다.
- **PandasTools, Lipinski, MolFromSmiles:** RDKit의 기능을 활용하기 위한 모듈과 함수이다.

```
class PubChemSimilaritySearcher:
```

- **PubChemSimilaritySearcher:** 유사한 화합물을 검색하기 위한 클래스를 정의한다.

```
def __init__(self, smiles, threshold=60, n_records=400, attempts=30):
    self.smiles = smiles
    self.threshold = threshold
    self.n_records = n_records
    self.attempts = attempts
```

- **__init__:** 클래스의 생성자 메소드로, 인스턴스가 생성될 때 호출된다. SMILES 문자열과 유사도 임계값, 최대 검색 결과 수, 작업 상태 확인 시도 횟수를 인자로 받아 인스턴스 변수에 저장한다.

```
def query(self):
    escaped_smiles = quote(self.smiles).replace("/", ".")
    url = f"https://pubchem.ncbi.nlm.nih.gov/rest/pug/compound/
                                                    similarity/smiles/\
    {escaped_smiles}/JSON?Threshold={self.threshold}&MaxRecords=
                                                     {self.n_records}"
    r = requests.get(url)
    r.raise_for_status()
    return r.json()["Waiting"]["ListKey"]
```

- **query:** PubChem에 유사한 화합물 검색을 요청하는 메소드이다. SMILES 문자열과 설정된 임계값, 최대 검색 결과 수를 사용하여 PubChem REST API에 요청을 보낸다. 검색 작업 키를 반환한다.

```
def check_and_download(self, key):
    url = f"https://pubchem.ncbi.nlm.nih.gov/rest/pug/compound/listkey/
                                                       {key}/cids/JSON"
    print(f"Querying for job {key} at URL {url}...", end="")
    while self.attempts:
        r = requests.get(url)
        r.raise_for_status()
        response = r.json()
        if "IdentifierList" in response:
            return response["IdentifierList"]["CID"]
        self.attempts -= 1
        print(".", end="")
        time.sleep(10)
    raise ValueError(f"Could not find matches for job key: {key}")
```

- **check_and_download:** 작업 키를 사용하여 작업 상태를 확인하고, 결과가 준비되면 검색된 화합물의 PubChem CID를 가져오는 메소드이다. PubChem REST API를 통해 작업 키에 해당하는 URL에 요청을 보내고, 작업이 완료될 때까지 반복적으로 상태를 확인하고 결과를 가져온다.

```
def smiles_from_pubchem_cids(self, cids):
    url = f"https://pubchem.ncbi.nlm.nih.gov/rest/pug/compound/cid/
            {','.join(map(str, cids))}/property/CanonicalSMILES/JSON"
    r = requests.get(url)
    r.raise_for_status()
    return [item["CanonicalSMILES"] for item in r.json()
                                    ["PropertyTable"]["Properties"]]
```

- **smiles_from_pubchem_cids:** PubChem CID를 사용하여 SMILES를 가져오는 메소드이다. PubChem REST API를 사용하여 CID 리스트에 해당하는 화합물의 Canonical SMILES를 추출한다.

```
def pass_lipinski(self, smiles):
    mol = MolFromSmiles(smiles)
    if mol:
        return Lipinski.NumHDonors(mol) <= 5 and Lipinski.
NumHAcceptors(mol) <= 10 and Lipinski.rdMolDescriptors.
CalcExactMolWt(mol) <= 500 and Lipinski.rdMolDescriptors.
CalcCrippenDescriptors(mol)[0] <= 5
    return False
```

- **pass_lipinski:** Lipinski의 규칙을 통과하는지 확인하는 메소드이다. 주어진 SMILES를 분자 객체로 변환하고, Lipinski의 규칙을 적용하여 조건을 만족하는지 확인한다.

```
def search_similar_compounds(self):
    job_key = self.query()
    similar_cids = self.check_and_download(job_key)
    similar_smiles = self.smiles_from_pubchem_cids(similar_cids)
    similar_compounds_df = pd.DataFrame({"smiles": similar_smiles,
                                         "CIDs": similar_cids})
    similar_compounds_df = similar_compounds_df[similar_compounds
                            _df["smiles"].apply(self.pass_lipinski)]
    PandasTools.AddMoleculeColumnToFrame(similar_compounds_df,
                                         smilesCol="smiles")
    return similar_compounds_df
```

- **search_similar_compounds:** 유사한 화합물을 검색하고 Lipinski의 규칙을 통과하는 결과를 데이터프레임으로 반환하는 메소드이다. query, check_and_download, smiles_from_pubchem_cids, pass_lipinski 메소드를 사용하여 검색 및 필터링을 수행한다.

```
acetaminophen_smiles = 'CC(=O)NC1=CC=C(C=C1)O'
searcher = PubChemSimilaritySearcher(acetaminophen_smiles, threshold=90,
                                     n_records=20)
similar_compounds_df = searcher.search_similar_compounds()
similar_compounds_df.to_csv("drug1.csv", index=False)
```

- **acetaminophen_smiles:** 아세트아미노펜(acetaminophen)의 SMILES 문자열을 정의한다.
- **searcher:** PubChemSimilaritySearcher 클래스의 인스턴스를 생성한다. 아세트아미노펜의 SMILES와 설정된 임계값, 최대 검색 결과 수를 인자로 전달한다.
- **similar_compounds_df:** 유사한 화합물을 검색하고 Lipinski의 규칙을 통과하는 결과를 데이터프레임으로 저장한다.
- **similar_compounds_df.to_csv("drug1.csv", index=False):** 데이터프레임을 CSV 파일로 저장한다. "drug1.csv"라는 파일명으로 저장하며, 인덱스는 저장하지 않는다.

여기에 리핀스키룰을 실제로 만족하는지는 해당 데이터를 데이터프레임에 저장하여 출력하면 된다. 이는 연습 문제를 위하여 남겨두도록 하자. 이를 고민해보고 연습하고 정답을 보고 확인하기를 추천한다. 이를 잘 활용한다면 리핀스키룰을 준수하는 경구 흡수를 가능하게 할 수 있는 약물의 후보물질에 대한 빅데이터를 얻을 수 있을 것이다.

1 PubChem의 REST API를 사용해서 ethanol의 IUPAC Name과 TPSA를 추출하는 코드를 작성하라.

2 위에서 ethanol 대신 SMILES을 사용하여 같은 정보를 추출하는 코드를 만들어라.

※ 본문에 있는 아래의 코드를 기준으로 아래의 해당 사항에 대하여 코딩을 수행하라(3~6번).

```
import pubchempy as pcp

compounds = ['glucose', 'ethanol', 'aspirin', 'caffeine', 'ibuprofen']
results = {}
for compound_name in compounds:
    compound = pcp.get_compounds(compound_name, 'name')

    if compound:
        compound = compound[0]
        molecular_formula = compound.molecular_formula
        molecular_weight = compound.molecular_weight
        canonical_smiles = compound.canonical_smiles
        iupac_name = compound.iupac_name

        results[compound_name] = {
            'Molecular Formula': molecular_formula,
            'Molecular Weight': molecular_weight,
            'Canonical SMILES': canonical_smiles,
            'IUPAC Name': iupac_name,
        }

for compound_name, properties in results.items():
    print(f'{compound_name}:')
    for property_name, value in properties.items():
        print(f'  {property_name}: {value}')
    print()
```

3 위의 코드에서 'glucose'와 'aspirin' 화합물에 대한 'Molecular Formula' 정보를 추출하여 출력하는 코드를 작성하라.

4 위의 코드에서 'caffeine' 화합물의 'IUPAC Name' 정보가 없는 경우에 대비하여 예외 처리를 추가하라.

5 위의 코드에서 results 사전에 저장된 화합물 정보를 JSON 형식으로 파일로 저장하는 코드를 작성하라.

6 앞의 코드를 수정하여 'glucose', 'ethanol', 'aspirin', 'caffeine', 'ibuprofen' 화합물에 대한 특성을 CSV 파일로 저장하는 코드를 작성하라. CSV 파일의 각 행은 각 화합물의 특성을 나타내며, 특성 이름을 첫 번째 행에 포함시켜야 한다.

※ 본문에 있는 아래의 코드를 기준으로 아래의 해당 사항에 대하여 코딩을 수행하라(7~11번).

```
import requests
import time
from urllib.parse import quote
import pandas as pd
from rdkit.Chem import PandasTools

# Query PubChem for similar compounds
def query_pubchem_for_similar_compounds(smiles, threshold=60,
n_records=10):
    escaped_smiles = quote(smiles).replace("/", ".")
    url = f"https://pubchem.ncbi.nlm.nih.gov/rest/pug/compound/
similarity/smiles/\
    {escaped_smiles}/JSON?Threshold={threshold}&MaxRecords=
{n_records}"
    r = requests.get(url)
    r.raise_for_status()
    key = r.json()["Waiting"]["ListKey"]
    return key

# Check job status and download the result when ready
def check_and_download(key, attempts=30):
    url = f"https://pubchem.ncbi.nlm.nih.gov/rest/pug/compound/
listkey/{key}/cids/JSON"
    print(f"Querying for job {key} at URL {url}...", end="")
    while attempts:
        r = requests.get(url)
        r.raise_for_status()
        response = r.json()
        if "IdentifierList" in response:
            cids = response["IdentifierList"]["CID"]
            break
        attempts -= 1
        print(".", end="")
        time.sleep(10)
    else:
        raise ValueError(f"Could not find matches for job key:
{key}")
    return cids
```

```
# Get SMILES from PubChem CIDs
def smiles_from_pubchem_cids(cids):
    url = f"https://pubchem.ncbi.nlm.nih.gov/rest/pug/compound/cid/
{','.join(map(str, cids))}/property/CanonicalSMILES/JSON"
    r = requests.get(url)
    r.raise_for_status()
    return [item["CanonicalSMILES"] for item in r.json()
["PropertyTable"]["Properties"]]

# Acetaminophen SMILES string
acetaminophen_smiles = 'CC(=O)NC1=CC=C(C=C1)O'

# Query PubChem for similar compounds
job_key = query_pubchem_for_similar_compounds(acetaminophen_smiles,
 threshold=90, n_records=10)

# Check job status and download the result when ready
similar_cids = check_and_download(job_key)

# Get SMILES from PubChem CIDs
similar_smiles = smiles_from_pubchem_cids(similar_cids)

# Save the results as a DataFrame
similar_compounds_df = pd.DataFrame({"smiles": similar_smiles,
 "CIDs": similar_cids})
PandasTools.AddMoleculeColumnToFrame(similar_compounds_df,
 smilesCol="smiles")

# Save the DataFrame to a CSV file
similar_compounds_df.to_csv("drug1.csv", index=False)
```

7 아래의 상황에서 어떻게 될지 유추해 보라. (직접 코딩하여 running하는 것도 추천한다.)

1) threshold 값을 변경하여 유사도 검색을 수행하라. 유사도가 높아질수록 어떤 변화가 있는지 설명하라.
2) n_records 값을 변경하여 검색 결과에 포함되는 유사 화합물의 수를 조정하라. 더 많은 결과가 포함될 때와 적은 결과가 포함될 때의 차이점을 확인하라.
3) attempts 값을 변경하여 PubChem에서 결과를 확인하는 데 걸리는 시간을 조정하라. attempts 값을 증가시킬 때와 감소시킬 때의 동작을 설명하라.
4) acetaminophen_smiles 값을 변경하여 다른 화합물에 대한 유사도 검색을 수행하라. 다른 화합물을 사용했을 때 검색 결과에는 어떤 변화가 있는지 설명하라.

8 위의 코드를 수정하여 검색 결과에 포함된 유사 화합물의 이름을 추가로 가져와서 DataFrame에 저장하는 코드를 작성하라. DataFrame에 "Name" 열을 추가하고 검색 결과의 각 화합물에 대한 이름을 해당 열에 저장하라.

9 위의 코드에서 유사 화합물의 구조를 시각화하는 기능을 추가하라. similar_compounds_df DataFrame에 "Structure" 열을 추가하고, RDKit을 사용하여 각 화합물의 구조를 해당 열에 저장하라.

10 위의 코드를 수정하여 검색 결과에 포함된 유사 화합물의 추가 정보를 가져와서 DataFrame에 저장하는 코드를 작성하라. RDKit을 사용하여 화합물의 분자량, LogP 값의 정보를 가져와서 해당 정보를 DataFrame에 추가하고 저장하라.

11 위의 코드를 수정하여 유사 화합물 검색의 성능을 향상시키는 다른 방법을 시도해보라. 예를 들어, 유사도 계산에 사용되는 알고리즘을 변경하거나 코드를 합쳐보거나 PubChem에서 검색 결과를 한 번에 가져오는 대신 분할하여 가져오는 방식 등을 시도해보라.

12 아래의 코드를 수정하여 Lipinski's Rule of Five를 준수하는 화합물만 데이터 프레임에 추가하고, 이를 "drug4.csv"로 저장하는 코드를 만들어라. 해당 물질의 구조는 보통 성공적인 경구 흡수를 가진 약물이 따르는 특성을 나타내게 된다.

```
import requests
import time
from urllib.parse import quote
import pandas as pd
from rdkit.Chem import PandasTools, Lipinski, MolFromSmiles

class PubChemSimilaritySearcher:

    def __init__(self, smiles, threshold=60, n_records=400,
                                                    attempts=30):
        self.smiles = smiles
        self.threshold = threshold
        self.n_records = n_records
        self.attempts = attempts

    def query(self):
        escaped_smiles = quote(self.smiles).replace("/", ".")
        url = f"https://pubchem.ncbi.nlm.nih.gov/rest/pug/compound/
                                                similarity/smiles/\
        {escaped_smiles}/JSON?Threshold={self.threshold}&MaxRecords
                                                 ={self.n_records}"
        r = requests.get(url)
        r.raise_for_status()
        return r.json()["Waiting"]["ListKey"]

    def check_and_download(self, key):
        url = f"https://pubchem.ncbi.nlm.nih.gov/rest/pug/compound/
                                            listkey/{key}/cids/JSON"
        print(f"Querying for job {key} at URL {url}...", end="")
```

```
        while self.attempts:
            r = requests.get(url)
            r.raise_for_status()
            response = r.json()
            if "IdentifierList" in response:
                return response["IdentifierList"]["CID"]
            self.attempts -= 1
            print(".", end="")
            time.sleep(10)
        raise ValueError(f"Could not find matches for job key:
                                                            {key}")

    def smiles_from_pubchem_cids(self, cids):
        url = f"https://pubchem.ncbi.nlm.nih.gov/rest/pug/compound/
      cid/{','.join(map(str, cids))}/property/CanonicalSMILES/JSON"
        r = requests.get(url)
        r.raise_for_status()
        return [item["CanonicalSMILES"] for item in r.json()
                                ["PropertyTable"]["Properties"]]

    def pass_lipinski(self, smiles):
        mol = MolFromSmiles(smiles)
        if mol:
            return Lipinski.NumHDonors(mol) <= 5 and Lipinski.
NumHAcceptors(mol) <= 10 and Lipinski.rdMolDescriptors.
CalcExactMolWt(mol) <= 500 and Lipinski.rdMolDescriptors.
CalcCrippenDescriptors(mol)[0] <= 5
        return False

    def search_similar_compounds(self):
        job_key = self.query()
        similar_cids = self.check_and_download(job_key)
        similar_smiles = self.smiles_from_pubchem_cids(similar
                                                            _cids)
        similar_compounds_df = pd.DataFrame({"smiles": similar
                                _smiles, "CIDs": similar_cids})
        similar_compounds_df = similar_compounds_df[similar
                _compounds_df["smiles"].apply(self.pass_lipinski)]
        PandasTools.AddMoleculeColumnToFrame(similar_compounds_df,
                                                smilesCol="smiles")
        return similar_compounds_df

# Acetaminophen SMILES string
acetaminophen_smiles = 'CC(=O)NC1=CC=C(C=C1)O'

# Create a searcher for similar compounds to acetaminophen
searcher = PubChemSimilaritySearcher(acetaminophen_smiles,
                                    threshold=90, n_records=20)
```

```
# Search for similar compounds
similar_compounds_df = searcher.search_similar_compounds()

# Save the DataFrame to a CSV file
similar_compounds_df.to_csv("drug1.csv", index=False)
```

Chemical **A**rtificial **I**ntelligence Using **P**ython

제 3 장

머신러닝과 화학특성: 회귀 모델과 분류 모델

차례

앞서 1장과 2장에서 설명한 빅데이터 추출, 분석 및 변환하는 기술을 기반으로 하는 화학 정보학 분야에서 복잡한 분자 구조와 그 특성들을 이해하고 예측하는 것이 큰 도전 과제이다. 이 책은 머신러닝의 기술로 이러한 도전을 극복하는 방법에 대해 중점적으로 다룬다. 기존의 화학 정보학에 사용되던 Python 코드를 통한 데이터 처리 및 분석 기법과 머신러닝의 접근법이 만나 새로운 시너지를 만들어 낼 수 있다. 이를 기반으로 이 책에서는 화학 분야에서 다양한 특성을 예측하기 위해 활용되는 머신러닝의 접근법을 중심으로 설명할 것이다.

이번 장에서는 머신러닝의 기초적인 원리나 수학적 배경에 대한 구체적인 설명보다는, 실제 화학 데이터를 바탕으로한 예제와 적용 방법에 대해 다뤄볼 것이다. 주요 목적은 화학 전공자나 연구자가 머신러닝을 통해 자신의 연구에서 복잡한 화학 특성을 효율적으로 예측하는 데 도움을 받을 수 있도록 하는 것이며, 회귀 모델을 통한 연속적인 특성의 예측부터 분류 모델을 이용한 이산적 특성의 구분까지 실제 화학 분야에서 마주하는 문제와 그 해결 방법을 구체적인 예시와 함께 제시할 것이다. 명확히 잘 맞는 것을 보여주는 것보다는 전체적인 개념을 습득하는 것에 초점이 맞춰져 있으니, 잘 안 맞는 데이터 값이라 하더라도 이해를 바라며, 여러분의 데이터를 가지고 적용하면 많은 도움을 받을 것이라 확신한다. 또한 각각의 Python 코드가 의미하는 바를 이해할 수 있도록 이번 장과 다음 장인 딥러닝 내용을 구성하였다.

3.1 기계 학습 기초

기계 학습은 컴퓨터에 데이터를 통해 학습하고, 예측하거나 패턴을 찾는 능력을 부여하는 방법이다. 기계 학습의 주요한 세 가지 유형은 지도 학습, 비지도 학습, 강화 학습이다.

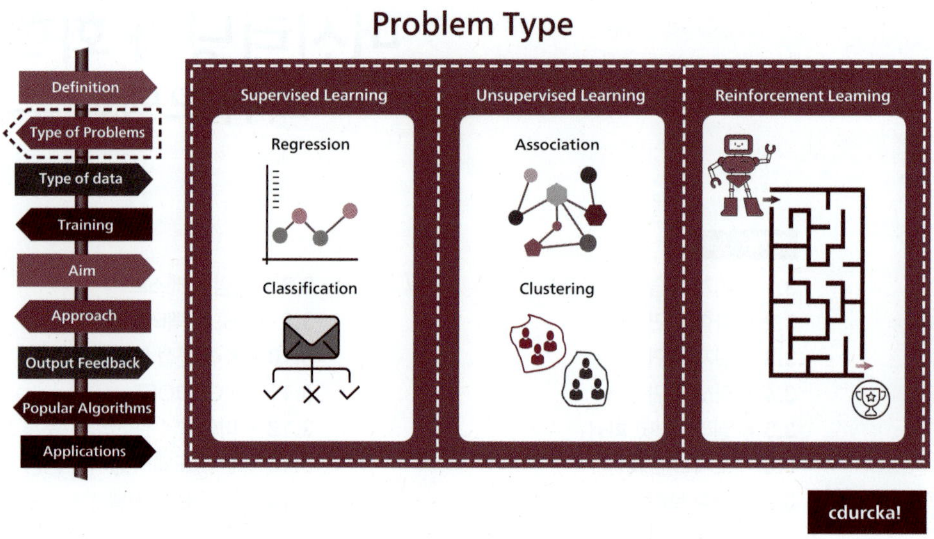

- **지도 학습(Supervised Learning):** 지도 학습은 입력 데이터와 관련된 명시적인 "정답" 또는 레이블이 있는 학습 데이터를 사용한다. 학습 과정에서 모델은 입력 데이터로부터 출력 레이블을 예측하는 방법에 대해 학습한다. 예측된 레이블이 실제 레이블과 얼마나 가까운지에 따라 모델의 성능이 평가되고, 그 오차를 줄이는 방향으로 모델이 업데이트된다. 지도 학습의 예로는 분류(classification)와 회귀(regression)가 있다.
- **비지도 학습(Unsupervised Learning):** 비지도 학습은 레이블이 없는 입력 데이터를 사용한다. 목표는 데이터의 구조, 패턴, 관계 등을 찾는 것이다. 비지도 학습 알고리즘은 클러스터링(clustering), 차원 축소(dimensionality reduction), 연관 규칙 학습(association rule learning) 등의 방법을 사용한다.
- **강화 학습(Reinforcement Learning):** 강화 학습은 에이전트라는 개념을 사용한다. 에이전트는 환경과 상호작용하며, 이 환경에서 얻은 피드백을 기반으로 행동을 결정한다. 에이전트의 목표는 보상을 최대화하는 행동 전략, 즉 정책을 학습하는 것이다. 강화 학습은 게임 이론, 시뮬레이션 최적화, 실시간 결정 등의 문제에 적용되곤 한다.

각 유형의 학습 방법은 다양한 알고리즘을 사용하며, 그에 따라 다양한 응용 분야에서 사용된다. 이외에도 준-지도 학습(semi-supervised learning), 자기 지도 학습(self-supervised learning), 전이 학습(transfer learning) 등 다른 유형의 학습 방법도 있다. 이들은 각각의 특정한 상황에 적합하도록 설계되어 있다.

3.2 다항 회귀

다항 회귀 모델의 개념과 작동 원리

다항 회귀는 선형 회귀와 유사한 개념으로, 선형 회귀는 관측된 데이터 포인트들 간의 관계를 가장 잘 나타내는 직선을 찾는 과정으로 독립변수와 종속변수의 선형 관계를 가정한다. 반면 다항회귀는 종속 변수와 독립 변수 간의 비선형 관계를 모델링하는 데 사용된다. 다항 회귀는 일반적인 선형 회귀 모델보다 더 복잡한 모양의 데이터 패턴을 표현할 수 있으며, 비선형 관계를 나타내는 데이터가 더 적합하다.

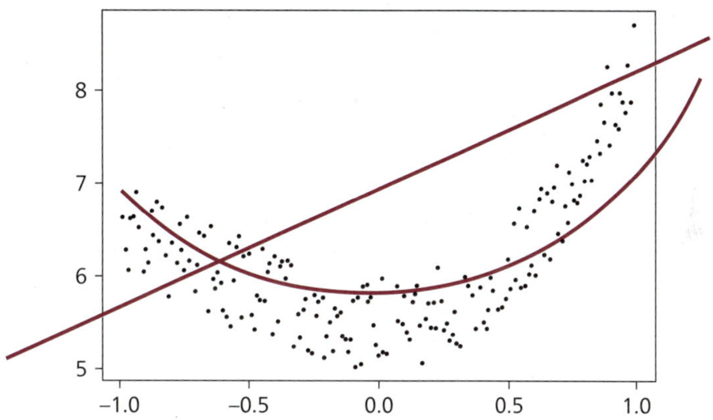

$$\hat{Y} = \hat{\beta}_0 + \hat{\beta}_1 X_1 + \hat{\beta}_2 X_2 + \cdots$$

$$\hat{Y} = \hat{\beta}_0 + \hat{\beta}_1 X_1 + \hat{\beta}_2 {X_1}^2 + \cdots$$

다항 회귀 모델의 작동 원리는 다음과 같다. 우선, 독립 변수를 다항식으로 변환한다. 예를 들어, 위의 그림에서처럼 하나의 독립 변수 x가 주어졌을 때, x의 제곱, 세제곱 등의 항을 추가하여 다항식을 생성한다. 이렇게 생성된 다항식은 독립 변수의 다양한 차원을 나타내며, 각 차원의 계수가 회귀 모델의 파라미터로 사용된다.

다음으로, 변환된 독립 변수와 종속 변수를 사용하여 선형 회귀 모델을 학습시킨다. 일반적인 선형 회귀와 마찬가지로, 최소 제곱법[실제 관측값과 모델 예측값 사이의 차이(잔차)의 제곱합을 최소화]을 사용하여 모델의 파라미터를 추정한다. 다항 회귀 모델에서는 선형 회귀와 달리, 독립 변수의 다양한 차원을 고려하여 모델을 적합화한다. 이를 통해 데이터의 비선형 패턴을 더 잘 예측할 수 있다. 다항 회귀 모델은 다양한 차수의 다항식을 사용할 수 있다. 차수가 낮을수록 모델은 간단하고 일반화하기 쉽지만, 과소 적합 문제가 발생할 수 있다. 반대로, 차수가 높을수록 모델은 복잡하고 유연하지만, 과적합 문제가 발생할 수 있다. 따라서 적절한 차수를 선택하는 것이 중요하다. 과소 적합과 과적합 문제를 해결하기 위해 뒤에서도 설명하겠지만, 교차 검증 등의 기법을 사용하여 모델의 성능을 평가하고 최적의 차수를 결정할 수 있다.

앞서 설명한 바와 같이 다항 회귀 모델은 주로 비선형 데이터를 모델링하고 예측하기 위해 사용된다. 예를 들어, 시간에 따른 경제 지표의 변화, 기온에 따른 판매량의 변동 등 비선형 관계를 가지는 데이터를 분석할 때 유용하다. 다항 회귀 모델은 간단하면서도 강력한 도구로, 데이터의 특성을 적절하게 모델링하여 예측력을 향상시킨다.

다항 회귀 모델의 구현과 사용 방법

다항 회귀 모델은 scikit-learn의 PolynomialFeatures와 LinearRegression 클래스를 사용하여 구현할 수 있다. 이 두 클래스를 조합하여 다항 회귀 모델을 생성하고 사용하는 방법을 살펴보자.

- **데이터 준비:** 다항 회귀를 적용할 데이터를 준비한다. 독립 변수(X)와 종속 변수(y)로 구성된 데이터셋을 준비한다.
- **다항식 변환:** PolynomialFeatures 클래스를 사용하여 독립 변수를 다항식으로 변환한다. 이 클래스는 주어진 차수(degree)에 따라 다항식을 생성한다. 변환된 다항식을 X_poly라는 변수에 저장한다.

```
from sklearn.preprocessing import PolynomialFeatures
# 다항식 변환
poly = PolynomialFeatures(degree=2)  # 2차 다항식 생성
X_poly = poly.fit_transform(X)
```

- **다항 회귀 모델 학습:** 변환된 다항식(X_poly)과 종속 변수(y)를 사용하여 선형 회귀 모델을 학습시킨다. LinearRegression 클래스를 사용한다.

```
from sklearn.linear_model import LinearRegression
# 다항 회귀 모델 학습
model = LinearRegression()
model.fit(X_poly, y)
```

- **예측 수행:** 새로운 데이터에 대한 예측을 수행한다. 예측을 위해서는 독립 변수를 변환하여 다항식으로 만들어야 한다.

```
# 새로운 데이터에 대한 예측
X_new_poly = poly.transform(X_new)
y_pred = model.predict(X_new_poly)
```

다항 회귀 모델의 사용 방법은 일반적인 선형 회귀와 유사하다. 다만, 독립 변수를 다항식으로 변환하여 모델에 적용하는 차이가 있다. 변환된 다항식을 사용하여 모델을 학습시

키고 예측을 수행할 수 있다. 차수(degree)는 다항식의 복잡도를 결정하는 하이퍼파라미터이다. 너무 낮은 차수는 모델이 데이터의 패턴을 충분히 잡아내지 못하게 되고, 너무 높은 차수는 과적합 문제를 일으킬 수 있다. 따라서 적절한 차수를 선택하기 위해 교차 검증 등의 기법을 사용할 수 있다. 다항 회귀 모델은 비선형 데이터를 모델링하는 데 효과적이며, 데이터의 복잡한 패턴을 잘 예측할 수 있다. 하지만 데이터의 차원이 높아지면 다항식의 차수가 급격하게 증가하여 모델의 복잡도가 커진다. 따라서 적절한 차수 선택과 모델의 평가를 통해 신뢰할 수 있는 다항 회귀 모델을 구축할 수 있다. 뒤에 실제 모델을 살펴보면 이해가 더욱 쉬워질 것이다.

다항 회귀의 과적합 문제와 해결 방법

다항 회귀 모델은 데이터의 복잡한 패턴을 잘 모델링할 수 있지만, 모델의 복잡도가 데이터의 실제 패턴보다 높아지면 과적합(overfitting) 문제가 발생할 수 있다. 이때 과적합은 모델이 학습 데이터에 지나치게 맞추어져서 새로운 데이터에 대한 예측 능력이 떨어지는 현상을 의미하며, 이러한 문제를 해결하기 위해 다음과 같은 방법을 사용할 수 있다.

- **규제(regularization):** 규제는 모델의 복잡도를 제한하여 과적합을 방지하는 기법이다. 일반적으로 L1 규제(Lasso)와 L2 규제(Ridge)가 사용된다. 규제를 적용하면 모델의 가중치를 조정하여 불필요한 특성의 영향력을 줄이고, 좀 더 일반화된 모델을 생성할 수 있다.
- **교차 검증(cross-validation):** 교차 검증은 데이터를 여러 개의 부분 집합으로 나누고, 각 부분 집합을 학습과 검증에 사용하는 방법이다. 모델의 성능을 검증 데이터를 통해 평가하므로 과적합을 감지하고 모델의 일반화 성능을 높일 수 있다.
- **데이터 수집 및 정제:** 데이터의 품질과 양은 모델의 성능에 큰 영향을 미친다. 적절한 데이터 수집과 데이터 정제 작업을 통해 과접합을 미연에 방지하고 모델의 성능을 개선할 수 있다.
- **특성 선택 및 차원 축소:** 모델의 복잡도를 줄이기 위해 중요한 특성만 선택하거나 차원을 축소할 수 있다. 이를 통해 모델의 학습과 예측에 필요한 특성을 최소화하고, 과적합을 방지할 수 있다.
- **모델 선택:** 다항 회귀 외에도 다른 회귀 모델을 고려할 수 있다. 데이터에 적합한 다른 모델을 선택하고 적용함으로써 과적합 문제를 해결할 수 있다.

이러한 방법을 조합하여 적절한 모델을 구축하고, 과적합 문제를 해결할 수 있다. 과적합을 방지하면서 모델을 일반화하는 것이 중요하다.

실제 데이터를 활용한 다중 회귀 모델 예제

앞에서 소개한 방법으로 lipophilicity (지질친화성)에 대해서 다중 회귀 모델을 만들어 보고자 한다. 우선 데이터를 받아서 적당한 컬럼의 명명을 한다. 독자가 사용할 데이터의 범위를 넓히기 위하여 github에 있는 데이터를 불러온다. 또한 Github에 데이터가 소실될 수 있으므로 부록에 직접 lipophilicity를 생성할 수 있는 방법으로 소개했으므로, 이를 활용하여 데이터를 만들어 사용해도 되겠다.

```
import requests

url = 'https://raw.githubusercontent.com/jbr-ai-labs/lipophilicity
           -prediction/main/data/3_final_data/logd_Lip_wo_averaging.csv'
response = requests.get(url)

# 파일을 저장한다.
with open('Lipophilicity_test.csv', 'wb') as f:
    f.write(response.content)
import pandas as pd

# CSV 파일 읽기
data = pd.read_csv('Lipophilicity_test.csv')

# index 변경
data.set_index(['smiles', 'logD'], inplace=True)
data.index.names = ['SMILES', 'Lipophilicity']

# CSV 파일로 저장
data.to_csv('Lipophilicity.csv')
```

코드 분석

- **import requests:** requests 라이브러리를 가져옴. 앞 장에서 설명했듯이 requests는 HTTP 요청을 보내는 기능을 제공하는 라이브러리이다.
- **url = 'https://raw.githubusercontent.com/jbr-ai-labs/lipophilicity-prediction/main/data/3_final_data/logd_Lip_wo_averaging.csv':** 다운로드할 파일의 URL을 변수에 저장한다. (여타 다른 데이터도 가능하다.)
- **response = requests.get(url):** requests 라이브러리의 get 함수를 사용하여 주어진 URL로 HTTP GET 요청을 보낸다. 그 결과로 서버에서 받은 응답(response) 객체를 반환한다.
- **with open('Lipophilicity_test.csv', 'wb') as f::** 'Lipophilicity_test.csv'라는 파일을 바이너리 쓰기 모드로 열고, 열린 파일 객체를 f 변수에 할당한다. 이때 with open 구문을 사용하면 파일을 사용한 후 자동으로 닫히도록 보장할 수 있다.
- **f.write(response.content):** 응답 객체(response)의 content 속성을 사용하여 응답의 내용을 파일에 쓴다. 이는 바이너리 형식으로 쓰여지게 된다. 즉, 다운로드한 데이터를 Lipophilicity_test.csv 파일에 저장한다.
- **import pandas as pd:** pandas 라이브러리를 가져온다.
- **data = pd.read_csv('Lipophilicity_test.csv'):** 'Lipophilicity_test.csv' 파일을 pandas의 read_csv 함수를 사용하여 데이터를 읽어온다. 읽어온 데이터는 data 변수에 저장된다. (만일 사용하고자 하는 빅데이터가 있으면 직접 넣으면 될 것이다.)
- **data.set_index(['smiles', 'logD'], inplace=True):** 'smiles'와 'logD' 열을 인덱스로 설정한다. inplace=True 옵션을 주어 원본 데이터프레임(data)의 인덱스를 변경한다.

- **data.index.names = ['SMILES', 'Lipophilicity']:** 변경된 인덱스의 이름을 'SMILES'와 'Lipophilicity'로 설정한다.
- **data.to_csv('Lipophilicity.csv'):** 변경된 데이터프레임(data)을 'Lipophilicity.csv' 파일로 저장한다. to_csv 함수를 사용하여 데이터를 CSV 형식으로 저장한다.

데이터를 만들기 위해 우선 위의 코드를 사용하여 주어진 URL에서 데이터를 가져와 Lipophilicity_test.csv 파일로 저장하고 'SMILES', 'Lipophilicity' 열을 인덱스로 설정한 뒤, 변경된 데이터프레임을 'Lipophilicity.csv' 파일로 저장한다. 여러분이 원하는 비슷한 구조와 데이터를 사용하는 것도 권장한다. 이 책을 계속 따라갈 경우 이를 따로 저장해두고 코랩에서 사용할 때마다 업로드하기를 권장한다.

주의 사항 앞에서 설명했듯이 코랩은 시간이 지나면 관련 데이터가 없어지므로 주의한다.

다소 복잡해 보이지만 모델을 만드는 핵심부분은 간단하다. 다중 회귀 모델을 만들고 이에 대한 평가를 수행하는 코드는 아래와 같다.

```
import pandas as pd
from rdkit import Chem
from rdkit.Chem import Descriptors
from sklearn.linear_model import LinearRegression
from sklearn.metrics import mean_squared_error, mean_absolute_error,
                                                              r2_score
from sklearn.model_selection import train_test_split
from sklearn.preprocessing import PolynomialFeatures
import matplotlib.pyplot as plt
import seaborn as sns
import statsmodels.api as sm
import numpy as np

# 데이터 불러오기
data = pd.read_csv("Lipophilicity.csv")

# Descriptor 추출
data['TPSA'] = data['SMILES'].apply(lambda x: Descriptors.TPSA
                                            (Chem.MolFromSmiles(x)))
data['LogP'] = data['SMILES'].apply(lambda x: Descriptors.MolLogP
                                            (Chem.MolFromSmiles(x)))
data['MolecularWeight'] = data['SMILES'].apply(lambda x:
                              Descriptors.MolWt(Chem.MolFromSmiles(x)))
data['NumRotatableBonds'] = data['SMILES'].apply(lambda x:
                  Descriptors.NumRotatableBonds(Chem.MolFromSmiles(x)))

# 입력 변수와 타겟 변수 분할
X = data[['TPSA', 'LogP', 'MolecularWeight', 'NumRotatableBonds']]
```

```
y = data['Lipophilicity']

# 학습 데이터와 테스트 데이터 분할
X_train, X_test, y_train, y_test = train_test_split(X, y, test_size=0.2,
                                                    random_state=42)

# PolynomialFeatures 정의(2차 다항식으로 변환)
poly_features = PolynomialFeatures(degree=2)

# 학습 데이터에 PolynomialFeatures 적용
X_train_poly = poly_features.fit_transform(X_train)

# 다항 회귀 모델 학습
model = LinearRegression()
model.fit(X_train_poly, y_train)

# 테스트 데이터에 대해 PolynomialFeatures 적용 후 예측 수행
X_test_poly = poly_features.transform(X_test)
y_pred = model.predict(X_test_poly)

# 잔차 계산
residuals = y_test - y_pred

# 데이터 분포
plt.figure(figsize=(8, 6))
sns.histplot(data['Lipophilicity'], kde=True)
plt.xlabel('Lipophilicity')
plt.ylabel('Frequency')
plt.title('Distribution of Lipophilicity')
plt.show()

# 회귀 결과
plt.figure(figsize=(8, 6))
plt.scatter(y_test, y_pred, color='blue')
plt.plot([min(y_test), max(y_test)], [min(y_test), max(y_test)],
                                    color='red', linestyle='--')
plt.xlabel('Actual Lipophilicity')
plt.ylabel('Predicted Lipophilicity')
plt.title('Actual vs Predicted Lipophilicity')
plt.show()

# 잔차 분석
plt.figure(figsize=(8, 6))
sns.histplot(residuals, kde=True)
plt.xlabel('Residuals')
plt.ylabel('Frequency')
plt.title('Residual Distribution')
plt.show()

# 평가 지표 계산
```

```
mse = mean_squared_error(y_test, y_pred)
mae = mean_absolute_error(y_test, y_pred)
r2 = r2_score(y_test, y_pred)

# 평가 지표 출력
print("Mean Squared Error:", mse)
print("Mean Absolute Error:", mae)
print("R2 Score:", r2)
```

먼저, 다항 회귀(polynomial regression)를 이해하려면 선형 회귀(linear regression)에 대한 기본적인 이해가 필요하다. 선형 회귀는 데이터의 경향성을 가장 잘 설명하는 직선을 찾는 것이고, 다항 회귀는 그 경향성을 가장 잘 설명하는 곡선을 찾는 것이다. 그러나 데이터에 곡선을 적합시키려면 우리의 입력 변수를 더 복잡한 형태로 변환해야 한다. 여기서는 2차 형태로 변환하였다(polynomial feature). 이 과정을 '변수 변환'이라고 부른다. 해당 모델을 실행시키면 아래와 같이 나타난다.

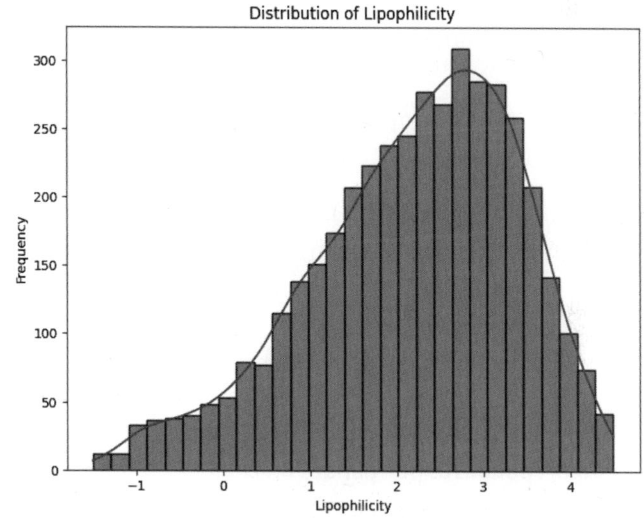

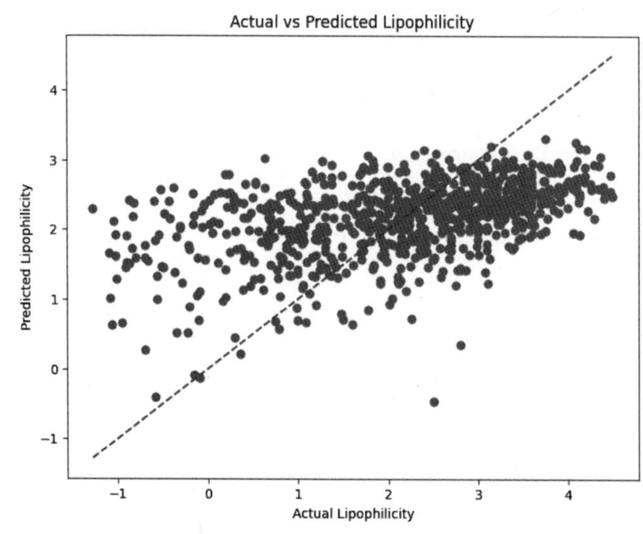

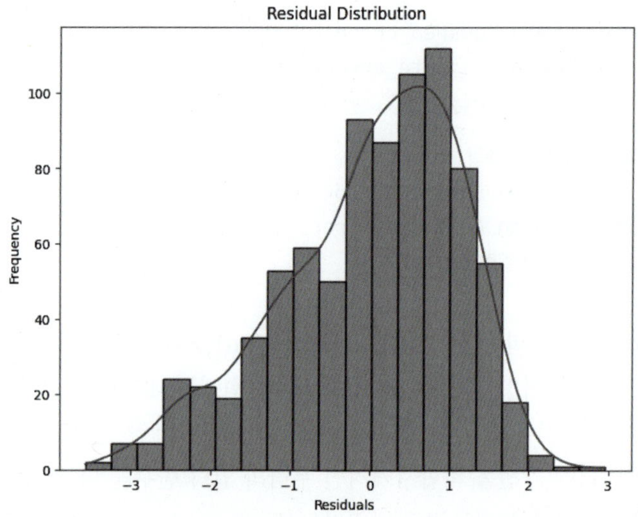


```
Mean Squared Error: 1.2451529214785089
Mean Absolute Error: 0.8993561598641464
R2 Score: 0.22912852581930665
```

해당 코드는 주어진 데이터에서 지질친화도를 예측하기 위한 다항 회귀 모델을 구축하고, 모델의 성능을 평가하는 과정을 나타내고 있다. 위에 쓰인 평가 지표는 다음 장 초기에 자세히 설명하였다(4장 3절). 대략적으로 mse는 평균제곱 오차로서 모델의 예측 오차를 제곱하여 평균을 내는 방식이며, mae는 각 예측 오차의 절대값을 평균하는 방식이다. R^2, 즉 R 제곱은 예측 성능을 전체 변동성에 대비한 지표로서 1에 가까울수록 성능이 좋음을 의미한다.

코드 분석

- **import pandas as pd:** pandas 라이브러리를 가져옴.
- **from rdkit import Chem:** rdkit 라이브러리에서 Chem 모듈을 가져온다.
- **from rdkit.Chem import Descriptors:** rdkit.Chem 모듈에서 Descriptors 모듈을 가져옴. Descriptors 모듈은 화학 분자의 다양한 특성을 계산하는 기능을 제공한다.
- **from sklearn.linear_model import LinearRegression:** scikit-learn 라이브러리에서 LinearRegression 모듈을 가져온다. LinearRegression은 선형 회귀 모델을 구축하는 기능을 제공한다.
- **from sklearn.metrics import mean_squared_error, mean_absolute_error, r2_score:** scikit-learn.metrics 모듈에서 mean_squared_error, mean_absolute_error, r2_score 함수를 가져온다. 이 함수들은 모델의 성능을 평가하는 지표를 계산하는 기능을 제공한다.
- **from sklearn.model_selection import train_test_split:** scikit-learn.model_selection 모듈에서 train_test_split 함수를 가져온다. 이 함수는 데이터를 학습용과 테스트용으로 분할하는 기능을 제공한다.

- **from sklearn.preprocessing import PolynomialFeatures:** scikit-learn.preprocessing 모듈에서 PolynomialFeatures 클래스를 가져온다. PolynomialFeatures는 다항식으로 특성을 변환하는 기능을 제공한다.
- **import matplotlib.pyplot as plt:** matplotlib.pyplot 모듈을 가져온다.
- **import seaborn as sns:** seaborn 라이브러리를 가져온다. (코렙에서 에러가 날 경우 !pip install seaborn을 해야 한다.)
- **import statsmodels.api as sm:** statsmodels.api 모듈을 가져온다. statsmodels는 통계 모델링을 위한 라이브러리이다.
- **import numpy as np:** numpy 라이브러리를 가져온다.
- **data = pd.read_csv("Lipophilicity.csv"):** "Lipophilicity.csv" 파일을 pandas의 read_csv 함수를 사용하여 데이터를 불러온다. 데이터는 data 변수에 저장된다.
- **13-16. Descriptor 추출:** rdkit의 함수들을 활용하여 화학 분자의 다양한 특성(Descriptor)들을 계산하고, 데이터프레임에 해당 열들을 추가한다. TPSA, LogP, MolecularWeight, NumRotatableBonds 등이 추출되며, 계산된 값들은 데이터프레임의 열로 추가된다.
- **17-18. 입력 변수와 타겟 변수 분할:** 데이터프레임에서 입력 변수(X)와 타겟 변수(y)를 분할하여 각각 X와 y 변수에 저장한다.
- **19-20. 학습 데이터와 테스트 데이터 분할:** train_test_split 함수를 사용하여 입력 변수(X)와 타겟 변수(y)를 학습용 데이터와 테스트용 데이터로 분할한다. 테스트 데이터의 크기는 전체 데이터의 20%로 지정되고, random_state를 42로 설정하여 재현성을 위해 무작위 시드를 고정한다.
- **PolynomialFeatures 정의:** degree=2로 설정하여 2차 다항식으로 변환하는 PolynomialFeatures 객체를 생성한다.
- **학습 데이터에 PolynomialFeatures 적용:** fit_transform 메소드를 사용하여 학습 데이터(X_train)에 다항식 특성을 적용하고, 변환된 데이터를 X_train_poly 변수에 저장한다.
- **다항 회귀 모델 학습:** LinearRegression 객체를 생성하고, fit 메소드를 사용하여 다항식 특성이 적용된 학습 데이터(X_train_poly)와 타겟 변수(y_train)를 이용하여 모델을 학습한다.
- **테스트 데이터에 대해 PolynomialFeatures 적용 후 예측 수행:** transform 메소드를 사용하여 테스트 데이터(X_test)에 다항식 특성을 적용하고, 변환된 데이터를 X_test_poly 변수에 저장한다. 그 후, 학습된 모델을 사용하여 예측값(y_pred)을 계산한다.
- **잔차 계산:** 실제값(y_test)에서 예측값(y_pred)을 뺀 잔차(residuals)를 계산한다.
- **35-41. 데이터 분포 시각화:** matplotlib과 seaborn을 사용하여 지용성(lipophilicity)의 분포를 히스토그램으로 시각화한다.
- **44-50. 회귀 결과 시각화:** matplotlib을 사용하여 실제값과 예측값의 산점도를 그린다. 빨간 점선은 이상적인 예측의 경우 실제값과 예측값이 일치하는 직선이다.
- **53-59. 잔차 분석 시각화:** 잔차(residuals)의 분포를 히스토그램으로 시각화한다.
- **62-64. 평가 지표 계산:** mean_squared_error, mean_absolute_error, r2_score 함수를 사용하여 모델의 성능을 평가하는 지표를 계산한다.
- **67-69. 평가 지표 출력:** 계산된 평가 지표인 Mean Squared Error, Mean Absolute Error, R2 Score를 출력한다.

다항 회귀는 데이터의 복잡한 경향성을 더 잘 잡아낼 수 있지만, 항상 더 나은 결과를 보장하는 것은 아니다. 때로는 모델이 너무 복잡해져서 데이터의 노이즈까지 학습하는 과적합(overfitting) 문제가 발생할 수 있다. 따라서 모델의 성능을 평가하고 적절한 복잡도를 선택하는 것이 중요하다.

3.3 릿지 회귀

릿지 회귀 모델의 개념과 작동 원리

릿지 회귀(ridge regression)는 선형 회귀 모델의 일종이다. 과적합(overfitting)을 제어하기 위해 사용되는 정규화(regularization) 기법으로 릿지 회귀는 앞에서 이야기한 L2 규제를 통해 회귀 계 수의 크기를 제한하여 모델의 복잡도를 조절한다.

릿지 회귀의 작동 원리는 다음과 같다.

- **선형 회귀 모델:** 앞에서 간단히 설명한 선형 회귀 모델은 입력 변수(X)와 회귀 계수(θ)를 사용하여 종속 변수(y)를 예측하는 모델이다. 선형 회귀 모델은 다음과 같은 형태로 표현될 수 있다: y = θ0 + θ1X1 + θ2X2 + ... + θn*Xn, 여기서 θ0은 절편(intercept), θ1부터 θn은 각 입력 변수의 회귀 계수이다.
- **L2 규제:** 릿지 회귀는 L2 규제를 적용하여 회귀 계수(θ)의 크기를 제한한다. L2 규제는 회귀 계수의 제곱합에 패널티를 부여하여 모델의 복잡도를 조절한다. 이는 과적합을 방지하고 일반화 성능을 향상시킨다.

$$\text{L2 Penalty} = \lambda\sum_{i=1}^{n}\theta_i^2$$

여기서, λ는 규제의 강도를 결정하는 값이며, θ_i는 각 가중치를 의미한다.

- **손실 함수 최소화:** 릿지 회귀는 손실 함수를 최소화하는 방향으로 회귀 계수를 조정한다. 손실 함수는 실제값과 예측값의 차이를 측정하는 함수로, 일반적으로 평균 제곱 오차(Mean Squared Error, MSE)를 사용한다. L2 규제 항은 회귀 계수의 제곱합에 비례하여 손실 함수를 증가시키는 역할을 한다.

$$\text{MSE} = \frac{1}{m}\sum_{i=1}^{m}(y^{(i)} - \hat{y}^{(i)})^2$$

여기서, m은 데이터의 개수, $y^{(i)}$는 실제값, $\hat{y}^{(i)}$는 예측값이다.

릿지 회귀의 손실 함수는 위의 MSE와 L2 패널티를 합친 형태이다.

$$\text{Ridge Loss} = \frac{1}{m}\sum_{i=1}^{m}(y^{(i)} - \hat{y}^{(i)})^2 + \lambda\sum_{i=1}^{n}\theta_{\text{i}}^2$$

- **하이퍼파라미터 λ:** 릿지 회귀에서는 하이퍼파라미터 λ(람다)를 사용하여 규제의 강도를 조절한다. λ의 값이 크면 규제 효과가 강해지고, 회귀 계수의 크기가 작아지며 모델의 복잡도가 감소한다. 반대로, λ의 값이 작으면 규제 효과가 약화되고, 회귀 계수의 크기가 증가하여 모델의 복잡도가 증가한다.
- **최적화:** 릿지 회귀는 손실 함수를 최소화하는 최적의 회귀 계수를 찾기 위해 경사 하강법 등의 최적화 알고리즘을 사용한다. 경사 하강법은 손실 함수의 기울기를 이용하여(손실 함수의 기울기의 최소값을 찾는 방향) 회귀 계수를 업데이트하며, 최적의 회귀 계수에 수렴할 때까지 반복적으로 업데이트한다. 또한 릿지 회귀는 변수 선택 및 과적합 제어에 효과적인 방법으로 널리 사용된다. L2 규제를 통해 모델의 복잡도를 제어하면서도 모든 변수를 포함한 상태로 유지할 수 있어 유용한 회귀 모델이다.

릿지 회귀 모델의 구현과 사용 방법

릿지 회귀 모델을 구현하고 사용하기 위해 scikit-learn의 Ridge 클래스를 활용할 수 있다. 다음은 릿지 회귀 모델의 구현과 사용 방법에 대한 예시 코드이다:

```
from sklearn.linear_model import Ridge
from sklearn.model_selection import train_test_split
from sklearn.metrics import mean_squared_error

# 데이터 준비
X = # 입력 변수 데이터
y = # 종속 변수 데이터

# 학습 데이터와 테스트 데이터 분할
X_train, X_test, y_train, y_test = train_test_split(X, y, test_size=0.2,
                                                     random_state=42)

# 릿지 회귀 모델 초기화
ridge = Ridge(alpha=1.0)  # alpha는 규제 강도를 조절하는 하이퍼파라미터이다.

# 모델 학습
ridge.fit(X_train, y_train)

# 테스트 데이터에 대한 예측
y_pred = ridge.predict(X_test)

# 평가
mse = mean_squared_error(y_test, y_pred)
```

위의 코드에서 사용된 주요 단계는 다음과 같다.

- **데이터 준비:** 입력 변수(X)와 종속 변수(y)를 준비한다.
- **학습 데이터와 테스트 데이터 분할:** train_test_split 함수를 사용하여 데이터를 학습 데이터와 테스트 데이터로 분할한다. 이를 통해 모델의 성능을 평가할 수 있다.

- **릿지 회귀 모델 초기화:** Ridge 클래스를 초기화하여 릿지 회귀 모델 객체를 생성한다. alpha 매개변수는 규제 강도를 조절하는 하이퍼파라미터로, 기본값은 1.0이다.
- **모델 학습:** fit 메소드를 사용하여 릿지 회귀 모델을 학습한다. 입력 변수(X_train)와 종속 변수(y_train)를 활용하여 회귀 계수를 조정하는 과정이다.
- **테스트 데이터에 대한 예측:** predict 메소드를 사용하여 테스트 데이터(X_test)에 대한 예측값을 얻는다.
- **평가:** 평가 지표인 평균 제곱 오차(Mean Squared Error, MSE)를 계산하여 모델의 성능을 평가한다. 이때 mean_squared_error 함수를 이용하여 계산한다. 구현된 릿지 회귀 모델은 입력 변수와 종속 변수 사이의 관계를 학습하고, 새로운 데이터에 대한 예측을 수행할 수 있다.

릿지 회귀의 규제와 하이퍼파라미터 조정

앞에서 설명한 것처럼 릿지 회귀 모델은 L2 규제(regularization)를 사용하여 모델의 복잡도를 제어한다. 규제는 회귀 계수의 크기를 제한하여 과적합을 방지하고 모델의 일반화 성능을 향상시킨다. 릿지 회귀에서는 하이퍼파라미터인 alpha 값을 조정하여 규제의 강도를 조절할 수 있다. (앞에서는 람다) alpha 값은 0부터 무한대까지의 범위에서 선택할 수 있으며, 값이 클수록 규제의 강도가 강해진다. 즉, 큰 alpha 값은 회귀 계수를 더 작게 만들어 모델의 복잡도를 줄일 수 있다. 반대로, alpha 값이 작으면 규제의 영향이 작아져 모델이 데이터에 더 잘 적합할 수 있다. 적절한 alpha 값을 선택하기 위해서는 교차 검증을 통해 모델의 성능을 평가하고 최적의 alpha 값을 결정하는 것이 일반적이다. 따라서 alpha 값의 범위를 지정하고 여러 가지 값으로 순차적으로 탐색하면서 최적의 성능을 내는 alpha 값을 찾는다. scikit-learn에서는 RidgeCV 클래스를 사용하여 교차 검증을 수행하고 최적의 alpha 값을 자동으로 찾을 수 있다. 다음은 RidgeCV 클래스를 사용하여 교차 검증을 수행하고 최적의 alpha 값을 찾는 예시 코드이다:

```
from sklearn.linear_model import RidgeCV
from sklearn.model_selection import train_test_split

# 데이터 준비
X = # 입력 변수 데이터
y = # 종속 변수 데이터

# 학습 데이터와 테스트 데이터 분할
X_train, X_test, y_train, y_test = train_test_split(X, y, test_size=0.2,
                                                    random_state=42)

# 릿지 회귀 모델 초기화 및 교차 검증
ridge_cv = RidgeCV(alphas=[0.1, 1.0, 10.0])  # alpha 값의 후보를 지정한다.

# 모델 학습
ridge_cv.fit(X_train, y_train)
```

```
# 최적의 alpha 값 확인
best_alpha = ridge_cv.alpha_
```

위의 코드에서 RidgeCV 클래스는 alphas 매개변수를 통해 사용할 alpha 값의 후보들을 지정한다. 이후 모델을 학습하면 교차 검증을 통해 최적의 alpha 값을 자동으로 선택한다. 최적의 alpha 값은 alpha_ 속성을 통해 확인할 수 있다. 적절한 alpha 값을 선택하여 릿지 회귀 모델을 조정하면서 과적합을 줄일 수 있고, 데이터에 대한 더 좋은 예측 성능을 얻을 수 있다.

실제 데이터를 활용한 릿지 회귀 모델 예제

선형 회귀 모델을 Ridge 회귀 모델로 변경하려면, 모델을 선언하고 학습하는 부분에서 LinearRegression()을 Ridge()로 변경하면 된다. 아래는 Ridge 회귀 모델을 적용한 코드이다:

```
import pandas as pd
from rdkit import Chem
from rdkit.Chem import Descriptors
from sklearn.linear_model import Ridge
from sklearn.metrics import mean_squared_error, mean_absolute_error,
                                                                r2_score
from sklearn.model_selection import train_test_split
import matplotlib.pyplot as plt
import seaborn as sns
import statsmodels.api as sm
import numpy as np

# 데이터 불러오기
data = pd.read_csv("Lipophilicity.csv")

# Descriptor 추출
data['TPSA'] = data['SMILES'].apply(lambda x: Descriptors.TPSA(Chem.
                                                    MolFromSmiles(x)))
data['LogP'] = data['SMILES'].apply(lambda x: Descriptors.MolLogP(Chem.
                                                    MolFromSmiles(x)))
data['MolecularWeight'] = data['SMILES'].apply(lambda x: Descriptors.
                                           MolWt(Chem.MolFromSmiles(x)))
data['NumRotatableBonds'] = data['SMILES'].apply(lambda x: Descriptors.
                              NumRotatableBonds(Chem.MolFromSmiles(x)))

# Lipophilicity2.csv로 저장
data.to_csv("Lipophilicity2.csv", index=False)

# 입력 변수와 타겟 변수 분할
X = data[['TPSA', 'LogP', 'MolecularWeight', 'NumRotatableBonds']]
y = data['Lipophilicity']
```

```
# 학습 데이터와 테스트 데이터 분할
X_train, X_test, y_train, y_test = train_test_split(X, y, test_size=0.2,
                                                    random_state=42)

# Ridge 회귀 모델 학습
model = Ridge(alpha=1.0)
model.fit(X_train, y_train)

# 테스트 데이터에 대한 예측 수행
y_pred = model.predict(X_test)

# 잔차 계산
residuals = y_test - y_pred

# 데이터 분포
plt.figure(figsize=(8, 6))
sns.histplot(data['Lipophilicity'], kde=True)
plt.xlabel('Lipophilicity')
plt.ylabel('Frequency')
plt.title('Distribution of Lipophilicity')
plt.show()

# 회귀 결과
plt.figure(figsize=(8, 6))
plt.scatter(y_test, y_pred, color='blue')
plt.plot([min(y_test), max(y_test)], [min(y_test), max(y_test)],
                                        color='red', linestyle='--')
plt.xlabel('Actual Lipophilicity')
plt.ylabel('Predicted Lipophilicity')
plt.title('Actual vs Predicted Lipophilicity')
plt.show()

# 잔차 분석
plt.figure(figsize=(8, 6))
sns.histplot(residuals, kde=True)
plt.xlabel('Residuals')
plt.ylabel('Frequency')
plt.title('Residual Distribution')
plt.show()

# 변수 중요도
coefs = pd.Series(model.coef_, index=X.columns)
sorted_coefs = coefs.abs().sort_values(ascending=False)

plt.figure(figsize=(8, 6))
sns.barplot(x=sorted_coefs.index, y=sorted_coefs.values)
plt.xticks(rotation=90)
plt.xlabel('Features')
plt.ylabel('Coefficient Magnitude')
plt.title('Feature Importance')
plt.show()
```

```
# 다중공선성 분석
corr_matrix = X.corr()

plt.figure(figsize=(10, 8))
sns.heatmap(corr_matrix, annot=True, cmap='coolwarm')
plt.title('Correlation Matrix')
plt.show()

# 회귀 계수 신뢰 구간 계산
X_train = sm.add_constant(X_train)
model_with_const = sm.OLS(y_train, X_train).fit()
coef_conf_int = model_with_const.conf_int()

plt.figure(figsize=(8, 6))
plt.errorbar(range(len(coefs)), coefs.values, yerr=np.abs(coef_conf
                              _int.iloc[1:, :].values.T - coefs.values),
             fmt='o', color='blue', ecolor='gray', capsize=5)
plt.xticks(range(len(coefs)), coefs.index, rotation=90)
plt.xlabel('Features')
plt.ylabel('Coefficient')
plt.title('Confidence Interval of Coefficients')
plt.show()

# 평가 지표 계산
mse = mean_squared_error(y_test, y_pred)
mae = mean_absolute_error(y_test, y_pred)
r2 = r2_score(y_test, y_pred)

# 평가 지표 출력
print("Mean Squared Error:", mse)
print("Mean Absolute Error:", mae)
print("R2 Score:", r2)
```

위의 회귀 모델을 실행하면 아래와 같은 결과값이 나온다.

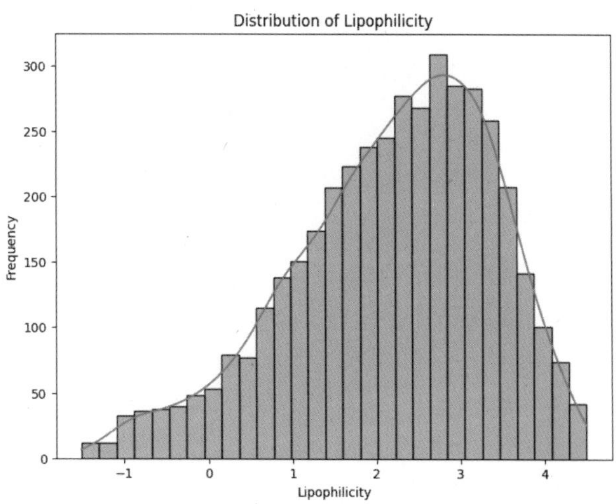

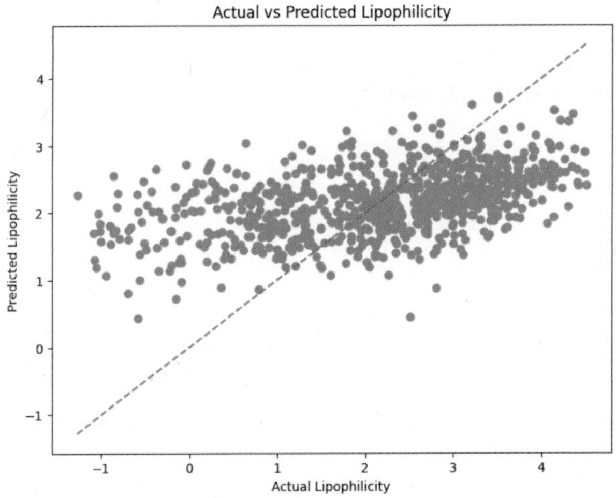
Actual vs Predicted Lipophilicity
Predicted Lipophilicity
Actual Lipophilicity

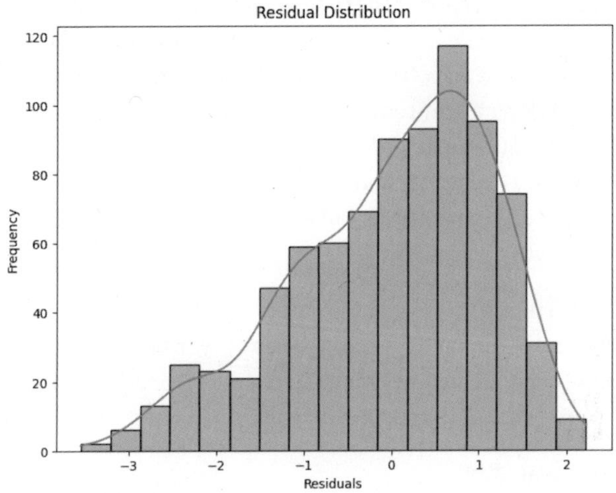
Residual Distribution
Frequency
Residuals

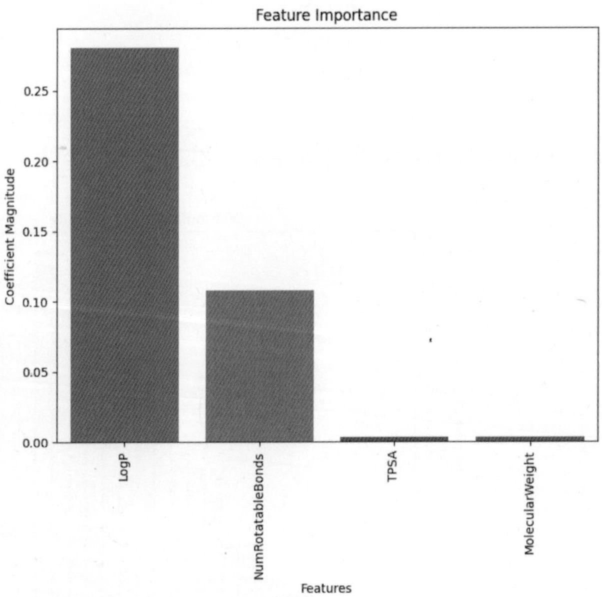
Feature Importance
Coefficient Magnitude
LogP
NumRotatableBonds
TPSA
MolecularWeight
Features

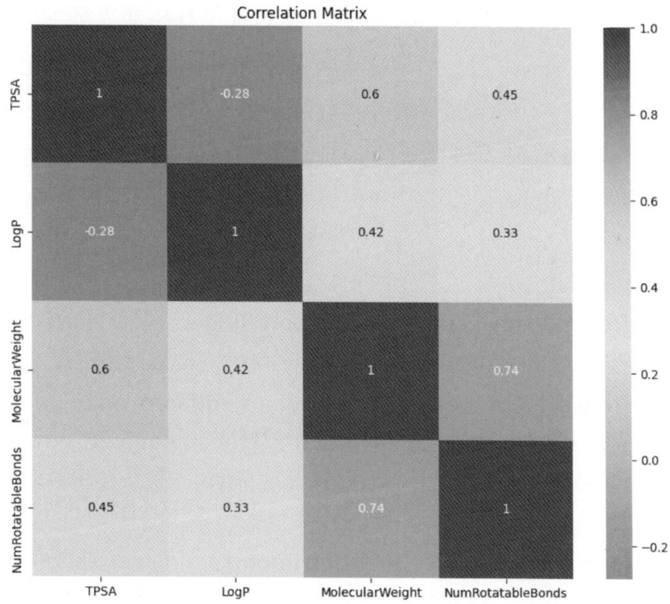

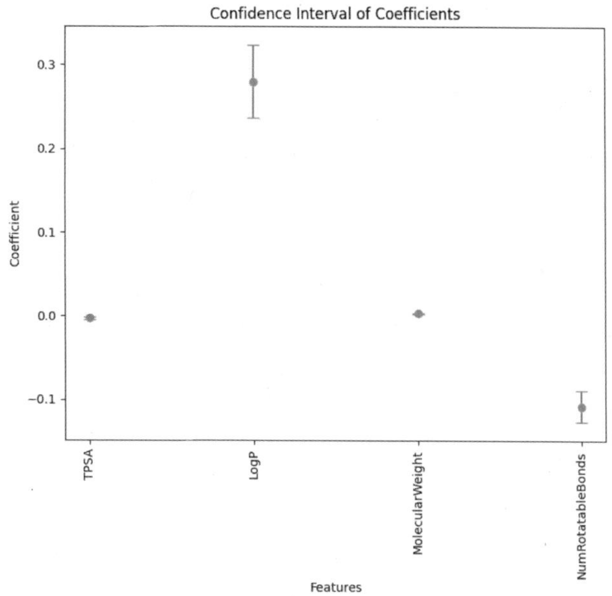


```
Mean Squared Error: 1.279061894330254
Mean Absolute Error: 0.9244085094338149
R2 Score: 0.20813555424185604
```

Ridge() 함수의 alpha 매개변수는 정규화의 강도를 조절한다. 여기서는 추가적으로 변수의 중요도와 다중공선성을 분석하였다. 또한 회귀계수의 신뢰 구간을 계산하여 시각화하였다. 수학적 설명을 추가할 경우 범위가 너무 넓어져 간단히 소개하면, 변수의 중요도는 각 독립변수가 종속변수에 미치는 영향을 계산한 것이다. 다중공선성은 독립변수들 간에 상관관계를 수치화한 것으로써 서로 간의 강한 상관관계가 있을 경우, 변수 개별기여도의 정확한 평가가 어려워 주의해야 한다. 신뢰 구간은 회귀계수의 추정값에 대한 불확실성을 반영하고, 좁을수록 신뢰도가 높아 계수의 추정값에 대한 확신이 높은 것을 의미하며, 반대로 신뢰 구간이 넓을수록 추정값에 대한 불확실성이 높음을 의미한다. 앞에서도 설명했듯이 alpha 값이 크면 정규화 강도가 높아지고, alpha 값이 작으면 정규화 강도가 낮아진다. 최적의 alpha 값을 찾기 위해서는 교차 검증 등의 방법을 사용할 수 있다.

코드 분석

- **from sklearn.linear_model import Ridge:** scikit-learn 라이브러리에서 Ridge 모듈을 가져온다. Ridge는 릿지 회귀 모델을 구축하는 기능을 제공한다.
- **from sklearn.metrics import mean_squared_error, mean_absolute_error, r2_score:** scikit-learn.metrics 모듈에서 mean_squared_error, mean_absolute_error, r2_score 함수를 가져온다. 이 함수들은 모델의 성능을 평가하는 지표를 계산하는 기능을 제공한다.
- **from sklearn.model_selection import train_test_split:** scikit-learn.model_selection 모듈에서 train_test_split 함수를 가져온다. 이 함수는 데이터를 학습용과 테스트용으로 분할하는 기능을 제공한다.
- **import matplotlib.pyplot as plt:** matplotlib.pyplot 모듈을 가져온다.
- **import seaborn as sns:** seaborn 라이브러리를 가져온다.
- **import statsmodels.api as sm:** statsmodels.api 모듈을 가져온다.
- **import numpy as np:** numpy 라이브러리를 가져온다.
- **data = pd.read_csv("Lipophilicity.csv"):** "Lipophilicity.csv" 파일을 pandas의 read_csv 함수를 사용하여 데이터를 불러온다. 읽어온 데이터는 data 변수에 저장된다.
- **17-20. Descriptor 추출:** rdkit의 함수들을 활용하여 화학 분자의 다양한 특성(Descriptor)들을 계산하고, 데이터프레임에 해당 열들을 추가한다.
- **data.to_csv("Lipophilicity2.csv", index=False):** 변경된 데이터프레임(data)을 "Lipophilicity2.csv" 파일로 저장한다. index=False 옵션을 주어 인덱스를 저장하지 않는다.
- **26-27. 입력 변수와 타겟 변수 분할:** 데이터프레임에서 입력 변수(X)와 타겟 변수(y)를 분할하여 각각 X와 y 변수에 저장한다.
- **30-33. 학습 데이터와 테스트 데이터 분할:** train_test_split 함수를 사용하여 입력 변수(X)와 타겟 변수(y)를 학습용 데이터와 테스트용 데이터로 분할한다. 테스트 데이터의 크기는 전체 데이터의 20%로 지정되고, random_state를 42로 설정하여 재현성을 위해 무작위 시드를 고정한다.
- **model = Ridge(alpha=1.0):** alpha=1.0으로 설정하여 Ridge 회귀 모델을 생성한다.
- **model.fit(X_train, y_train):** Ridge 모델을 학습용 데이터(X_train, y_train)에 맞춘다.
- **y_pred = model.predict(X_test):** 학습된 모델을 사용하여 테스트 데이터(X_test)에 대한 예측값(y_pred)을 계산한다.
- **residuals = y_test – y_pred:** 실제값(y_test)에서 예측값(y_pred)을 뺀 잔차(residuals)를 계산한다.
- **46-52.** 데이터 분포 시각화, 회귀 결과 시각화, 잔차 분석 등의 과정은 이전과 동일하다.
- **56-61. 변수 중요도 시각화:** Ridge 모델의 회귀 계수(coef_)를 계산하고, 변수의 중요도를 나타내기 위해 시각화한다.

- **64-69. 다중공선성 분석:** 입력 변수(X) 간의 상관관계를 나타내기 위해 상관 행렬(corr_matrix)을 계산하고, heatmap을 사용하여 시각화한다.
- **72-79. 회귀 계수 신뢰 구간 계산:** statsmodels의 OLS(Ordinary Least Squares) 모델을 사용하여 회귀 계수(coef_)의 신뢰 구간을 계산하고, 이를 시각화한다.
- **82-84. 평가 지표 계산:** mean_squared_error, mean_absolute_error, r2_score 함수를 사용하여 모델의 성능을 평가하는 지표를 계산한다.
- **87-89. 평가 지표 출력:** 계산된 평가 지표인 Mean Squared Error, Mean Absolute Error, R2 Score를 출력한다.

3.4 라쏘 회귀

라쏘 회귀 모델의 개념과 작동 원리

라쏘 회귀는 릿지 회귀와 유사하게 선형 회귀에 규제를 추가한 방법이다. 그러나 라쏘 회귀는 L1 규제를 사용하기 때문에 몇몇 가중치가 완전히 0이 되는 특징이 있다. 이는 모델이 해당하는 변수를 제외할 수 있으므로 자동으로 변수 선택에 결정적 효과가 있는 것이 특징이므로 변수를 선택할 때 활용할 수 있다.

라쏘 회귀의 기본 구조는 앞에서 설명한 선형 회귀와 같다. 앞에서도 설명했듯이 선형 회귀 모델은 입력 변수(X)와 회귀 계수(θ)를 사용하여 종속 변수(y)를 예측하는 모델이다. 선형 회귀 모델은 다음과 같은 형태로 표현될 수 있다: y = θ0 + θ1X1 + θ2X2 + ... + θn*Xn, θ0은 절편(intercept), θ1부터 θn은 각 입력 변수의 회귀 계수이다.

➤ **L1 규제:** 라쏘 회귀의 핵심은 L1 규제이며, L1 규제는 가중치의 절대값의 합에 패널티를 부여하는 것이다.

$$\text{L1 Penalty} = \lambda \sum_{i=1}^{n} |\theta_i|$$

여기서, λ는 규제의 강도를 결정하고, θ_i는 각 가중치를 의미한다.

➤ **손실 함수:** 라쏘 회귀의 손실 함수는 릿지 회귀와 비슷하게 선형 회귀의 평균 제곱 오차(MSE)에 L1 패널티를 추가한 것이다.

$$\text{Lasso Loss} = \frac{1}{m} \sum_{i=1}^{m} (y^{(i)} - \hat{y}^{(i)})^2 + \lambda \sum_{i=1}^{n} |\theta_i|$$

앞에서 설명한 릿지 회귀에서처럼 하이퍼파라미터 λ(람다)를 사용하여 규제의 강도를 조절한다. λ의 값이 크면 규제 효과가 강해지고, 회귀 계수의 크기가 작아지며 모델의 복잡도가 감소한다. 반대로, λ의 값이 작으면 규제 효과가 약화되고, 회귀 계수의 크기가 증가하여 모델의 복잡도가 증가한다.

요약하면, 라쏘 회귀는 L1 규제를 사용하여 모델의 복잡도를 제어하면서도 필요한 특성만을 선택하는 효과를 가지므로, 많은 변수 중 일부만 중요하다고 판단될 때 유용하다. 즉, 라쏘 회귀는 일부 회귀 계수를 0으로 만들어 특성 선택(feature selection)을 수행할 수 있는 특징이 있다. 이는 모델에서 불필요한 특성을 제거하고 더 간결한 모델을 만들 수 있다는 장점이 있다.

이때 손실 함수를 최소화하기 위해 경사 하강법 등의 최적화 알고리즘을 사용하여 모델을 학습한다. 경사 하강법은 앞서도 간단히 설명했듯이 손실 함수의 그래디언트를 계산하여 최적의 회귀 계수를 찾는 과정을 반복적으로 수행한다.

라쏘 회귀 모델의 구현과 사용 방법

라쏘 회귀 모델을 구현하고 사용하기 위해서는 scikit-learn 라이브러리의 Lasso 클래스를 활용할 수 있다. 아래는 라쏘 회귀 모델의 구현 방법과 사용 방법이다:

필요한 라이브러리 import:

```
from sklearn.linear_model import Lasso
from sklearn.model_selection import train_test_split
from sklearn.metrics import mean_squared_error
```

데이터 준비:

```
# 입력 변수 (특성) 데이터: X
# 종속 변수 데이터: y
X = ...  # 입력 변수 데이터 준비
y = ...  # 종속 변수 데이터 준비
```

데이터 분할:

```
# 학습 데이터와 테스트 데이터로 분할
X_train, X_test, y_train, y_test = train_test_split(X, y, test_size=0.2,
                                                    random_state=42)
```

라쏘 회귀 모델 초기화 및 학습:

```
# 라쏘 회귀 모델 초기화
lasso = Lasso(alpha=1.0)  # alpha는 규제의 강도를 조절하는 하이퍼파라미터

# 모델 학습
lasso.fit(X_train, y_train)
```

모델 예측:

```
# 테스트 데이터를 사용하여 예측 수행
y_pred = lasso.predict(X_test)
```

모델 평가:

```
# 평가 지표 계산
mse = mean_squared_error(y_test, y_pred)
```

위의 코드에서 주요한 부분은 라쏘 회귀 모델의 초기화와 학습 과정이다. Lasso 클래스의 alpha 매개변수를[앞에서는 λ(람다)] 조절하여 규제의 강도를 조정할 수 있다. alpha 값이 클수록 규제가 강하게 적용되어 회귀 계수의 크기는 더욱 줄어들게 된다. 적절한 alpha 값은 규제의 강도와 모델의 성능 사이의 선택적으로 중요도를 고려하여 결정하는 데 중요하다. 모델 학습 후에는 예측을 수행하고 평가 지표인 평균 제곱 오차(mean squared error)를 계산하여 모델의 성능을 평가할 수 있다. 평균 제곱 오차를 통해 라쏘 회귀 모델의 예측 성능을 평가하고 다른 모델과 비교할 수 있다.

또한, Lasso 클래스를 사용하여 회귀 계수의 값과 중요도를 확인할 수 있다. coef_ 속성을 통해 회귀 계수를 확인하고, 불필요한 특성을 제거하기 위해 회귀 계수가 0인 특성을 식별할 수 있다. 이를 통해 변수 선택과 모델 해석에 도움을 줄 수 있다.

실제 데이터를 활용한 라쏘 회귀 모델 예제

선형 회귀 모델을 Lasso 회귀 모델로 변경하려면, 모델을 선언하고 학습하는 부분에서 LinearRegression()을 Lasso()로 변경하면 된다. 앞에서 설명한 것처럼 Lasso 회귀는 선형 회귀에 L1 정규화를 추가한 것으로 아래는 Lasso 회귀 모델을 적용한 예시이다:

```
import pandas as pd
from rdkit import Chem
from rdkit.Chem import Descriptors
from sklearn.linear_model import Lasso
from sklearn.metrics import mean_squared_error, mean_absolute_error,
                                                                    r2_score
from sklearn.model_selection import train_test_split
import matplotlib.pyplot as plt
import seaborn as sns
import statsmodels.api as sm
import numpy as np

# 데이터 불러오기
data = pd.read_csv("Lipophilicity.csv")

# Descriptor 추출
data['TPSA'] = data['SMILES'].apply(lambda x: Descriptors.TPSA
                                                    (Chem.MolFromSmiles(x)))
data['LogP'] = data['SMILES'].apply(lambda x: Descriptors.MolLogP
                                                    (Chem.MolFromSmiles(x)))
data['MolecularWeight'] = data['SMILES'].apply(lambda x: Descriptors.
                                                MolWt(Chem.MolFromSmiles(x)))
```

```
data['NumRotatableBonds'] = data['SMILES'].apply(lambda x: Descriptors.
                               NumRotatableBonds(Chem.MolFromSmiles(x)))

# Lipophilicity2.csv로 저장
data.to_csv("Lipophilicity2.csv", index=False)

# 입력 변수와 타겟 변수 분할
X = data[['TPSA', 'LogP', 'MolecularWeight', 'NumRotatableBonds']]
y = data['Lipophilicity']

# 학습 데이터와 테스트 데이터 분할
X_train, X_test, y_train, y_test = train_test_split(X, y, test_size=0.2,
                                                     random_state=42)

# Lasso 회귀 모델 학습
model = Lasso(alpha=1.0)
model.fit(X_train, y_train)

# 테스트 데이터에 대한 예측 수행
y_pred = model.predict(X_test)

# 잔차 계산
residuals = y_test - y_pred

# 데이터 분포
plt.figure(figsize=(8, 6))
sns.histplot(data['Lipophilicity'], kde=True)
plt.xlabel('Lipophilicity')
plt.ylabel('Frequency')
plt.title('Distribution of Lipophilicity')
plt.show()

# 회귀 결과
plt.figure(figsize=(8, 6))
plt.scatter(y_test, y_pred, color='blue')
plt.plot([min(y_test), max(y_test)], [min(y_test), max(y_test)],
                                         color='red', linestyle='--')
plt.xlabel('Actual Lipophilicity')
plt.ylabel('Predicted Lipophilicity')
plt.title('Actual vs Predicted Lipophilicity')
plt.show()

# 잔차 분석
plt.figure(figsize=(8, 6))
sns.histplot(residuals, kde=True)
plt.xlabel('Residuals')
plt.ylabel('Frequency')
plt.title('Residual Distribution')
```

```
plt.show()

# 변수 중요도
coefs = pd.Series(model.coef_, index=X.columns)
sorted_coefs = coefs.abs().sort_values(ascending=False)

plt.figure(figsize=(8, 6))
sns.barplot(x=sorted_coefs.index, y=sorted_coefs.values)
plt.xticks(rotation=90)
plt.xlabel('Features')
plt.ylabel('Coefficient Magnitude')
plt.title('Feature Importance')
plt.show()

# 다중공선성 분석
corr_matrix = X.corr()

plt.figure(figsize=(10, 8))
sns.heatmap(corr_matrix, annot=True, cmap='coolwarm')
plt.title('Correlation Matrix')
plt.show()

# 회귀 계수 신뢰 구간 계산
X_train = sm.add_constant(X_train)
model_with_const = sm.OLS(y_train, X_train).fit()
coef_conf_int = model_with_const.conf_int()

plt.figure(figsize=(8, 6))
plt.errorbar(range(len(coefs)), coefs.values, yerr=np.abs
                    (coef_conf_int.iloc[1:, :].values.T - coefs.values),
             fmt='o', color='blue', ecolor='gray', capsize=5)
plt.xticks(range(len(coefs)), coefs.index, rotation=90)
plt.xlabel('Features')
plt.ylabel('Coefficient')
plt.title('Confidence Interval of Coefficients')
plt.show()

# 평가 지표 계산
mse = mean_squared_error(y_test, y_pred)
mae = mean_absolute_error(y_test, y_pred)
r2 = r2_score(y_test, y_pred)

# 평가 지표 출력
print("Mean Squared Error:", mse)
print("Mean Absolute Error:", mae)
print("R2 Score:", r2)
```

위의 코드를 실행하면 아래의 결과값이 나온다. 이 중 앞에서와 겹치는 부분을 제외하고 표시하면 아래와 같다.

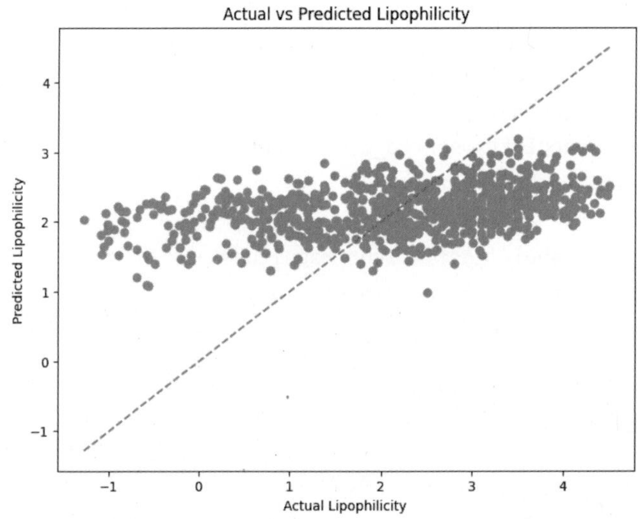

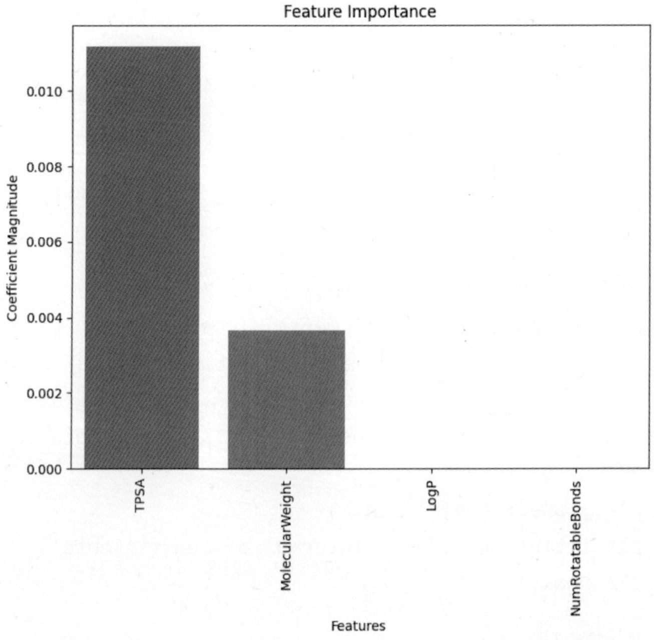

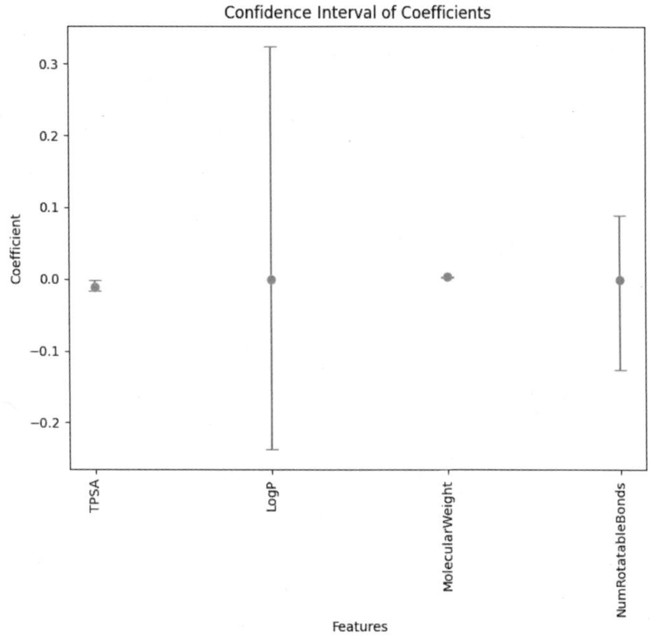


```
Mean Squared Error: 1.411257150261788
Mean Absolute Error: 0.9774151048245501
R2 Score: 0.12629375789556319
```

코드 분석

- **from sklearn.linear_model import Lasso:** scikit-learn 라이브러리에서 Lasso 모듈을 가져온다. Lasso는 라쏘 회귀 모델을 구축하는 기능을 제공한다.
- **from sklearn.metrics import mean_squared_error, mean_absolute_error, r2_score:** scikit-learn.metrics 모듈에서 mean_squared_error, mean_absolute_error, r2_score 함수를 가져옴. 이 함수들은 모델의 성능을 평가하는 지표를 계산하는 기능을 제공한다.
- **data = pd.read_csv("Lipophilicity.csv"):** "Lipophilicity.csv" 파일을 pandas의 read_csv 함수를 사용하여 데이터를 불러온다. 읽어온 데이터는 data 변수에 저장된다.
- **17-20. Descriptor 추출:** rdkit의 함수들을 활용하여 화학 분자의 다양한 특성(Descriptor)들을 계산하고, 데이터프레임에 해당 열들을 추가한다.
- **data.to_csv("Lipophilicity2.csv", index=False):** 변경된 데이터프레임(data)을 "Lipophilicity2.csv" 파일로 저장한다. index=False 옵션을 주어 인덱스를 저장하지 않는다.
- **26-27. 입력 변수와 타겟 변수 분할:** 데이터프레임에서 입력 변수(X)와 타겟 변수(y)를 분할하여 각각 X와 y 변수에 저장한다.
- **30-33. 학습 데이터와 테스트 데이터 분할:** train_test_split 함수를 사용하여 입력 변수(X)와 타겟 변수(y)를 학습용 데이터와 테스트용 데이터로 분할한다. 테스트 데이터의 크기는 전체 데이터의 20%로 지정되고, random_state를 42로 설정하여 재현성을 위해 무작위 시드를 고정한다.
- **model = Lasso(alpha=1.0):** alpha=1.0으로 설정하여 Lasso 회귀 모델을 생성한다.
- **model.fit(X_train, y_train):** Lasso 모델을 학습용 데이터(X_train, y_train)에 맞춘다.

- **y_pred = model.predict(X_test):** 학습된 모델을 사용하여 테스트 데이터(X_test)에 대한 예측값(y_pred)을 계산한다.
- **residuals = y_test - y_pred:** 실제값(y_test)에서 예측값(y_pred)을 뺀 잔차(residuals)를 계산한다.
- **46-52.** 데이터 분포 시각화, 회귀 결과 시각화, 잔차 분석 등의 과정은 이전과 동일한다.
- **56-61. 변수 중요도 시각화:** Lasso 모델의 회귀 계수(coef_)를 계산하고, 변수의 중요도를 나타내기 위해 시각화한다.
- **64-69. 다중공선성 분석:** 입력 변수(X) 간의 상관관계를 나타내기 위해 상관 행렬(corr_matrix)을 계산하고, heatmap을 사용하여 시각화한다.
- **72-79. 회귀 계수 신뢰 구간 계산:** statsmodels의 OLS(Ordinary Least Squares) 모델을 사용하여 회귀 계수(coef_)의 신뢰 구간을 계산하고, 이를 시각화한다.
- **82-84. 평가 지표 계산:** mean_squared_error, mean_absolute_error, r2_score 함수를 사용하여 모델의 성능을 평가하는 지표를 계산한다.
- **87-89. 평가 지표 출력:** 계산된 평가 지표인 Mean Squared Error, Mean Absolute Error, R2 Score를 출력한다.

3.5 엘라스틱넷 회귀

엘라스틱넷 회귀 모델의 개념과 작동 원리

앞서 라쏘 회귀 특징인 변수 선택을 이용하고 릿지 회귀인 규제를 결합하여 과적합을 해소하는 방향으로의 모델을 생각해보면 어떨까? 이에 엘라스틱넷 회귀는 릿지 회귀와 라쏘 회귀의 특징을 결합한 회귀 모델이다. L1 규제(라쏘 규제)와 L2 규제(릿지 규제)를 결합하여 회귀 계수를 제어한다. L1 규제는 변수 선택 기능을 제공하고, L2 규제는 변수 간의 상관관계를 고려하여 회귀 계수를 조정하는 특징을 가지고 있다. 엘라스틱넷 회귀로 변수 선택과 변수 간의 상관관계를 동시에 고려한 모델을 생성할 수 있다.

엘라스틱넷 회귀는 L1 규제와 L2 규제를 포함한 손실 함수를 최소화하는 방식으로 작동한다. L1 규제는 회귀 계수를 0으로 축소하여 변수 선택 기능을 수행하고, L2 규제는 회귀 계수를 제한하여 변수 간의 상관관계를 고려한다. 엘라스틱넷 회귀의 손실 함수는 L1 규제와 L2 규제 사이의 가중치 조절 인자인 alpha와 l1_ratio를 사용하여 조정된다.

alpha는 규제의 강도를 조절하는 매개변수이며, l1_ratio는 L1 규제와 L2 규제의 비율을 조절하는 매개변수이다. 엘라스틱넷 회귀는 L1 규제와 L2 규제의 조합으로 유연하게 회귀 모델을 조정할 수 있다. 이를 통해 변수 선택과 변수 간의 상관관계를 고려한 모델을 생성할 수 있으며, 과적합을 방지하고 일반화 성능을 향상할 수 있다.

엘라스틱넷 회귀 모델의 구현과 사용 방법

엘라스틱넷 회귀 모델의 구현과 사용 방법은 다음과 같다.

모듈 불러오기:

```
from sklearn.linear_model import ElasticNet
```

모델 초기화:

```
model = ElasticNet(alpha=0.5, l1_ratio=0.5)
```

alpha는 규제 강도를 조절하는 매개변수이다. 이전과 같이 값이 작을수록 규제의 강도가 약해진다. l1_ratio는 L1 규제와 L2 규제의 비율을 조절하는 매개변수이다. 0에 가까울수록 L2 규제가 강해지고, 1에 가까울수록 L1 규제가 강해진다.

모델 학습:

```
model.fit(X_train, y_train)
```

X_train은 학습 데이터의 독립 변수를 나타내는 배열이며, y_train은 해당하는 종속 변수의 값 배열이다.

예측 수행:

```
y_pred = model.predict(X_test)
```

X_test는 예측하려는 데이터의 독립 변수를 나타내는 배열이다.

모델 평가:

엘라스틱넷 회귀 모델의 평가는 평균 제곱 오차(mean squared error)나 R^2 (결정 계수) 등의 평가 지표를 사용할 수 있다. 엘라스틱넷 회귀 모델은 L1 규제와 L2 규제를 조절하여 모델을 유연하게 조정할 수 있다. alpha와 l1_ratio 매개변수를 적절하게 조정하여 모델의 성능과 변수 선택 기능을 조절할 수 있다. 또한 데이터 전처리와 특성 스케일링을 수행하여 모델의 성능을 최적화할 수 있다.

엘라스틱넷 회귀의 규제와 하이퍼파라미터 조정

엘라스틱넷 회귀 모델의 규제의 측면에서 엘라스틱넷 회귀는 L1 규제와 L2 규제를 결합한 모델이다. 앞서 설명한 바와 같이 L1 규제는 모델의 가중치를 0으로 만들어 특성 선택 기능을 제공하며, L2 규제는 가중치의 크기를 제한하여 모델의 복잡도를 조절한다. L1 규제는 모델의 특성 선택 기능을 제공하므로, 변수 선택이 중요한 경우에 유용하다. L2 규제는 가중치의 크기를 제한하여 모델의 과적합을 방지하고 일반화 성능을 향상시킨다.

앞에서 설명했듯이 엘라스틱넷 회귀 모델의 주요 하이퍼파라미터에는 alpha와 l1_ratio가 있다. alpha는 전체 규제 강도를 조절하는 매개변수이다. 값이 크면 규제의 강도가 강해져 모델의 복잡도가 낮아지고, 값이 작으면 규제의 강도가 약해져 모델의 복잡도가 높아진다. 적절한 alpha 값을 선택하여 과적합과 과소 적합 사이의 균형을 조절할 수 있다. l1_ratio는 L1 규제와 L2 규제의 비율을 조절하는 매개변수이다. 0에 가까울수록 L2 규제가 강해지고, 1에 가까울수록 L1 규제가 강해진다. 적절한 l1_ratio 값을 선택하여

L1 규제와 L2 규제의 조합을 조절할 수 있다.

엘라스틱넷 회귀 모델의 하이퍼파라미터는 교차 검증을 통해 최적값을 선택할 수 있다. GridSearchCV나 RandomizedSearchCV를 사용하여 다양한 하이퍼파라미터 조합에 대해 교차 검증을 수행하고, 최적의 하이퍼파라미터 조합을 선택할 수 있다. 또는, 모델 학습 후에 학습 데이터와 검증 데이터를 활용하여 그리드 탐색이나 랜덤 탐색을 수행하여 최적의 하이퍼파라미터를 찾을 수도 있다. 엘라스틱넷 회귀 모델의 규제와 하이퍼파라미터는 모델의 성능과 일반화 능력을 조절하는 데 중요한 역할을 한다. 적절한 규제 강도와 하이퍼파라미터 조정을 통해 과적합을 방지하고, 변수 선택과 모델의 복잡도를 조절하여 최적의 모델을 구축할 수 있다.

실제 데이터를 활용한 엘라스틱넷 회귀 모델 예제

선형 회귀 모델을 엘라스틱넷 회귀 모델로 변경하려면, 모델을 선언하고 학습하는 부분에서 LinearRegression()을 ElasticNet()으로 변경하면 된다. 엘라스틱넷 회귀는 선형 회귀에 L1 정규화(Lasso)와 L2 정규화(Ridge)를 결합한 것으로, 두 가지 정규화의 장점을 모두 활용할 수 있다. 아래는 엘라스틱넷 회귀 모델을 적용한 예시이다:

```
import pandas as pd
from rdkit import Chem
from rdkit.Chem import Descriptors
from sklearn.linear_model import ElasticNet
from sklearn.metrics import mean_squared_error, mean_absolute_error,
                                                              r2_score
from sklearn.model_selection import train_test_split
import matplotlib.pyplot as plt
import seaborn as sns
import statsmodels.api as sm
import numpy as np

# 데이터 불러오기
data = pd.read_csv("Lipophilicity.csv")

# Descriptor 추출
data['TPSA'] = data['SMILES'].apply(lambda x: Descriptors.TPSA
                                               (Chem.MolFromSmiles(x)))
data['LogP'] = data['SMILES'].apply(lambda x: Descriptors.MolLogP
                                               (Chem.MolFromSmiles(x)))
data['MolecularWeight'] = data['SMILES'].apply(lambda x: Descriptors.
                                            MolWt(Chem.MolFromSmiles(x)))
data['NumRotatableBonds'] = data['SMILES'].apply(lambda x: Descriptors.
                                NumRotatableBonds(Chem.MolFromSmiles(x)))

# Lipophilicity2.csv로 저장
data.to_csv("Lipophilicity2.csv", index=False)

# 입력 변수와 타겟 변수 분할
```

```
X = data[['TPSA', 'LogP', 'MolecularWeight', 'NumRotatableBonds']]
y = data['Lipophilicity']

# 학습 데이터와 테스트 데이터 분할
X_train, X_test, y_train, y_test = train_test_split(X, y, test_size=0.2,
                                                    random_state=42)

# ElasticNet 회귀 모델 학습
model = ElasticNet(alpha=1.0, l1_ratio=0.5)
model.fit(X_train, y_train)

# 테스트 데이터에 대한 예측 수행
y_pred = model.predict(X_test)

# 잔차 계산
residuals = y_test - y_pred

# 데이터 분포
plt.figure(figsize=(8, 6))
sns.histplot(data['Lipophilicity'], kde=True)
plt.xlabel('Lipophilicity')
plt.ylabel('Frequency')
plt.title('Distribution of Lipophilicity')
plt.show()

# 회귀 결과
plt.figure(figsize=(8, 6))
plt.scatter(y_test, y_pred, color='blue')
plt.plot([min(y_test), max(y_test)], [min(y_test), max(y_test)],
                                     color='red', linestyle='--')
plt.xlabel('Actual Lipophilicity')
plt.ylabel('Predicted Lipophilicity')
plt.title('Actual vs Predicted Lipophilicity')
plt.show()

# 잔차 분석
plt.figure(figsize=(8, 6))
sns.histplot(residuals, kde=True)
plt.xlabel('Residuals')
plt.ylabel('Frequency')
plt.title('Residual Distribution')
plt.show()

# 변수 중요도
coefs = pd.Series(model.coef_, index=X.columns)
sorted_coefs = coefs.abs().sort_values(ascending=False)

plt.figure(figsize=(8, 6))
sns.barplot(x=sorted_coefs.index, y=sorted_coefs.values)
plt.xticks(rotation=90)
```

```
plt.xlabel('Features')
plt.ylabel('Coefficient Magnitude')
plt.title('Feature Importance')
plt.show()

# 다중공산성 분석
corr_matrix = X.corr()

plt.figure(figsize=(10, 8))
sns.heatmap(corr_matrix, annot=True, cmap='coolwarm')
plt.title('Correlation Matrix')
plt.show()

# 회귀 계수 신뢰 구간 계산
X_train = sm.add_constant(X_train)
model_with_const = sm.OLS(y_train, X_train).fit()
coef_conf_int = model_with_const.conf_int()

plt.figure(figsize=(8, 6))
plt.errorbar(range(len(coefs)), coefs.values, yerr=np.abs
                    (coef_conf_int.iloc[1:, :].values.T - coefs.values),
             fmt='o', color='blue', ecolor='gray', capsize=5)
plt.xticks(range(len(coefs)), coefs.index, rotation=90)
plt.xlabel('Features')
plt.ylabel('Coefficient')
plt.title('Confidence Interval of Coefficients')
plt.show()

# 평가 지표 계산
mse = mean_squared_error(y_test, y_pred)
mae = mean_absolute_error(y_test, y_pred)
r2 = r2_score(y_test, y_pred)

# 평가 지표 출력
print("Mean Squared Error:", mse)
print("Mean Absolute Error:", mae)
print("R2 Score:", r2)
```

위의 코드를 실행하면 위에서 표시한 것을 제외한 결과값을 표시하면 아래와 같다.

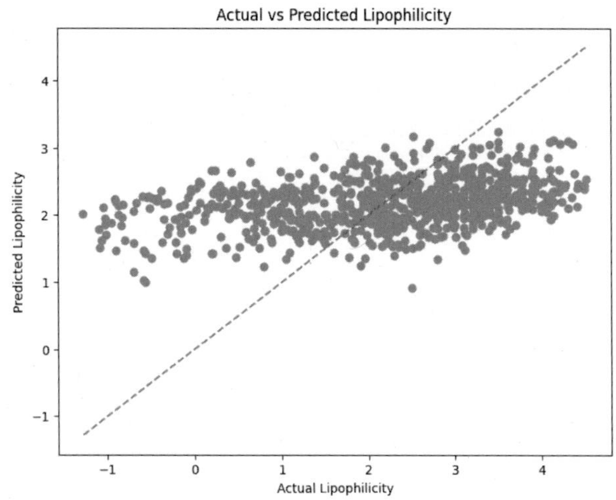
Actual vs Predicted Lipophilicity
Predicted Lipophilicity
Actual Lipophilicity
4
3
2
1
0
−1
−1
0
1
2
3
4

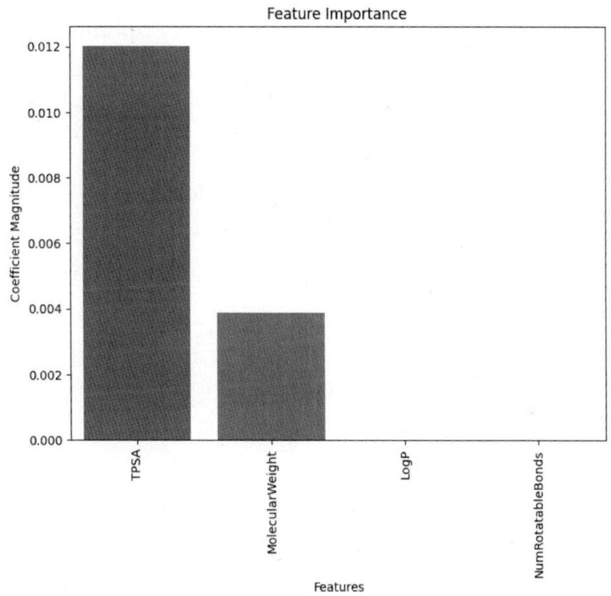
Feature Importance
Coefficient Magnitude
0.012
0.010
0.008
0.006
0.004
0.002
0.000
TPSA
MolecularWeight
LogP
NumRotatableBonds
Features

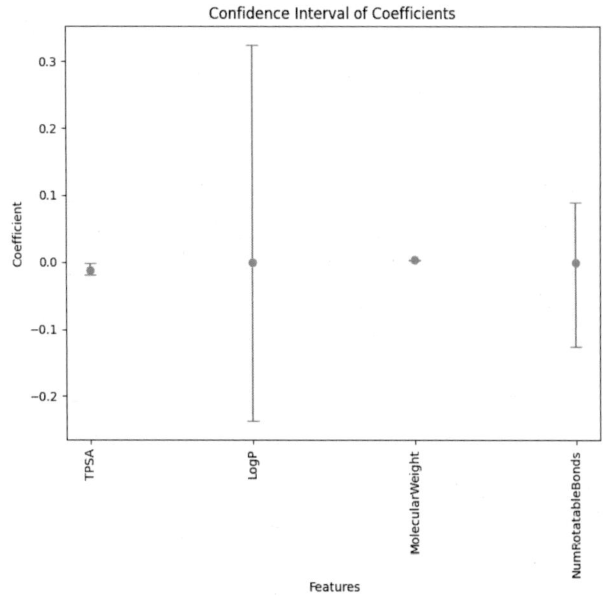
Confidence Interval of Coefficients
Coefficient
0.3
0.2
0.1
0.0
−0.1
−0.2
TPSA
LogP
MolecularWeight
NumRotatableBonds
Features

```
Mean Squared Error: 1.405543795627072
Mean Absolute Error: 0.9752013707269969
R2 Score: 0.12983088336329363
```

코드 분석

- **from sklearn.linear_model import ElasticNet:** scikit-learn 라이브러리에서 ElasticNet 모듈을 가져온다. ElasticNet은 엘라스틱넷 회귀 모델을 구축하는 기능을 제공한다.
- **from sklearn.metrics import mean_squared_error, mean_absolute_error, r2_score:** scikit-learn.metrics 모듈에서 mean_squared_error, mean_absolute_error, r2_score 함수를 가져온다. 이 함수들은 모델의 성능을 평가하는 지표를 계산하는 기능을 제공한다.
- **data = pd.read_csv("Lipophilicity.csv"):** "Lipophilicity.csv" 파일을 pandas의 read_csv 함수를 사용하여 데이터를 불러온다. 읽어온 데이터는 data 변수에 저장된다.
- **17-20. Descriptor 추출:** rdkit의 함수들을 활용하여 화학 분자의 다양한 특성(Descriptor)들을 계산하고, 데이터프레임에 해당 열들을 추가한다.
- **data.to_csv("Lipophilicity2.csv", index=False):** 변경된 데이터프레임(data)을 "Lipophilicity2.csv" 파일로 저장한다. index=False 옵션을 주어 인덱스를 저장하지 않는다.
- **26-27. 입력 변수와 타겟 변수 분할:** 데이터프레임에서 입력 변수(X)와 타겟 변수(y)를 분할하여 각각 X와 y 변수에 저장한다.
- **30-33. 학습 데이터와 테스트 데이터 분할:** train_test_split 함수를 사용하여 입력 변수(X)와 타겟 변수(y)를 학습용 데이터와 테스트용 데이터로 분할한다. 테스트 데이터의 크기는 전체 데이터의 20%로 지정되고, random_state를 42로 설정하여 재현성을 위해 무작위 시드를 고정한다.
- **model = ElasticNet(alpha=1.0, l1_ratio=0.5):** alpha=1.0, l1_ratio=0.5로 설정하여 ElasticNet 회귀 모델을 생성한다.
- **model.fit(X_train, y_train):** ElasticNet 모델을 학습용 데이터(X_train, y_train)에 맞춘다.
- **y_pred = model.predict(X_test):** 학습된 모델을 사용하여 테스트 데이터(X_test)에 대한 예측값(y_pred)을 계산한다.
- **residuals = y_test - y_pred:** 실제값(y_test)에서 예측값(y_pred)을 뺀 잔차(residuals)를 계산한다.
- **46-52.** 데이터 분포 시각화, 회귀 결과 시각화, 잔차 분석 등의 과정은 이전과 동일한다.
- **56-61. 변수 중요도 시각화:** ElasticNet 모델의 회귀 계수(coef_)를 계산하고, 변수의 중요도를 나타내기 위해 시각화한다.
- **64-69. 다중공선성 분석:** 입력 변수(X) 간의 상관관계를 나타내기 위해 상관 행렬(corr_matrix)을 계산하고, heatmap을 사용하여 시각화한다.
- **72-79. 회귀 계수 신뢰 구간 계산:** statsmodels의 OLS(Ordinary Least Squares) 모델을 사용하여 회귀 계수(coef_)의 신뢰 구간을 계산하고, 이를 시각화한다.
- **82-84. 평가 지표 계산:** mean_squared_error, mean_absolute_error, r2_score 함수를 사용하여 모델의 성능을 평가하는 지표를 계산한다.

- **87-89. 평가 지표 출력:** 계산된 평가 지표인 Mean Squared Error, Mean Absolute Error, R2 Score를 출력한다.

ElasticNet() 함수의 alpha 매개변수는 정규화의 강도를 조절한다. alpha 값이 크면 정규화 강도가 높아지고, alpha 값이 작으면 정규화 강도가 낮아진다. l1_ratio 매개변수는 L1 정규화와 L2 정규화 사이의 비율을 조절한다. l1_ratio가 1에 가까우면 L1 정규화의 영향이 커지고, 0에 가까우면 L2 정규화의 영향이 커진다. 최적의 alpha와 l1_ratio 값을 찾기 위해서는 교차 검증 등의 방법을 비교할 수 있다. 이는 연습 문제를 위하여 남겨 두자.

3.6 로지스틱 회귀

로지스틱 회귀 모델의 개념과 작동 원리

로지스틱 회귀(logistic regression) 모델은, 그 이름에 회귀라는 단어가 포함되어 있지만 실제로는 분류(classification) 문제에 사용되는 지도 학습 알고리즘으로, 종속 변수가 이항(binary) 또는 다항(multinomial)인 경우에 적용된다. 선형 회귀 모델을 기반으로 하지만, 출력값을 확률로 변환하여 클래스에 속할 확률을 예측하는 이 회귀 모델은 로지스틱 함수 또는 시그모이드 함수(sigmoid function)를 사용하여 선형 예측값을 확률로 변환한다. 시그모이드 함수는 입력값을 0과 1 사이의 확률값으로 변환하는 S자 형태의 곡선으로, 입력 변수와 종속 변수 사이의 관계를 모델링하고 확률적인 예측을 수행한다. 로지스틱 회귀 모델의 작동 원리는 다음과 같다.

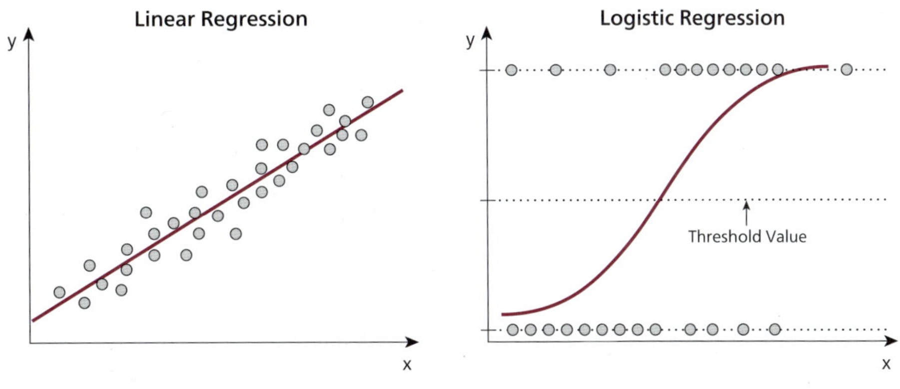

- 입력 변수와 가중치의 선형 조합을 계산한다. 이는 신형 회귀와 동일하다.
- 선형 조합 결과를 시그모이드 함수에 적용하여 확률값을 계산한다. 시그모이드 함수는 0과 1 사이의 값을 반환한다.
- 계산된 확률값을 기준값(threshold)과 비교하여 클래스에 속할 확률을 예측한다. 위의 그림에서처럼 기준값보다 크면 양성 클래스로, 작으면 음성 클래스로 분류한다.
- 로지스틱 회귀 모델은 최적화 알고리즘(주로 경사 하강법)을 사용하여 가중치를 학

습하며, 손실 함수로는 로그 손실(log loss)을 사용한다. 로그 손실은 예측 확률과 실제 클래스의 차이를 나타내는데, 예측이 정확할수록 손실이 작아지도록 학습한다.

- 로지스틱 회귀는 이진 분류, 다중 클래스 분류, 개체 감지 등 다양한 분류 문제에 적용된다. 입력 변수와 종속 변수 사이의 비선형 관계를 모델링하고, 확률적인 예측을 통해 분류 작업을 수행한다.

로지스틱 회귀 모델의 구현과 사용 방법

scikit-learn 라이브러리에서는 LogisticRegression 클래스를 제공하여 로지스틱 회귀 모델을 구현하고 사용할 수 있다.

- **데이터 준비:** 입력 변수와 이에 해당하는 클래스(이진 분류인 경우 0 또는 1)로 구성된 훈련 데이터셋을 준비한다.
- **모델 초기화:** LogisticRegression 클래스를 초기화하여 로지스틱 회귀 모델 객체를 생성한다. 이때 필요한 하이퍼파라미터를 설정할 수 있다. 예를 들어, 규제 강도를 조절하는 파라미터인 C 값을 설정할 수 있다.
- **모델 학습:** fit() 메소드를 사용하여 로지스틱 회귀 모델을 훈련 데이터에 맞춘다. 이때, 입력 변수와 클래스를 인자로 전달한다.
- **예측 수행:** predict() 메소드를 사용하여 새로운 입력 데이터에 대한 클래스를 예측한다. 이때, 입력 변수를 인자로 전달한다.
- **모델 평가:** score() 메소드를 사용하여 모델의 정확도(accuracy)를 평가할 수 있다. 이때, 입력 변수와 실제 클래스를 인자로 전달한다.

아래는 위 단계를 코드로 나타낸 예시이다:

```
from sklearn.linear_model import LogisticRegression

# 1. 데이터 준비
X_train = ...
y_train = ...

# 2. 모델 초기화
model = LogisticRegression(C=1.0)  # C는 규제 강도를 설정하는 파라미터이다.

# 3. 모델 학습
model.fit(X_train, y_train)

# 4. 예측 수행
X_test = ...
y_pred = model.predict(X_test)

# 5. 모델 평가
X_eval = ...
```

```
y_eval = ...
accuracy = model.score(X_eval, y_eval)
```

로지스틱 회귀 모델은 이진 분류 문제에 주로 사용되지만, multi_class 매개변수를 설정하여 다중 클래스 분류 문제에도 적용할 수 있다. 또한, 규제 파라미터 C의 값을 조정하여 모델의 복잡도와 과적합을 조절할 수 있다. 이외에도 scikit-learn에서 제공하는 다양한 기능과 메소드를 활용하여 로지스틱 회귀 모델을 사용할 수 있다.

이진 분류와 다중 분류에 대한 로지스틱 회귀의 활용

로지스틱 회귀(logistic regression) 모델은 이진 분류와 다중 분류 문제에 모두 활용될 수 있다. 다음은 로지스틱 회귀 모델의 이진 분류와 다중 분류에 대한 활용 방법에 대해 설명한다:

- **이진 분류(Binary Classification):** 이진 분류 문제에서 로지스틱 회귀 모델은 두 개의 클래스를 구분하는 결정 경계(decision boundary)를 학습한다. 입력 변수에 대한 선형 결합을 로지스틱 함수(시그모이드 함수)에 적용하여 클래스의 확률을 추정하고, 임계값을 기준으로 클래스를 예측한다.
- **다중 분류(Multi-class Classification):** 다중 분류 문제에서 로지스틱 회귀 모델은 여러 개의 클래스를 구분하는 결정 경계를 학습한다. 일대다(one-vs-rest) 방식이 주로 사용되며, 각 클래스에 대해 하나의 이진 분류 모델을 학습하여 해당 클래스와 다른 모든 클래스를 구분한다. 이후 입력 변수에 대한 각 클래스의 확률을 추정하고, 가장 높은 확률을 갖는 클래스를 선택하여 예측한다.

이진 분류와 다중 분류 문제에서 로지스틱 회귀 모델을 활용하기 위해 scikit-learn의 LogisticRegression 클래스를 사용할 수 있다. 다음은 예시 코드이다.

```
from sklearn.linear_model import LogisticRegression

# 이진 분류 예시
model_binary = LogisticRegression()
model_binary.fit(X_train, y_train)
y_pred_binary = model_binary.predict(X_test)

# 다중 분류 예시
model_multi = LogisticRegression()
model_multi.fit(X_train, y_train)
y_pred_multi = model_multi.predict(X_test)
```

로지스틱 회귀 모델은 일반적으로 선형 결정 경계를 생성하므로, 비선형적인 결정 경계를 필요로 하는 문제에는 적합하지 않을 수 있다. 이 경우, 다른 알고리즘 또는 로지스틱 회귀 모델에 다항식 항이 추가된 다항 로지스틱 회귀(polynomial logistic regression) 모델 등을 고려할 수 있다.

실제 데이터를 활용한 로지스틱 회귀 모델 예제

선형 회귀에서 로지스틱 회귀로 변경하려면, 먼저 타겟 변수가 이산형(범주형) 변수여야 한다. 'lipophilicity' 변수는 연속형이므로 범주형으로 변환해야 한다. 예를 들어, 'lipophilicity' 변수를 다섯 개의 범주로 나누려면 pandas의 'cut' 함수를 사용할 수 있다. 그 후에 LogisticRegression()을 이용하여 모델을 학습한다.

아래 코드는 위 설명을 반영하여 작성한 코드이다:

```
import pandas as pd
from rdkit import Chem
from rdkit.Chem import Descriptors
from sklearn.linear_model import LogisticRegression
from sklearn.metrics import classification_report, confusion_matrix
from sklearn.model_selection import train_test_split
import matplotlib.pyplot as plt
import seaborn as sns
import statsmodels.api as sm
import numpy as np

# 데이터 불러오기
data = pd.read_csv("Lipophilicity.csv")

# Descriptor 추출
data['TPSA'] = data['SMILES'].apply(lambda x: Descriptors.TPSA
                                        (Chem.MolFromSmiles(x)))
data['LogP'] = data['SMILES'].apply(lambda x: Descriptors.MolLogP
                                        (Chem.MolFromSmiles(x)))
data['MolecularWeight'] = data['SMILES'].apply(lambda x: Descriptors.
                                        MolWt(Chem.MolFromSmiles(x)))
data['NumRotatableBonds'] = data['SMILES'].apply(lambda x: Descriptors.
                              NumRotatableBonds(Chem.MolFromSmiles(x)))

# Lipophilicity2.csv로 저장
data.to_csv("Lipophilicity2.csv", index=False)

# 입력 변수와 타겟 변수 분할
X = data[['TPSA', 'LogP', 'MolecularWeight', 'NumRotatableBonds']]
y = pd.cut(data['Lipophilicity'], bins=5, labels=np.arange(5))

# 학습 데이터와 테스트 데이터 분할
X_train, X_test, y_train, y_test = train_test_split
                                 (X, y, test_size=0.2, random_state=42)

# 로지스틱 회귀 모델 학습
model = LogisticRegression(max_iter=1000)
model.fit(X_train, y_train)

# 테스트 데이터에 대한 예측 수행
y_pred = model.predict(X_test)
```

```
# Confusion Matrix
cm = confusion_matrix(y_test, y_pred)
sns.heatmap(cm, annot=True, cmap='coolwarm')
plt.show()

# Classification Report
print(classification_report(y_test, y_pred))

# 분류 결과 분포
sns.countplot(x=y, palette='coolwarm')
plt.show()

# 변수 중요도
coefs = pd.Series(model.coef_[0], index=X.columns)
sorted_coefs = coefs.abs().sort_values(ascending=False)

plt.figure(figsize=(8, 6))
sns.barplot(x=sorted_coefs.index, y=sorted_coefs.values,
                                                    palette='coolwarm')
plt.xticks(rotation=90)
plt.xlabel('Features')
plt.ylabel('Coefficient Magnitude')
plt.title('Feature Importance')
plt.show()
```

위의 코드는 'lipophilicity'를 5개의 범주로 나누고 로지스틱 회귀 모형으로 분석을 진행한 것이다. 이후 테스트 데이터를 통해 예측을 진행하고, 그 결과를 confusion matrix와 classification report로 표현한다. 이후, 각 feature의 중요도를 bar plot으로 시각화한다.

다음에 결과값을 표시했다. classification report의 분류 평가 지표의 의미는 뒤에서 설명한다(3.13절).

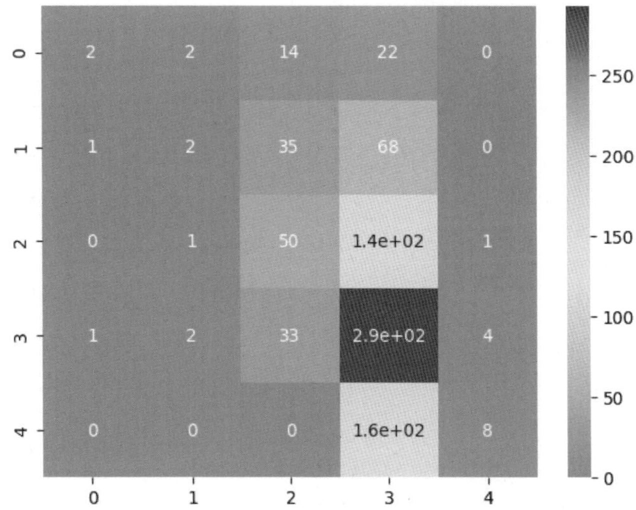

```
              precision    recall  f1-score   support

           0       0.50      0.05      0.09        40
           1       0.29      0.02      0.04       106
           2       0.38      0.26      0.31       189
           3       0.43      0.88      0.58       333
           4       0.62      0.05      0.09       166

    accuracy                           0.43       834
   macro avg       0.44      0.25      0.22       834
weighted avg       0.44      0.43      0.33       834
```

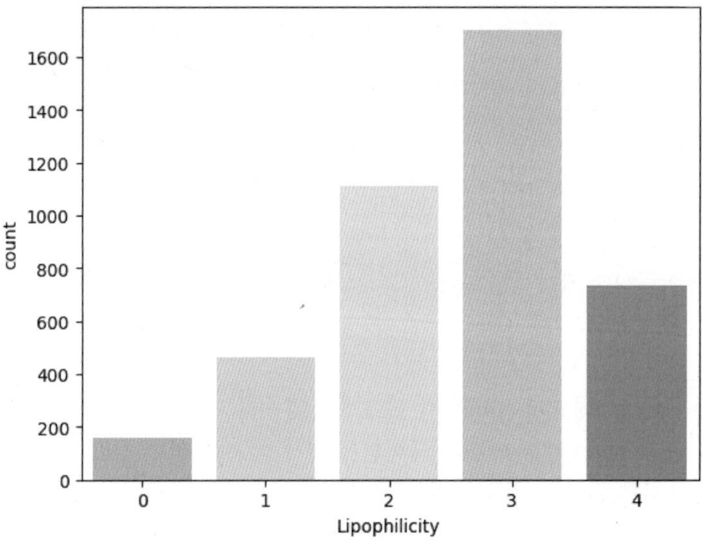

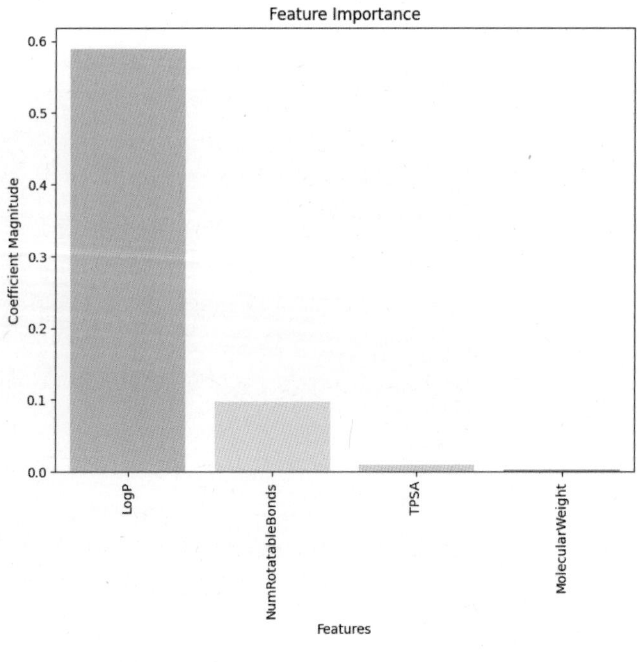

코드 분석

- **from sklearn.linear_model import LogisticRegression:** scikit-learn 라이브러리에서 LogisticRegression 모듈을 가져온다. LogisticRegression은 로지스틱 회귀 모델을 구축하는 기능을 제공한다.
- **from sklearn.metrics import classification_report, confusion_matrix:** scikit-learn.metrics 모듈에서 classification_report, confusion_matrix 함수를 가져온다. 분류 모델의 성능을 평가하는 지표를 계산하는 기능을 제공한다.
- **from sklearn.model_selection import train_test_split:** scikit-learn.model_selection 모듈에서 train_test_split 함수를 가져온다. 이 함수는 데이터를 학습용과 테스트용으로 분할하는 기능을 제공한다.
- **data = pd.read_csv("Lipophilicity.csv"):** "Lipophilicity.csv" 파일을 pandas의 read_csv 함수를 사용하여 데이터를 불러온다. 읽어온 데이터는 data 변수에 저장된다.
- **17-20. Descriptor 추출:** rdkit의 함수들을 활용하여 화학 분자의 다양한 특성(Descriptor)들을 계산하고, 데이터프레임에 해당 열들을 추가한다.
- **data.to_csv("Lipophilicity2.csv", index=False):** 변경된 데이터프레임(data)을 "Lipophilicity2.csv" 파일로 저장한다. index=False 옵션을 주어 인덱스를 저장하지 않는다.
- **26-27. 입력 변수와 타겟 변수 분할:** 데이터프레임에서 입력 변수(X)와 타겟 변수(y)를 분할하여 각각 X와 y 변수에 저장한다. 이때, 타겟 변수인 'Lipophilicity'를 5개의 구간으로 나누고, 구간에 라벨을 할당하여 범주형 변수로 변환한다.
- **30-33. 학습 데이터와 테스트 데이터 분할:** train_test_split 함수를 사용하여 입력 변수(X)와 타겟 변수(y)를 학습용 데이터와 테스트용 데이터로 분할한다. 테스트 데이터의 크기는 전체 데이터의 20%로 지정되고, random_state를 42로 설정하여 재현성을 위해 무작위 시드를 고정한다.
- **model = LogisticRegression(max_iter=1000):** max_iter=1000로 설정하여 로지스틱 회귀 모델을 생성한다. max_iter는 최대 반복 횟수를 의미한다.
- **model.fit(X_train, y_train):** 로지스틱 회귀 모델을 학습용 데이터(X_train, y_train)에 맞춘다.
- **y_pred = model.predict(X_test):** 학습된 모델을 사용하여 테스트 데이터(X_test)에 대한 예측값(y_pred)을 계산한다.
- **cm = confusion_matrix(y_test, y_pred):** 테스트 데이터에 대한 예측값(y_pred)과 실제값(y_test)을 비교하여 혼동 행렬(confusion matrix)을 계산한다.
- **sns.heatmap(cm, annot=True, cmap='coolwarm'):** seaborn의 heatmap을 사용하여 혼동 행렬을 시각화한다.
- **print(classification_report(y_test, y_pred)):** classification_report 함수를 사용하여 분류 모델의 성능을 출력한다.
- **50-52. 분류 결과 분포 시각화:** seaborn의 countplot을 사용하여 분류 결과의 분포를 시각화한다.
- **55-59. 변수 중요도 시각화:** LogisticRegression 모델의 회귀 계수(coef_)를 계산하고, 변수의 중요도를 나타내기 위해 시각화한다.
- **coefs = pd.Series(model.coef_[0], index=X.columns):** 모델의 회귀 계수(coef_)를 가져와서 pandas의 Series로 변환하고, 변수명을 인덱스로 설정한다.

- **sorted_coefs = coefs.abs().sort_values(ascending=False):** 회귀 계수의 절대값을 계산하고, 중요도에 따라 내림차순으로 정렬한다.
- **66-69. 변수 중요도 시각화:** seaborn의 barplot을 사용하여 변수 중요도를 시각화한다.

3.7 결정 트리

결정 트리 모델의 개념과 작동 원리

결정 트리(decision tree)는 기계 학습에서 널리 사용되는 지도 학습 알고리즘으로, 분류와 회귀 문제에 모두 적용될 수 있다. 결정 트리 모델은 계층적으로 구성된 의사 결정 규칙의 집합으로 이루어진 트리 구조를 사용하여 데이터를 분류 또는 회귀하는 모델이다. 각 내부 노드는 특성(feature)에 대한 테스트를 수행하고, 각 가지(branch)는 테스트의 결과에 따라 데이터를 서로 다른 방향으로 분할한다. 말단 노드인 리프 노드(leaf node)에서는 예측값이나 클래스 레이블을 반환한다.

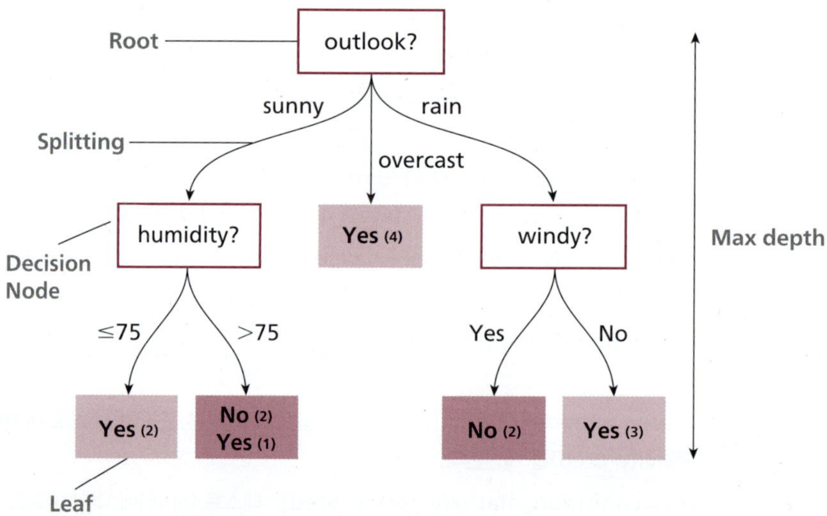

결정 트리는 주어진 데이터를 가장 잘 분할하는 특성과 기준을 선택하기 위해 정보 이론의 개념인 엔트로피(entropy)나 지니 불순도(gini impurity)를 사용한다. 여기서 엔트로피는 혼란도를 나타내는 척도로, 데이터가 얼마나 섞여 있는지를 측정한다. 예를 들어, 한 노드에 있는 데이터가 모두 같은 클래스에 속하면 엔트로피는 0이 되며, 다양한 클래스가 섞여 있을수록 엔트로피 값이 커진다. 반면, 지니 불순도는 잘못 분류될 확률을 나타내는 지표로, 데이터가 특정 클래스에 속할 확률이 높을수록 불순도가 낮아진다.

트리의 학습 과정에서는 특성 공간을 분할하여 각 분할 영역의 순도를 최대화하거나 불순도를 최소화하는 방향으로 트리를 구성한다. 즉, 트리는 데이터를 가능한 한 잘 구분할 수 있는 방식으로 분할하여 각 노드의 엔트로피나 지니 불순도를 낮추는 것을 목표로 한다. 이를 통해 트리는 최적의 분할 기준을 찾아 데이터를 효과적으로 분류할 수 있다. 트리 학습 알고리즘을 이용하면 특성의 중요도를 평가하고 중요한 특성을 상위 레벨 노드에서 사용하여 데이터를 분할해 낼 수 있게 된다. 결정 트리 모델은 직관적이고 해석하기 쉬운 결과를 제공하며, 다양한 종류의 데이터와 문제에 적용할 수 있다. 하지만 과적합(overfitting)의 위험이 있으므로, 트리의 최대 깊이나 노드의 분할 기준 등에 대한 하이퍼파라미터를 조정하여 일반화 성능을 향상시키는 것이 좋다.

결정 트리 모델의 구현과 사용 방법

scikit-learn의 DecisionTreeClassifier 또는 DecisionTreeRegressor 클래스를 사용하여 결정 트리 모델을 구현할 수 있다. 분류 문제의 경우 DecisionTreeClassifier를, 회귀 문제의 경우 DecisionTreeRegressor를 사용한다. 필요에 따라 모델의 하이퍼파라미터를 설정하여 모델의 성능 및 일반화 성능을 조정할 수 있다. 예를 들어, 최대 트리 깊이(max_depth), 노드 분할 기준(criterion), 최소 노드 분할 수(min_samples_split) 등을 조정할 수 있다.

데이터 전처리에 있어 결정 트리 모델은 범주형 변수와 연속형 변수를 모두 다룰 수 있다. 하지만 범주형 변수는 One-Hot Endcoding이나 Label Encoding 등의 방법을 사용하여 수치형 변수로 변환해야 한다. 또한, 결정 트리 모델은 이상치(outlier)에 민감할 수 있으므로, 이상치 처리나 특성 스케일링 등의 데이터 전처리를 수행해야 한다.

모델 학습을 위하여 전처리된 데이터를 학습 데이터와 테스트 데이터로 분할한다. 학습 데이터를 fit() 메소드를 이용하여 결정 트리 모델을 학습시킨다. 학습 데이터의 특성과 타겟 값을 인자로 전달하고 이후 예측 수행을 수행한다. 학습된 결정 트리 모델로 새로운 데이터에 대한 예측을 수행한다. 새로운 데이터로 값을 예측하기 위해 predict() 메소드를 사용하고, 예측하려는 데이터의 특성값을 인자로 전달한다. 마지막으로, 모델 성능을 평가한다. 평균 제곱 오차(mean squared error), 평균 절대 오차(mean absolute error), R^2 점수 등을 사용한다.

결정 트리 모델은 데이터의 특성을 직관적으로 해석할 수 있으며, 다른 알고리즘과 함께 앙상블(ensemble) 기법을 사용하여 성능을 향상시킬 수도 있다. 앙상블 기법으로는 랜덤 포레스트(random forest)나 그래디언트 부스팅(gradient boosting) 등의 알고리즘이 있으며, 이는 추후에 설명을 추가하겠다.

결정 트리의 과적합 문제와 가지치기 기법

결정 트리는 과적합 문제, 즉 학습 데이터에 과도하게 적합하여 새로운 데이터에 대한 일반화 능력이 떨어지게 되는 문제가 발생하기 쉬운 모델이다. 이러한 문제를 해결하기 위해 가지치기(pruning) 기법을 사용할 수 있다. 가지치기는 결정 트리의 크기를 제한하여 과적합을 방지하는 방법이다. 가지치기는 트리의 생성 과정에서 불필요한 가지(branch)를 제거하거나 병합하여 모델의 복잡도를 감소시킨다. 가지치기는 아래와 같은 방법을 사용할 수 있다.

- **사전 가지치기(Pre-Pruning):** 트리 생성 과정에서 노드를 분할하기 전에 사전에 정지 조건을 설정하여 가지를 생성하지 않는 방법이다. 예를 들어, 최대 깊이(max_depth), 노드 분할 기준(criterion), 최소 노드 분할 수(min_samples_split) 등을 설정하여 가지의 생성을 제한할 수 있다.
- **사후 가지치기(Post-Pruning):** 트리 생성 후에 생성된 가지를 제거하거나 병합하여 모델의 복잡도를 감소시키는 방법이다.

예를 들어, 가지의 중요도를 기준으로 가지를 제거하거나 병합하는 등의 방법을 사용할 수 있다. 중요도는 각 특성이 분류 또는 회귀에 얼마나 유용한지를 나타내는 지표이다. 가지치기는 모델의 일반화 능력을 향상시키고 과적합을 방지하는 데 도움을 준다. 하지만 가지치기를 잘못 적용하면 모델의 성능을 저하시킬 수 있으므로 적절한 가지치기 전략을 선택해야 한다. 교차 검증(cross validation) 등을 통해 가지치기의 성능을 평가하고 최적의 가지치기 전략을 결정할 수 있다.

실제 데이터를 활용한 결정 트리 회귀 모델 예제

```
import pandas as pd
from rdkit import Chem
from rdkit.Chem import Descriptors
from sklearn.tree import DecisionTreeRegressor
from sklearn.metrics import mean_squared_error, mean_absolute_error,
                                                              r2_score
from sklearn.model_selection import train_test_split
import matplotlib.pyplot as plt
import seaborn as sns
import statsmodels.api as sm
import numpy as np

# 데이터 불러오기
data = pd.read_csv("Lipophilicity.csv")

# Descriptor 추출
data['TPSA'] = data['SMILES'].apply(lambda x: Descriptors.TPSA
                                                (Chem.MolFromSmiles(x)))
data['LogP'] = data['SMILES'].apply(lambda x: Descriptors.MolLogP
                                                (Chem.MolFromSmiles(x)))
data['MolecularWeight'] = data['SMILES'].apply(lambda x: Descriptors.
                                            MolWt(Chem.MolFromSmiles(x)))
data['NumRotatableBonds'] = data['SMILES'].apply(lambda x: Descriptors.
                                NumRotatableBonds(Chem.MolFromSmiles(x)))

# Lipophilicity2.csv로 저장
data.to_csv("Lipophilicity2.csv", index=False)

# 입력 변수와 타겟 변수 분할
```

```
X = data[['TPSA', 'LogP', 'MolecularWeight', 'NumRotatableBonds']]
y = data['Lipophilicity']

# 학습 데이터와 테스트 데이터 분할
X_train, X_test, y_train, y_test = train_test_split(X, y, test_size=0.2,
                                                     random_state=42)

# Decision Tree 회귀 모델 학습
model = DecisionTreeRegressor()
model.fit(X_train, y_train)

# 테스트 데이터에 대한 예측 수행
y_pred = model.predict(X_test)

# 잔차 계산
residuals = y_test - y_pred

# 데이터 분포
plt.figure(figsize=(8, 6))
sns.histplot(data['Lipophilicity'], kde=True)
plt.xlabel('Lipophilicity')
plt.ylabel('Frequency')
plt.title('Distribution of Lipophilicity')
plt.show()

# 회귀 결과
plt.figure(figsize=(8, 6))
plt.scatter(y_test, y_pred, color='blue')
plt.plot([min(y_test), max(y_test)], [min(y_test), max(y_test)],
                                         color='red', linestyle='--')
plt.xlabel('Actual Lipophilicity')
plt.ylabel('Predicted Lipophilicity')
plt.title('Actual vs Predicted Lipophilicity')
plt.show()

# 잔차 분석
plt.figure(figsize=(8, 6))
sns.histplot(residuals, kde=True)
plt.xlabel('Residuals')
plt.ylabel('Frequency')
plt.title('Residual Distribution')
plt.show()

# 변수 중요도
coefs = pd.Series(model.feature_importances_, index=X.columns)
sorted_coefs = coefs.abs().sort_values(ascending=False)

plt.figure(figsize=(8, 6))
sns.barplot(x=sorted_coefs.index, y=sorted_coefs.values)
plt.xticks(rotation=90)
```

```
plt.xlabel('Features')
plt.ylabel('Coefficient Magnitude')
plt.title('Feature Importance')
plt.show()

# 다중공선성 분석
corr_matrix = X.corr()

plt.figure(figsize=(10, 8))
sns.heatmap(corr_matrix, annot=True, cmap='coolwarm')
plt.title('Correlation Matrix')
plt.show()

# 평가 지표 계산
mse = mean_squared_error(y_test, y_pred)
mae = mean_absolute_error(y_test, y_pred)
r2 = r2_score(y_test, y_pred)

# 평가 지표 출력
print("Mean Squared Error:", mse)
print("Mean Absolute Error:", mae)
print("R2 Score:", r2)
```

해당 코딩의 결과값이다.

```
Mean Squared Error: 1.6610444211297628
Mean Absolute Error: 0.9365527577937649
R2 Score: -0.02834899995696394
```

Decision Tree는 비선형 관계를 포착하는 데 유용하고 각 feature의 중요도를 쉽게 해석할 수 있는 장점이 있다.

코드 분석

- **from sklearn.tree import DecisionTreeRegressor:** scikit-learn 라이브러리에서 DecisionTreeRegressor 모듈을 가져옴. DecisionTreeRegressor는 의사결정트리 회귀 모델을 구축하는 기능을 제공한다.
- **from sklearn.metrics import mean_squared_error, mean_absolute_error, r2_score:** scikit-learn.metrics 모듈에서 mean_squared_error, mean_absolute_error, r2_score 함수를 가져옴. 이 함수들은 회귀 모델의 성능을 평가하는 지표를 계산하는 기능을 제공한다.
- **from sklearn.model_selection import train_test_split:** scikit-learn.model_selection 모듈에서 train_test_split 함수를 가져옴. 이 함수는 데이터를 학습용과 테스트용으로 분할하는 기능을 제공한다.
- **import matplotlib.pyplot as plt:** matplotlib.pyplot 모듈을 가져온다.
- **import seaborn as sns:** seaborn 라이브러리를 가져온다.

- **import statsmodels.api as sm:** statsmodels.api 모듈을 가져온다.
- **import numpy as np:** numpy 라이브러리를 가져온다.
- **data = pd.read_csv("Lipophilicity.csv"):** "Lipophilicity.csv" 파일을 pandas의 read_csv 함수를 사용하여 데이터를 불러온다. 읽어온 데이터는 data 변수에 저장된다.
- **17-20. Descriptor 추출:** rdkit의 함수들을 활용하여 화학 분자의 다양한 특성(Descriptor)들을 계산하고, 데이터프레임에 해당 열들을 추가한다.
- **data.to_csv("Lipophilicity2.csv", index=False):** 변경된 데이터프레임(data)을 "Lipophilicity2.csv" 파일로 저장한다. index=False 옵션을 주어 인덱스를 저장하지 않는다.
- **26-27. 입력 변수와 타겟 변수 분할:** 데이터프레임에서 입력 변수(X)와 타겟 변수(y)를 분할하여 각각 X와 y 변수에 저장한다.
- **30-33. 학습 데이터와 테스트 데이터 분할:** train_test_split 함수를 사용하여 입력 변수(X)와 타겟 변수(y)를 학습용 데이터와 테스트용 데이터로 분할한다. 테스트 데이터의 크기는 전체 데이터의 20%로 지정되고, random_state를 42로 설정하여 재현성을 위해 무작위 시드를 고정한다.
- **model = DecisionTreeRegressor():** DecisionTreeRegressor 모델을 생성한다.
- **model.fit(X_train, y_train):** DecisionTreeRegressor 모델을 학습용 데이터(X_train, y_train)에 맞춘다.
- **y_pred = model.predict(X_test):** 학습된 모델을 사용하여 테스트 데이터(X_test)에 대한 예측값(y_pred)을 계산한다.
- **residuals = y_test - y_pred:** 실제값(y_test)과 예측값(y_pred)의 잔차를 계산한다.
- **46-50. 데이터 분포 시각화:** seaborn의 histplot을 사용하여 Lipophilicity 데이터의 분포를 시각화한다.
- **53-57. 회귀 결과 시각화:** 실제값(y_test)과 예측값(y_pred)의 산점도와 회귀선을 시각화한다.
- **60-64. 잔차 분석 시각화:** seaborn의 histplot을 사용하여 잔차(residuals)의 분포를 시각화한다.
- **coefs = pd.Series(model.feature_importances_, index=X.columns):** 모델의 변수 중요도(feature_importances_)를 계산하고, 변수명을 인덱스로 설정하여 pandas의 Series로 변환한다.
- **sorted_coefs = coefs.abs().sort_values(ascending=False):** 변수 중요도의 절대값을 계산하고, 중요도에 따라 내림차순으로 정렬한다.
- **71-75. 변수 중요도 시각화:** seaborn의 barplot을 사용하여 변수 중요도를 시각화한다.
- **78-82. 다중공선성 분석 시각화:** 입력 변수(X) 간의 상관관계를 나타내기 위해 상관계수 히트맵을 시각화한다.
- **85-87. 평가 지표 계산:** 실제값(y_test)과 예측값(y_pred)을 사용하여 평균 제곱 오차(MSE), 평균 절대 오차(MAE), 결정 계수(R2)를 계산한다.
- **90-92. 평가 지표 출력:** 계산된 평가 지표를 출력한다.

3.8 랜덤 포레스트

랜덤 포레스트 모델의 개념과 작동 원리

랜덤 포레스트(random forest)는 앙상블 학습(ensemble learning)의 일종으로(이후에 설명을 추가함), 여러 개의 결정 트리(decision tree)를 조합하여 예측 모델을 구성하는 알고리즘이다. 각 결정 트리는 무작위로 선택된 데이터 샘플과 무작위로 선택된 특성들을 사용하여 독립적으로 학습하고 예측을 수행한다. 이렇게 학습된 다수의 결정 트리의 예측 결과를 종합하여 최종 예측 결과를 도출한다. 랜덤 포레스트는 다음과 같은 작동 원리를 가진다.

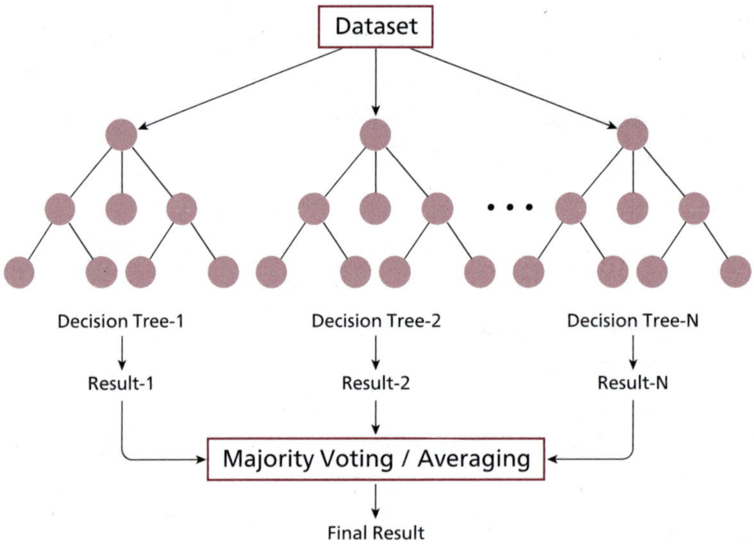

- **무작위 샘플링:** 랜덤 포레스트는 학습 데이터로부터 무작위로 중복을 허용하여 샘플링한다. 이로써 각 결정 트리는 학습 데이터의 일부분을 사용하여 독립적으로 학습하게 된다.
- **무작위 특성 선택:** 각 결정 트리는 특성(변수) 중 일부를 무작위로 선택하여 사용한다. 이로써 각 트리는 다양한 특성들을 사용하여 학습하게 되며, 특성의 다양성을 향상시킨다.
- **다수결 투표:** 모든 결정 트리의 예측 결과를 종합하여 최종 예측 결과를 도출한다. 일반적으로 분류(classification) 문제에서는 다수결 투표를 통해 클래스를 결정하고, 회귀(regression) 문제에서는 평균 또는 중앙값을 사용한다. 랜덤 포레스트는 여러 개의 결정 트리를 조합함으로써 과적합 문제를 완화하고 예측 성능을 향상시킬 수 있다. 각 결정 트리의 학습은 독립적으로 이루어지기 때문에 병렬 처리가 가능하며, 대용량 데이터셋에도 잘 적용될 수 있다. 또한, 랜덤 포레스트는 특성의 중요도를 평가할 수 있어 변수 선택과 특성 중요도 파악에도 유용하다.

랜덤 포레스트 모델의 구현과 사용 방법

랜덤 포레스트(random forest) 모델의 구현과 사용 방법은 scikit-learn 라이브러리를 활용하여 다음과 같이 수행할 수 있다:

필요한 라이브러리 import:

```
from sklearn.ensemble import RandomForestClassifier,
                                        RandomForestRegressor
from sklearn.model_selection import train_test_split
from sklearn.metrics import accuracy_score, mean_squared_error
```

데이터 준비 및 분할:

이전과 같다.

모델 초기화 및 학습:

```
model = RandomForestRegressor(n_estimators=100, random_state=42)
model.fit(X_train, y_train)
```

예측:

테스트 데이터를 사용하여 예측을 수행한다.

```
y_pred = model.predict(X_test)
```

성능 평가:

```
mse = mean_squared_error(y_test, y_pred)
print("Mean Squared Error:", mse)
```

랜덤 포레스트 모델은 n_estimators 매개변수로 결정 트리의 개수를 지정할 수 있다. random_state 매개변수를 사용하여 재현성을 위해 랜덤 시드를 설정할 수 있다. 필요에 따라 다른 하이퍼파라미터들도 조정하여 모델의 성능을 향상시킬 수 있다. 또한, 변수 선택 및 특성 중요도 파악을 위해 feature_importances_ 속성을 사용할 수 있다.

앙상블 학습과 배깅 개념의 이해

앙상블 학습(ensemble learning)은 여러 개의 개별 모델을 결합하여 더 강력하고 성능이 좋은 모델을 만드는 기법이다. 배깅(bagging)은 앙상블 학습의 한 종류로, 데이터를 부트스트래핑(bootstraping) 방식으로 샘플링하여 각 모델을 학습시키고 그 결과를 결합하는 방법이다.

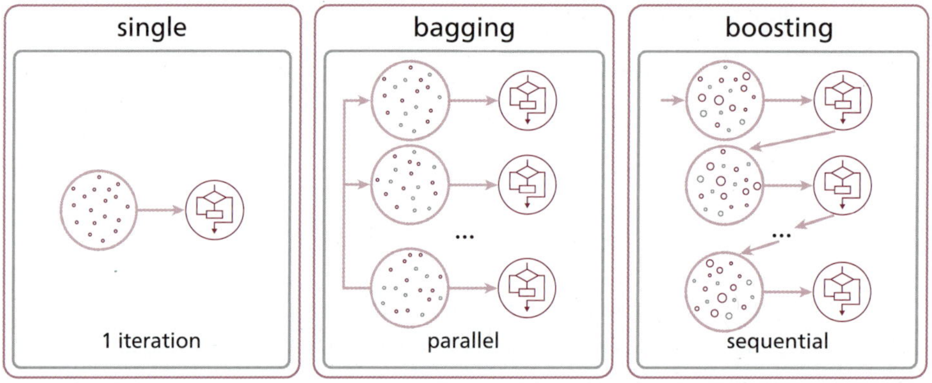

배깅의 작동 원리는 다음과 같다. 우선 데이터 부트스트래핑을 사용하는데, 여기서 부트스트래핑은 원본 데이터에서 중복을 허용하며 무작위로 선택한 값을 샘플링하는 것을 의미한다. 이 방법을 통해 선택된 샘플들로 구성된 부트스트랩 샘플 데이터를 생성한 뒤 각 부트스트랩 샘플 데이터를 사용하여 개별 모델을 학습시킨다. 개별 모델은 보통 결정 트리나 랜덤 포레스트와 같은 약한 학습기(weak learner)를 사용한다. 다음으로 개별 모델들의 예측 결과를 결합하여 앙상블 모델의 최종 예측 부분을 만든다. 분류 문제의 경우 다수결 투표 또는 소프트 보팅 방식(분류기가 예측한 확률을 평균하여 높은 확률로 분류)을 사용하고, 회귀 문제의 경우 평균을 취하여 예측한다. 배깅은 개별 모델들을 병렬적으로 학습시키기 때문에 학습 속도가 빠르고, 다양한 데이터 샘플을 사용하기 때문에 과적합을 줄이는 효과가 있다. 또한, 모델들의 예측 결과를 결합하여 앙상블 모델이 더 안정적이고 일반화된 예측을 수행할 수 있다. 랜덤 포레스트(Random Forest)는 배깅의 한 예이자, 가장 많이 쓰이는 방법으로 이를 통해 안정적이고 강력한 예측 모델을 만들 수 있다.

부스팅(boosting)은 배깅과 달리 순차적으로 학습을 진행하는 앙상블 방법이다. 부스팅에서는 각 모델이 순차적으로 학습되며, 이전 모델이 틀린 예측에 대해 가중치를 높여서 다음 모델이 이 오류를 수정하도록 한다. 즉, 이전 모델의 오류를 보완하는 방식으로 새로운 모델이 학습되며, 이러한 과정을 반복하여 최종적으로 강력한 모델을 얻는다. 대표적인 부스팅 알고리즘으로는 AdaBoost, Gradient Boosting, XGBoost 등이 있다. 부스팅은 편향을 줄이는 데 효과적이며, 특히 복잡한 데이터 셋에서 뛰어난 성능을 보인다.

실제 데이터를 활용한 랜럼 포레스트 회귀 모델 예제

```
import pandas as pd
from rdkit import Chem
from rdkit.Chem import Descriptors
from sklearn.ensemble import RandomForestRegressor
from sklearn.metrics import mean_squared_error, mean_absolute_error,
                                                          r2_score
from sklearn.model_selection import train_test_split
import matplotlib.pyplot as plt
import seaborn as sns
```

```
import statsmodels.api as sm
import numpy as np

# 데이터 불러오기
data = pd.read_csv("Lipophilicity.csv")

# Descriptor 추출
data['TPSA'] = data['SMILES'].apply(lambda x: Descriptors.TPSA
                                    (Chem.MolFromSmiles(x)))
data['LogP'] = data['SMILES'].apply(lambda x: Descriptors.MolLogP
                                    (Chem.MolFromSmiles(x)))
data['MolecularWeight'] = data['SMILES'].apply(lambda x: Descriptors.
                                    MolWt(Chem.MolFromSmiles(x)))
data['NumRotatableBonds'] = data['SMILES'].apply(lambda x: Descriptors.
                                    NumRotatableBonds(Chem.MolFromSmiles(x)))

# Lipophilicity2.csv로 저장
data.to_csv("Lipophilicity2.csv", index=False)

# 입력 변수와 타겟 변수 분할
X = data[['TPSA', 'LogP', 'MolecularWeight', 'NumRotatableBonds']]
y = data['Lipophilicity']

# 학습 데이터와 테스트 데이터 분할
X_train, X_test, y_train, y_test = train_test_split(X, y, test_size=0.2,
                                                    random_state=42)

# Random Forest 회귀 모델 학습
model = RandomForestRegressor()
model.fit(X_train, y_train)

# 테스트 데이터에 대한 예측 수행
y_pred = model.predict(X_test)

# 잔차 계산
residuals = y_test - y_pred

# 데이터 분포
plt.figure(figsize=(8, 6))
sns.histplot(data['Lipophilicity'], kde=True)
plt.xlabel('Lipophilicity')
plt.ylabel('Frequency')
plt.title('Distribution of Lipophilicity')
plt.show()

# 회귀 결과
plt.figure(figsize=(8, 6))
plt.scatter(y_test, y_pred, color='blue')
plt.plot([min(y_test), max(y_test)], [min(y_test), max(y_test)],
                                    color='red', linestyle='--')
```

```
plt.xlabel('Actual Lipophilicity')
plt.ylabel('Predicted Lipophilicity')
plt.title('Actual vs Predicted Lipophilicity')
plt.show()

# 잔차 분석
plt.figure(figsize=(8, 6))
sns.histplot(residuals, kde=True)
plt.xlabel('Residuals')
plt.ylabel('Frequency')
plt.title('Residual Distribution')
plt.show()

# 변수 중요도
coefs = pd.Series(model.feature_importances_, index=X.columns)
sorted_coefs = coefs.abs().sort_values(ascending=False)

plt.figure(figsize=(8, 6))
sns.barplot(x=sorted_coefs.index, y=sorted_coefs.values)
plt.xticks(rotation=90)
plt.xlabel('Features')
plt.ylabel('Coefficient Magnitude')
plt.title('Feature Importance')
plt.show()

# 다중공선성 분석
corr_matrix = X.corr()

plt.figure(figsize=(10, 8))
sns.heatmap(corr_matrix, annot=True, cmap='coolwarm')
plt.title('Correlation Matrix')
plt.show()

# 평가 지표 계산
mse = mean_squared_error(y_test, y_pred)
mae = mean_absolute_error(y_test, y_pred)
r2 = r2_score(y_test, y_pred)

# 평가 지표 출력
print("Mean Squared Error:", mse)
print("Mean Absolute Error:", mae)
print("R2 Score:", r2)
```

다음의 결과값을 보면 이전보다 나은 모델 결과를 확인할 수 있다.

```
Mean Squared Error: 0.9818606807329612
Mean Absolute Error: 0.7593939515141133
R2 Score: 0.39213218124410054
```

랜덤 포레스트는 여러 개의 Decision Tree를 구축하고 그 결과를 평균 내는 알고리즘으로, 과적합의 위험을 줄이고 일반화 성능을 향상시킬 수 있다. 해당 결과값만 보더라도 Random Forest가 더 정확한 예측을 함을 알 수 있다. 직접 실행하여 그림으로도 비교해 보라. 이 모델에서 feature importance는 각 결정 트리에서 사용된 분할의 품질을 측정함으로써 계산된다. (해당 결과는 제시하지 않았으니 직접 실행해보기를 바란다.)

아래는 해당 코딩의 자세한 설명이다.

- **from sklearn.ensemble import RandomForestRegressor:** scikit-learn 라이브러리에서 RandomForestRegressor 모듈을 가져옴. RandomForestRegressor는 랜덤 포레스트 회귀 모델을 구축하는 기능을 제공한다.
- **model = RandomForestRegressor():** RandomForestRegressor 모델을 생성한다.
- **model.fit(X_train, y_train):** RandomForestRegressor 모델을 학습용 데이터(X_train, y_train)에 맞춘다.
- **y_pred = model.predict(X_test):** 학습된 모델을 사용하여 테스트 데이터(X_test)에 대한 예측값(y_pred)을 계산한다.
- **residuals = y_test - y_pred:** 실제값(y_test)과 예측값(y_pred)의 잔차를 계산한다.
- **46-50. 데이터 분포 시각화:** seaborn의 histplot을 사용하여 Lipophilicity 데이터의 분포를 시각화한다.
- **53-57. 회귀 결과 시각화:** 실제값(y_test)과 예측값(y_pred)의 산점도와 회귀선을 시각화한다.
- **60-64. 잔차 분석 시각화:** seaborn의 histplot을 사용하여 잔차(residuals)의 분포를 시각화한다.
- **coefs = pd.Series(model.feature_importances_, index=X.columns):** 모델의 변수 중요도(feature_importances_)를 계산하고, 변수명을 인덱스로 설정하여 pandas의 Series로 변환한다.
- **sorted_coefs = coefs.abs().sort_values(ascending=False):** 변수 중요도의 절대값을 계산하고, 중요도에 따라 내림차순으로 정렬한다.
- **71-75. 변수 중요도 시각화:** seaborn의 barplot을 사용하여 변수 중요도를 시각화한다.
- **78-82. 다중공선성 분석 시각화:** 입력 변수(X)들 간의 상관관계를 나타내기 위해 상관계수 히트맵을 시각화한다.
- **85-87. 평가 지표 계산:** 실제값(y_test)과 예측값(y_pred)을 사용하여 평균 제곱 오차(MSE), 평균 절대 오차(MAE), 결정 계수(R2)를 계산한다.
- **90-92. 평가 지표 출력:** 계산된 평가 지표를 출력한다.

3.9 서포트 벡터 머신

서포트 벡터 머신 모델의 개념과 작동 원리

서포트 벡터 머신(Support Vector Machine, SVM)은 지도 학습 알고리즘 중 하나로, 주로 분류(classification)와 회귀(regression) 문제에 사용되는 강력한 모델이다. SVM은 데이터를 고차원 공간으로 매핑하여 클래스를 분리하는 경계 또는 결정 경계를 찾는 것이 핵심 아이디어이다. 이에 대한 주요 내용은 아래와 같다.

➤ **결정 경계(decision boundary):** SVM은 두 개의 다른 클래스 사이에 위치한 데이터 포인트들을 가장 잘 구분하는 선(또는 고차원에서는 초평면)을 찾으며, 이 선은 두 클래스 사이의 '마진'이 최대화되는 방향으로 결정된다. 마진은 서포트 벡터와 결정 경계 사이의 거리를 의미하고 SVM은 이 마진을 최대화하여 두 클래스를 구분하려고 한다. 선형 분리 가능한 데이터의 경우, SVM은 다음과 같은 선형 결정 함수를 찾는다.

$$\mathrm{w} \cdot \mathrm{x} + \mathrm{b} = 0$$

여기서 w는 가중치 벡터이고, x는 입력 데이터, b는 바이어스이다. 마진은 두 서포트 벡터 사이의 거리로 $2/||\mathrm{w}||$와 같이 계산된다.

➤ **서포트 벡터(support vector):** "서포트 벡터"라는 용어는 결정 경계와 가장 가까운 각 클래스의 데이터 포인트들을 지칭한다. 이 포인트들은 결정 경계의 위치를 결정하는데 중요한 역할을 한다. 이를 실현하기 위한 목적 함수는 마진을 최대화하는 것이며, 이는 w의 노름($||\mathrm{w}||$)을 최소화하는 것과 동일하다. 따라서 목적 함수는 다음과 같다.

$$\min_{w,b}\frac{1}{2}||\mathrm{w}||^2$$

subject to $y_i(\mathrm{w} \cdot x_i + b) \geq 1$ for all i (이 조건은 모든 데이터 포인트가 올바르게 분류되어야 함을 의미한다.)

➤ **비선형 데이터와 커널 트릭:** 모든 데이터가 선형적으로 분류될 수 있지 않음은 자명하다. 비선형 데이터의 경우, SVM은 '커널 트릭'을 사용하여 데이터를 더 높은 차원으로 매핑하고, 그 고차원에서 선형 결정 경계를 찾는다. 이 방법을 통해 원래 차원에서는 분리하기 어려운 데이터를 선형적으로 분리할 수 있다.

즉 커널 함수는 마치 데이터를 차원의 이름으로 펼치는 역할을 하여, 원래 복잡한 데이터 구조를 단순화시켜준다. 원래 2차원 공간에서 복잡하게 얽힌 데이터도, 3차원이나 그 이상의 공간으로 펼치면 쉽게 나눌 수 있는 경우가 많은 것처럼, 이 과정은 실제로 데이터를 고차원으로 변환하지 않으면서도, 마치 변환한 것처럼 계산할 수 있는 수학적 기법을 사용하기에 효율적인 결과를 도출할 수 있는 것이다. 대표적인 커널 함수로 아래와 같은 선형 커널 이외에 다항식 커널, RBF (Radial Basis Function) 커널 등이 있다.

- **선형 커널:** $K(x, z) = x \cdot z$
- **다항식 커널:** $K(x, z) = (\gamma x \cdot z + r)^d$
- **RBF (Radial Basis Function) 커널:** $K(x, z) = e^{-\gamma \| x-z \|^2}$

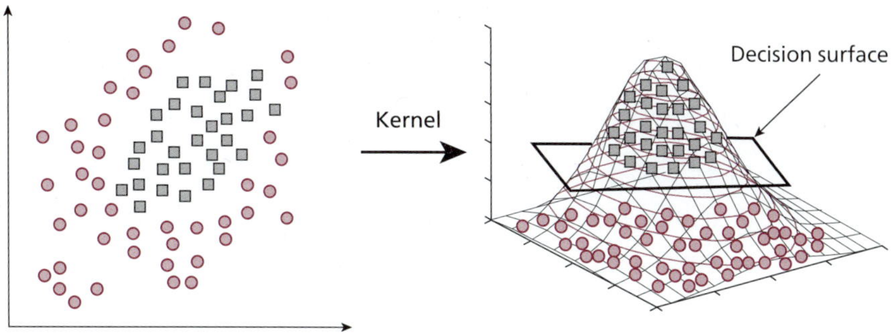

- **하이퍼파라미터:** SVM에는 중요한 하이퍼파라미터가 두 가지가 있다. 'C'는 결정 경계의 유연성을 조절하는데, 작은 'C' 값은 넓은 마진을 갖지만, 데이터 포인트 중 몇 개는 잘못 분류될 수 있다. 반면 큰 'C' 값은 더 작은 마진을 갖지만, 대부분의 트레이닝 데이터를 올바르게 분류한다. 'γ'는 RBF 커널의 경우에만 적용되며, 결정 경계의 곡률을 제어한다. 큰 γ는 더 복잡헌 결정 경계를, 작은 γ 값은 더 간단한 결정 경계를 만든다.

SVM은 그 구조가 단순하면서도 강력한 성능을 발휘하는 모델로, 특히 중간 크기의 데이터셋에서 높은 성능을 보이는 경향이 있지만, 큰 데이터셋에 대해서는 훈련 시간이 오래 걸릴 수 있으며, 모든 특성이 동일한 스케일을 갖도록 조정하는 특성의 스케일링이 중요하다. 특성의 스케일링을 위해 자주 사용되는 함수로는 "StandardScaler"와 "MinMaxScaler"가 있다. 이때 StandardScaler 함수는 각 특성의 값을 평균이 0이고 분산이 1이 되도록 표준화한다. MinMaxScaler 함수는 모든 특성의 값을 0과 1 사이의 범위로 변환한다. 이 방식은 데이터의 최대값과 최소값을 사용하여 스케일을 조정하여, 모든 특성이 동일한 범위 내에 있도록 하므로, 특성의 범위가 서로 크게 다를 때 유용하다.

서포트 벡터 머신 모델의 구현과 사용 방법

서포트 벡터 머신(Support Vector Machine, SVM) 모델의 구현과 사용 방법은 scikit-learn 라이브러리를 통해 간단하게 수행할 수 있다. 아래는 SVM 모델의 구현과 사용 방법의 예시이다.

- **데이터 준비:** 입력 데이터(X)와 해당하는 타겟 변수(y)를 준비한다. 데이터는 수치형이어야 하며, 필요한 경우 범주형 변수를 인코딩해야 한다. X와 y는 numpy 배열 또는 pandas DataFrame 형태로 준비한다.
- **데이터 전처리:** 필요한 경우 데이터를 표준화(스케일링)하거나 정규화한다. 앞서 설명한 바와 같이, 이는 SVM의 성능을 향상시키는 데 도움이 될 수 있다. scikit-learn의 preprocessing 모듈에서 제공하는 스케일링 함수를 사용할 수 있다.
- **모델 생성과 학습:** SVM 모델을 생성하기 위해 scikit-learn의 svm 모듈에서 SVC 클래스를 import한다. SVC 클래스의 인스턴스를 생성하고, 필요한 하이퍼파라미터

를 설정한다. 예를 들어, 커널 종류(kernel), 규제 매개변수(C) 등을 설정할 수 있다. fit() 메소드를 사용하여 SVM 모델을 학습시킨다. 이때, 입력 데이터(X)와 타겟 변수(y)를 전달한다.

- **예측:** 학습된 SVM 모델을 사용하여 새로운 데이터에 대한 예측을 수행한다. predict() 메소드를 사용하여 입력 데이터(X_test)에 대한 예측값을 얻을 수 있다. 아래는 SVM 모델의 구현과 사용 예시 코드이다.

```
from sklearn import svm
from sklearn.model_selection import train_test_split
from sklearn.preprocessing import StandardScaler

# 1. 데이터 준비
X = data.drop('target', axis=1)  # 입력 데이터
y = data['target']  # 타겟 변수

# 2. 데이터 전처리
scaler = StandardScaler()
X_scaled = scaler.fit_transform(X)

# 3. 모델 생성과 학습
X_train, X_test, y_train, y_test = train_test_split(X_scaled,
        y, test_size=0.2, random_state=42)  # 학습 및 테스트 데이터 분할
svm_model = svm.SVC(kernel='linear', C=1.0)  # 선형 커널 SVM 모델 생성
svm_model.fit(X_train, y_train)  # SVM 모델 학습

# 4. 예측
y_pred = svm_model.predict(X_test)  # 테스트 데이터에 대한 예측
```

위 코드에서는 scikit-learn의 SVC 클래스를 사용하여 선형 커널 SVM 모델을 생성하고 학습시켰다. 데이터는 표준화된 후 학습 및 테스트 데이터로 분할되었으며 최종적으로 테스트 데이터에 대한 예측을 수행하고, 이후 추가적인 성능 평가 등의 분석을 수행할 수 있다. SVM 모델은 커널 종류, 규제 매개변수 등 다양한 하이퍼파라미터를 조정하여 성능을 향상시킬 수 있다. 이를 위해 교차 검증 등의 기법을 활용하여 최적의 하이퍼파라미터를 선택하는 것이 좋다.

선형 분류와 비선형 분류에 대한 서포트 벡터 머신의 활용

앞에서도 설명했듯이 서포트 벡터 머신(Support Vector Machine, SVM)은 선형 분류와 비선형 분류에 모두 활용될 수 있다. 우선 선형 분류를 위하여 SVM은 선형 분류 문제를 해결하기 위해 선형 커널을 사용할 수 있다. 선형 커널은 입력 데이터를 고차원으로 매핑하여 선형 경계를 찾는 방식이다. 선형 커널 SVM을 사용하여 데이터를 선형으로 분류하는 데 적합한 결정 경계를 찾을 수 있다. 이는 클래스 간의 최대 마진을 확보하는 방식이다.

비선형 분류의 경우에는 비선형 분류 문제를 해결하기 위해 SVM은 다항식 커널(polynomial kernel), 가우시안 라디언스 기저 함수(Radial Basis Function, RBF) 커널 등을 사용할 수 있다. 다항식 커널은 데이터를 고차원으로 매핑하여 비선형 결정 경계를 찾는 방식이다. 다항식 차수를 조정하여 결정 경계의 복잡도를 조절할 수 있다. RBF 커널은 데이터를 무한한 차원으로 매핑하여 비선형 결정 경계를 찾는 방식이다. 가우시안 커널의 폭을 조절하여 결정 경계의 유연성을 조절할 수 있다.

이를 나누어 할 수 있는 활용 분야에 대해서는 데이터의 특성과 문제의 복잡성에 따라 결정된다. 선형 분류 문제에서는 선형 커널 SVM을 사용하여 간단하고 효과적인 분류 모델을 만들 수 있다. 비선형 분류 문제에서는 데이터의 특성에 맞는 커널을 선택하여 SVM 모델을 구성할 수 있다. 이를 통해 복잡한 결정 경계를 찾고 데이터를 잘 분류할 수 있다. SVM은 높은 분류 정확도와 일반화 성능, 이상치에 대한 강건성 등을 제공하는 강력한 분류 알고리즘이다. 선형 및 비선형 분류 문제에 대한 유연성과 성능 향상을 위해 SVM을 적절하게 활용할 수 있다.

실제 데이터를 활용한 서포트 벡터머신 회귀 모델 예제

```
import pandas as pd
from rdkit import Chem
from rdkit.Chem import Descriptors
from sklearn.svm import SVR
from sklearn.metrics import mean_squared_error, mean_absolute_error,
                                                                r2_score
from sklearn.model_selection import train_test_split
import matplotlib.pyplot as plt
import seaborn as sns
import statsmodels.api as sm
import numpy as np

# 데이터 불러오기
data = pd.read_csv("Lipophilicity.csv")

# Descriptor 추출
data['TPSA'] = data['SMILES'].apply(lambda x: Descriptors.TPSA
                                        (Chem.MolFromSmiles(x)))
data['LogP'] = data['SMILES'].apply(lambda x: Descriptors.MolLogP
                                        (Chem.MolFromSmiles(x)))
data['MolecularWeight'] = data['SMILES'].apply
                    (lambda x: Descriptors.MolWt(Chem.MolFromSmiles(x)))
data['NumRotatableBonds'] = data['SMILES'].apply
        (lambda x: Descriptors.NumRotatableBonds(Chem.MolFromSmiles(x)))

# Lipophilicity2.csv로 저장
data.to_csv("Lipophilicity2.csv", index=False)
```

```
# 입력 변수와 타겟 변수 분할
X = data[['TPSA', 'LogP', 'MolecularWeight', 'NumRotatableBonds']]
y = data['Lipophilicity']

# 학습 데이터와 테스트 데이터 분할
X_train, X_test, y_train, y_test = train_test_split(X, y, test_size=0.2,
                                                    random_state=42)

# SVM 회귀 모델 학습
model = SVR()
model.fit(X_train, y_train)

# 테스트 데이터에 대한 예측 수행
y_pred = model.predict(X_test)

# 잔차 계산
residuals = y_test - y_pred

# 데이터 분포
plt.figure(figsize=(8, 6))
sns.histplot(data['Lipophilicity'], kde=True)
plt.xlabel('Lipophilicity')
plt.ylabel('Frequency')
plt.title('Distribution of Lipophilicity')
plt.show()

# 회귀 결과
plt.figure(figsize=(8, 6))
plt.scatter(y_test, y_pred, color='blue')
plt.plot([min(y_test), max(y_test)], [min(y_test), max(y_test)],
                                        color='red', linestyle='--')
plt.xlabel('Actual Lipophilicity')
plt.ylabel('Predicted Lipophilicity')
plt.title('Actual vs Predicted Lipophilicity')
plt.show()

# 잔차 분석
plt.figure(figsize=(8, 6))
sns.histplot(residuals, kde=True)
plt.xlabel('Residuals')
plt.ylabel('Frequency')
plt.title('Residual Distribution')
plt.show()

# 다중공선성 분석
corr_matrix = X.corr()
```

```
plt.figure(figsize=(10, 8))
sns.heatmap(corr_matrix, annot=True, cmap='coolwarm')
plt.title('Correlation Matrix')
plt.show()

# 평가 지표 계산
mse = mean_squared_error(y_test, y_pred)
mae = mean_absolute_error(y_test, y_pred)
r2 = r2_score(y_test, y_pred)

# 평가 지표 출력
print("Mean Squared Error:", mse)
print("Mean Absolute Error:", mae)
print("R2 Score:", r2)
```

해당 코드에 대한 결과는 아래와 같다. 스케일링했을 때의 변화는 연습 문제를 위해서 남겨둔다.

```
Mean Squared Error: 1.409233436599785
Mean Absolute Error: 0.953280244195888
R2 Score: 0.12754663463627358
```

코드 분석

- **from sklearn.svm import SVR:** scikit-learn 라이브러리에서 SVR 모듈을 가져온다. SVR은 서포트 벡터 회귀 모델을 구축하는 기능을 제공한다.
- **from sklearn.metrics import mean_squared_error, mean_absolute_error, r2_score:** scikit-learn.metrics 모듈에서 mean_squared_error, mean_absolute_error, r2_score 함수를 가져온다. 이 함수들은 회귀 모델의 성능을 평가하는 지표를 계산하는 기능을 제공한다.
- **from sklearn.model_selection import train_test_split:** scikit-learn.model_selection 모듈에서 train_test_split 함수를 가져온다. 이 함수는 데이터를 학습용과 테스트용으로 분할하는 기능을 제공한다.
- **import matplotlib.pyplot as plt:** matplotlib.pyplot 모듈을 가져온다.
- **import seaborn as sns:** seaborn 라이브러리를 가져온다.
- **import statsmodels.api as sm:** statsmodels.api 모듈을 가져온다.
- **import numpy as np:** numpy 라이브러리를 가져온다.
- **data = pd.read_csv("Lipophilicity.csv"):** "Lipophilicity.csv" 파일을 pandas의 read_csv 함수를 사용하여 데이터를 불러온다. 읽어온 데이터는 data 변수에 저장된다.
- **17-20. Descriptor 추출:** rdkit의 함수들을 활용하여 화학 분자의 다양한 특성(Descriptor)들을 계산하고, 데이터프레임에 해당 열들을 추가한다.

- **data.to_csv("Lipophilicity2.csv", index=False):** 변경된 데이터프레임(data)을 "Lipophilicity2.csv" 파일로 저장한다. index=False 옵션을 주어 인덱스를 저장하지 않는다.
- **26-27. 입력 변수와 타겟 변수 분할:** 데이터프레임에서 입력 변수(X)와 타겟 변수(y)를 분할하여 각각 X와 y 변수에 저장한다.
- **30-33. 학습 데이터와 테스트 데이터 분할:** train_test_split 함수를 사용하여 입력 변수(X)와 타겟 변수(y)를 학습용 데이터와 테스트용 데이터로 분할한다. 테스트 데이터의 크기는 전체 데이터의 20%로 지정되고, random_state를 42로 설정하여 재현성을 위해 무작위 시드를 고정한다.
- **model = SVR():** SVR 모델을 생성한다.
- **model.fit(X_train, y_train):** SVR 모델을 학습용 데이터(X_train, y_train)에 맞춘다.
- **y_pred = model.predict(X_test):** 학습된 모델을 사용하여 테스트 데이터(X_test)에 대한 예측값(y_pred)을 계산한다.
- **residuals = y_test - y_pred:** 실제값(y_test)과 예측값(y_pred)의 잔차를 계산한다.
- **46-50. 데이터 분포 시각화:** seaborn의 histplot을 사용하여 Lipophilicity 데이터의 분포를 시각화한다.
- **53-57. 회귀 결과 시각화:** 실제값(y_test)과 예측값(y_pred)의 산점도와 회귀선을 시각화한다.
- **60-64. 잔차 분석 시각화:** seaborn의 histplot을 사용하여 잔차(residuals)의 분포를 시각화한다.
- **corr_matrix = X.corr():** 입력 변수(X)들 간의 상관관계를 계산하여 상관계수 행렬을 생성한다.
- **70-74. 다중공선성 분석 시각화:** 상관계수 히트맵을 시각화하여 다중공선성을 분석한다.
- **77-79. 평가 지표 계산:** 실제값(y_test)과 예측값(y_pred)을 사용하여 평균 제곱 오차(MSE), 평균 절대 오차(MAE), 결정 계수(R2)를 계산한다.
- **82-84. 평가 지표 출력:** 계산된 평가 지표를 출력한다.

3.10 K-최근접 이웃

K-최근접 이웃 모델의 개념과 작동 원리

K-최근접 이웃(K-Nearest Neighbors, KNN)는 지도 학습 알고리즘 중 하나로, 분류(classification)와 회귀(regression) 문제에 모두 사용될 수 있다. 이는 인스턴스 기반(instance-based) 학습 방법으로, 주어진 데이터 포인트의 주변에 있는 K개의 최근접 이웃을 기반으로 예측을 수행한다. 또한 KNN은 주어진 데이터셋 내에서 새로운 데이터 포인트의 이웃들을 찾고, 찾아낸 이웃들의 레이블(분류) 또는 값(회귀)을 기반으로 예측을 수행한다. 주어진 데이터 포인트의 이웃들은 일반적으로 유클리디안 거리(euclidean distance)를 기준으로 측정된다. 분류 문제에서는 이웃들의 다수결(majority voting)을 통해 예측 클래스를 결정하고, 회귀 문제에서는 이웃들의 평균값을 예측값으로 사용한다.

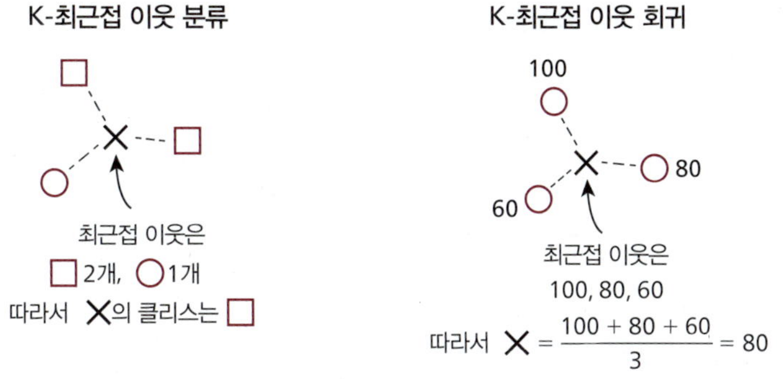

KNN의 작동하는 원리는 우선 예측하려는 데이터 포인트와 가장 가까운 K개의 이웃을 찾는다. 이후 이웃들의 레이블 또는 값에 따라 예측을 수행하며, 분류 문제에서는 K개의 이웃 중 다수의 클래스를 가진 클래스로 예측한다. 그리고 회귀 문제에서는 K개의 이웃의 평균값을 예측값으로 사용한다. KNN은 비모수적 학습 방법으로, 모델을 학습하는 과정이 없다. 단순히 데이터를 저장하고, 예측 시에 이웃을 찾아 예측을 수행한다. KNN은 데이터에 대한 가정이 없이 학습을 수행하므로, 유연하게 다양한 데이터에 적용할 수 있다. 또한 KNN은 이해하기 쉽고 구현하기 간단한 모델로, 초기 데이터 분석에 많이 활용된다. 이어서 KNN은 데이터의 패턴을 기반으로 예측을 수행하므로, 비선형 문제에도 적용할 수 있다. 하지만 데이터셋이 매우 크거나 차원이 높을 경우, 계산 비용이 높아질 수 있다. 또한 이상치에 민감하고 거리 측정 방법에 따라 예측에 영향을 받을 수 있다. 따라서 적절한 K 값과 데이터 전처리가 중요한다.

K-최근접 이웃 알고리즘의 거리 측정 방법과 가중치 설정

K-최근접 이웃(KNN) 알고리즘의 거리 측정 방법과 가중치 설정에 대하여 알아보자.

거리 측정 방법으로 KNN 알고리즘은 주어진 데이터 포인트와 이웃들 간의 거리를 계산하여 사용한다. 일반적으로 사용되는 거리 측정 방법으로는 유클리디안 거리(Euclidean distance)가 있다. 유클리디안 거리는 데이터 포인트 간의 직선 거리를 계산하는 방법이다. 유클리디안 거리 이외에도 맨하탄 거리(Manhattan distance), 마할라노비스 거리(Mahalanobis distance) 등 다양한 거리 측정 방법을 사용할 수 있으며, 여기서는 생략한다. 거리 측정 방법은 주어진 데이터와 문제에 따라 선택되어야 하며, 모델의 성능에 영향을 줄 수 있다.

KNN 알고리즘에서 이웃들의 영향력을 결정하기 위해 가중치를 설정할 수 있다. 일반적으로 가까운 이웃들에 더 높은 가중치를 주는 방법을 사용한다. 이는 가까운 이웃들이 예측에 더 큰 영향을 미칠 것으로 가정하기 때문이다. 대표적인 가중치 설정 방법으로는 거리에 역수를 취하는 방법(inverse distance weighting)이 있다. 이 방법은 가까운 이웃들에 더 큰 가중치를 부여하여 예측에 반영한다. 가중치 설정은 모델의 성능과 예측 결과에 영향을 미치므로, 문제에 맞게 적절한 가중치 설정 방법을 선택해야 한다. K-최근접 이웃 알고리즘에서 거리 측정 방법과 가중치 설정은 모델의 성능과 예측 결과에 큰 영향을 줄 수 있으므로, 문제에 맞게 적절한 방법을 선택하고 설정하는 것이 중요하다.

실제 데이터를 활용한 K-최근접 회귀 모델 예제

```
import pandas as pd
from rdkit import Chem
from rdkit.Chem import Descriptors
from sklearn.neighbors import KNeighborsRegressor
from sklearn.metrics import mean_squared_error, mean_absolute_error,
                                                                r2_score
from sklearn.model_selection import train_test_split
import matplotlib.pyplot as plt
import seaborn as sns
import statsmodels.api as sm
import numpy as np

# 데이터 불러오기
data = pd.read_csv("Lipophilicity.csv")

# Descriptor 추출
data['TPSA'] = data['SMILES'].apply(lambda x: Descriptors.TPSA
                                            (Chem.MolFromSmiles(x)))
data['LogP'] = data['SMILES'].apply(lambda x: Descriptors.MolLogP
                                            (Chem.MolFromSmiles(x)))
data['MolecularWeight'] = data['SMILES'].apply(lambda x: Descriptors.
                                        MolWt(Chem.MolFromSmiles(x)))
data['NumRotatableBonds'] = data['SMILES'].apply(lambda x: Descriptors.
                            NumRotatableBonds(Chem.MolFromSmiles(x)))

# Lipophilicity2.csv로 저장
data.to_csv("Lipophilicity2.csv", index=False)

# 입력 변수와 타겟 변수 분할
X = data[['TPSA', 'LogP', 'MolecularWeight', 'NumRotatableBonds']]
y = data['Lipophilicity']

# 학습 데이터와 테스트 데이터 분할
X_train, X_test, y_train, y_test = train_test_split(X, y, test_size=0.2,
                                                        random_state=42)

# K-최근접 이웃 회귀 모델 학습
model = KNeighborsRegressor()
model.fit(X_train, y_train)

# 테스트 데이터에 대한 예측 수행
y_pred = model.predict(X_test)

# 잔차 계산
residuals = y_test - y_pred

# 데이터 분포
plt.figure(figsize=(8, 6))
```

```
sns.histplot(data['Lipophilicity'], kde=True)
plt.xlabel('Lipophilicity')
plt.ylabel('Frequency')
plt.title('Distribution of Lipophilicity')
plt.show()

# 회귀 결과
plt.figure(figsize=(8, 6))
plt.scatter(y_test, y_pred, color='blue')
plt.plot([min(y_test), max(y_test)], [min(y_test), max(y_test)],
                                          color='red', linestyle='--')
plt.xlabel('Actual Lipophilicity')
plt.ylabel('Predicted Lipophilicity')
plt.title('Actual vs Predicted Lipophilicity')
plt.show()

# 잔차 분석
plt.figure(figsize=(8, 6))
sns.histplot(residuals, kde=True)
plt.xlabel('Residuals')
plt.ylabel('Frequency')
plt.title('Residual Distribution')
plt.show()

# 다중공선성 분석
corr_matrix = X.corr()

plt.figure(figsize=(10, 8))
sns.heatmap(corr_matrix, annot=True, cmap='coolwarm')
plt.title('Correlation Matrix')
plt.show()

# 평가 지표 계산
mse = mean_squared_error(y_test, y_pred)
mae = mean_absolute_error(y_test, y_pred)
r2 = r2_score(y_test, y_pred)

# 평가 지표 출력
print("Mean Squared Error:", mse)
print("Mean Absolute Error:", mae)
print("R2 Score:", r2)
```

이 코드는 데이터를 불러오고, 분자 디스크립터를 계산하고, K-최근접 이웃 회귀 모델을 학습하고, 테스트 데이터에 대한 예측을 수행한다. 이후에는 실제 결과와 예측 결과를 비교하고, 잔차 분포를 분석하며, 최종적으로 평가 지표를 출력한다. 이 모델은 변수 중요도를 계산하는 방법이 없기 때문에, 변수 중요도와 회귀 계수 신뢰 구간 계산에 관한 부분은 제거되었다.

해당 결과 데이터는 아래와 같다.

```
Mean Squared Error: 1.459503242206235
Mean Absolute Error: 0.9517601918465228
R2 Score: 0.09642470697086925
```

코드 분석

- **from sklearn.neighbors import KNeighborsRegressor:** scikit-learn 라이브러리에서 KNeighborsRegressor 모듈을 가져온다. KNeighborsRegressor는 K-최근접 이웃 회귀 모델을 구축하는 기능을 제공한다.
- **17-20. Descriptor 추출:** rdkit의 함수들을 활용하여 화학 분자의 다양한 특성(Descriptor)들을 계산하고, 데이터프레임에 해당 열들을 추가한다.
- **data.to_csv("Lipophilicity2.csv", index=False):** 변경된 데이터프레임(data)을 "Lipophilicity2.csv" 파일로 저장한다. index=False 옵션을 주어 인덱스를 저장하지 않는다.
- **26-27. 입력 변수와 타겟 변수 분할:** 데이터프레임에서 입력 변수(X)와 타겟 변수(y)를 분할하여 각각 X와 y 변수에 저장한다.
- **30-33. 학습 데이터와 테스트 데이터 분할:** train_test_split 함수를 사용하여 입력 변수(X)와 타겟 변수(y)를 학습용 데이터와 테스트용 데이터로 분할한다. 테스트 데이터의 크기는 전체 데이터의 20%로 지정되고, random_state=42 옵션을 주어 재현 가능한 결과를 얻는다.
- **model = KNeighborsRegressor():** KNeighborsRegressor 모델을 생성한다.
- **model.fit(X_train, y_train):** KNeighborsRegressor 모델을 학습용 데이터(X_train, y_train)에 맞춘다.
- **y_pred = model.predict(X_test):** 학습된 모델을 사용하여 테스트 데이터(X_test)에 대한 예측값(y_pred)을 계산한다.
- **residuals = y_test - y_pred:** 실제값(y_test)과 예측값(y_pred)의 잔차를 계산한다.
- **46-50. 데이터 분포 시각화:** seaborn의 histplot을 사용하여 Lipophilicity 데이터의 분포를 시각화한다.
- **53-57. 회귀 결과 시각화:** 실제값(y_test)과 예측값(y_pred)의 산점도와 회귀선을 시각화한다.
- **60-64. 잔차 분석 시각화:** seaborn의 histplot을 사용하여 잔차(residuals)의 분포를 시각화한다.
- **corr_matrix = X.corr():** 입력 변수(X)들 간의 상관관계를 계산하여 상관계수 행렬을 생성한다.
- **70-74. 다중공선성 분석 시각화:** 상관계수 히트맵을 시각화하여 다중공선성을 분석한다.
- **77-79. 평가 지표 계산:** 실제값(y_test)과 예측값(y_pred)을 사용하여 평균 제곱 오차(MSE), 평균 절대 오차(MAE), 결정 계수(R2)를 계산한다.
- **82-84. 평가 지표 출력:** 계산된 평가 지표를 출력한다.

3.11 XGBOOST

XGBOOST 모델의 개념과 작동 원리

XGBoost는 Gradient Boosting 알고리즘을 기반으로 하며 강력하고 우수한 성능을 가진 예측 모델링 라이브러리이다. XGBoost는 다양한 데이터 분석 및 예측 문제에 적용되며, 특히 테이블 형태의 데이터에 적합하다. XGBoost의 개념과 작동 원리를 자세히 살펴보자.

XGBoost의 주요 개념은 다음과 같다.

- **Gradient Boosting 알고리즘:** XGBoost는 Gradient Boosting 알고리즘을 사용하여 예측 모델을 구축한다. Gradient Boosting은 약한 예측 모델(약한 학습기)을 순차적으로 학습하고, 각 모델의 오차를 보완해가며 최종 예측 모델을 형성하는 앙상블 학습 기법이다.
- **트리 기반 모델:** XGBoost는 주로 결정 트리를 기반으로 한 예측 모델을 생성한다. 각 트리는 입력 데이터를 특정 기준으로 분할하여 예측을 수행하며, 여러 개의 트리를 조합하여 최종 예측 결과를 도출한다.
- **경사 하강법과 정규화:** XGBoost는 경사 하강법을 사용하여 각 모델을 학습하고, 예측 오차를 최소화하는 방향으로 모델을 업데이트한다. 또한 정규화(regularization)를 통해 모델의 복잡도를 제어하고, 과적합을 방지하며 일반화 성능을 향상시킨다.

I Gradient Boosting

■ Gradient Boosting

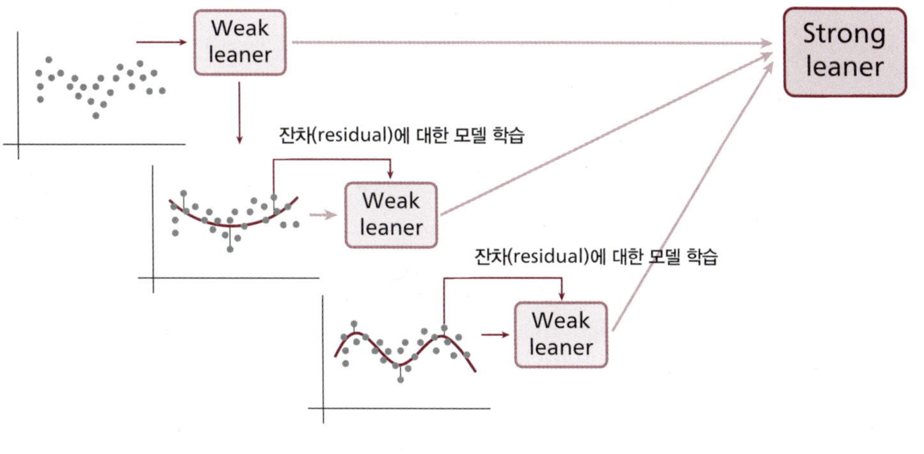

XGBoost는 우선 초기 모델을 생성한다. XGBoost는 첫 번째 모델(첫 번째 트리)을 학습하여 초기 예측값을 생성한다. 이 초기 예측값은 실제값과의 차이(오차)를 기반으로 모델을 업데이트하는 데 사용된다. 이후 초기 모델의 예측값과 실제값 사이의 오차를 계산한다. 이 오차를 다음 모델(다음 트리)의 학습에 활용하고, 오차를 최소화하는 방향으로 모델을 업데이트한다. 이러한 과정을 반복하여 모델을 계속해서 향상시킨다. 다음으로 새로운 트리를 추가하면서 모델을 강화시킨다. 각 트리는 이전 트리의 예측 오차를 보완하고, 새로운 예측 오차를 최소화하는 방향으로 학습된다. 이러한 순차적인 트리 추가 과정을 통해 모델의 성능이 향상된다. 마지막으로 모든 트리가 학습되고 모델이 완성되면, 입력 데이터에 대한 예측 결과를 도출한다. 각 트리의 예측 결과를 결합하여 최종 예측 결과를 도출한다. 이와 같은 XGBoost의 작동 원리를 통해 데이터를 효과적으로 모델링하고 예측하는 데 사용할 수 있다.

XGBOOST 모델의 구현과 사용 방법

XGBoost는 Python의 scikit-learn 라이브러리를 통해 간편하게 구현하고 사용할 수 있다. XGBoost 모델의 구현과 사용 방법에 대해 살펴보자.

- **모델 가져오기:**

```
import xgboost as xgb
from sklearn.model_selection import train_test_split
from sklearn.metrics import accuracy_score, classification_report
```

- **데이터 준비:** XGBoost 모델에 사용할 데이터를 준비한다. 입력 특성(X)과 타겟 변수(y)를 분리하고, 학습 데이터와 테스트 데이터로 분할한다.

```
# X와 y 분리
X = data.drop('target', axis=1)
y = data['target']

# 학습 데이터와 테스트 데이터 분할
X_train, X_test, y_train, y_test = train_test_split
                                (X, y, test_size=0.2, random_state=42)
```

- **XGBoost 모델 생성 및 학습:** XGBoost 모델 객체를 생성하고 학습 데이터를 사용하여 모델을 학습시킨다.

```
# XGBoost 모델 객체 생성
model = xgb.XGBClassifier()

# 모델 학습
model.fit(X_train, y_train)
```

- **예측 수행:** 학습된 XGBoost 모델을 사용하여 테스트 데이터에 대한 예측을 수행한다.

```
# 예측 수행
y_pred = model.predict(X_test)
```

➤ **모델 평가:** 예측 결과를 사용하여 모델의 성능을 평가한다. 예측 정확도(accuracy)와 분류 보고서(classification report) 등의 평가 지표를 확인할 수 있다.

```
# 정확도 평가
accuracy = accuracy_score(y_test, y_pred)
print("Accuracy:", accuracy)
# 분류 보고서 출력
report = classification_report(y_test, y_pred)
print("Classification Report:")
print(report)
```

➤ **하이퍼파라미터 튜닝:** XGBoost 모델의 성능을 최적화하기 위해 하이퍼파라미터 튜닝을 수행할 수 있다. GridSearchCV나 RandomizedSearchCV 등의 방법을 사용하여 최적의 하이퍼파라미터 조합을 찾을 수 있다. XGBoost는 높은 예측 성능과 빠른 학습 속도로 인해 널리 사용되는 알고리즘이다. 유연한 구조와 다양한 하이퍼파라미터 설정을 통해 다양한 문제에 적용할 수 있다.

XGBOOST 알고리즘의 특성 및 부스팅 알고리즘 종류

XGBoost는 위의 내용 등을 정리하여 종합하면 다음과 같은 특성을 가지고 있다:

➤ **부스팅 알고리즘:** XGBoost는 부스팅(boosting) 알고리즘 중 하나로, 약한 학습기(weak learner)들을 순차적으로 학습시켜 예측 성능을 향상시킨다. 이전 학습기의 오차를 보완하는 방식으로 다음 학습기를 학습시킨다.

➤ **경사 하강법 기반 최적화:** XGBoost는 경사 하강법(gradient descent)을 사용하여 모델을 학습한다. 오차 함수의 그래디언트(gradient)를 이용하여 최적화를 수행하며, 빠른 속도로 최적의 파라미터 값을 찾을 수 있다.

➤ **규제(regularization):** XGBoost는 L1 규제(L1 regularization)와 L2 규제(L2 regularization)를 함께 사용하여 모델의 복잡도를 조절할 수 있다. 이를 통해 과적합을 방지하고 모델의 일반화 성능을 향상시킬 수 있다.

➤ **트리 기반 알고리즘:** XGBoost는 결정 트리(decision tree) 기반의 알고리즘이다. 각 결정 트리의 분기 방향과 임계값을 최적화하여 예측을 수행하며, 앙상블 방식을 통해 여러 결정 트리를 조합한다.

➤ **자동 특성 선택:** XGBoost는 특성의 중요도를 계산하여 자동으로 특성 선택을 수행할 수 있다. 중요한 특성을 선택함으로써 모델의 복잡도를 줄이고 예측 성능을 향상시킬 수 있다.

- **다양한 성능 지표:** XGBoost는 예측 결과의 성능을 평가하기 위한 다양한 지표를 제공한다. 예를 들어, 분류 문제에서는 정확도, 정밀도, 재현율, F1 스코어 등을 평가할 수 있으며, 회귀 문제에서는 평균 제곱 오차(mean squared error), 결정 계수(R-squared) 등을 평가할 수 있다.

  XGBoost는 다양한 데이터셋과 문제에 적용할 수 있는 강력한 알고리즘으로, 뛰어난 예측 성능과 확장성을 제공한다. 다양한 분야에서의 예측 및 분류 문제를 해결할 수 있다. 부스팅(boosting) 알고리즘은 XGBoost 외에도 여러 가지 다른 알고리즘들이 있다. 몇 가지 대표적인 부스팅 알고리즘을 소개한다.

- **AdaBoost (Adaptive Boosting):** AdaBoost는 초기에는 모든 데이터 포인트에 대해 동일한 가중치를 할당하고, 반복적으로 학습을 진행하면서 잘못 분류된 데이터에 대해 가중치를 높여 준다. 이전 모델의 오차에 따라 데이터의 가중치를 조정하여 학습하는 방식이다.
- **Gradient Boosting:** gradient boosting은 오차 함수의 그래디언트를 이용하여 예측 모델을 구성한다. 초기 모델을 사용하여 예측을 수행하고, 이를 통해 예측 오차를 계산한 후, 이 오차에 대한 새로운 모델을 학습시킨다. 이러한 과정을 반복하여 모델을 개선해나가는 방식이다.
- **LightGBM:** LightGBM은 XGBoost와 유사한 부스팅 알고리즘으로, 대용량 데이터셋에 대한 고속 처리와 메모리 효율성을 갖는 것이 특징이다. LightGBM은 기존의 히스토그램 기반 분할 방식을 개선한 leaf-wise 분할 방식을 사용하여 학습 속도를 향상시킨다.
- **CatBoost:** CatBoost는 범주형 변수를 효과적으로 처리하는 부스팅 알고리즘이다. 범주형 변수의 자동 변환, 반응 인코딩 등의 기능을 내장하고 있어, 데이터 전처리 과정에서 많은 부담을 줄여준다. 또한, 자체적인 오버피팅 방지 기법을 가지고 있어 과적합을 방지할 수 있다.

각 알고리즘은 특성과 용도에 따라 다양한 장단점을 가지고 있으며, 문제에 따라 최적의 알고리즘을 선택할 수 있다. 데이터셋의 크기, 특성의 종류, 처리 속도 등을 고려하여 적합한 부스팅 알고리즘을 선택하는 것이 필요하다. 또한 지금까지 소개한 여러 모델을 충분히 짧은 시간 내 사용하여 비교하면 좋을 것이다. 부록에서는 간략하게 비교할 수 있는 라이브러리인 lazypredict에 관하여 소개하였다.

실제 데이터를 활용한 XGBOOST 회귀 모델 예제

```
import pandas as pd
from rdkit import Chem
from rdkit.Chem import Descriptors
from xgboost import XGBRegressor
```

```
from sklearn.metrics import mean_squared_error, mean_absolute_error,
                                                              r2_score
from sklearn.model_selection import train_test_split
import matplotlib.pyplot as plt
import seaborn as sns
import statsmodels.api as sm
import numpy as np

# 데이터 불러오기
data = pd.read_csv("Lipophilicity.csv")

# Descriptor 추출
data['TPSA'] = data['SMILES'].apply(lambda x: Descriptors.TPSA
                                        (Chem.MolFromSmiles(x)))
data['LogP'] = data['SMILES'].apply(lambda x: Descriptors.MolLogP
                                        (Chem.MolFromSmiles(x)))
data['MolecularWeight'] = data['SMILES'].apply(lambda x: Descriptors.
                                    MolWt(Chem.MolFromSmiles(x)))
data['NumRotatableBonds'] = data['SMILES'].apply(lambda x: Descriptors.
                        NumRotatableBonds(Chem.MolFromSmiles(x)))

# Lipophilicity2.csv로 저장
data.to_csv("Lipophilicity2.csv", index=False)

# 입력 변수와 타겟 변수 분할
X = data[['TPSA', 'LogP', 'MolecularWeight', 'NumRotatableBonds']]
y = data['Lipophilicity']

# 학습 데이터와 테스트 데이터 분할
X_train, X_test, y_train, y_test = train_test_split(X, y, test_size=0.2,
                                                       random_state=42)

# XGBoost 회귀 모델 학습
model = XGBRegressor()
model.fit(X_train, y_train)

# 테스트 데이터에 대한 예측 수행
y_pred = model.predict(X_test)

# 잔차 계산
residuals = y_test - y_pred

# 데이터 분포
plt.figure(figsize=(8, 6))
sns.histplot(data['Lipophilicity'], kde=True)
plt.xlabel('Lipophilicity')
plt.ylabel('Frequency')
plt.title('Distribution of Lipophilicity')
plt.show()
```

```
# 회귀 결과
plt.figure(figsize=(8, 6))
plt.scatter(y_test, y_pred, color='blue')
plt.plot([min(y_test), max(y_test)], [min(y_test), max(y_test)],
                                    color='red', linestyle='--')
plt.xlabel('Actual Lipophilicity')
plt.ylabel('Predicted Lipophilicity')
plt.title('Actual vs Predicted Lipophilicity')
plt.show()

# 잔차 분석
plt.figure(figsize=(8, 6))
sns.histplot(residuals, kde=True)
plt.xlabel('Residuals')
plt.ylabel('Frequency')
plt.title('Residual Distribution')
plt.show()

# 다중공선성 분석
corr_matrix = X.corr()

plt.figure(figsize=(10, 8))
sns.heatmap(corr_matrix, annot=True, cmap='coolwarm')
plt.title('Correlation Matrix')
plt.show()

# 평가 지표 계산
mse = mean_squared_error(y_test, y_pred)
mae = mean_absolute_error(y_test, y_pred)
r2 = r2_score(y_test, y_pred)

# 평가 지표 출력
print("Mean Squared Error:", mse)
print("Mean Absolute Error:", mae)
print("R2 Score:", r2)
```

아래는 이에 대한 결과값을 나타낸다.

```
Mean Squared Error: 1.0340971604117155
Mean Absolute Error: 0.7744313453543011
R2 Score: 0.3597926899243059
```

위와 같이 전에 비해 상당히 개선된 성능을 볼 수 있다. 이를 기반으로 연습 문제를 통해 실제 최선의 성능을 가진 모델에 대한 연습을 하기 바란다. 아래는 코드에 대한 자세한 설명이다.

코드 분석

- **from xgboost import XGBRegressor:** XGBoost 라이브러리에서 XGBRegressor 모듈을 가져옴. XGBRegressor는 XGBoost 회귀 모델을 구축하는 기능을 제공한다.
- **17-20. Descriptor 추출:** rdkit의 함수들을 활용하여 화학 분자의 다양한 특성(Descriptor)들을 계산하고, 데이터프레임에 해당 열들을 추가한다.
- **data.to_csv("Lipophilicity2.csv", index=False):** 변경된 데이터프레임(data)을 "Lipophilicity2.csv" 파일로 저장한다. index=False 옵션을 주어 인덱스를 저장하지 않는다.
- **26-27. 입력 변수와 타겟 변수 분할:** 데이터프레임에서 입력 변수(X)와 타겟 변수(y)를 분할하여 각각 X와 y 변수에 저장한다.
- **30-33. 학습 데이터와 테스트 데이터 분할:** train_test_split 함수를 사용하여 입력 변수(X)와 타겟 변수(y)를 학습용 데이터와 테스트용 데이터로 분할한다. 테스트 데이터의 크기는 전체 데이터의 20%로 지정되고, random_state=42 옵션을 주어 재현 가능한 결과를 얻는다.
- **model = XGBRegressor():** XGBRegressor 모델을 생성한다.
- **model.fit(X_train, y_train):** XGBRegressor 모델을 학습용 데이터(X_train, y_train)에 맞춘다.
- **y_pred = model.predict(X_test):** 학습된 모델을 사용하여 테스트 데이터(X_test)에 대한 예측값(y_pred)을 계산한다.
- **residuals = y_test – y_pred:** 실제값(y_test)과 예측값(y_pred)의 잔차를 계산한다.
- **46-50. 데이터 분포 시각화:** seaborn의 histplot을 사용하여 lipophilicity 데이터의 분포를 시각화한다.
- **53-57. 회귀 결과 시각화:** 실제값(y_test)과 예측값(y_pred)의 산점도와 회귀선을 시각화한다.
- **60-64. 잔차 분석 시각화:** seaborn의 histplot을 사용하여 잔차(residuals)의 분포를 시각화한다.
- **corr_matrix = X.corr():** 입력 변수(X) 간의 상관관계를 계산하여 상관계수 행렬을 생성한다.
- **70-74. 다중공선성 분석 시각화:** 상관계수 히트맵을 시각화하여 다중공선성을 분석한다.
- **77-79. 평가 지표 계산:** 실제값(y_test)과 예측값(y_pred)을 사용하여 평균 제곱 오차(MSE), 평균 절대 오차(MAE), 결정 계수(R2)를 계산한다.
- **82-84. 평가 지표 출력:** 계산된 평가 지표를 출력한다.

3.12 머신러닝 알고리즘: 분류 모델

분류 모델의 개념과 중요성

분류 모델은 지도 학습(supervised learning)의 한 종류로, 입력 데이터를 사전에 정의된 클래스 또는 범주로 분류하는 작업을 수행하는 알고리즘이다. 분류 모델은 다양한 현실적인 문제에 적용될 수 있으며, 데이터 분석과 패턴 인식, 예측, 의사 결정 등 다양한 응용 분야에서 중요한 역할을 한다. 반면 화학 물성 및 화학 반응 등의 예측에 있어서 회귀 모델에 비해 적용 범위가 적지만, 의약 분야 등에서 활용되는 것을 종종 볼 수 있다. 예를 들어, 의약 분야에서는 분류 모델을 활용하여 신약 후보 물질을 독성 여부에 따라 분류하거나, 특정 질병에 대한 치료제의 효과를 예측하는 데 사용할 수 있다. 이번 절에서는 앞에서 설명한 회귀 모델을 통하여 많은 부분이 겹치므로 관련 설명에 대하여 간단히 요약하는 방식으로 구성하였다.

분류 모델의 종류와 활용 분야

분류 모델은 다양한 알고리즘과 기법으로 구현될 수 있다. 몇 가지 주요한 분류 모델의 종류와 그 활용 분야는 다음과 같다.

- **로지스틱 회귀:** 로지스틱 회귀는 이진 분류(binary classification)에 많이 사용되는 모델로, 데이터를 입력받아 해당 데이터가 어떤 클래스에 속하는지 예측한다. 의료 진단, 신용 스코어링, 마케팅 예측 등 다양한 분야에서 활용된다.
- **서포트 벡터 머신:** 서포트 벡터 머신은 데이터를 고차원 공간으로 매핑하여 클래스를 분류하는 모델이다. 선형 분류부터 비선형 분류까지 다양한 문제에 적용할 수 있으며, 이미지 분류, 텍스트 분류, 암 진단 등 다양한 분야에서 활용된다.
- **결정 트리와 랜덤 포레스트:** 결정 트리는 의사 결정 규칙을 트리 구조로 표현한 모델로, 데이터의 특징에 따라 예/아니오 질문을 반복하여 클래스를 분류한다. 랜덤 포레스트는 여러 개의 결정 트리를 앙상블하여 더욱 정확한 예측을 수행하는 모델이다. 데이터 분류, 객체 인식, 악성 코드 탐지 등에 활용된다.
- **K-최근접 이웃:** K-최근접 이웃은 입력 데이터와 가장 가까운 이웃 데이터의 클래스를 기반으로 분류하는 모델이다. 주변 데이터의 패턴을 활용하여 예측을 수행하며, 이미지 분류, 손글씨 인식, 추천 시스템 등에 활용된다.
- **나이브 베이즈 분류기:** 나이브 베이즈 분류기는 베이즈 이론을 기반으로 한 확률적 분류 모델이다. 입력 데이터의 특징 간 독립성을 가정하며, 텍스트 분류, 스팸 필터링, 감정 분석 등에 활용된다.

이 외에도 앙상블 모델, 신경망 모델, gradient boosting 등 다양한 분류 모델이 존재하며, 각 모델은 특정 문제와 데이터에 적합한 경우가 있다. 앞서 설명한 회귀에서의 원리와 유사한 부분이 많다. 분류 모델은 데이터의 특성과 목표에 맞게 적절한 모델을 선택하여 사용하는 것이 중요하다.

다중 분류 모델

다중 클래스 서포트 벡터 머신 모델의 개념과 작동 원리

다중 클래스 서포트 벡터 머신은 다중 클래스 분류 문제를 해결하기 위한 알고리즘이다. 이 모델은 기본적으로 이진 분류 서포트 벡터 머신 알고리즘을 확장하여 다중 클래스 문제에 적용된다. 일반적으로 다중 클래스 서포트 벡터 머신은 두 가지 주요 방법을 사용하여 다중 클래스 분류를 수행한다: 일대다(one-vs-rest) 방식과 일대일(one-vs-one) 방식이다.

- **일대다(one-vs-rest) 방식:** 일대다 방식은 각 클래스에 대해 하나의 이진 분류 문제를 생성한다. 클래스마다 해당 클래스를 양성 클래스로 설정하고 나머지 클래스들을 음성 클래스로 설정하여 분류 문제를 해결한다. 이 과정을 각 클래스에 대해 반복하고, 예측 결과에서 가장 높은 확률을 가진 클래스를 최종 예측 클래스로 선택한다.
- **일대일(one-vs-one) 방식:** 일대일 방식은 각 클래스 쌍에 대해 이진 분류 문제를 생성한다. 각 이진 분류 문제는 해당 클래스 쌍의 데이터 포인트만 사용하여 모델을 학습시키고 예측을 수행한다. 이후, 각 클래스에 대한 예측 결과를 투표를 통해 최종 예측 클래스를 결정한다.

다중 클래스 서포트 벡터 머신 모델의 구현과 사용 방법

Scikit-learn을 사용하여 다중 클래스 서포트 벡터 머신 모델을 구현할 수 있다. 다음은 다중 클래스 서포트 벡터 머신 모델의 구현과 사용 방법에 대한 일반적인 단계이다.

- **데이터 전처리:** 입력 데이터의 특징 벡터와 클래스 레이블을 준비한다. 이 단계에서는 데이터 스케일링, 특징 선택 또는 추출 등의 전처리 기법을 적용할 수 있다.
- **모델 학습:** 전처리된 데이터를 사용하여 다중 클래스 서포트 벡터 머신 모델을 학습시킨다. Scikit-learn의 SVC 클래스를 활용하여 모델을 초기화하고 fit 메소드를 사용하여 데이터에 모델을 적합시킨다.
- **예측 수행:** 학습된 모델을 사용하여 새로운 데이터에 대한 예측을 수행한다. predict 메소드를 사용하여 입력 데이터의 클래스 레이블을 예측한다.
- **평가:** 모델의 성능을 평가하기 위해 평가 지표를 계산한다. 다중 클래스 분류 문제에서 일반적으로 사용되는 평가 지표에는 정확도, 혼동 행렬, 분류 리포트 등이 있다.

다중 클래스 서포트 벡터 머신 모델의 평가

다중 클래스 서포트 벡터 머신 모델의 성능을 평가하기 위해 다음과 같은 평가 지표를 사용할 수 있다:

- **정확도(accuracy):** 전체 예측 중 올바르게 예측한 비율을 계산한다.
- **혼동 행렬(confusion matrix):** 실제 클래스와 예측된 클래스 간의 관계를 행렬로 표현한다. 혼동 행렬로 클래스별 정확도, 오차율, 재현율 등을 확인할 수 있다.
- **분류 리포트(classification report):** 각 클래스에 대한 정밀도, 재현율, F1 점수 등의 평가 지표를 제공한다.
- 또한 교차 검증을 통해 모델의 성능을 평가할 수 있다. Scikit-learn의 cross_val_score 함수를 사용하여 교차 검증을 수행하고 평균 정확도를 계산할 수 있다.

다중 클래스 서포트 벡터 머신 모델의 해석

다중 클래스 서포트 벡터 머신 모델의 해석을 위해 다음을 고려할 수 있다:

- **결정 경계(decision boundary):** 다중 클래스 분류 문제에서의 결정 경계는 클래스 간의 구분을 담당하는 경계이다. 이를 시각화하여 클래스 간의 차이를 이해할 수 있다.
- **서포트 벡터(support vector):** 서포트 벡터는 모델 학습 과정에서 결정 경계와 가장 가까이 위치한 데이터 포인트이다. 이들은 모델의 예측에 영향을 주는 중요한 요소로 간주될 수 있다.
- **변수의 영향력 분석:** 다중 클래스 서포트 벡터 머신 모델에서 변수의 영향력을 분석하여 모델의 동작 방식을 이해할 수 있다. 이를 통해 어떤 변수가 예측에 중요한 역할을 하는지 확인할 수 있다.

실제 데이터를 활용한 다중 클래스 서포트 벡터 머신 모델 예제

실제 데이터셋을 사용하여 다중 클래스 서포트 벡터 머신 모델을 구현하고 성능을 평가하는 예제를 제공한다. 이를 통해 모델의 구현과 사용 방법을 실전 상황에서 적용할 수 있는 예시를 제시한다.

```
import pandas as pd
from rdkit import Chem
from rdkit.Chem import Descriptors
from sklearn.svm import SVC
from sklearn.metrics import classification_report, confusion_matrix
from sklearn.model_selection import train_test_split
import matplotlib.pyplot as plt
import seaborn as sns
import statsmodels.api as sm
import numpy as np

# 데이터 불러오기
data = pd.read_csv("Lipophilicity.csv")

# Descriptor 추출
data['TPSA'] = data['SMILES'].apply(lambda x: Descriptors.TPSA
                                                (Chem.MolFromSmiles(x)))
data['LogP'] = data['SMILES'].apply(lambda x: Descriptors.MolLogP
                                                (Chem.MolFromSmiles(x)))
data['MolecularWeight'] = data['SMILES'].apply(lambda x: Descriptors.
                                            MolWt(Chem.MolFromSmiles(x)))
data['NumRotatableBonds'] = data['SMILES'].apply(lambda x: Descriptors.
                                NumRotatableBonds(Chem.MolFromSmiles(x)))

# Lipophilicity2.csv로 저장
```

```
data.to_csv("Lipophilicity2.csv", index=False)

# 입력 변수와 타겟 변수 분할
X = data[['TPSA', 'LogP', 'MolecularWeight', 'NumRotatableBonds']]
y = pd.cut(data['Lipophilicity'], bins=5, labels=np.arange(5))

# 학습 데이터와 테스트 데이터 분할
X_train, X_test, y_train, y_test = train_test_split(X, y, test_size=0.2,
                                                    random_state=42)

# 서포트 벡터 머신 모델 학습
model = SVC()
model.fit(X_train, y_train)

# 테스트 데이터에 대한 예측 수행
y_pred = model.predict(X_test)

# Confusion Matrix
cm = confusion_matrix(y_test, y_pred)
sns.heatmap(cm, annot=True, cmap='coolwarm')
plt.show()

# Classification Report
print(classification_report(y_test, y_pred))

# 분류 결과 분포
sns.countplot(x=y, palette='coolwarm')
plt.show()
```

다음은 이에 대한 결과값이다.

```
              precision    recall  f1-score   support

           0       0.00      0.00      0.00        40
           1       0.00      0.00      0.00       106
           2       0.00      0.00      0.00       189
           3       0.40      1.00      0.57       333
           4       0.00      0.00      0.00       166

    accuracy                           0.40       834
   macro avg       0.08      0.20      0.11       834
weighted avg       0.16      0.40      0.23       834
```

코드 분석

- **from sklearn.svm import SVC:** scikit-learn.svm 모듈에서 SVC 모듈을 가져옴. SVC는 Support Vector Classifier 모델을 구축하는 기능을 제공한다.

- **from sklearn.metrics import classification_report, confusion_matrix:** scikit-learn.metrics 모듈에서 classification_report, confusion_matrix 함수를 가져옴. 이 함수들은 분류 모델의 성능을 평가하는 지표를 계산하는 기능을 제공한다.
- **from sklearn.model_selection import train_test_split:** scikit-learn.model_selection 모듈에서 train_test_split 함수를 가져옴. 이 함수는 데이터를 학습용과 테스트용으로 분할하는 기능을 제공한다.
- **import matplotlib.pyplot as plt:** matplotlib.pyplot 모듈을 가져옴.
- **import seaborn as sns:** seaborn 라이브러리를 가져옴.
- **import statsmodels.api as sm:** statsmodels.api 모듈을 가져옴.
- **import numpy as np:** numpy 라이브러리를 가져옴.
- **data = pd.read_csv("Lipophilicity.csv"):** "Lipophilicity.csv" 파일을 pandas의 read_csv 함수를 사용하여 데이터를 불러온다. 읽어온 데이터는 data 변수에 저장된다.
- **17-20. Descriptor 추출:** rdkit의 함수들을 활용하여 화학 분자의 다양한 특성(Descriptor)들을 계산하고, 데이터프레임에 해당 열들을 추가한다.
- **data.to_csv("Lipophilicity2.csv", index=False):** 변경된 데이터프레임(data)을 "Lipophilicity2.csv" 파일로 저장한다. index=False 옵션을 주어 인덱스를 저장하지 않는다.
- **26-29. 입력 변수와 타겟 변수 분할:** 데이터프레임에서 입력 변수(X)와 타겟 변수(y)를 분할하여 각각 X와 y 변수에 저장한다. 타겟 변수(y)는 pd.cut 함수를 사용하여 구간으로 나누어 레이블화한다.
- **32-35. 학습 데이터와 테스트 데이터 분할:** train_test_split 함수를 사용하여 입력 변수(X)와 타겟 변수(y)를 학습용 데이터와 테스트용 데이터로 분할한다. 테스트 데이터의 크기는 전체 데이터의 20%로 지정되고, random_state=42 옵션을 주어 재현 가능한 결과를 얻는다.
- **model = SVC():** SVC 모델을 생성한다.
- **model.fit(X_train, y_train):** SVC 모델을 학습용 데이터(X_train, y_train)에 맞춘다.
- **y_pred = model.predict(X_test):** 학습된 모델을 사용하여 테스트 데이터(X_test)에 대한 예측값(y_pred)을 계산한다.
- **45-47. Confusion Matrix 시각화:** seaborn의 heatmap을 사용하여 Confusion Matrix를 시각화한다.
- **print(classification_report(y_test, y_pred)):** classification_report 함수를 사용하여 분류 모델의 평가 지표를 출력한다.
- **53-54. 분류 결과 분포 시각화:** seaborn의 countplot을 사용하여 분류 결과의 분포를 시각화한다.

다중 클래스 서포트 벡터 머신 모델의 활용과 한계

➤ 주요 활용 분야

- **패턴 인식:** 이미지, 음성, 텍스트 등의 패턴 인식 문제에서 다중 클래스 서포트 벡터 머신 모델은 뛰어난 성능을 발휘할 수 있다.
- **생체 인식:** 생체 인식 분야에서 다중 클래스 서포트 벡터 머신 모델은 개인 식별,

지문 인식, 얼굴 인식 등 다중 클래스 문제에 활용될 수 있다.

- **의학 분야:** 질병 분류, 암 종양 분류, 유전자 발현 분류 등의 문제에 다중 클래스 서포트 벡터 머신 모델이 사용될 수 있다.
- **자연어 처리:** 텍스트 분류, 감성 분석, 문서 분류 등의 자연어 처리 문제에서 다중 클래스 서포트 벡터 머신 모델이 활용될 수 있다.
- **금융 분야:** 신용 등급 분류, 사기 탐지, 주식 등의 금융 데이터 분류에 다중 클래스 서포트 벡터 머신 모델이 사용될 수 있다.

➤ 한계점

- **계산 비용:** 다중 클래스 서포트 벡터 머신 모델은 계산 비용이 많이 들 수 있으며, 큰 규모의 데이터셋에서 학습 속도가 느려질 수 있다.
- **해석의 어려움:** 다중 클래스 서포트 벡터 머신 모델은 해석이 어려울 수 있다. 변수의 중요도를 직접 계산하기 어렵고, 모델의 결정 경계를 시각화하기 어려울 수 있다.
- **과적합:** 다중 클래스 분류 문제에서 과적합(overfitting)이 발생할 수 있다. 특히 데이터셋이 불균형하거나 클래스 간 겹치는 부분이 있을 경우에 주의가 필요하다.
- **매개변수 조정:** 다중 클래스 서포트 벡터 머신 모델은 매개변수 조정에 민감할 수 있다. 최적의 매개변수를 찾기 위해서는 교차 검증과 그리드 서치 등의 방법을 활용해야 한다.

따라서 다중 클래스 서포트 벡터 머신 모델의 활용과 한계를 고려하여 데이터의 특성과 문제의 요구 사항에 맞게 모델을 선택하고 적절한 전처리와 매개변수 조정을 수행해야 한다.

다중 클래스 결정 트리와 랜덤 포레스트

다중 클래스 결정 트리 모델의 개념과 작동 원리

다중 클래스 결정 트리는 다중 클래스 분류 문제에 적용되는 의사 결정 트리 모델이다. 개별 클래스에 대한 결정 트리를 구성하여 분류를 수행하고, 이들 결정 트리의 결과를 통합하여 최종 분류 결과를 도출한다. 다중 클래스 결정 트리는 정보 이득, 지니 불순도, 엔트로피 등의 기준을 사용하여 최적의 분할을 선택한다. 작동 원리는 이진 결정 트리와 유사하지만, 각 노드에서 다수의 클래스를 고려하여 분할을 결정한다.

랜덤 포레스트 모델의 개념과 작동 원리

랜덤 포레스트는 앞에서 소개한 회귀 모델과 비슷하다. 즉 다중 클래스 분류 문제에 적용되는 앙상블 학습 모델이다. 여러 개의 결정 트리를 독립적으로 학습하고, 각 트리의 결과를 집계하여 최종 분류 결과를 도출한다. 각 트리는 무작위로 선택된 데이터 샘플과 무작위로 선택된 변수를 사용하여 학습한다. 작동 원리는 배깅(bagging) 알고리즘을 기반으로 하며, 앙상블 학습의 특성인 다양성과 일반화 성능 향상을 제공한다.

랜덤 포레스트 모델의 구현과 사용 방법

Scikit-learn 라이브러리를 사용하여 랜덤 포레스트 모델을 구현할 수 있다. 데이터의 전처리, 모델 학습, 예측 수행의 과정을 따른다. 랜덤 포레스트 모델의 매개변수를 조정하여 모델의 성능을 개선할 수 있다.

```
import pandas as pd
from rdkit import Chem
from rdkit.Chem import Descriptors
from sklearn.ensemble import RandomForestClassifier
from sklearn.metrics import classification_report, confusion_matrix
from sklearn.model_selection import train_test_split
import matplotlib.pyplot as plt
import seaborn as sns
import numpy as np

# 데이터 불러오기
data = pd.read_csv("Lipophilicity.csv")

# Descriptor 추출
data['TPSA'] = data['SMILES'].apply(lambda x: Descriptors.TPSA
                                                (Chem.MolFromSmiles(x)))
data['LogP'] = data['SMILES'].apply(lambda x: Descriptors.MolLogP
                                                (Chem.MolFromSmiles(x)))
data['MolecularWeight'] = data['SMILES'].apply(lambda x: Descriptors.
                                          MolWt(Chem.MolFromSmiles(x)))
data['NumRotatableBonds'] = data['SMILES'].apply(lambda x: Descriptors.
                              NumRotatableBonds(Chem.MolFromSmiles(x)))

# Lipophilicity2.csv로 저장
data.to_csv("Lipophilicity2.csv", index=False)

# 입력 변수와 타겟 변수 분할
X = data[['TPSA', 'LogP', 'MolecularWeight', 'NumRotatableBonds']]
y = pd.cut(data['Lipophilicity'], bins=5, labels=np.arange(5))

# 학습 데이터와 테스트 데이터 분할
X_train, X_test, y_train, y_test = train_test_split(X, y, test_size=0.2,
                                                      random_state=42)

# 랜덤 포레스트 분류 모델 학습
model = RandomForestClassifier(random_state=42)
model.fit(X_train, y_train)

# 테스트 데이터에 대한 예측 수행
y_pred = model.predict(X_test)

# Confusion Matrix
cm = confusion_matrix(y_test, y_pred)
sns.heatmap(cm, annot=True, cmap='coolwarm')
```

```
plt.show()

# Classification Report
print(classification_report(y_test, y_pred))

# 분류 결과 분포
sns.countplot(x=y, palette='coolwarm')
plt.show()

# 변수 중요도
importances = model.feature_importances_
indices = np.argsort(importances)[::-1]

plt.figure(figsize=(8, 6))
sns.barplot(x=X.columns[indices], y=importances[indices])
plt.xticks(rotation=90)
plt.xlabel('Features')
plt.ylabel('Importance')
plt.title('Feature Importance')
plt.show()
```

해당 결과는 다음과 같으며 서포트백터 머신보다 나은 결과를 볼 수 있다.

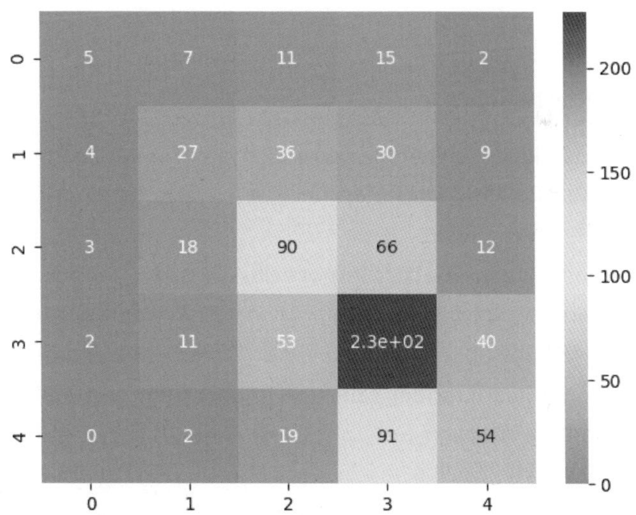


```
              precision    recall  f1-score   support

           0       0.36      0.12      0.19        40
           1       0.42      0.25      0.32       106
           2       0.43      0.48      0.45       189
           3       0.53      0.68      0.60       333
           4       0.46      0.33      0.38       166

    accuracy                           0.48       834
```

```
   macro avg       0.44      0.37      0.39       834
weighted avg       0.47      0.48      0.47       834
```

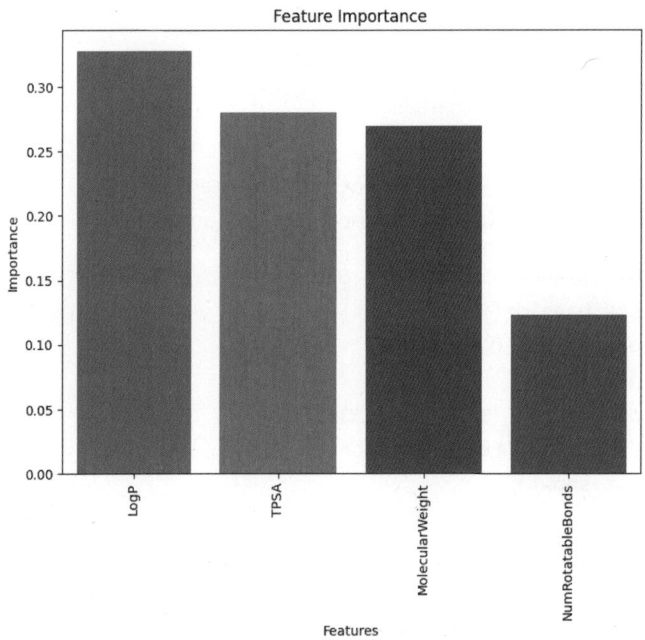

코드 분석

- **from sklearn.ensemble import RandomForestClassifier:** scikit-learn.ensemble 모듈에서 RandomForestClassifier 모듈을 가져옴. RandomForestClassifier는 랜덤 포레스트 분류 모델을 구축하는 기능을 제공한다.
- **from sklearn.metrics import classification_report, confusion_matrix:** scikit-learn.metrics 모듈에서 classification_report, confusion_matrix 함수를 가져옴. 이 함수들은 분류 모델의 성능을 평가하는 지표를 계산하는 기능을 제공한다.
- **from sklearn.model_selection import train_test_split:** scikit-learn.model_selection 모듈에서 train_test_split 함수를 가져옴. 이 함수는 데이터를 학습용과 테스트용으로 분할하는 기능을 제공한다.
- **import matplotlib.pyplot as plt:** matplotlib.pyplot 모듈을 가져옴.
- **import seaborn as sns:** seaborn 라이브러리를 가져옴.
- **import numpy as np:** numpy 라이브러리를 가져옴.
- **data = pd.read_csv("Lipophilicity.csv"):** "Lipophilicity.csv" 파일을 pandas의 read_csv 함수를 사용하여 데이터를 불러온다. 읽어온 데이터는 data 변수에 저장된다.
- **16-19. Descriptor 추출:** rdkit의 함수들을 활용하여 화학 분자의 다양한 특성(Descriptor)들을 계산하고, 데이터프레임에 해당 열들을 추가한다.
- **data.to_csv("Lipophilicity2.csv", index=False):** 변경된 데이터프레임(data)을 "Lipophilicity2.csv" 파일로 저장한다. index=False 옵션을 주어 인덱스를 저장하지 않는다.

- **25-28. 입력 변수와 타겟 변수 분할:** 데이터프레임에서 입력 변수(X)와 타겟 변수(y)를 분할하여 각각 X와 y 변수에 저장한다. 타겟 변수(y)는 pd.cut 함수를 사용하여 구간으로 나누어 레이블화한다.
- **31-34. 학습 데이터와 테스트 데이터 분할:** train_test_split 함수를 사용하여 입력 변수(X)와 타겟 변수(y)를 학습용 데이터와 테스트용 데이터로 분할한다. 테스트 데이터의 크기는 전체 데이터의 20%로 지정되고, random_state=42 옵션을 주어 재현 가능한 결과를 얻는다.
- **model = RandomForestClassifier(random_state=42):** RandomForestClassifier 모델 객체를 생성한다. random_state=42 옵션을 주어 재현 가능한 결과를 얻는다.
- **model.fit(X_train, y_train):** RandomForestClassifier 모델을 학습용 데이터(X_train, y_train)에 맞춘다.
- **y_pred = model.predict(X_test):** 학습된 모델을 사용하여 테스트 데이터(X_test)에 대한 예측값(y_pred)을 계산한다.
- **44-46. Confusion Matrix 시각화:** seaborn의 heatmap을 사용하여 Confusion Matrix를 시각화한다.
- **print(classification_report(y_test, y_pred)):** classification_report 함수를 사용하여 분류 모델의 평가 지표를 출력한다.
- **52-53. 분류 결과 분포 시각화:** seaborn의 countplot을 사용하여 분류 결과의 분포를 시각화한다.
- **56-64. 변수 중요도 시각화:** RandomForestClassifier 모델의 변수 중요도(importances)를 계산하고, 이를 시각화하여 각 특성의 중요도를 나타낸다.

다중 클래스 K-최근접 이웃 분류기

다중 클래스 K-최근접 이웃 분류기 모델의 개념과 작동 원리

다중 클래스 K-최근접 이웃 분류기는 다중 클래스 분류 문제에 적용되는 K-최근접 이웃 모델이다. 개별 데이터 포인트 주변의 K개의 최근접 이웃을 고려하여 분류를 수행한다. 다수결 투표 방식이나 가중치 평균 등의 방법을 사용하여 최종 분류 결과를 도출한다. 작동 원리는 이웃들의 클래스 레이블을 기반으로 한 결정을 수행한다.

다중 클래스 K-최근접 이웃 분류기 모델의 구현과 사용 방법

Scikit-learn 라이브러리를 사용하여 다중 클래스 K-최근접 이웃 분류기 모델을 구현할 수 있다. 데이터의 전처리, 모델 학습, 예측 수행의 과정을 회귀와 비슷하게 따른다. 또한 비슷하게 K 값, 거리 측정 방법, 가중치 설정 등의 매개변수를 조정하여 모델의 성능을 개선할 수 있다. 모델의 성능을 개선하기 위해 이웃의 개수, 거리 측정 방법, 가중치 설정 등을 조정할 수 있다. 또한 다중 클래스 K-최근접 이웃 분류기 모델을 다른 알고리즘과 결합하여 앙상블 모델을 구성할 수도 있다.

앙상블 분류 모델

앙상블 분류 모델의 개념과 작동 원리

앙상블 분류 모델은 여러 개의 기본 분류 모델을 조합하여 최종 분류 결정을 내리는 모델로 마찬가지로 앞서 설명한 회귀 모델과 맥을 같이 한다. 개별 모델의 예측 결과를 조합하여 정확하고 안정적인 분류를 수행한다. 대표적인 앙상블 분류 모델로는 보팅(Voting), 배깅(Bagging), 부스팅(Boosting), 스태킹(Stacking) 등이 있으며 이에 대한 간략한 설명은 아래과 같다.

- **보팅(Voting):** 다른 기본 모델의 예측 결과를 다수결로 결합하는 방식으로 다양한 모델의 다양성을 활용한다.
- **배깅(Bagging):** 동일한 기본 모델을 여러 개의 부분 데이터셋에 대해 학습하여 예측을 결합한다. 랜덤 포레스트가 대표적인 예이다.
- **부스팅(Boosting):** 이전 모델의 오차를 보완하도록 새로운 모델을 학습하는 방식으로 예측 결과를 조합한다. 그라디언트 부스팅과 애다부스트가 대표적인 예이다.
- **스태킹(Stacking):** 다른 기본 모델의 예측 결과를 입력으로 사용하여 최종 모델을 학습하는 방식이다.

이와 같은 앙상블 분류 모델은 다양한 모델의 다양성을 활용하여 분류 성능을 향상시킬 수 있다. 또한 모델의 안정성과 일반화 성능을 개선하는 데 효과적이다. 그러나 모델의 복잡성과 계산 비용이 증가하며, 해석력이 낮을 수 있다. 따라서 앙상블 분류 모델은 데이터셋의 특성과 문제에 따라 적합한 모델을 선택해야 한다.

3.13 분류 모델의 평가와 성능 개선

혼동 행렬

혼동 행렬(confusion matrix)은 분류 모델의 성능을 평가하기 위한 행렬이다. 혼동 행렬은 실제 클래스와 예측한 클래스에 따라 데이터를 4개의 카테고리로 분류한다: True Positive (TP), False Positive (FP), False Negative (FN), True Negative (TN). 혼동 행렬은 정확한 예측과 오류를 시각화하고 분류 모델의 성능을 평가하는 데 유용하다.

분류 지표

분류 지표(classification metrics)는 혼동 행렬을 기반으로 분류 모델의 성능을 측정하는 지표이다. 대표적인 분류 지표로는 정확도(accuracy), 정밀도(precision), 재현율(recall), F1 스코어(F1 Score) 등이 있다. 정확도는 전체 샘플 중 정확히 예측한 샘플의 비율을 나타내며, 정밀도는 양성으로 예측한 샘플 중 실제로 양성인 샘플의 비율을 나타낸다. 재현율은 실제 양성인 샘플 중 양성으로 예측한 샘플의 비율을 나타내며, F1 스코어는 정밀도와 재현율의 조화 평균이다.

이러한 분류 지표는 모델의 성능을 다각도로 평가하고 비교하는 데 사용되며 아래에 세세하게 설명하였다.

분류 모델 평가의 고려 사항

분류 모델 평가에는 클래스 불균형 문제, 오차 대비 비용, 임계값 설정 등 다양한 고려 사항이 있다. 클래스 불균형 문제는 데이터셋에서 클래스 간 비율이 불균형한 경우를 의미하며, 이를 고려하여 적절한 평가 지표와 모델 조정이 필요하다. 오차 대비 비용은 오류 유형에 따라 발생하는 비용을 고려하여 모델의 성능을 평가한다. 임계값 설정은 분류 모델의 예측 확률을 임계값에 따라 양성 또는 음성으로 분류하는 기준을 조정하는 것이다.

정확도, 정밀도, 재현율, F1 점수

➤ **정확도**(Accuracy)

- 정확도는 분류 모델이 정확히 예측한 샘플의 비율을 나타내는 지표이다.
- 정확도는 전체 샘플 중 올바르게 예측한 샘플의 비율로 계산된다.
- 정확도 = (TP + TN) / (TP + FP + TN + FN)
- 정확도는 모델의 전체적인 성능을 평가하는 지표이지만, 클래스 불균형 문제가 있는 경우 정확도만으로 모델의 성능을 판단하기 어려울 수 있다.

➤ **정밀도**(Precision)

- 정밀도는 양성으로 예측한 샘플 중 실제로 양성인 샘플의 비율을 나타내는 지표이다.
- 정밀도는 FP (False Positive)를 최소화하는 것을 목표로 한다.
- 정밀도 = TP / (TP + FP)
- 정밀도가 높을수록 양성으로 예측한 샘플 중 실제로 양성인 샘플이 많은 것을 의미한다.
- 정밀도는 거짓 양성(FP)의 비용이 높은 문제에서 중요한 지표이다.

➤ **재현율**(Recall)

- 재현율은 실제 양성인 샘플 중 양성으로 예측한 샘플의 비율을 나타내는 지표이다.
- 재현율은 FN (False Negative)를 최소화하는 것을 목표로 한다.
- 재현율 = TP / (TP + FN)
- 재현율이 높을수록 실제 양성인 샘플 중 양성으로 예측한 샘플이 많은 것을 의미한다.
- 재현율은 거짓 음성(FN)의 비용이 높은 문제에서 중요한 지표이다.

➤ **F1 점수**(F1 score)

- F1 점수는 정밀도와 재현율의 조화 평균으로 계산되는 지표이다.
- F1 점수는 정밀도와 재현율을 모두 고려하여 모델의 성능을 평가하는 지표이다.
- F1 점수 = 2 * (정밀도 * 재현율) / (정밀도 + 재현율)
- F1 점수는 정밀도와 재현율이 모두 높을 때 가장 높은 값을 가진다.
- 클래스 불균형 문제가 있는 경우, 정확도보다 F1 점수를 사용하는 것이 더 적절할 수 있다.

➤ **분류 리포트**(Classification Report)

분류 리포트는 정확도, 정밀도, 재현율, F1 점수를 포함한 다양한 분류 지표를 한 번에 확인할 수 있는 보고서이다. 분류 리포트는 각 클래스에 대한 정밀도, 재현율, F1 점수를 제공하며, 가중 평균인 평균 정밀도, 평균 재현율, 평균 F1 점수를 제공한다. 분류 리포트는 모델의 분류 성능을 종합적으로 평가하고 해석하는 데 도움을 준다

ROC 곡선과 AUC

ROC 곡선(Receiver Operating Characteristic Curve)

ROC 곡선은 이진 분류 모델의 성능을 시각적으로 평가하는 방법 중 하나이다. ROC 곡선은 분류 모델의 임계값을 변화시키면서 참 양성 비율(TPR, True Positive Rate)에 대한 거짓 양성 비율(FPR, False Positive Rate)의 변화를 나타낸다. TPR은 재현율(민감도)을 나타내고, FPR은 1에서 특이도를 나타낸다. ROC 곡선은 FPR과 TPR 사이의 트레이드오프를 시각화하여 분류 모델의 성능을 평가한다. ROC 곡선의 아래 면적인 AUC (Area Under the Curve) 값이 클수록 분류 모델의 성능이 우수한 것으로 판단된다.

AUC(Area Under the Curve)

AUC는 ROC 곡선 아래의 면적을 나타내는 값으로, 분류 모델의 성능을 요약하는 지표이다. AUC 값은 0과 1 사이의 값을 가지며, 1에 가까울수록 모델의 성능이 우수하다. AUC 값이 0.5에 가까울 경우 모델의 성능이 랜덤 수준이며, 0.5보다 낮은 값은 모델의 성능이 떨어진다는 것을 의미한다. AUC 값은 클래스 간의 분리 정도를 나타내며, 클래스 간 구분이 명확할수록 AUC 값이 커진다. AUC 값은 이진 분류 모델의 성능을 비교할 때 유용하게 사용된다. AUC 값은 분류 모델의 예측 확률이 아니라 분류 결정 임계값을 고려하지 않고 계산된다.

클래스 불균형 문제와 샘플링 기법

클래스 불균형 문제

클래스 불균형 문제는 분류 모델에서 한 클래스의 샘플 수가 다른 클래스에 비해 훨씬 많이 나타나는 경우를 말한다. 예를 들어, 이상 거래 감지, 암 진단 등의 문제에서 정상 거래

나 정상 세포와 같은 주요 클래스의 샘플 수가 많고, 이상 거래나 암 세포와 같은 소수 클래스의 샘플 수가 적은 경우가 대표적인 클래스 불균형 문제이다. 클래스 불균형 문제는 모델이 주로 주요 클래스에 편향되어 학습되고, 소수 클래스의 예측 성능이 낮아지는 문제를 야기할 수 있다.

샘플링 기법

클래스 불균형 문제를 해결하기 위해 사용되는 샘플링 기법은 크게 언더 샘플링(Undersampling)과 오버 샘플링(Oversampling)으로 나뉜다. 언더 샘플링은 다수 클래스의 샘플을 제거하여 클래스 간의 균형을 맞추는 방법이다. 이는 소수 클래스에 대한 정보 손실을 초래할 수 있으므로 주의해야 한다. 반면 오버 샘플링은 소수 클래스의 샘플을 복제하거나 합성하여 클래스 간의 균형을 맞추는 방법이다. 이는 소수 클래스의 특성을 지나치게 반영할 우려가 있으므로 적절한 기법을 선택해야 한다.

일반적으로, 언더 샘플링보다는 오버 샘플링이 선호되며, 오버 샘플링에는 다양한 기법들이 있다. 대표적인 오버 샘플링 기법으로는 SMOTE (Synthetic Minority Over-sampling Technique), ADASYN (Adaptive Synthetic Sampling), Borderline-SMOTE 등이 있다.

클래스 불균형 문제를 해결하기 위해 어떤 샘플링 기법을 선택할지는 데이터의 특성과 문제의 성격에 따라 다를 수 있으며, 실험과 검증을 통해 적절한 방법을 찾아야 한다.

3.14 고급 분류 모델

Gradient Boosting

Gradient Boosting 모델의 개념과 작동 원리

Gradient Boosting은 앞에서도 설명했듯이, 여러 개의 약한 학습기(weak learner)를 순차적으로 학습하여 예측 모델을 구성하는 앙상블 방법이다. 개별 학습기는 이전 학습기의 예측 오차를 보완하도록 학습된다. 이전 학습기의 예측 오차에 대한 그래디언트(기울기)를 계산하여 새로운 학습기를 학습한다. 예측 모델은 이전 학습기들의 예측 결과를 결합하여 최종 예측을 수행한다. 그래디언트 부스팅은 손실 함수의 그래디언트를 이용하여 모델을 개선하는 경사 하강법을 기반으로 한다.

그래디언트 부스팅 모델의 구현과 사용 방법

Scikit-learn의 GradientBoostingClassifier 클래스를 사용하여 Gradient Boosting 모델을 구현할 수 있다. 기본적으로 결정 트리를 기반으로한 Gradient Boosting 모델이 구현된다. 학습 데이터를 사용하여 모델을 학습하고, 테스트 데이터에 대한 예측을 수행할 수 있다.

```
import pandas as pd
from rdkit import Chem
```

```
from rdkit.Chem import Descriptors
from sklearn.ensemble import GradientBoostingClassifier
from sklearn.metrics import classification_report, confusion_matrix
from sklearn.model_selection import train_test_split
import matplotlib.pyplot as plt
import seaborn as sns
import numpy as np

# 데이터 불러오기
data = pd.read_csv("Lipophilicity.csv")

# Descriptor 추출
data['TPSA'] = data['SMILES'].apply(lambda x: Descriptors.TPSA
                                            (Chem.MolFromSmiles(x)))
data['LogP'] = data['SMILES'].apply(lambda x: Descriptors.MolLogP
                                            (Chem.MolFromSmiles(x)))
data['MolecularWeight'] = data['SMILES'].apply(lambda x: Descriptors.
                                        MolWt(Chem.MolFromSmiles(x)))
data['NumRotatableBonds'] = data['SMILES'].apply(lambda x: Descriptors.
                                NumRotatableBonds(Chem.MolFromSmiles(x)))

# Lipophilicity2.csv로 저장
data.to_csv("Lipophilicity2.csv", index=False)

# 입력 변수와 타겟 변수 분할
X = data[['TPSA', 'LogP', 'MolecularWeight', 'NumRotatableBonds']]
y = pd.cut(data['Lipophilicity'], bins=5, labels=np.arange(5))

# 학습 데이터와 테스트 데이터 분할
X_train, X_test, y_train, y_test = train_test_split(X, y, test_size=0.2,
                                                    random_state=42)

# Gradient Boosting 분류 모델 학습
model = GradientBoostingClassifier(random_state=42)
model.fit(X_train, y_train)

# 테스트 데이터에 대한 예측 수행
y_pred = model.predict(X_test)

# Confusion Matrix
cm = confusion_matrix(y_test, y_pred)
sns.heatmap(cm, annot=True, cmap='coolwarm')
plt.show()

# Classification Report
print(classification_report(y_test, y_pred))

# 분류 결과 분포
sns.countplot(x=y, palette='coolwarm')
plt.show()
```

```
# 변수 중요도
importances = model.feature_importances_
indices = np.argsort(importances)[::-1]

plt.figure(figsize=(8, 6))
sns.barplot(x=X.columns[indices], y=importances[indices])
plt.xticks(rotation=90)
plt.xlabel('Features')
plt.ylabel('Importance')
plt.title('Feature Importance')
plt.show()
```

해당 결과는 아래와 같다.

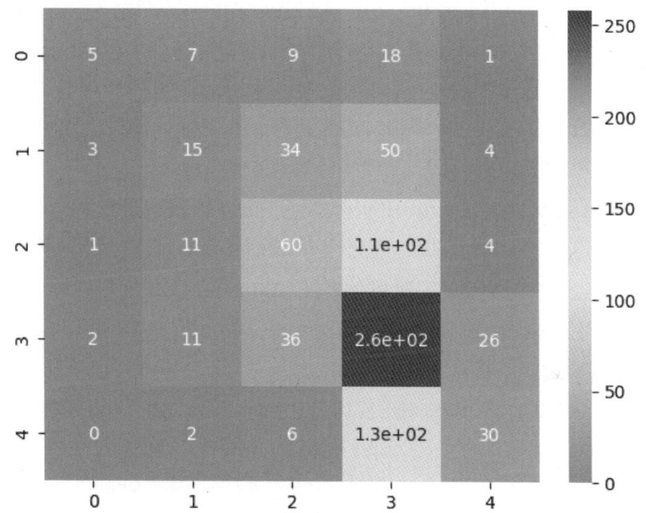


```
              precision    recall  f1-score   support

           0       0.45      0.12      0.20        40
           1       0.33      0.14      0.20       106
           2       0.41      0.32      0.36       189
           3       0.46      0.77      0.57       333
           4       0.46      0.18      0.26       166

    accuracy                           0.44       834
   macro avg       0.42      0.31      0.32       834
weighted avg       0.43      0.44      0.40       834
```

역시 회귀 모델과 마찬가지로 해당 모델이 이전보다 나은 결과를 나타냄을 알 수 있다.

코드 분석

- **from sklearn.ensemble import GradientBoostingClassifier:** scikit-learn.ensemble 모듈에서 GradientBoostingClassifier 모듈을 가져옴. GradientBoostingClassifier는 Gradient Boosting 분류 모델을 구축하는 기능을 제공한다.
- **from sklearn.metrics import classification_report, confusion_matrix:** scikit-learn.metrics 모듈에서 classification_report, confusion_matrix 함수를 가져옴. 이 함수들은 분류 모델의 성능을 평가하는 지표를 계산하는 기능을 제공한다.
- **from sklearn.model_selection import train_test_split:** scikit-learn.model_selection 모듈에서 train_test_split 함수를 가져옴. 이 함수는 데이터를 학습용과 테스트용으로 분할하는 기능을 제공한다.
- **import matplotlib.pyplot as plt:** matplotlib.pyplot 모듈을 가져옴.
- **import seaborn as sns:** seaborn 라이브러리를 가져옴.
- **import numpy as np:** numpy 라이브러리를 가져옴.
- **data = pd.read_csv("Lipophilicity.csv"):** "Lipophilicity.csv" 파일을 pandas의 read_csv 함수를 사용하여 데이터를 불러온다. 읽어온 데이터는 data 변수에 저장된다.
- **16-19. Descriptor 추출:** rdkit의 함수들을 활용하여 화학 분자의 다양한 특성(Descriptor)들을 계산하고, 데이터프레임에 해당 열들을 추가한다.
- **data.to_csv("Lipophilicity2.csv", index=False):** 변경된 데이터프레임(data)을 "Lipophilicity2.csv" 파일로 저장한다. index=False 옵션을 주어 인덱스를 저장하지 않는다.
- **25-28. 입력 변수와 타겟 변수 분할:** 데이터프레임에서 입력 변수(X)와 타겟 변수(y)를 분할하여 각각 X와 y 변수에 저장한다. 타겟 변수(y)는 pd.cut 함수를 사용하여 구간으로 나누어 레이블화한다.
- **31-34. 학습 데이터와 테스트 데이터 분할:** train_test_split 함수를 사용하여 입력 변수(X)와 타겟 변수(y)를 학습용 데이터와 테스트용 데이터로 분할한다. 테스트 데이터의 크기는 전체 데이터의 20%로 지정되고, random_state=42 옵션을 주어 재현 가능한 결과를 얻는다.
- **model = GradientBoostingClassifier(random_state=42):** GradientBoostingClassifier 모델 객체를 생성한다. random_state=42 옵션을 주어 재현 가능한 결과를 얻는다.
- **model.fit(X_train, y_train):** GradientBoostingClassifier 모델을 학습용 데이터(X_train, y_train)에 맞춘다.
- **y_pred = model.predict(X_test):** 학습된 모델을 사용하여 테스트 데이터(X_test)에 대한 예측값(y_pred)을 계산한다.
- **46-48. Confusion Matrix 시각화:** seaborn의 heatmap을 사용하여 Confusion Matrix를 시각화한다.
- **print(classification_report(y_test, y_pred)):** classification_report 함수를 사용하여 분류 모델의 평가 지표를 출력한다.
- **54-55. 분류 결과 분포 시각화:** seaborn의 countplot을 사용하여 분류 결과의 분포를 시각화한다.
- **58-66. 변수 중요도 시각화:** GradientBoostingClassifier 모델의 변수 중요도(importances)를 계산하고, 이를 시각화하여 각 특성의 중요도를 나타낸다.

Gradient Boosting 모델의 성능 평가는 정확도, 혼동 행렬, 분류 리포트 등을 사용한다. 학습 데이터와 테스트 데이터에 대한 성능을 평가하여 모델의 일반화 성능을 확인한다. 교차 검증을 통해 모델의 안정성을 평가할 수 있다. 이와같이 일반적으로 Gradient Boosting은 다양한 분류 문제에 적용할 수 있으며, 높은 성능을 보여준다. 특히, 특징이 많고 복잡한 데이터셋에서 좋은 성능을 발휘할 수 있다. 그러나 모델의 학습 시간이 오래 걸리고, 하이퍼파라미터 튜닝이 필요한 경우가 있다. 또한, 데이터가 매우 큰 경우 메모리 사용량이 증가하여 문제가 될 수 있다. 그래디언트 부스팅 모델은 해석력이 낮고, 과적합의 위험이 있을 수 있다.

XGBoost

XGBoost 모델의 개념과 작동 원리

XGBoost는 앞서 회귀 모델에서 자세히 설명하였으므로 자세한 것은 생략한다. eXtreme Gradient Boosting의 약자로, Gradient Boosting 기반의 앙상블 학습 알고리즘이다. XGBoost는 그래디언트 부스팅과 달리, 자체적인 규제 및 조기 중단(Early Stopping) 등의 기능이 있다. 그래디언트 부스팅보다 빠르고, 과적합을 줄이고, 성능을 향상시킬 수 있는 다양한 기능을 제공한다.

XGBoost 모델의 구현과 사용 방법

XGBoost는 XGBoost 라이브러리를 사용하여 구현할 수 있다. XGBoost는 기본적으로 결정 트리를 기반으로한 Gradient Boosting 모델이며, Scikit-learn과 호환되는 API를 제공한다.

학습 데이터를 사용하여 모델을 학습하고, 테스트 데이터에 대한 예측을 수행할 수 있다.

```
import pandas as pd
from rdkit import Chem
from rdkit.Chem import Descriptors
from xgboost import XGBClassifier
from sklearn.metrics import classification_report, confusion_matrix
from sklearn.model_selection import train_test_split
import matplotlib.pyplot as plt
import seaborn as sns
import numpy as np

# 데이터 불러오기
data = pd.read_csv("Lipophilicity.csv")

# Descriptor 추출
data['TPSA'] = data['SMILES'].apply(lambda x: Descriptors.TPSA
                                     (Chem.MolFromSmiles(x)))
data['LogP'] = data['SMILES'].apply(lambda x: Descriptors.MolLogP
                                     (Chem.MolFromSmiles(x)))
```

```
data['MolecularWeight'] = data['SMILES'].apply(lambda x: Descriptors.
                                    MolWt(Chem.MolFromSmiles(x)))
data['NumRotatableBonds'] = data['SMILES'].apply(lambda x: Descriptors.
                        NumRotatableBonds(Chem.MolFromSmiles(x)))

# Lipophilicity2.csv로 저장
data.to_csv("Lipophilicity2.csv", index=False)

# 입력 변수와 타겟 변수 분할
X = data[['TPSA', 'LogP', 'MolecularWeight', 'NumRotatableBonds']]
y = pd.cut(data['Lipophilicity'], bins=5, labels=np.arange(5))

# 학습 데이터와 테스트 데이터 분할
X_train, X_test, y_train, y_test = train_test_split(X, y, test_size=0.2,
                                                    random_state=42)

# XGBoost 분류 모델 학습
model = XGBClassifier(use_label_encoder=False, eval_metric='mlogloss')
model.fit(X_train, y_train)

# 테스트 데이터에 대한 예측 수행
y_pred = model.predict(X_test)

# Confusion Matrix
cm = confusion_matrix(y_test, y_pred)
sns.heatmap(cm, annot=True, cmap='coolwarm')
plt.show()

# Classification Report
print(classification_report(y_test, y_pred))

# 분류 결과 분포
sns.countplot(x=y, palette='coolwarm')
plt.show()

# 변수 중요도
importances = model.feature_importances_
indices = np.argsort(importances)[::-1]

plt.figure(figsize=(8, 6))
sns.barplot(x=X.columns[indices], y=importances[indices])
plt.xticks(rotation=90)
plt.xlabel('Features')
plt.ylabel('Importance')
plt.title('Feature Importance')
plt.show()
```

해당 XGBoost의 결과는 다음과 같다.

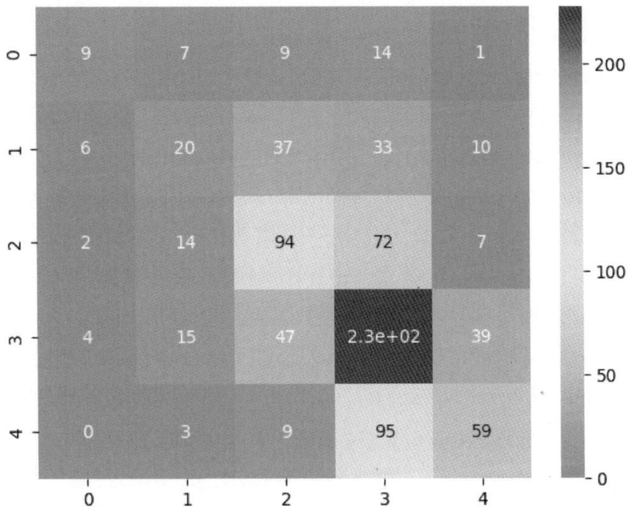


```
              precision    recall  f1-score   support

           0       0.43      0.23      0.30        40
           1       0.34      0.19      0.24       106
           2       0.48      0.50      0.49       189
           3       0.52      0.68      0.59       333
           4       0.51      0.36      0.42       166

    accuracy                           0.49       834
   macro avg       0.45      0.39      0.41       834
weighted avg       0.48      0.49      0.47       834
```

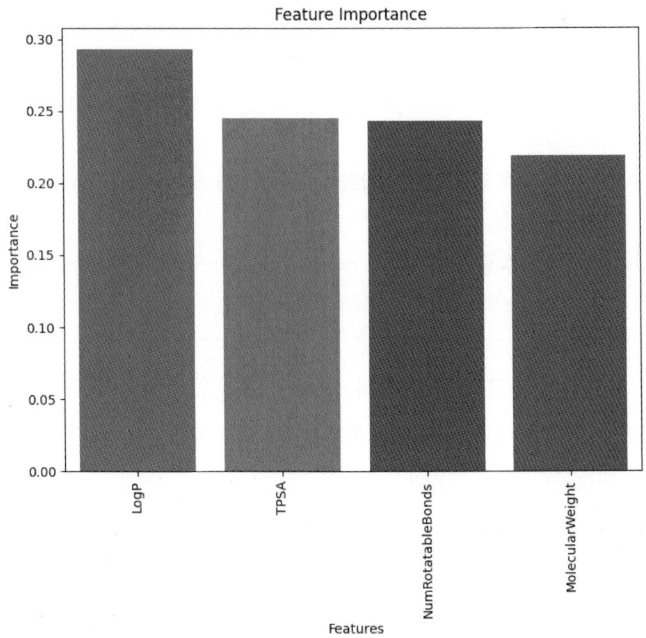

코드 분석

- **from xgboost import XGBClassifier:** xgboost 모듈에서 XGBClassifier 모듈을 가져옴. XGBClassifier는 XGBoost 분류 모델을 구축하는 기능을 제공한다.
- **from sklearn.metrics import classification_report, confusion_matrix:** scikit-learn.metrics 모듈에서 classification_report, confusion_matrix 함수를 가져옴. 이 함수들은 분류 모델의 성능을 평가하는 지표를 계산하는 기능을 제공한다.
- **16-19. Descriptor 추출:** rdkit의 함수들을 활용하여 화학 분자의 다양한 특성(Descriptor)들을 계산하고, 데이터프레임에 해당 열들을 추가한다.
- **data.to_csv("Lipophilicity2.csv", index=False):** 변경된 데이터프레임(data)을 "Lipophilicity2.csv" 파일로 저장한다. index=False 옵션을 주어 인덱스를 저장하지 않는다.
- **25-28. 입력 변수와 타겟 변수 분할:** 데이터프레임에서 입력 변수(X)와 타겟 변수(y)를 분할하여 각각 X와 y 변수에 저장한다. 타겟 변수(y)는 pd.cut 함수를 사용하여 구간으로 나누어 레이블화한다.
- **31-34. 학습 데이터와 테스트 데이터 분할:** train_test_split 함수를 사용하여 입력 변수(X)와 타겟 변수(y)를 학습용 데이터와 테스트용 데이터로 분할한다. 테스트 데이터의 크기는 전체 데이터의 20%로 지정되고, random_state=42 옵션을 주어 재현 가능한 결과를 얻는다.
- **model = XGBClassifier(use_label_encoder=False, eval_metric='mlogloss'):** XGBClassifier 모델 객체를 생성한다. use_label_encoder=False 옵션을 주어 XGBoost가 기본적으로 제공하는 label encoding을 사용하지 않도록 설정하고, eval_metric='mlogloss' 옵션을 주어 다중 클래스 분류에서의 로그 손실을 사용하여 모델을 평가한다.
- **model.fit(X_train, y_train):** XGBClassifier 모델을 학습용 데이터(X_train, y_train)에 맞춘다.
- **y_pred = model.predict(X_test):** 학습된 모델을 사용하여 테스트 데이터(X_test)에 대한 예측값(y_pred)을 계산한다.
- **46-48. Confusion Matrix 시각화:** seaborn의 heatmap을 사용하여 Confusion Matrix를 시각화한다.
- **print(classification_report(y_test, y_pred)):** classification_report 함수를 사용하여 분류 모델의 평가 지표를 출력한다.
- **54-55. 분류 결과 분포 시각화:** seaborn의 countplot을 사용하여 분류 결과의 분포를 시각화한다.
- **58-66. 변수 중요도 시각화:** XGBClassifier 모델의 변수 중요도(importances)를 계산하고, 이를 시각화하여 각 특성의 중요도를 나타낸다.

마찬가지로 XGBoost 모델의 성능 평가를 위하여 정확도, 혼동 행렬, 분류 리포트 등을 사용한다. 학습 데이터와 테스트 데이터에 대한 성능을 평가하여 모델의 일반화 성능을 확인한다.

XGBoost 모델은 다양한 분류 문제에 적용할 수 있으며, 특히 고차원 데이터와 대용량 데이터에도 적용이 가능하다. XGBoost는 Gradient Boosting에 비해 빠르고 성능이 우수하며, 과적합을 줄일 수 있는 기능을 제공한다. 그러나 모델의 학습 시간이 오래 걸릴 수 있고, 하이퍼파라미터 튜닝이 필요한다. 또한, 메모리 사용량이 증가하여 대용량 데이터에는 제약이 있을 수 있다. XGBoost 모델의 해석이 어렵고, 모델 파라미터가 많아 조정하기 어려울 수 있다.

그러나 적절한 하이퍼파라미터 튜닝과 모델 파라미터 설정을 통해 높은 성능을 얻을 수 있다.

LightGBM

LightGBM 모델의 개념과 작동 원리

LightGBM은 Gradient Boosting Framework인 Light Gradient Boosting Machine의 약자로, 대용량 데이터에 특화된 Gradient Boosting 알고리즘이다. LightGBM은 Leaf-wise 분할 방식을 사용하여 효율적으로 트리를 구성하고, 적은 메모리를 사용하여 학습할 수 있다. LightGBM은 일반적인 Gradient Boosting보다 더 빠르고, 메모리 효율적이며, 과적합을 줄일 수 있는 기능을 제공한다.

LightGBM 모델의 구현과 사용 방법

LightGBM은 Scikit-learn과 호환되는 API를 제공하므로, Scikit-learn과 유사한 방식으로 모델을 학습하고 예측할 수 있다. 학습 데이터를 사용하여 모델을 학습하고, 테스트 데이터에 대한 예측을 수행할 수 있다.

```
import pandas as pd
from rdkit import Chem
from rdkit.Chem import Descriptors
from lightgbm import LGBMClassifier
from sklearn.metrics import classification_report, confusion_matrix
from sklearn.model_selection import train_test_split
import matplotlib.pyplot as plt
import seaborn as sns
import numpy as np

# 데이터 불러오기
data = pd.read_csv("Lipophilicity.csv")

# Descriptor 추출
data['TPSA'] = data['SMILES'].apply(lambda x: Descriptors.TPSA
                                    (Chem.MolFromSmiles(x)))
data['LogP'] = data['SMILES'].apply(lambda x: Descriptors.MolLogP
                                    (Chem.MolFromSmiles(x)))
data['MolecularWeight'] = data['SMILES'].apply(lambda x: Descriptors.
                                    MolWt(Chem.MolFromSmiles(x)))
data['NumRotatableBonds'] = data['SMILES'].apply(lambda x: Descriptors.
                        NumRotatableBonds(Chem.MolFromSmiles(x)))

# Lipophilicity2.csv로 저장
data.to_csv("Lipophilicity2.csv", index=False)
```

```
# 입력 변수와 타겟 변수 분할
X = data[['TPSA', 'LogP', 'MolecularWeight', 'NumRotatableBonds']]
y = pd.cut(data['Lipophilicity'], bins=5, labels=np.arange(5))

# 학습 데이터와 테스트 데이터 분할
X_train, X_test, y_train, y_test = train_test_split(X, y, test_size=0.2,
                                                    random_state=42)

# LightGBM 분류 모델 학습
model = LGBMClassifier()
model.fit(X_train, y_train)

# 테스트 데이터에 대한 예측 수행
y_pred = model.predict(X_test)

# Confusion Matrix
cm = confusion_matrix(y_test, y_pred)
sns.heatmap(cm, annot=True, cmap='coolwarm')
plt.show()

# Classification Report
print(classification_report(y_test, y_pred))

# 분류 결과 분포
sns.countplot(x=y, palette='coolwarm')
plt.show()

# 변수 중요도
importances = model.feature_importances_
indices = np.argsort(importances)[::-1]

plt.figure(figsize=(8, 6))
sns.barplot(x=X.columns[indices], y=importances[indices])
plt.xticks(rotation=90)
plt.xlabel('Features')
plt.ylabel('Importance')
plt.title('Feature Importance')
plt.show()
```

해당 결과는 아래와 같이 표시된다.

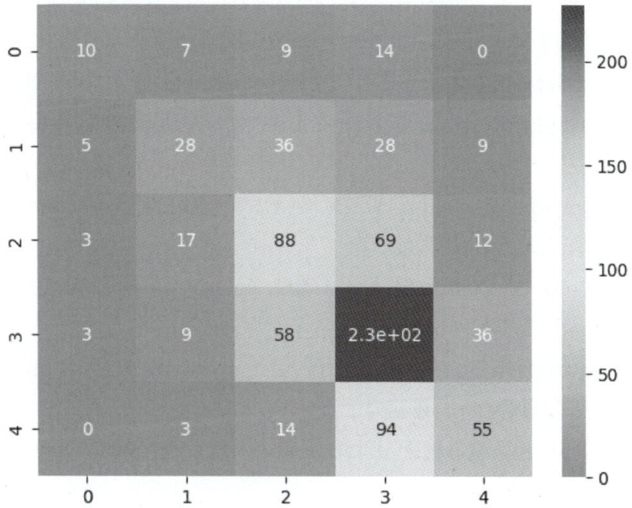


```
              precision    recall  f1-score   support

           0       0.48      0.25      0.33        40
           1       0.44      0.26      0.33       106
           2       0.43      0.47      0.45       189
           3       0.53      0.68      0.59       333
           4       0.49      0.33      0.40       166

    accuracy                           0.49       834
   macro avg       0.47      0.40      0.42       834
weighted avg       0.48      0.49      0.47       834
```

코드 분석

- **from lightgbm import LGBMClassifier:** lightgbm 모듈에서 LGBMClassifier 모듈을 가져옴. LGBMClassifier는 LightGBM 분류 모델을 구축하는 기능을 제공한다.
- **from sklearn.metrics import classification_report, confusion_matrix:** scikit-learn.metrics 모듈에서 classification_report, confusion_matrix 함수를 가져옴. 이 함수들은 분류 모델의 성능을 평가하는 지표를 계산하는 기능을 제공한다.
- **data = pd.read_csv("Lipophilicity.csv"):** "Lipophilicity.csv" 파일을 pandas의 read_csv 함수를 사용하여 데이터를 불러온다. 읽어온 데이터는 data 변수에 저장된다.
- **16-19. Descriptor 추출:** rdkit의 함수들을 활용하여 화학 분자의 다양한 특성(Descriptor)들을 계산하고, 데이터프레임에 해당 열들을 추가한다.
- **data.to_csv("Lipophilicity2.csv", index=False):** 변경된 데이터프레임(data)을 "Lipophilicity2.csv" 파일로 저장한다. index=False 옵션을 주어 인덱스를 저장하지 않는다.
- **25-28. 입력 변수와 타겟 변수 분할:** 데이터프레임에서 입력 변수(X)와 타겟 변수(y)를 분할하여 각각 X와 y 변수에 저장한다. 타겟 변수(y)는 pd.cut 함수를 사용하여 구간으로 나누어 레이블화한다.

- **31-34. 학습 데이터와 테스트 데이터 분할:** train_test_split 함수를 사용하여 입력 변수(X)와 타겟 변수(y)를 학습용 데이터와 테스트용 데이터로 분할한다. 테스트 데이터의 크기는 전체 데이터의 20%로 지정되고, random_state=42 옵션을 주어 재현 가능한 결과를 얻는다.
- **model = LGBMClassifier():** LGBMClassifier 모델 객체를 생성한다.
- **model.fit(X_train, y_train):** LGBMClassifier 모델을 학습용 데이터(X_train, y_train)에 맞춘다.
- **y_pred = model.predict(X_test):** 학습된 모델을 사용하여 테스트 데이터(X_test)에 대한 예측값(y_pred)을 계산한다.
- **44-46. Confusion Matrix 시각화:** seaborn의 heatmap을 사용하여 Confusion Matrix를 시각화한다.
- **print(classification_report(y_test, y_pred)):** classification_report 함수를 사용하여 분류 모델의 평가 지표를 출력한다.
- **52-53. 분류 결과 분포 시각화:** seaborn의 countplot을 사용하여 분류 결과의 분포를 시각화한다.
- **56-64. 변수 중요도 시각화:** LGBMClassifier 모델의 변수 중요도(importances)를 계산하고, 이를 시각화하여 각 특성의 중요도를 나타낸다.

LightGBM 모델은 대용량 데이터와 고차원 데이터에 적합하며, 빠른 학습 속도와 높은 성능을 제공한다. 그러나 LightGBM은 데이터의 분포가 편향된 경우에는 예측 성능이 저하될 수 있다. 또한 트리의 깊이를 설정해야 하므로, 적절한 하이퍼파라미터 튜닝이 필요하다. LightGBM 모델의 해석이 어렵고, 모델 파라미터가 많아 이를 조정하기가 어려운 것은 사실이나, 적절한 하이퍼파라미터 튜닝과 모델 파라미터 설정을 통해 높은 성능을 얻을 수 있게 되기 때문에 이 과정은 반드시 진행되어야 한다.

CatBoost

CatBoost 모델의 개념과 작동 원리

CatBoost는 Category Boosting의 약자로, 범주형 변수를 처리하는 Gradient Boosting 알고리즘이다. CatBoost는 범주형 변수에 대한 자동 처리, 트리의 규모 조정, 대용량 데이터 처리 등의 기능을 제공한다. CatBoost는 GPU를 활용할 경우 빠른 학습이 가능하다.

CatBoost 모델의 구현과 사용 방법

CatBoost는 마찬가지로 Scikit-learn과 호환되는 API를 제공하므로, Scikit-learn과 유사한 방식으로 모델을 학습하고 예측할 수 있다. 범주형 변수를 자동으로 처리하고, 트리의 규모를 조정하여 과적합을 줄일 수 있다.

```
!pip install catboost
import pandas as pd
from rdkit import Chem
from rdkit.Chem import Descriptors
from catboost import CatBoostClassifier
```

```
from sklearn.metrics import classification_report, confusion_matrix
from sklearn.model_selection import train_test_split
import matplotlib.pyplot as plt
import seaborn as sns
import numpy as np

# 데이터 불러오기
data = pd.read_csv("Lipophilicity.csv")

# Descriptor 추출
data['TPSA'] = data['SMILES'].apply(lambda x: Descriptors.TPSA
                                     (Chem.MolFromSmiles(x)))
data['LogP'] = data['SMILES'].apply(lambda x: Descriptors.MolLogP
                                     (Chem.MolFromSmiles(x)))
data['MolecularWeight'] = data['SMILES'].apply(lambda x: Descriptors.
                                     MolWt(Chem.MolFromSmiles(x)))
data['NumRotatableBonds'] = data['SMILES'].apply(lambda x: Descriptors.
                         NumRotatableBonds(Chem.MolFromSmiles(x)))

# Lipophilicity2.csv로 저장
data.to_csv("Lipophilicity2.csv", index=False)

# 입력 변수와 타겟 변수 분할
X = data[['TPSA', 'LogP', 'MolecularWeight', 'NumRotatableBonds']]
y = pd.cut(data['Lipophilicity'], bins=5, labels=np.arange(5))

# 학습 데이터와 테스트 데이터 분할
X_train, X_test, y_train, y_test = train_test_split(X, y, test_size=0.2,
                                                     random_state=42)

# CatBoost 분류 모델 학습
model = CatBoostClassifier(verbose=0)
model.fit(X_train, y_train)

# 테스트 데이터에 대한 예측 수행
y_pred = model.predict(X_test)

# Confusion Matrix
cm = confusion_matrix(y_test, y_pred)
sns.heatmap(cm, annot=True, cmap='coolwarm')
plt.show()

# Classification Report
print(classification_report(y_test, y_pred))

# 분류 결과 분포
sns.countplot(x=y, palette='coolwarm')
plt.show()

# 변수 중요도
importances = model.feature_importances_
```

```
indices = np.argsort(importances)[::-1]

plt.figure(figsize=(8, 6))
sns.barplot(x=X.columns[indices], y=importances[indices])
plt.xticks(rotation=90)
plt.xlabel('Features')
plt.ylabel('Importance')
plt.title('Feature Importance')
plt.show()
```

해당하는 모델의 결과이다.

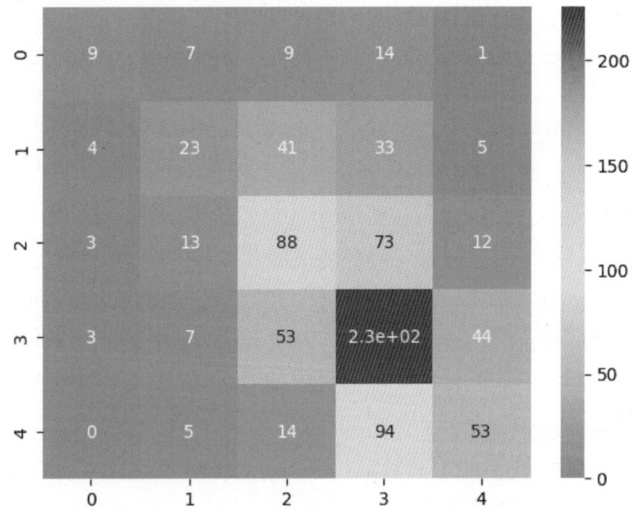


```
              precision    recall  f1-score   support

           0       0.47      0.23      0.31        40
           1       0.42      0.22      0.29       106
           2       0.43      0.47      0.45       189
           3       0.51      0.68      0.58       333
           4       0.46      0.32      0.38       166

    accuracy                           0.48       834
   macro avg       0.46      0.38      0.40       834
weighted avg       0.47      0.48      0.46       834
```

CatBoost 모델은 범주형 변수를 자동으로 처리하여 사용자의 수작업을 줄여주며, CatBoost는 GPU를 활용하여 빠른 학습을 가능하게 한다. 그러나 CatBoost는 데이터의 크기가 큰 경우에는 학습 시간이 오래 걸릴 수 있다. 또한 많은 하이퍼파라미터를 가지고 있어 조정하기 어려울 수 있다. 하지만 적절한 하이퍼파라미터 튜닝과 모델 파라미터 설정을 통해 높은 성능을 얻을 수 있다. CatBoost는 범주형 변수를 다루는 편리한 기능을 제공하므로, 범주형 변수가 많은 데이터셋에 유용하게 사용될 수 있다.

코드 분석

- **!pip install catboost:** CatBoost 라이브러리를 설치하기 위한 pip 명령어이다.
- **from catboost import CatBoostClassifier:** catboost 모듈에서 CatBoostClassifier 모듈을 가져옴. CatBoostClassifier는 CatBoost 분류 모델을 구축하는 기능을 제공한다.
- **from sklearn.metrics import classification_report, confusion_matrix:** scikit-learn.metrics 모듈에서 classification_report, confusion_matrix 함수를 가져옴. 이 함수들은 분류 모델의 성능을 평가하는 지표를 계산하는 기능을 제공한다.
- **from sklearn.model_selection import train_test_split:** scikit-learn.model_selection 모듈에서 train_test_split 함수를 가져옴. 이 함수는 데이터를 학습용과 테스트용으로 분할하는 기능을 제공한다.
- **import matplotlib.pyplot as plt:** matplotlib.pyplot 모듈을 가져옴.
- **import seaborn as sns:** seaborn 라이브러리를 가져옴.
- **import numpy as np:** numpy 라이브러리를 가져옴.
- **data = pd.read_csv("Lipophilicity.csv"):** "Lipophilicity.csv" 파일을 pandas의 read_csv 함수를 사용하여 데이터를 불러온다. 읽어온 데이터는 data 변수에 저장된다.
- **18-21. Descriptor 추출:** rdkit의 함수들을 활용하여 화학 분자의 다양한 특성(Descriptor)들을 계산하고, 데이터프레임에 해당 열들을 추가한다.
- **data.to_csv("Lipophilicity2.csv", index=False):** 변경된 데이터프레임(data)을 "Lipophilicity2.csv" 파일로 저장한다. index=False 옵션을 주어 인덱스를 저장하지 않는다.
- **27-30. 입력 변수와 타겟 변수 분할:** 데이터프레임에서 입력 변수(X)와 타겟 변수(y)를 분할하여 각각 X와 y 변수에 저장한다. 타겟 변수(y)는 pd.cut 함수를 사용하여 구간으로 나누어 레이블화한다.
- **33-36. 학습 데이터와 테스트 데이터 분할:** train_test_split 함수를 사용하여 입력 변수(X)와 타겟 변수(y)를 학습용 데이터와 테스트용 데이터로 분할한다. 테스트 데이터의 크기는 전체 데이터의 20%로 지정되고, random_state=42 옵션을 주어 재현성을 보장한다.
- **model = CatBoostClassifier(verbose=0):** CatBoostClassifier 모델 객체를 생성한다. verbose=0 옵션을 주어 학습 과정의 출력을 비활성화한다.
- **model.fit(X_train, y_train):** CatBoostClassifier 모델을 학습용 데이터(X_train, y_train)에 맞춘다.
- **y_pred = model.predict(X_test):** 학습된 모델을 사용하여 테스트 데이터(X_test)에 대한 예측값(y_pred)을 계산한다.
- **47-49. Confusion Matrix 시각화:** seaborn의 heatmap을 사용하여 Confusion Matrix를 시각화한다.
- **print(classification_report(y_test, y_pred)):** classification_report 함수를 사용하여 분류 모델의 평가 지표를 출력한다.
- **55-56. 분류 결과 분포 시각화:** seaborn의 countplot을 사용하여 분류 결과의 분포를 시각화한다.
- **59-67. 변수 중요도 시각화:** CatBoostClassifier 모델의 변수 중요도(importances)를 계산하고, 이를 시각화하여 각 특성의 중요도를 나타낸다.

1 아래의 다중회귀 모델에 대하여 모델을 평가하는 데 사용되는 평가 지표로 mean squared error (MSE), mean absolute error (MAE), R2 Score를 사용했다. 이 코드를 수정하여 새로운 평가 지표로 median absolute error를 계산하고 출력하라.

```
import pandas as pd
from rdkit import Chem
from rdkit.Chem import Descriptors
from sklearn.linear_model import LinearRegression
from sklearn.metrics import mean_squared_error,
                                        mean_absolute_error, r2_score
from sklearn.model_selection import train_test_split
from sklearn.preprocessing import PolynomialFeatures
import matplotlib.pyplot as plt
import seaborn as sns
import statsmodels.api as sm
import numpy as np

# 데이터 불러오기
data = pd.read_csv("Lipophilicity.csv")

# Descriptor 추출
data['TPSA'] = data['SMILES'].apply(lambda x: Descriptors.
                                        TPSA(Chem.MolFromSmiles(x)))
data['LogP'] = data['SMILES'].apply(lambda x: Descriptors.
                                     MolLogP(Chem.MolFromSmiles(x)))
data['MolecularWeight'] = data['SMILES'].apply
               (lambda x: Descriptors.MolWt(Chem.MolFromSmiles(x)))
data['NumRotatableBonds'] = data['SMILES'].apply
   (lambda x: Descriptors.NumRotatableBonds(Chem.MolFromSmiles(x)))

# 입력 변수와 타겟 변수 분할
X = data[['TPSA', 'LogP', 'MolecularWeight', 'NumRotatableBonds']]
y = data['Lipophilicity']

# 학습 데이터와 테스트 데이터 분할
X_train, X_test, y_train, y_test = train_test_split
                           (X, y, test_size=0.2, random_state=42)

# PolynomialFeatures 정의(2차 다항식으로 변환)
poly_features = PolynomialFeatures(degree=2)

# 학습 데이터에 PolynomialFeatures 적용
X_train_poly = poly_features.fit_transform(X_train)

# 다항 회귀 모델 학습
model = LinearRegression()
model.fit(X_train_poly, y_train)
```

```
# 테스트 데이터에 대해 PolynomialFeatures 적용 후 예측 수행
X_test_poly = poly_features.transform(X_test)
y_pred = model.predict(X_test_poly)

# 잔차 계산
residuals = y_test - y_pred

# 데이터 분포
plt.figure(figsize=(8, 6))
sns.histplot(data['Lipophilicity'], kde=True)
plt.xlabel('Lipophilicity')
plt.ylabel('Frequency')
plt.title('Distribution of Lipophilicity')
plt.show()

# 회귀 결과
plt.figure(figsize=(8, 6))
plt.scatter(y_test, y_pred, color='blue')
plt.plot([min(y_test), max(y_test)], [min(y_test), max(y_test)],
                                     color='red', linestyle='--')
plt.xlabel('Actual Lipophilicity')
plt.ylabel('Predicted Lipophilicity')
plt.title('Actual vs Predicted Lipophilicity')
plt.show()

# 잔차 분석
plt.figure(figsize=(8, 6))
sns.histplot(residuals, kde=True)
plt.xlabel('Residuals')
plt.ylabel('Frequency')
plt.title('Residual Distribution')
plt.show()

# 평가 지표 계산
mse = mean_squared_error(y_test, y_pred)
mae = mean_absolute_error(y_test, y_pred)
r2 = r2_score(y_test, y_pred)

# 평가 지표 출력
print("Mean Squared Error:", mse)
print("Mean Absolute Error:", mae)
print("R2 Score:", r2)
```

2 위의 PolynomialFeatures를 사용하여 특징들을 2차 다항식으로 변환했다. 이를 3차 다항식으로 변환하는 코드로 수정하라.

3 위 코드에서 불러온 데이터를 이용하여 LogP와 lipophilicity 사이의 관계를 나타내는 산점도(scatter plot)를 생성하라.

4 위의 코드를 확장해서 3개의 추가 입력 변수(NumHDonors, NumHAcceptors, NumAromaticRings)를 추출하고 모델 학습에 사용하라.

5 본문의 Ridge 모델을 활용하여 아래의 물음에 답하라. Ridge 회귀 모델의 alpha 값을 변경하여 모델의 성능이 어떻게 변하는지 살펴보라. alpha 값을 0.1, 10, 100으로 설정하고, 이전에 계산된 평가 지표(mean squared error, mean absolute error, R2 score)를 비교하라.

6 Ridge 대신 Lasso 회귀를 사용하여 모델을 학습해 보라. Lasso 회귀를 사용하여 alpha 값을 0.1로 설정하고 평가 지표를 계산하라.

7 새로운 특성(NumHDonors)을 데이터셋에 추가하고, Ridge 회귀 모델에 적용하여 성능 변화를 확인하라. Alpha 값을 1로 유지하라.

8 본문의 ElasticNet 모델을 활용하여 아래의 물음에 답하라(문제 9, 10 포함). ElasticNet 모델의 alpha 값을 변경하여 모델 성능을 비교하라. Mean Absolute Error, R2 Score)를 비교하라.

9 ElasticNet 모델의 l1_ratio 값을 변경하여 모델 성능을 비교하라.

10 데이터셋에 새로운 특성을 추가하여 모델 성능이 개선되는지 확인하라.

11 본문의 결정트리 및 랜덤포레스트 모델을 활용하여 아래의 물음에 답하라(문제 12, 13, 14, 15 포함). 결정트리 모델의 max_depth를 변경하여 (3, 5, 10) 모델 성능을 비교하라.

12 랜덤 포레스트 모델의 n_estimators를 변경하여 (10, 50, 100) 모델 성능을 비교하라.

13 결정트리와 랜덤 포레스트 모델 간의 성능을 비교하라.

14 랜덤 포레스트 모델의 max_features 값을 변경하여 모델 성능을 비교하라.

15 결정트리 모델에서 중요한 두 개의 특성들을 사용하여 새로운 모델을 만들고 성능을 비교하라.

16 본문의 SVM 모델을 활용하여 아래의 물음에 답하라(문제 17, 18 포함). SVM 모델의 커널을 변경하며(예: linear, rbf, poly) 모델 성능을 비교하라.

17 모델의 잔차를 시각화하여, 잔차가 정규분포를 따르는지 확인하라.

18 다중공선성을 해소하기 위해 상관계수가 높은 특성들을 제거하여 새로운 모델을 만들고 성능을 비교하라.

19 본문의 K-최근접 이웃 회귀 모델을 활용하여 아래의 물음에 답하라(문제 20, 21 포함). K-최근접 이웃 회귀 모델의 이웃 수를 변경하며 모델 성능을 비교하라(예: k = 3, 5, 10).

20 특성 스케일링(예: 표준화 또는 정규화)을 적용하고 이것이 모델 성능에 어떤 영향을 미치는지 살펴보라.

21 특성 선택 기법을 사용하여 가장 중요한 특성을 선택하고, 이러한 특성으로 모델을 다시 학습시켜 성능을 비교하라.

22 본문의 XGBoost 회귀 모델을 활용하여 아래의 물음에 답하라(문제 23, 24 포함). XGBoost의 다양한 하이퍼파라미터를 조정하여 모델 성능을 최적화해 보라(예: learning_rate, n_estimators, max_depth).

23 XGBoost 모델의 피처 중요도를 시각화하여 어떤 특성이 타겟 변수에 더 큰 영향을 미치는지 분석하라.

24 XGBoost 모델을 사용하여 cross-validation을 수행하여 모델의 안정성을 평가하라.

25 위의 최적화된 XGBoost 회귀 모델을 사용하여 3개의 추가 입력 변수(NumHDonors, NumHAcceptors, NumValenceElectrons)를 포함시키고 회귀 결과를 분석하라. 추가로, 잔차 분석, 다중공선성 분석, 평가 지표(mean squared error, mean absolute error, R2 score)를 계산하고 출력하라.

26 이미 구축된 XGBoost 회귀 모델을 사용하여 6개의 추가 입력 변수(NumHDonors, NumHAcceptors, NumValenceElectrons, NumAromaticRings, NumSaturatedRings, NumAliphaticRings)를 포함시키고 회귀 결과를 분석하라. 추가로, 잔차 분석, 다중공선성 분석, 평가 지표(mean squared error, mean absolute error, R2 score)를 계산하고 출력하라.

27 다중 클래스 결정 트리 모델을 참조하여 3개의 추가 입력 변수(NumHDonors, NumHAcceptors, NumValenceElectrons)를 포함하고, 그 결과를 분석하라. 또한, 혼동 행렬, 분류 보고서, 분류 결과 분포, 피처 중요도도 표시하라.

28 다중 클래스 결정 트리 모델을 참조하여 랜덤 포레스트 분류 모델의 hyperparameters를 조정하여 모델 성능을 개선해 보라. 예를 들어, n_estimators, max_depth, min_samples_split 등을 조절해볼 수 있다. 최적의 hyperparameters를 찾고, 이를 사용하여 모델을 훈련시키고, 결과를 비교하여 어떻게 성능이 개선되었는지 분석하라.

29 다중 클래스 결정 트리 모델을 참조하여 다른 분류 알고리즘(예: SVM, k-NN, 결정 트리)을 사용하여 랜덤 포레스트와 비교하라. 각 모델의 혼동 행렬, 분류 보고서를 출력하고, 어떤 모델이 이 문제에 더 적합한지 분석하라.

30 Catboost 분류 모델 코딩을 기준으로 아래의 물음에 답하라. CatBoost 모델의 하이퍼파라미터를 조정하여 모델 성능을 개선하고, CatBoost 모델의 학습 과정에서의 손실 함수값을 plot하여 그래프로 시각화하라.

31 Catboost 분류 모델 코딩을 기준으로 데이터 세트에 새로운 특징들을 추가하고, CatBoost 모델의 하이퍼파라미터를 조정하여 모델의 성능을 최적화하라. 추가적으로, 최적화된 모델로부터 변수 중요도를 시각화하여 어떤 특징들이 중요한 역할을 하는지 분석하라.

제4장

딥러닝을 활용한 화학 특성 분석

차례

4.1 딥러닝의 개념과 화학 특성 분석의 적용

딥러닝의 개념

딥러닝은 인공신경망을 기반으로 한 머신러닝 알고리즘으로, 다층 신경망을 구성하여 복잡한 패턴을 학습하고 예측하는 데 사용된다. 딥러닝은 데이터로부터 자동으로 특징을 학습하며, 복잡한 비선형 관계를 모델링할 수 있는 장점이 있다.

화학 특성 분석의 적용

화학 특성 분석에서 딥러닝은 분자 구조, 화학 반응, 화학 속성 예측 등 다양한 화학 정보를 처리하고 모델링하는 데 활용된다. 최근에는 분자 구조를 이미지로 변환하여 데이터를 처리하기 위해 합성곱 신경망(Convolutional Neural Network, CNN) 및 GNN (Graphical Neural Network)이 사용되며, 분자 시퀀스 데이터를 처리하기 위해 순환 신경망(Recurrent Neural Network, RNN)이 사용될 수 있다. 화학 특성 분석에서 딥러닝은 분자 속성 예측, 화학 반응 예측, 화학 구조 생성 등 다양한 응용에 활용될 수 있으며, 여기서는 분자 속성 예측에 주안을 두고자 한다.

4.2 딥러닝 모델의 구성과 화학 특성 분석에의 적용

딥러닝 모델 구성의 기본

이 책에서는 딥러닝의 세세한 내용보다는 화학 물성 예측의 개념적인 부분과 코딩 기술에 대한 내용을 다뤄볼 예정이다. 통상적인 딥러닝 모델은 입력층, 은닉층, 출력층으로 구성되며, 다양한 레이어와 활성화 함수를 조합하여 구성된다. 신경망을 생성할 때 파라미터의 수가 중요하며, 이는 wight (w)와 bias (b)로 나타낸다.

신경망의 파라미터 수

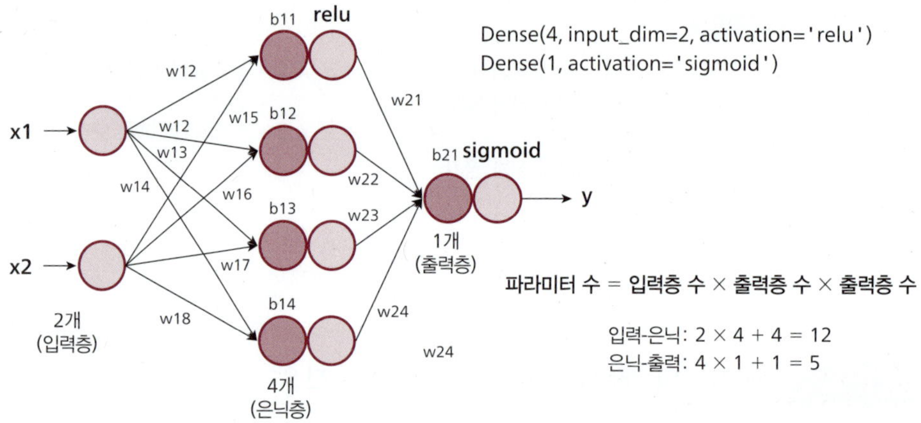

위의 그림과 같이 파라미터에 의하여 입력층에서 출력층으로 원하는 데이터 예측을 수행하는 것이 기본 개념이며, 여기서 입력층에 넣게 되는 입력 노드 수(2), 이를 통해 출력 노드 수(4), 은닉층에서의 입력 노드 수(4)를 활성화 함수를 통해 다음 층으로 넘기게 된다. 위의 예에서 활성화 함수는 relu와 sigmoid를 사용했지만 활성화 함수의 종류는 많으며 여기서는 너무 많은 범위에 해당하므로, 좀 더 깊은 이해를 위해서는 딥러닝에 대한 모델에 대한 기초 지식을 공부할 것을 권한다. 한 예로, 서울대학교 이주용 교수님의 강의자료가 YouTube를 통해서 자세한 설명과 함께 제시되었다. 활성화 함수는 딥러닝 모델의 레이어 층을 깊게 가져가기 위해 사용되며, 숫자로 표현되는 출력값 조절을 통해 활성화, 비활성화를 결정하는 역할을 하게 된다. 이러한 함수가 없다면 계속 숫자가 증가하거나 감소하는 방식으로 될 가능성이 크다. 뉴런의 역할을 모방한 것이 딥러닝이라는 개념으로도 보았을 때 신호/비신호로 연결되는 모양과 비슷하게 만들기 위해서 꼭 필요하다고 할 수 있다. 이 과정에서 중요한 부분 중 하나가 역전파(backpropagation) 과정이다. 역전파는 신경망이 학습할 때 오차(예측값과 실제값의 차이)를 줄이기 위해 사용하는 알고리즘으로 네트워크가 예측을 수행한 후, 손실 함수(오차를 측정하는 함수)를 통해 예측값과 실제값 간의 차이를 계산하고, 이를 기반으로 가중치(weight)와 편향(bias)을 조정한다. 역전파 과정에서는 이 오차를 출력층에서 입력층으로 거슬러 올라가면서 각 층의 가중치를 수정하여, 다음 번 예측 시 더 나은 성능을 낼 수 있도록 네트워크를 업데이트함으로써 모델을 최적화한다. 위의 딥러닝 모델을 설계하는 간단한 도표는 다음과 같다.

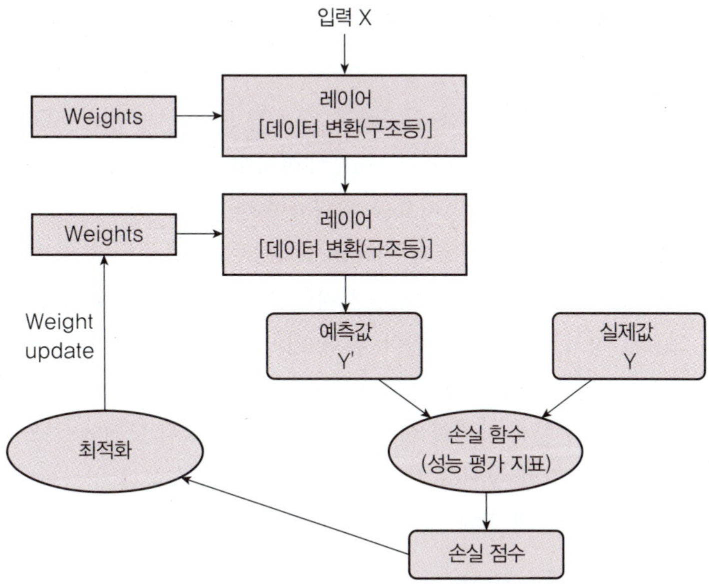

대표적인 딥러닝 모델로는 다층 퍼셉트론(Multi-Layer Perceptron, MLP), 합성곱 신경망(Convolutional Neural Network, CNN), 순환 신경망(Recurrent Neural Network, RNN) 등이 있다.

화학 특성 분석에 딥러닝 모델 적용

화학 특성 분석에서는 분자 구조, 화학 기호, 화학 반응 등 다양한 데이터를 입력으로 사용하여 딥러닝 모델을 구성한다. 예를 들어, 분자 구조 이미지를 처리하기 위해 CNN을 사용하며, 분자 시퀀스 데이터를 처리하기 위해 RNN을 사용할 수 있다. 분자의 특성을 예측하기 위해 회귀 문제로 딥러닝 모델을 구성하거나, 분자의 분류를 위해 분류 문제로 딥러닝 모델을 구성할 수 있다.

4.3 딥러닝 모델의 학습과 성능 평가

딥러닝 모델의 학습

딥러닝 모델의 학습은 데이터에 의존하여 수행되며, 주된 목적은 주어진 데이터 내에서 패턴을 인식하고 그 패턴을 일반화하는 능력을 키우는 것이다. 이를 위해 손실 함수를 최소화하는 방향으로 모델의 가중치를 업데이트한다. 가중치 업데이트 시 사용되는 기본 알고리즘은 앞에서 설명한 역전파 알고리즘으로, 네트워크의 출력과 정답 간의 오차를 구한 후 이 오차를 역으로 전파하여 각 가중치에 대한 오차의 기여도를 계산한다. 최적화 알고리즘, 예를 들어 경사 하강법(gradient descent)은 기여도를 바탕으로 가중치를 조정한다. 또한 실제 학습 과정에서는 미니 배치 방식을 사용하여 학습 속도와 안정성을 개선하기도 한다.

딥러닝 모델의 성능 평가

딥러닝 모델의 성능은 모델이 얼마나 잘 일반화되는지, 학습하지 않은 새로운 데이터에 얼마나 잘 작동하는지를 의미한다. 주요한 모델 성능 평가 지표로는 분류 모델에서 정확도(accuracy), 정밀도(precision), 재현율(recall), F1 점수(F1 score) 등이 있으며, 문제의 특성에 따라 적절한 지표를 선택하여 사용해야 한다. 예를 들어, 불균형 데이터 셋에서는 정확도보다 정밀도와 재현율, F1 점수가 더 중요한 지표가 될 수 있다. 또한 ROC 곡선과 AUC는 모델의 성능을 시각적으로 표현하고, 다양한 임계값에서의 성능을 종합적으로 평가하는 데 사용된다. 훈련 데이터와 검증 데이터를 분리하여, 과적합의 위험을 최소화하면서 모델의 실제 성능을 정확하게 측정하는 것이 중요하다. 이는 이전 장에서 관련된 식과 함께 자세히 설명하였다. 이외에 회귀 모델에서 쓰이는 평가에 대한 지표는 모델의 예측값과 실제값 간의 차이를 기반으로 성능을 평가한다. 주로 사용되는 성능 평가 지표는 다음과 같다.

- **평균 제곱 오차(Mean Squared Error, MSE):** MSE는 모델의 예측 오차를 제곱하여 평균을 내는 방식으로 계산한다. 작은 값을 갖는다면, 모델의 예측 성능이 좋다는 것을 의미한다.

$$\text{MSE} = \frac{1}{N}\sum_{i=1}^{N}(y_i - \hat{y}_i)^2$$

여기서 y_i는 실제값, $\hat{y}_i$는 모델에 의한 예측값, N은 데이터의 개수를 의미한다.

- **평균 절대 오차(Mean Absolute Error, MAE):** MAE는 각 예측 오차의 절대값을 평균하는 방식으로 계산된다. 작은 값을 갖는다면, 모델의 예측 성능이 좋다는 것을 의미한다.

$$\text{MSE} = \frac{1}{N}\sum_{i=1}^{N}(y_i - \hat{y}_i)$$

- **R 제곱(R-squared, 결정 계수):** R 제곱은 모델의 예측 성능을 전체 데이터의 변동성에 대비하여 표현하는 지표다. 값이 1에 가까울수록 모델의 예측 성능이 좋다는 것을 의미한다.

$$R^2 = 1 - \frac{\sum_{i=1}^{N}(y_i - \hat{y}_i)^2}{\sum_{i=1}^{N}(y_i - \bar{y}_i)^2}$$

여기서 $\bar{y}$는 y_i의 평균값을 의미한다.

이 외에도 최대 절대 오차(Maximum Absolute Error), 평균 제곱근 오차(Root Mean Squared Error, RMSE) 등 다양한 지표들이 회귀 문제에서 성능 평가를 위해 사용된다.

선택한 지표는 문제의 특성, 목적 및 데이터의 특성에 따라 달라질 수 있다. 예를 들어, 큰 오차에 더 큰 페널티를 주고 싶을 때는 MSE가 적합하며, 오차의 절대값을 사용하기에 해석하기 쉬운 MAE가 유용할 수 있다. R^2는 모델이 데이터의 변동성을 얼마나 잘 설명하는지를 평가할 때 유용할 수 있으며, RMSE는 원래 단위로 오차를 평가할 때 적합하다. 따라서 여러 지표를 함께 고려하며 모델의 성능을 평가하는 것이 바람직하다.

4.4 딥러닝을 활용한 화학 특성 분석의 활용과 한계

딥러닝을 활용한 화학 특성 분석의 활용

딥러닝은 화학 분야에서 급격히 발전하고 있는 기술로, 다양한 연구와 응용 분야에서 그 가치를 입증하고 있다. 특히, 분자의 구조와 특성을 분석하고, 화학 반응의 경로와 결과를 예측하는 작업에서 딥러닝 모델은 기존의 전통적인 방법들에 비해 뛰어난 성능을 보인다. 이러한 성과는 딥러닝이 복잡하고 고차원적인 데이터에서 비선형 관계를 효과적으로 학습할 수 있는 능력 덕분이다. 딥러닝 모델은 분자 내 원자 간의 복잡한 상호작용, 전자 밀도 분포, 분자 궤도 등의 화학적 특성을 정밀하게 예측할 수 있으며, 이를 통해 신약 개발, 촉매 설계, 소재 과학 등의 다양한 분야에서 혁신적인 성과를 거두고 있다.

예를 들어, 딥러닝을 활용하면 전자구조 계산에서 필요한 높은 계산 비용을 절감할 수 있으며, 분자 동역학 시뮬레이션에서 예측의 정확성을 향상시킬 수 있다. 또한 딥러닝 모델은 화학 반응 경로의 예측이나 새로운 물질의 합성 가능성 평가에도 적용되어, 연구 개발의 효율성을 높이는 데 기여하고 있다. 이러한 이유로 딥러닝은 기존의 물리적, 계산 화학적 방법들을 보완하거나 대체하는 도구로 점점 더 많이 사용되고 있으며, 그 적용 범위는 지속적으로 확대되고 있다.

딥러닝을 활용한 화학 특성 분석의 한계

딥러닝의 강력함에도 불구하고, 화학 분야에서 이를 적용하는 데는 여러 한계가 존재한다. 딥러닝 모델은 높은 성능을 발휘하기 위해 대규모의 고품질 데이터가 필요하다. 하지만 화학 분야에서 대규모 데이터셋을 확보하는 것은 비용과 시간이 많이 드는 작업이며, 특히 실험 데이터를 기반으로 한 정확한 데이터 수집은 어려운 경우가 많다. 잘못된 데이터나 노이즈가 포함된 데이터로 훈련된 딥러닝 모델은 예측 성능이 크게 저하될 수 있으며, 신뢰할 수 없는 결과를 초래할 위험이 있다.

또한, 딥러닝 모델은 높은 계산 자원을 요구한다. 특히 화학 데이터는 고차원적이고 복잡한 경우가 많아, 딥러닝 모델을 훈련시키는 데 필요한 계산량이 매우 크다. 이는 고성능 컴퓨팅 자원의 필요성을 증가시키며, 연구 비용을 높이는 요인이 된다. 이와 함께 딥러닝 모델의 해석 가능성도 큰 문제로 작용한다. 딥러닝은 "블랙박스" 모델로 불리며, 모델의 내부 구조와 예측 결과 간의 관계를 명확히 이해하기 어렵다. 이러한 해석의 어려움은 딥러닝 모델이 예측한 결과를 화학적 지식과 연결짓고, 이를 바탕으로 새로운 이론적 통찰을 얻는 데 장애가 될 수 있다.

따라서, 딥러닝을 화학 특성 분석에 적용할 때는 데이터의 품질 확보, 모델의 선택과 적절한 튜닝, 그리고 결과의 해석 및 검증 과정이 필수적이다. 특히, 화학적 지식을 기반으로 한 결과의 해석이 필요하며, 이를 위해 전문가의 판단이 중요하다. 딥러닝 모델의 결과를 신뢰하고 활용하기 위해서는 모델의 예측력을 검증할 수 있는 엄격한 기준이 필요하며, 실험적 검증과 이론적 타당성을 고려한 종합적인 접근이 요구된다. 이와 같이, 딥러닝을 활용한 화학 특성 분석은 그 잠재력과 함께 해결해야 할 도전 과제들도 많다.

4.5 화학 특성 예측 모델

여러 딥러닝 기법 중에서 여기서 예로 드는 화학 특성 중 하나인 lipophilicity 예측에 적용할 수 있는 대표적인 방법들을 적용해보고자 한다. 여기서 드는 예가 모든 방법은 아닐 것이며 해당 데이터는 소개하는 딥러닝 기법을 만족하는 방법도 아닐 수 있으므로 여러 최신 기법 및 뒤에서 소개하게 되는 global feature 등을 고려하는 법을 계속 고민해보는 것이 필요할 것으로 생각된다.

여기서 소개하는 lipophilicity 예측에 적용할 수 있는 대표적인 딥러닝 기법으로 다층 퍼셉트론(Multi-Layer Perceptron, MLP), 컨볼루션 신경망(Convolutional Neural Network, CNN), 순환 신경망(Recurrent Neural Network, RNN), 그래프 신경망(Graph Neural Network, GNN), Transformer 방법 등이 있다. 각 기법은 분자 데이터의 특성에 따라 장단점이 있으며, 적절한 기법을 선택하여 활용하는 것이 중요하다. 또한 이외의 여러 다른 방법이 있다는 것을 명심하자.

- **MLP:** MLP는 인공신경망의 가장 기본적인 형태로, 입력층, 하나 이상의 은닉층, 출력층으로 구성되어 있다. MLP는 각 층의 뉴런들이 모두 연결되어 있는 fully-connected 구조를 가지며, 비선형 활성화 함수를 통해 입력 데이터와 출력 데이터 간의 복잡한 관계를 학습할 수 있다. 분자의 특징을 수치화한 입력 데이터를 사용하여 lipophilicity를 예측하는 회귀 문제에 적용될 수 있다. MLP는 구현이 비교적 간단하고 범용적으로 사용할 수 있는 장점이 있지만, 입력 데이터의 크기가 커질 경우 모델의 복잡도가 급격히 증가할 수 있다는 단점이 있다.
- **CNN:** CNN은 특히 이미지 데이터에서 지역적 패턴을 효과적으로 인식하고 추출할 수 있는 딥러닝 기법이다. CNN은 컨볼루션 연산을 통해 이미지의 특징을 계층적으로 학습하며, 풀링 연산을 통해 특징 맵의 크기를 줄여나가면서 중요한 정보를 추출한다. 분자 구조를 2D 또는 3D 이미지로 표현하여 CNN 모델에 입력함으로써 lipophilicity 예측에 활용할 수 있다. CNN은 분자 구조의 공간적 정보를 효과적으로 인코딩할 수 있지만, 분자 구조를 이미지로 변환하는 과정에서 정보 손실이 발생할 수 있다.
- **RNN:** RNN은 순차적인 데이터를 처리하기에 적합한 딥러닝 모델로, 시간 시계열 데이터, 텍스트 데이터 등의 데이터에 대하여 이전 시점의 정보를 현재 시점의 입력과 함께 고려하여 출력을 생성한다. 분자 구조를 SMILES 표현으로 나타낸 텍스트 데

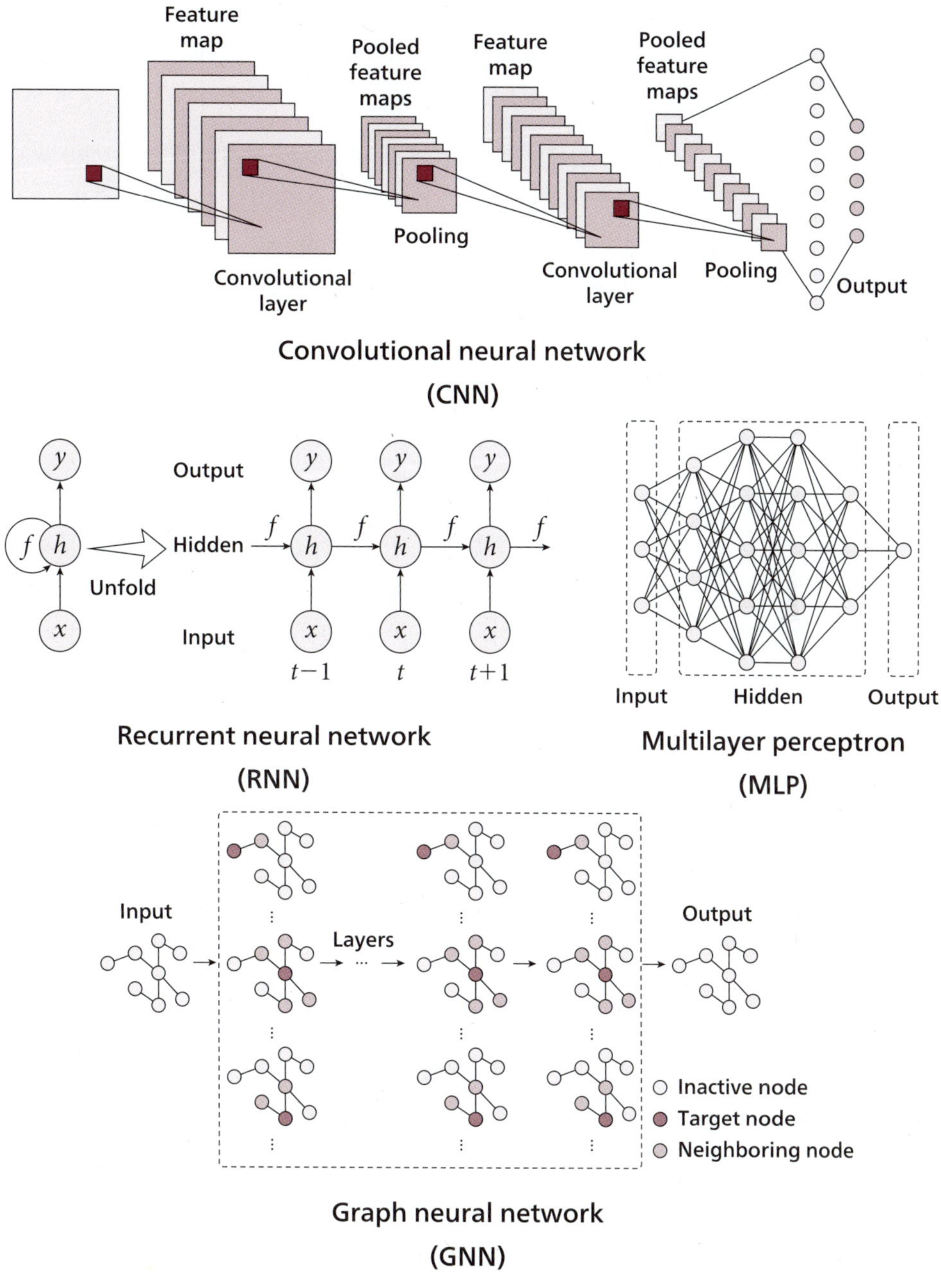

이터를 RNN 모델에 입력하여 lipophilicity를 예측할 수 있다. RNN은 분자 구조의 원자 순서와 결합 정보를 순차적으로 처리할 수 있어 분자 구조의 특성을 효과적으로 인코딩할 수 있다. 하지만 RNN은 단계를 거치며 초기 데이터 정보가 손실되는 장기 의존성 문제로 인해 긴 시퀀스 데이터를 처리하는 데 어려움이 있을 수 있다.

- **Transformer:** Transformer는 원래 자연어 처리 분야에서 제안된 모델이지만, 최근에는 다양한 도메인에 적용되고 있다. Transformer는 어텐션 메커니즘을 활용하여 모든 단어 관계를 동시에 처리하여 입력 시퀀스 내의 장기 의존성을 효과적으로 파악할 수 있다. 분자 구조를 SMILES 표현으로 나타내고, 이를 토큰화하여 transformer

모델에 입력함으로써 lipophilicity 예측에 활용할 수 있다. Transformer는 분자 구조의 전역적인 정보를 파악할 수 있지만, 계산 복잡도가 높아 대규모 데이터셋에 적용하기 어려울 수 있다.

- **GNN:** GNN은 그래프 구조를 가진 데이터를 처리하기 위해 개발된 딥러닝 기법이다. 분자 구조는 원자를 노드로, 화학 결합을 엣지로 표현한 그래프로 나타낼 수 있다. GNN은 그래프의 노드와 엣지의 특성을 학습하여 분자 구조의 특징을 효과적으로 인코딩할 수 있다. GNN 모델은 분자 그래프를 입력받아 노드와 엣지의 임베딩을 학습하고, 이를 기반으로 lipophilicity를 예측할 수 있다. GNN은 분자 구조의 위상 정보와 원자 및 결합의 특성을 모두 고려할 수 있어 정확도 높은 예측이 가능하지만, 그래프 구조 처리에 특화된 모델 구조와 학습 방법이 필요하다.

각 딥러닝 기법은 분자 데이터의 특성과 활용 목적에 따라 적절히 선택되어야 한다. 이 책에서는 각 기법의 이론적 배경을 간단히 설명하고, lipophilicity 예측 문제에 적용하기 위한 모델 설계 및 구현 과정을 단계별로 제시한다. 또한 실제 데이터셋을 활용한 예제 코드와 함께 모델 학습, 평가에 대하여 다룬다. 이를 통해 독자들은 딥러닝 기법을 활용한 물리화학적 특성 예측 모델을 여기서 제시하는 방법을 기반으로 직접 응용해서 개발하고 적용할 수 있는 개념을 익힐 수 있을 것이다. 다만, 세세한 의미를 살펴보는 것은 조금 더 컴퓨테이션 전문서적 등을 확인해 볼 필요가 있으며, 또한 여기서 제시하는 방법들이 모든 가능한 방법을 제시하지 않았을 뿐 아니라 수학적인 내용을 최소화하였으므로 딥러닝의 분야가 최근 급속도로 발전하고 있는 만큼 관련 연구에 대해 관심이 있을 경우 지속적인 업데이트와 노력이 필요하다.

MLP

다층 퍼셉트론(Multi-Layer Perceptron, MLP)은 딥러닝의 가장 기본적인 형태의 인공신경망 모델이다. MLP는 입력층(input layer), 하나 이상의 은닉층(hidden layer), 출력층(output layer)으로 구성되어 있으며, 각 층은 다수의 뉴런(neuron)으로 이루어져 있다. 뉴런은 이전 층의 뉴런들로부터 입력을 받아 가중합을 계산하고, 활성화 함수를 통해 비선형 변환을 수행하여 다음 층으로 전달한다. 이러한 구조를 통해 MLP는 입력 데이터와 출력 데이터 간의 복잡한 비선형 관계를 모델링할 수 있다. MLP의 학습은 지도 학습(supervised learning) 방식으로 이루어진다. 즉, 입력 데이터와 그에 대응하는 정답(label)을 사용하여 모델을 학습시킨다. 학습의 목표는 입력 데이터가 주어졌을 때 정답을 잘 예측할 수 있도록 모델의 파라미터(가중치와 편향)를 최적화하는 것이다. 이를 위해 손실 함수(loss function)를 정의하고, 경사 하강법(gradient descent)을 사용하여 손실 함수를 최소화하는 파라미터를 찾는다.

MLP 모델의 학습 과정은 순전파(forward propagation)와 역전파(backpropagation)의 두 단계로 이루어진다. 순전파 단계에서는 입력 데이터를 모델에 입력하고, 각 층의 뉴런들을 통해 연산을 수행하여 최종 출력값을 계산한다. 이때 활성화 함수를 통해 비선형 변환이 이루어지며, 일반적으로 ReLU (Rectified Linear Unit), Sigmoid, Tanh 등의 함수가 사용된다. 순전파가 완료되면 출력값과 정답 간의 오차를 계산하고, 이를 손실 함수로 나타낸다.

역전파 단계에서는 계산된 손실 함수의 값을 최소화하기 위해 파라미터를 업데이트한다. 손실 함수를 파라미터로 미분하여 기울기(gradient)를 계산하고, 이를 이용하여 파라미터를 적절한 방향으로 조정한다. 기울기는 출력층에서부터 역방향으로 전파되며, 각 층의 파라미터는 해당 층으로 전파된 기울기와 학습률(learning rate)을 이용하여 업데이트된다. 이 과정을 반복적으로 수행하여 손실 함수를 최소화하는 최적의 파라미터를 찾는 것이다. MLP 모델은 lipophilicity 예측과 같은 회귀 문제에 적용할 수 있다. 이를 위해서는 먼저 분자의 특성을 수치화하여 입력 데이터로 변환해야 한다. 분자의 구조를 표현하는 다양한 표현자(descriptor)를 계산하고, 이를 벡터로 나타내어 MLP 모델의 입력으로 사용할 수 있다.

다음으로 MLP 모델의 구조를 설계해야 한다. 입력층의 뉴런 수는 분자 표현자의 차원과 동일하게 설정하고, 출력층의 뉴런 수는 예측하고자 하는 lipophilicity 값의 개수(일반적으로 1개)로 설정한다. 은닉층의 개수와 각 은닉층의 뉴런 수는 하이퍼파라미터로, 문제의 복잡도와 데이터셋의 크기에 따라 적절히 조정해야 한다. 은닉층이 많을수록 모델의 표현력은 증가하지만, 과적합의 위험도 높아진다는 것에 유의해야 한다.

모델 구조를 결정한 후에는 학습을 위한 하이퍼파라미터를 설정해야 한다. 학습률, 배치 크기(batch size), 에폭(epoch) 수, 최적화 알고리즘 등을 적절히 선택해야 한다. 일반적으로 그리드 탐색(grid search)이나 랜덤 탐색(random search)과 같은 방법을 통해 최적의 하이퍼파라미터 조합을 찾기도 하지만, 여기서는 이는 생략한다.

모델 학습이 완료되면 테스트 데이터셋을 사용하여 모델의 성능을 평가한다. Lipophilicity 예측의 경우 평균 제곱 오차(Mean Squared Error, MSE), 평균 절대 오차(Mean Absolute Error, MAE), 결정 계수(R-squared) 등의 평가 지표를 사용할 수 있다. 이를 통해 모델의 예측 성능을 정량적으로 측정하고, 모델의 일반화 능력을 평가할 수 있다

```
import pandas as pd
import numpy as np
from rdkit import Chem
from rdkit.Chem import Descriptors
from sklearn.model_selection import train_test_split
from sklearn.preprocessing import StandardScaler
from sklearn.neural_network import MLPRegressor
from sklearn.metrics import mean_squared_error, r2_score
import matplotlib.pyplot as plt
import seaborn as sns

# 데이터 불러오기
data = pd.read_csv("Lipophilicity.csv")
```

```
# Descriptor 추출
data['TPSA'] = data['SMILES'].apply(lambda x:
                                Descriptors.TPSA(Chem.MolFromSmiles(x)))
data['LogP'] = data['SMILES'].apply(lambda x:
                             Descriptors.MolLogP(Chem.MolFromSmiles(x)))
data['MolecularWeight'] =
data['SMILES'].apply(lambda x: Descriptors.MolWt(Chem.MolFromSmiles(x)))
data['NumRotatableBonds'] = data['SMILES'].apply(lambda x:
                   Descriptors.NumRotatableBonds(Chem.MolFromSmiles(x)))

# 데이터 살펴보기
print(data.describe())

# Descriptor에 대한 히스토그램
data[['TPSA', 'LogP', 'MolecularWeight', 'NumRotatableBonds']].
                         hist(bins=30, figsize=(15, 10), layout=(2, 2));

# 상관관계 분석
sns.pairplot(data[['TPSA', 'LogP', 'MolecularWeight',
                                 'NumRotatableBonds', 'Lipophilicity']])

# 입력 변수와 타겟 변수 분할
X = data[['TPSA', 'LogP', 'MolecularWeight', 'NumRotatableBonds']]
y = data['Lipophilicity']

# 데이터 표준화
scaler = StandardScaler()
X = scaler.fit_transform(X)

# 학습 데이터와 테스트 데이터 분할
X_train, X_test, y_train, y_test = train_test_split(X, y, test_size=0.2,
                                                        random_state=42)

# MLP 모델 학습
model = MLPRegressor(hidden_layer_sizes=(64, 64), max_iter=500,
                                                        random_state=42)
model.fit(X_train, y_train)

# 테스트 데이터에 대한 예측 수행
y_pred = model.predict(X_test)

# 예측 성능 평가
mse = mean_squared_error(y_test, y_pred)
r2 = r2_score(y_test, y_pred)
print("Mean Squared Error :", mse)
print("R^2 :", r2)
```

MLP을 사용하여 분자의 lipophilicity을 예측한다. 분자는 SMILES 문자열과 RDKit을 사용하여 계산된 여러 표현자로 표현된다. 해당하는 결과는 아래와 같다.

```
       Lipophilicity         TPSA         LogP  MolecularWeight  \
count    4166.000000  4166.000000  4166.000000      4166.000000
mean        2.190850    79.694001     3.120941       382.987251
std         1.199709    32.555492     1.344309       107.056207
min        -1.500000     0.000000    -5.621800       113.160000
25%         1.430000    57.235000     2.257485       306.802250
50%         2.360000    80.680000     3.088600       388.365000
75%         3.100000   100.207500     3.938478       456.605750
max         4.500000   702.020000    10.342520      1620.693000

       NumRotatableBonds
count        4166.000000
mean            4.967355
std             2.874049
min             0.000000
25%             3.000000
50%             5.000000
75%             7.000000
max            35.000000
Mean Squared Error : 1.1699301398783597
```

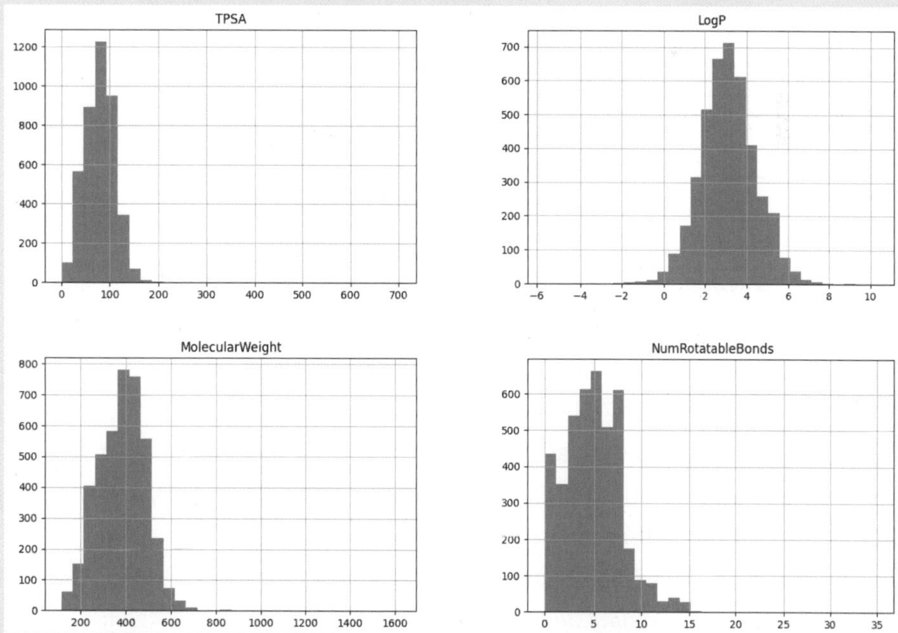


```
R^2 : 0.27569878682405513
```

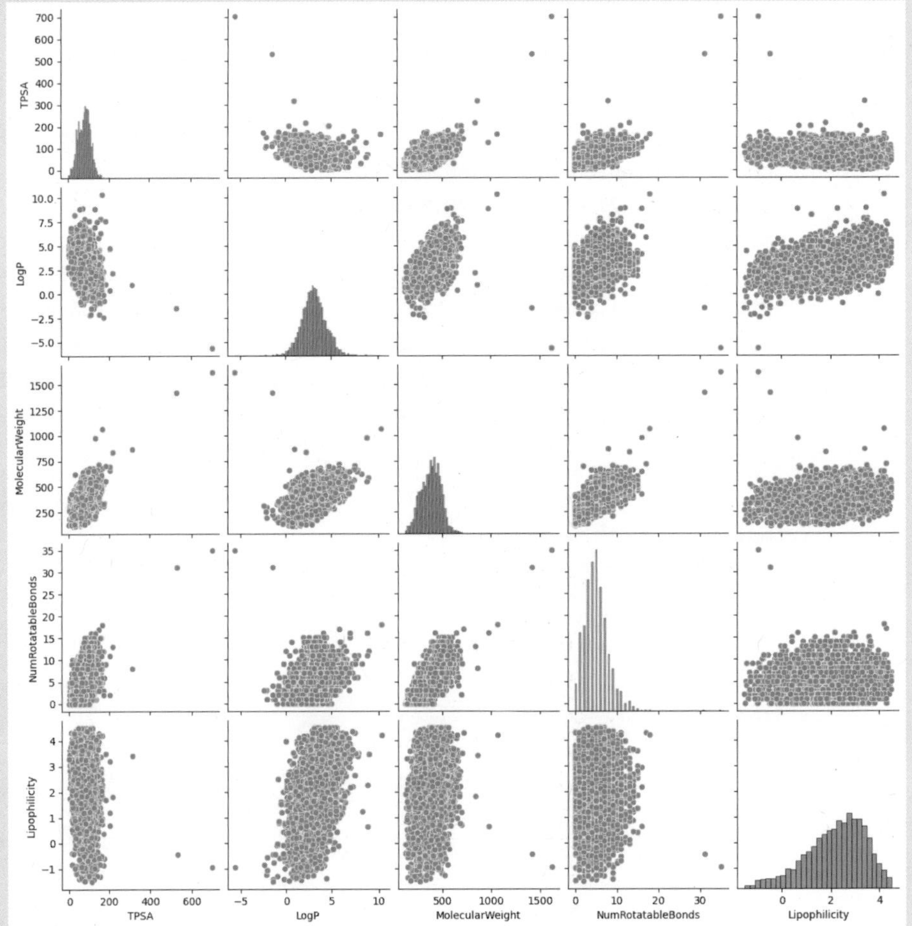

- `from sklearn.neural_network import MLPRegressor`: 다층 퍼셉트론 회귀 모델을 가져온다.
- `from sklearn.metrics import mean_squared_error, r2_score`: 회귀 모델의 성능 평가를 위한 평가 지표들을 가져온다.
- `import matplotlib.pyplot as plt`: 데이터 시각화를 위한 Matplotlib 라이브러리의 pyplot 모듈을 `plt`로 가져온다.
- `import seaborn as sns`: 데이터 시각화를 위한 Seaborn 라이브러리를 `sns`로 가져온다.
- `data = pd.read_csv("Lipophilicity.csv")`: "Lipophilicity.csv" 파일을 Pandas DataFrame으로 읽어온다.
- **14-17.** 분자 표현자(Descriptor)를 추출하여 DataFrame에 열로 추가한다.
- **19.** `print(data.describe())`: 데이터의 통계적 요약 정보를 출력한다.
- **21-25.** 히스토그램을 그려 각 분자 표현자에 대한 분포를 시각화한다.
- **27-29.** 분자 표현자와 Lipophilicity 간의 쌍별 상관관계를 시각화한다.
- **31-33.** 입력 변수(X)와 타겟 변수(y)를 분리한다.
- **35-36.** 입력 변수(X)를 표준화한다.

- **38-40.** 학습 데이터와 테스트 데이터로 분할한다.
- `model = MLPRegressor(hidden_layer_sizes=(64, 64), max_iter=500, random_state=42)`: 다층 퍼셉트론 회귀 모델을 생성한다. 은닉층 크기는 (64, 64)로, 최대 반복 횟수는 500으로 설정된다.
- `model.fit(X_train, y_train)`: MLP 모델을 학습 데이터에 맞춘다.
- `y_pred = model.predict(X_test)`: 테스트 데이터에 대한 예측을 수행한다.
- **48-49.** 예측 성능을 평가하고, 평균 제곱 오차(mean squared error)와 결정 계수(R-squared) 값을 출력한다.

위 코드에서는 MLP를 사용하여 분자의 lipophilicity를 예측하는 모델을 구축하였다. 먼저 'Lipophilicity.csv' 파일에서 데이터를 불러온 후, 'SMILES' 열을 사용하여 분자의 특성을 나타내는 표현자(descriptor)인 TPSA, LogP, MolecularWeight, NumRotatableBonds를 계산하였다. 이 표현자들은 MLP 모델의 입력 변수로 사용된다. 데이터의 통계적 특성을 살펴보기 위해 'describe()' 함수를 사용하였고, 히스토그램과 상관관계 분석을 통해 변수 간의 관계를 시각적으로 확인하였다.

입력 변수와 타겟 변수를 분할한 후, 'StandardScaler'를 사용하여 입력 변수를 표준화하였다. 이는 변수의 스케일을 통일하고 모델의 수렴 속도를 높이는 데 도움이 된다. 그 후 'train_test_split' 함수를 사용하여 데이터를 학습 데이터와 테스트 데이터로 분할하였다. 이때 테스트 데이터의 비율은 20%로 설정하였고, 'random_state' 매개변수를 42로 지정하여 결과의 재현성을 보장하였다.

MLP 모델은 'MLPRegressor' 클래스를 사용하여 생성되었다. 'hidden_layer_sizes' 매개변수를 (64, 64)로 설정하여 두 개의 은닉층을 가지도록 하였고, 각 은닉층은 64개의 뉴런으로 구성되었다. 'max_iter' 매개변수를 500으로 설정하여 최대 500번의 반복 학습을 수행하도록 하였다. 모델의 학습은 'fit' 메소드를 호출하여 이루어졌으며, 학습 데이터를 사용하여 모델의 가중치와 편향을 업데이트하였다. 모델의 구조는 아래의 그림과 같다.

학습된 MLP 모델을 사용하여 테스트 데이터에 대한 예측을 수행하였다. 'predict' 메소드를 호출하여 테스트 데이터의 lipophilicity 값을 예측하였고, 예측 성능을 평가하기 위해 평균 제곱 오차(MSE)와 결정 계수(R^2)를 계산하였다. MSE는 예측값과 실제값의 차이를 제곱한 평균으로, 코드에서 계산된 MSE 값은 약 1.17였다. R^2는 모델이 데이터의 분산을 얼마나 잘 설명하는지를 나타내는 지표로, 코드에서 계산된 R^2 값은 약 0.28이었다.

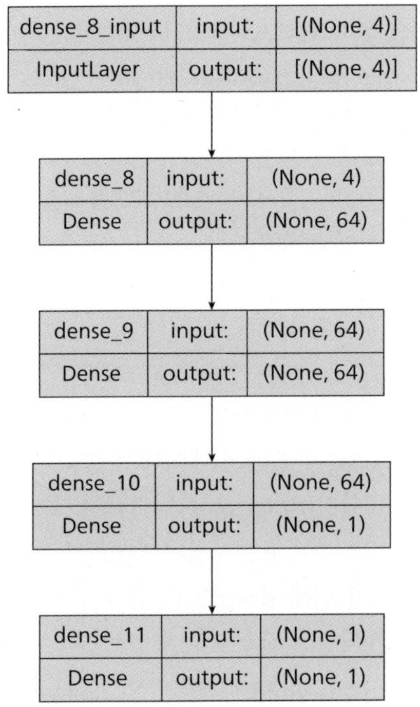

위 코드는 MLP를 사용하여 분자의 lipophilicity를 예측하는 전형적인 과정을 보여준다. 비록 해당 예측도가 만족스럽지 않지만, 여러 은닉층의 구성을 다르게 하여 효율을 증가시킬 수 있다. 연습 문제를 통해서 이에 대한 개념을 잡을 수 있을 것이다. 또한 4개의 분자 표현자만 사용하였지만, 이전에 배운 다른 표현자를 사용할 수 있을 것이다. 분자 표현자의 숫자를 넓힐 수도 있겠지만 fingerprint를 이용하는 것도 고려할 수 있다. 아래에 제시하는 딥러닝 코드는 Morgan fingerprint를 feature로 사용하여 MLP를 수행하였다.

```
import pandas as pd
import numpy as np
from rdkit import Chem
from rdkit.Chem import rdMolDescriptors
from sklearn.model_selection import train_test_split
from sklearn.preprocessing import StandardScaler
from sklearn.neural_network import MLPRegressor
from sklearn.metrics import mean_squared_error, r2_score
import matplotlib.pyplot as plt
import seaborn as sns

# 데이터 불러오기
data = pd.read_csv("Lipophilicity.csv")

# Morgan fingerprint를 계산하는 함수
def get_morgan_fingerprint(smiles, radius=2, nBits=1024):
    mol = Chem.MolFromSmiles(smiles)
    return rdMolDescriptors.GetMorganFingerprintAsBitVect
                                                    (mol, radius, nBits)
```

```
# Descriptor 추출
data['MorganFingerprint'] = data['SMILES'].apply(get_morgan_fingerprint)

# 입력 변수와 타겟 변수 분할
X = np.array(list(data['MorganFingerprint']))
y = data['Lipophilicity']

# 데이터 표준화
scaler = StandardScaler()
X = scaler.fit_transform(X)

# 학습 데이터와 테스트 데이터 분할
X_train, X_test, y_train, y_test = train_test_split
                                   (X, y, test_size=0.2, random_state=42)

# MLP 모델 학습
model = MLPRegressor(hidden_layer_sizes=(64, 64), max_iter=500,
                                                  random_state=42)
model.fit(X_train, y_train)

# 테스트 데이터에 대한 예측 수행
y_pred = model.predict(X_test)

# 예측 성능 평가
mse = mean_squared_error(y_test, y_pred)
r2 = r2_score(y_test, y_pred)
print("Mean Squared Error :", mse)
print("R^2 :", r2)

# 예측값 vs 실제값 분포 그래프
plt.figure(figsize=(8, 8))
plt.scatter(y_test, y_pred, c='crimson')
plt.yscale('log')
plt.xscale('log')

p1 = max(max(y_pred), max(y_test))
p2 = min(min(y_pred), min(y_test))
plt.plot([p1, p2], [p1, p2], 'b-')
plt.xlabel('True Values', fontsize=15)
plt.ylabel('Predictions', fontsize=15)
plt.axis('equal')
plt.show()
```

아래는 결과를 표시한다.

```
Mean Squared Error : 1.0494209374113803
R^2 : 0.350305772805948
```

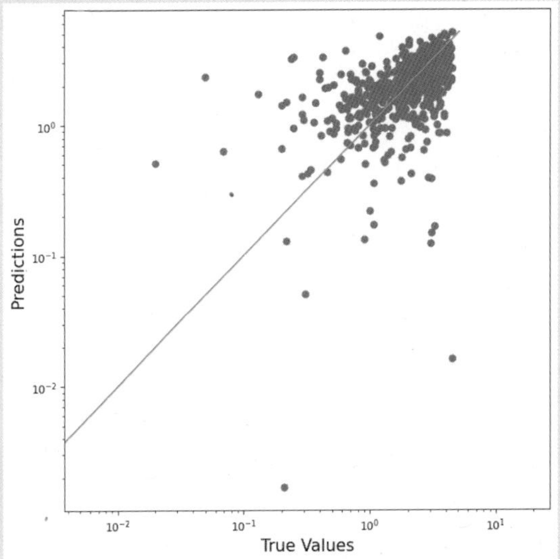

- **from sklearn.neural_network import MLPRegressor:** scikit-learn.neural_network 모듈에서 MLPRegressor를 가져온다.
- **from sklearn.metrics import mean_squared_error, r2_score:** scikit-learn.metrics 모듈에서 mean_squared_error, r2_score 함수를 가져온다.
- **16-19. Morgan fingerprint를 계산하는 함수:** SMILES 문자열을 입력으로 받아 해당 분자의 Morgan fingerprint를 계산하는 함수이다. Chem.MolFromSmiles 함수를 사용하여 SMILES 문자열을 분자 객체로 변환하고, rdMolDescriptors.GetMorganFingerprintAsBitVect 함수를 사용하여 Morgan fingerprint를 계산한다.
- **data['MorganFingerprint'] = data['SMILES'].apply(get_morgan_fingerprint):** 'SMILES' 열의 각 행에 대해 get_morgan_fingerprint 함수를 적용하여 Morgan fingerprint를 계산하고, 'MorganFingerprint' 열에 저장한다.
- **25-26. 입력 변수와 타겟 변수 분할:** 데이터프레임에서 'MorganFingerprint' 열을 Numpy 배열로 변환하여 입력 변수(X)에 저장하고, 'Lipophilicity' 열을 타겟 변수(y)에 저장한다.
- **scaler = StandardScaler():** StandardScaler 객체를 생성한다.
- **X = scaler.fit_transform(X):** 입력 변수(X)에 대해 fit_transform 메소드를 사용하여 데이터를 표준화한다.
- **33-36. 학습 데이터와 테스트 데이터 분할:** train_test_split 함수를 사용하여 입력 변수(X)와 타겟 변수(y)를 학습용 데이터와 테스트용 데이터로 분할한다. 테스트 데이터의 크기는 전체 데이터의 20%로 지정되고, random_state=42 옵션을 주어 재현성을 보장한다.
- **model = MLPRegressor(hidden_layer_sizes=(64, 64), max_iter=500, random_state=42):** MLPRegressor 모델 객체를 생성한다. hidden_layer_sizes=(64, 64) 옵션은 은닉층의 크기를 64로 설정하는 것을 의미하며, max_iter=500 옵션은 최대 반복 횟수를 500으로 설정한다.
- **model.fit(X_train, y_train):** MLPRegressor 모델을 학습용 데이터(X_train, y_train)에 맞춘다.

- **y_pred = model.predict(X_test):** 학습된 모델을 사용하여 테스트 데이터(X_test)에 대한 예측값(y_pred)을 계산한다.
- **46-47. 예측 성능 평가:** mean_squared_error 함수를 사용하여 예측값(y_pred)과 실제값(y_test) 사이의 평균 제곱 오차(MSE)를 계산한다. r2_score 함수를 사용하여 예측값(y_pred)과 실제값(y_test) 사이의 R^2 점수를 계산한다.
- **50-55. 예측값 vs 실제값 분포 그래프:** matplotlib.pyplot을 사용하여 예측값(y_pred)과 실제값(y_test) 사이의 관계를 산점도로 시각화한다. 로그 스케일을 적용하여 값의 분포를 더 잘 보여준다. 또한, 파란색 실선을 사용하여 예측값과 실제값이 일치하는 경우를 나타낸다.

위 코드에서는 분자의 특성을 나타내는 표현자로 Morgan fingerprint를 사용하였다. 먼저 'Lipophilicity.csv' 파일에서 데이터를 불러온 후, 'get_morgan_fingerprint' 함수를 정의하여 SMILES 표현으로부터 Morgan fingerprint를 계산하였다. 이 함수는 'rdkit' 라이브러리의 'rdMolDescriptors' 모듈을 사용하여 반경이 2이고 비트 벡터의 길이가 1024인 Morgan fingerprint를 생성한다.

MLP 모델은 'MLPRegressor' 클래스를 사용하여 생성되었으며, 'hidden_layer_sizes' 매개변수를 (64, 64)로 설정하여 두 개의 은닉층을 가지도록 하였고, 각 은닉층은 64개의 뉴런으로 구성되었다. 'max_iter' 매개변수를 500으로 설정하여 최대 500번의 반복 학습을 수행하도록 하였다. 모델의 학습은 'fit' 메소드를 호출하여 이루어졌으며, 학습 데이터를 사용하여 모델의 가중치와 편향을 업데이트하였다. 아래의 그림에서 변화된 모델의 구조에 주목하라.

예측값을 나타내며, 대각선 참조선을 함께 그려서 예측값과 실제값의 일치 정도를 확인할 수 있다. 그래프의 x축과 y축은 로그 스케일로 표현되었으며, 그래프를 통해 MLP 모델의 예측 성능을 직관적으로 파악할 수 있다. 대각선 참조선 주위에 데이터 포인트들이 밀집해 있을수록 모델의 예측 성능이 우수함을 의미한다. 예측도를 평가하였을때 Morgan fingerprint를 사용한 MLP 모델이 분자의 lipophilicity 예측에 효과적임을 확인할 수 있다. 위에서 제시한 두 개의 예는 각기 다른 표현자를 사용하였고 fingerprint를 사용하였을 때 약간의 성능이 향상되는 것을 확인하였다. 여기서 고민해볼 수 있는 부분은 사용된 표현자들은 특성상 서로 많이 다른 형태이므로 이를 통합하는 방법도 가능할 것이다.

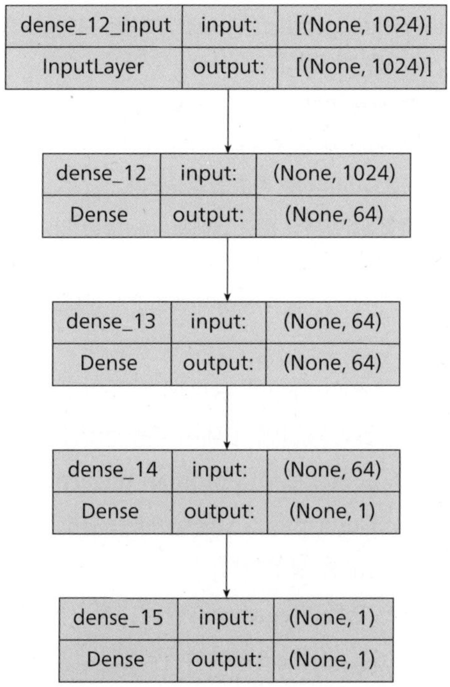


```
import pandas as pd
import numpy as np
from rdkit import Chem
from rdkit.Chem import rdMolDescriptors, Descriptors
from sklearn.model_selection import train_test_split
from sklearn.preprocessing import StandardScaler
from sklearn.neural_network import MLPRegressor
from sklearn.metrics import mean_squared_error, r2_score
import matplotlib.pyplot as plt
import seaborn as sns

# 데이터 불러오기
data = pd.read_csv("Lipophilicity.csv")

# Morgan fingerprint를 계산하는 함수
def get_morgan_fingerprint(smiles, radius=2, nBits=1024):
    mol = Chem.MolFromSmiles(smiles)
    return rdMolDescriptors.GetMorganFingerprintAsBitVect
                                                        (mol, radius, nBits)

# 기존 Descriptor 추출
data['TPSA'] = data['SMILES'].apply(lambda x:
                                Descriptors.TPSA(Chem.MolFromSmiles(x)))
data['LogP'] = data['SMILES'].apply(lambda x:
                             Descriptors.MolLogP(Chem.MolFromSmiles(x)))
data['MolecularWeight'] = data['SMILES'].apply(lambda x:
                               Descriptors.MolWt(Chem.MolFromSmiles(x)))
data['NumRotatableBonds'] = data['SMILES'].apply(lambda x:
                   Descriptors.NumRotatableBonds(Chem.MolFromSmiles(x)))
```

```
# MorganFingerprint 추출
data['MorganFingerprint'] = data['SMILES'].apply(get_morgan_fingerprint)

# Convert the Morgan fingerprint to a numpy array
data['MorganFingerprint'] = data['MorganFingerprint'].apply
                                                    (lambda x: np.array(x))

# Then, split the array into separate columns in the DataFrame
morgan_df = pd.DataFrame(data['MorganFingerprint'].to_list(),
                                     columns=[f'bit{i}' for i in range(1024)])

# Now, concatenate this DataFrame with your existing one
X = pd.concat([data[['TPSA', 'LogP', 'MolecularWeight',
                                    'NumRotatableBonds']], morgan_df], axis=1)

# 데이터 표준화
scaler = StandardScaler()
X = scaler.fit_transform(X)
y = data['Lipophilicity']

# 학습 데이터와 테스트 데이터 분할
X_train, X_test, y_train, y_test = train_test_split(X, y, test_size=0.2,
                                                         random_state=42)

# MLP 모델 학습
model = MLPRegressor(hidden_layer_sizes=(64, 64), max_iter=500,
                                                         random_state=42)
model.fit(X_train, y_train)

# 테스트 데이터에 대한 예측 수행
y_pred = model.predict(X_test)

# 예측 성능 평가
mse = mean_squared_error(y_test, y_pred)
r2 = r2_score(y_test, y_pred)
print("Mean Squared Error :", mse)
print("R^2 :", r2)

# 예측값 vs 실제값 분포 그래프
plt.figure(figsize=(8, 8))
plt.scatter(y_test, y_pred, c='crimson')
plt.yscale('log')
plt.xscale('log')

p1 = max(max(y_pred), max(y_test))
p2 = min(min(y_pred), min(y_test))
plt.plot([p1, p2], [p1, p2], 'b-')
plt.xlabel('True Values', fontsize=15)
plt.ylabel('Predictions', fontsize=15)
plt.axis('equal')
plt.show()
```

위 코드는 이전 코드와 비슷하지만, 이번에는 특성으로서 Morgan fingerprint와 함께 기존의 feature (TPSA, LogP, MolecularWeight, NumRotatableBonds)를 모두 사용하였다. 아래 그림에서 input의 개수가 1028인 것을 보면 알 수 있다.

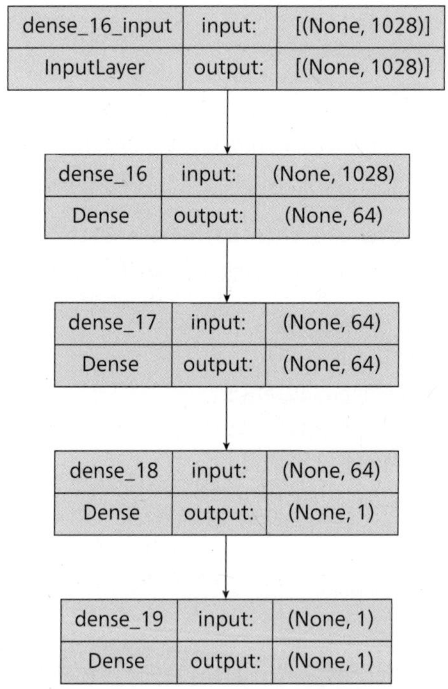

이에 대한 결과는 아래와 같다. 결과를 보면, 성능이 더욱 나아진 것을 확인할 수 있다. 이와 같이 어떤 표현자를 사용했는지에 따라 결과가 다른 것을 알 수 있다. 이 외에도 hyperparameter tuning을 통하여 성능 개선을 할 수 있을 것이며 연습 문제를 포함해서 여러 방법으로 성능 개선을 시도해볼 것을 추천한다.

```
Mean Squared Error : 0.9016625996374273
R^2 : 0.441782639379932
```

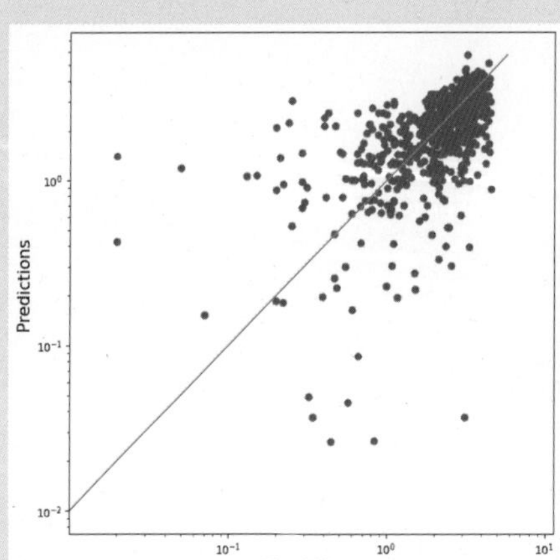

이에 대한 좀 더 자세한 코딩에 대한 설명은 아래와 같다.

- **16-19. Morgan fingerprint를 계산하는 함수:** SMILES 문자열을 입력으로 받아 해당 분자의 Morgan fingerprint를 계산하는 함수이다. Chem.MolFromSmiles 함수를 사용하여 SMILES 문자열을 분자 객체로 변환하고, rdMolDescriptors.GetMorganFingerprintAsBitVect 함수를 사용하여 Morgan fingerprint를 계산한다.
- **22-25. 기존 Descriptor 추출:** 'TPSA', 'LogP', 'MolecularWeight', 'NumRotatableBonds' 열의 각 행에 대해 Descriptors 모듈의 함수를 적용하여 기존 Descriptor 값을 계산하고, 각 열에 저장한다.
- **data['MorganFingerprint'] = data['SMILES'].apply(get_morgan_fingerprint):** 'SMILES' 열의 각 행에 대해 get_morgan_fingerprint 함수를 적용하여 Morgan fingerprint를 계산하고, 'MorganFingerprint' 열에 저장한다.
- **data['MorganFingerprint'] = data['MorganFingerprint'].apply(lambda x: np.array(x)):** 'MorganFingerprint' 열의 각 행에 대해 해당 행의 값을 Numpy 배열로 변환한다.
- **34-37. Morgan fingerprint를 각각의 열로 변환:** 'MorganFingerprint' 열의 값을 각각의 비트 열로 변환하여 DataFrame에 저장한다.
- **X = pd.concat([data[['TPSA', 'LogP', 'MolecularWeight', 'NumRotatableBonds']], morgan_df], axis=1):** 기존 Descriptor를 포함한 DataFrame과 Morgan fingerprint를 변환한 DataFrame(morgan_df)을 열 방향(axis=1)으로 결합하여 입력 변수 X를 생성한다.
- **X = scaler.fit_transform(X):** 입력 변수 X를 표준화한다.
- **y = data['Lipophilicity']:** 타겟 변수 y를 'Lipophilicity' 열로 설정한다.
- **48-51. 학습 데이터와 테스트 데이터 분할:** train_test_split 함수를 사용하여 입력 변수 X와 타겟 변수 y를 학습용 데이터와 테스트 데이터로 분할한다.
- **model = MLPRegressor(hidden_layer_sizes=(64, 64), max_iter=500, random_state=42):** MLPRegressor 모델 객체를 생성한다. hidden_layer_sizes=(64, 64) 옵션은 은닉층의 크기를 64로 설정하는 것을 의미하며, max_iter=500 옵션은 최대 반복 횟수를 500으로 설정한다.
- **model.fit(X_train, y_train):** MLPRegressor 모델을 학습용 데이터(X_train, y_train)에 맞춘다.
- **y_pred = model.predict(X_test):** 학습된 모델을 사용하여 테스트 데이터(X_test)에 대한 예측값(y_pred)을 계산한다.
- **61-62. 예측 성능 평가:** mean_squared_error 함수를 사용하여 예측값(y_pred)과 실제값(y_test) 사이의 평균 제곱 오차(MSE)를 계산한다. r2_score 함수를 사용하여 예측값(y_pred)과 실제값(y_test) 사이의 R^2 점수를 계산한다.
- **65-74. 예측값 vs 실제값 분포 그래프:** matplotlib.pyplot을 사용하여 예측값(y_pred)과 실제값(y_test) 사이의 관계를 산점도로 시각화한다. 로그 스케일을 적용하여 값의 분포를 더 잘 보여준다. 또한, 파란색 실선을 사용하여 예측값과 실제값이 일치하는 경우를 나타낸다.

CNN

CNN(Convolutional Neural Network)은 딥러닝 모델 중 하나로, 주로 이미지 인식과 컴퓨터 비전 분야에서 뛰어난 성능을 보이는 모델이다. CNN은 이미지의 공간 구조를 활용하여 특징을 추출하고, 이를 기반으로 이미지를 분류하거나 물체를 검출하는 등의 작업을 수행한다. 이전에 설명한 MLP와는 달리, CNN은 이미지의 공간적 정보를 유지하면서 특징을 추출할 수 있도록 설계되었다. CNN의 주요 구성 요소로는 컨볼루션층(convolutional layer), 풀링층(pooling layer), 완전 연결층(fully connected layer)이 있으며, 이러한 층들이 순차적으로 연결되어 이미지의 특징을 계층적으로 학습한다.

CNN 모델의 기본 구조와 동작 방식은 다음과 같다:

컨볼루션층(convolutional layer)

- 컨볼루션층은 입력 이미지에 대해 컨볼루션 연산을 수행하여 이미지의 특징을 추출하는 역할을 한다.
- 컨볼루션 연산은 입력 이미지와 필터(커널)를 이용하여 수행되며, 필터는 학습 가능한 가중치로 구성된다.
- 필터는 이미지의 일부 영역(수용 영역)에 대해 슬라이딩 윈도우 방식으로 이동하며, 각 위치에서 필터와 이미지 영역 간의 요소별 곱셈과 합을 계산한다.
- 컨볼루션 연산의 결과로 특징 맵(feature map)이 생성되며, 이는 입력 이미지에서 추출된 특징을 나타낸다.
- 여러 개의 필터를 사용하여 다양한 특징을 추출할 수 있으며, 필터의 개수와 크기는 하이퍼파라미터로 설정된다.

활성화 함수(activation function)

- 컨볼루션층의 출력에 활성화 함수를 적용하여 비선형성을 도입한다.
- 일반적으로 ReLU (Rectified Linear Unit) 함수가 사용되며, 음수 값을 0으로 만들고 양수 값은 그대로 전달한다.
- 활성화 함수를 통해 모델이 비선형적인 특징을 학습할 수 있게 된다.

풀링층(pooling layer)

- 풀링층은 특징 맵의 크기를 줄이는 역할을 한다.
- 일반적으로 최대 풀링(max pooling)이 사용되며, 특정 영역에서 가장 큰 값을 선택하여 해당 영역을 대표하는 값으로 압축한다.
- 풀링을 통해 특징 맵의 크기가 감소하면서 계산량이 줄어들고, 이미지의 작은 변화에 대한 불변성(invariance)이 증가한다.

완전 연결층(fully connected layer)

- 컨볼루션층과 풀링층을 거친 후, 추출된 특징은 완전 연결층에 입력된다.
- 완전 연결층에서는 이전 층의 모든 뉴런과 현재 층의 모든 뉴런이 연결되어 있다.
- 각 연결에는 가중치가 존재하며, 이 가중치를 학습하여 특징을 조합하고 최종 출력을 생성한다.
- 완전 연결층은 추출된 특징을 기반으로 이미지를 분류하거나 원하는 작업을 수행하는 데 사용된다.

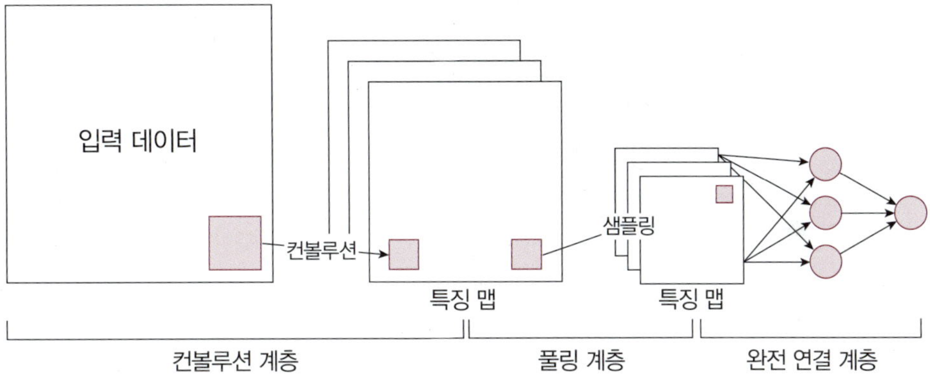

CNN 모델을 활용하여 화학 물질의 특성 중 하나인 lipophilicity를 예측하는 과정은 아래와 같다.

데이터 전처리

- 화학 물질의 구조를 나타내는 SMILES (Simplified Molecular Input Line Entry System) 표현을 사용하여 데이터를 준비한다.
- SMILES는 일부 분자의 연결 정보와 원자의 종류 등을 포함한다.
- 필요에 따라 SMILES 문자열을 분자의 특성을 나타내는 다른 형태의 표현으로 변환할 수 있다. 예를 들어, Morgan fingerprint나 기타 분자 표현자(molecular descriptor)를 사용할 수 있다.
- 데이터의 크기를 조절하거나 정규화하는 등의 전처리 과정을 수행할 수 있다.

CNN 모델 구성:

- CNN 모델의 구조를 설계한다. 화학 데이터의 특성에 맞게 1D 컨볼루션 레이어를 사용할 수 있다.
- 컨볼루션 레이어의 필터 개수, 필터 크기, 스트라이드(stride), 패딩(padding) 등의 하이퍼파라미터를 설정한다.
- 풀링 레이어의 종류(최대 풀링, 평균 풀링 등)와 풀링 크기를 결정한다.

- 완전 연결 층의 개수와 각 층의 뉴런 수를 설정한다.
- 출력층에서는 lipophilicity 값을 예측하기 위해 적절한 활성화 함수(예: 선형 활성화 함수)를 사용한다.
- 모델 구성 시에는 딥러닝 프레임워크인 Keras나 PyTorch 등을 활용할 수 있다.

모델 학습:

- 준비된 화학 데이터를 사용하여 CNN 모델을 학습시킨다.
- 학습 데이터는 SMILES 표현이나 분자 표현자로 구성된 입력 데이터와 해당 화합물의 실제 lipophilicity 값으로 이루어진다.
- 손실 함수(loss function)를 선택하여 예측값과 실제값 간의 차이를 측정한다. 회귀 문제의 경우 평균 제곱 오차(Mean Squared Error, MSE)나 평균 절대 오차(Mean Absolute Error, MAE) 등을 사용할 수 있다.
- 옵티마이저(optimizer)를 선택하여 모델의 가중치를 업데이트하는 방법을 결정한다. 일반적으로 경사하강법의 변형이 주요 골자인 Adam, RMSprop, SGD 등의 옵티마이저가 사용된다.
- 미니 배치(mini-batch) 크기, 에폭(epoch) 수, 학습률(learning rate) 등의 하이퍼파라미터를 설정한다.
- 모델을 컴파일한 후, fit() 함수를 호출하여 학습을 진행한다. 이 과정에서 모델은 입력 데이터를 받아 예측값을 계산하고, 손실 함수를 통해 오차를 계산한 후 역전파(backpropagation)를 수행하여 가중치를 업데이트한다.

예측 수행:

- 학습된 CNN 모델을 사용하여 새로운 화학 물질의 lipophilicity를 예측할 수 있다.
- 예측 대상 화합물의 SMILES 표현이나 분자 표현자를 입력으로 사용하여 모델의 predict() 함수를 호출한다.
- 모델은 입력 데이터를 전파하여 lipophilicity 값을 예측하고, 예측값을 출력한다.

모델 평가:

- 예측값과 실제값을 비교하여 모델의 성능을 평가한다.
- 평가 지표로는 평균 제곱 오차(MSE), 평균 절대 오차(MAE), 결정 계수(R-squared, R2) 등을 사용할 수 있다.
- 평가 지표를 통해 모델의 예측 정확도를 측정하고, 모델의 일반화 능력을 판단할 수 있다.
- 필요에 따라 교차 검증(cross-validation)을 수행하여 모델의 안정성과 일반화 성능을 평가할 수 있다.

CNN을 활용한 lipophilicity 예측은 분자 구조의 특징을 자동으로 학습하고, 이를 기반으로 예측을 수행할 수 있다는 장점이 있다. 또한, 컨볼루션 연산을 통해 분자 구조의 국소적인 패턴을 효과적으로 포착할 수 있으며, 풀링을 통해 중요한 특징을 강조할 수 있다. 그러나 CNN 모델의 성능은 데이터의 품질과 양, 하이퍼파라미터 설정 등에 영향을 받을 수 있으므로, 적절한 데이터 전처리와 모델 튜닝이 필요하다.

```
import pandas as pd
import numpy as np
from rdkit import Chem
from rdkit.Chem import rdMolDescriptors, Descriptors
from sklearn.model_selection import train_test_split
from sklearn.preprocessing import StandardScaler
from keras.models import Model
from keras.layers import Dense, Input, Concatenate, Conv1D,
                                                        GlobalAveragePooling1D
from keras.utils import plot_model
import matplotlib.pyplot as plt
import tensorflow as tf

# 데이터 불러오기
data = pd.read_csv("Lipophilicity.csv")

# Morgan fingerprint를 계산하는 함수
def get_morgan_fingerprint(smiles, radius=2, nBits=1024):
    mol = Chem.MolFromSmiles(smiles)
    return rdMolDescriptors.GetMorganFingerprintAsBitVect
                                                        (mol, radius, nBits)

# 기존 Descriptor 추출
data['TPSA']= data['SMILES'].apply(lambda x: Descriptors.TPSA
                                                    (Chem.MolFromSmiles(x)))
data['LogP'] = data['SMILES'].apply(lambda x: Descriptors.MolLogP
                                                    (Chem.MolFromSmiles(x)))
data['MolecularWeight'] = data['SMILES'].apply(lambda x:
                                Descriptors.MolWt(Chem.MolFromSmiles(x)))
data['NumRotatableBonds'] = data['SMILES'].apply(lambda x:
                    Descriptors.NumRotatableBonds(Chem.MolFromSmiles(x)))

# MorganFingerprint 추출
data['MorganFingerprint'] = data['SMILES'].apply(get_morgan_fingerprint)

# 입력 변수와 타겟 변수 분할
X_global = data[['TPSA', 'LogP', 'MolecularWeight',
                                                'NumRotatableBonds']].values
X_fingerprint = np.array(list(map(list, data['MorganFingerprint'].
```

```
                                                                  values)))
y = data['Lipophilicity'].values

# 데이터 표준화
scaler_global = StandardScaler()
X_global = scaler_global.fit_transform(X_global)

scaler_fingerprint = StandardScaler()
X_fingerprint = scaler_fingerprint.fit_transform(X_fingerprint)

# 학습 데이터와 테스트 데이터 분할
X_global_train, X_global_test, X_fingerprint_train, X_fingerprint_test,
                                        y_train, y_test = train_test_split
        (X_global, X_fingerprint, y, test_size=0.2, random_state=42)

# 추가 차원을 만든다.
X_fingerprint_train = tf.expand_dims(X_fingerprint_train, axis=2)
X_fingerprint_test = tf.expand_dims(X_fingerprint_test, axis=2)

# 모델 구성
input_global = Input(shape=(X_global.shape[1], ), name='global_input')
input_fingerprint = Input(shape=(X_fingerprint_train.shape[1], 1),
                                              name='fingerprint_input')

conv1 = Conv1D(16, 3, activation='relu')(input_fingerprint)
gap1 = GlobalAveragePooling1D()(conv1)

concat = Concatenate()([input_global, gap1])

dense1 = Dense(64, activation='relu')(concat)
output = Dense(1)(dense1)

model = Model(inputs=[input_global, input_fingerprint], outputs=output)

# 모델 컴파일
model.compile(optimizer='adam', loss='mean_squared_error')

# 모델 구조 시각화
plot_model(model, to_file='model_plot.png', show_shapes=True,
                                                show_layer_names=True)

# 모델 학습
history = model.fit([X_global_train, X_fingerprint_train],
 y_train, validation_data=([X_global_test, X_fingerprint_test], y_test),
                                              epochs=10, batch_size=32)

# 모델 학습 과정 시각화
plt.figure(figsize=(12, 4))

plt.subplot(1, 2, 1)
```

```
plt.plot(history.history['loss'], 'b-', label='loss')
plt.plot(history.history['val_loss'], 'r--', label='val_loss')
plt.xlabel('Epoch')
plt.legend()

plt.show()

# 모델 평가
model.evaluate([X_global_test, X_fingerprint_test], y_test)

from sklearn.metrics import r2_score

# 모델 평가 2
loss = model.evaluate([X_global_test, X_fingerprint_test], y_test)
print("Test Loss:", loss)

# 예측값 계산
y_pred = model.predict([X_global_test, X_fingerprint_test])

# R^2 점수 계산
r2 = r2_score(y_test, y_pred)
print("R^2 Score:", r2)

# 예측값과 실제값 비교 시각화
plt.figure(figsize=(5,5))
plt.scatter(y_test, y_pred, c='crimson')
plt.yscale('log')
plt.xscale('log')

p1 = max(max(y_pred), max(y_test))
p2 = min(min(y_pred), min(y_test))
plt.plot([p1, p2], [p1, p2], 'b-')
plt.xlabel('True Values', fontsize=15)
plt.ylabel('Predictions', fontsize=15)
plt.axis('equal')
plt.show()
```

위 코드는 컨볼루션 신경망(CNN)을 사용하여 분자의 lipophilicity를 예측한다. 분자는 그들의 SMILES 문자열과 RDKit을 사용해 계산된 여러 표현자(descriptors)로 표현된다. 위와 같은 모델은 두 개의 다른 입력을 받아서 처리하므로, multi input model이라고도 한다.

이에 결과는 아래와 같이 표시된다.

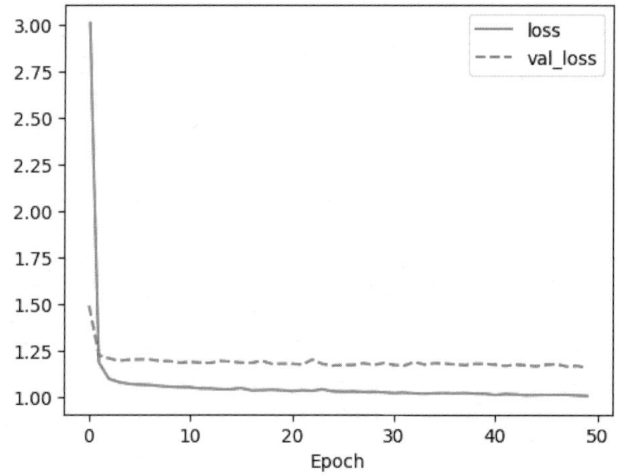

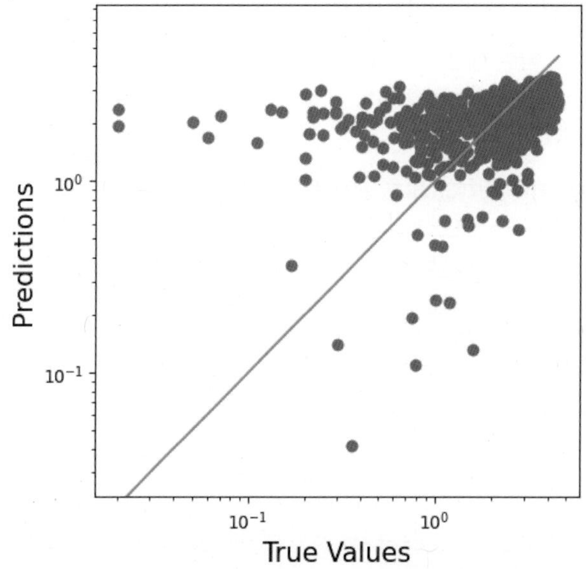

위 모델의 구조는 두 종류의 입력을 받아, 이들의 정보를 결합하고 최종적으로 하나의 출력을 반환하는 형태이다. 모델의 입력층에서는 input_global을 통해서 특정 표현자 정보(X_global)를 받기 위한 입력 레이어로서 이 정보는 화학 물질 기술적 지표들을 포함한다. 레이어의 입력 형태는 (X_global.shape[1],)로, 전체 정보의 특성 개수만큼의 차원을 가진다. input_fingerprint에서는 Morgan fingerprint 정보(X_fingerprint_train)를 받기 위한 입력 레이어로, 화학 물질의 구조적 특성을 2차원 배열로 나타낸 것이다. 레이어의 입력 형태는 (X_fingerprint_train.shape[1], 1)로 지정된다.

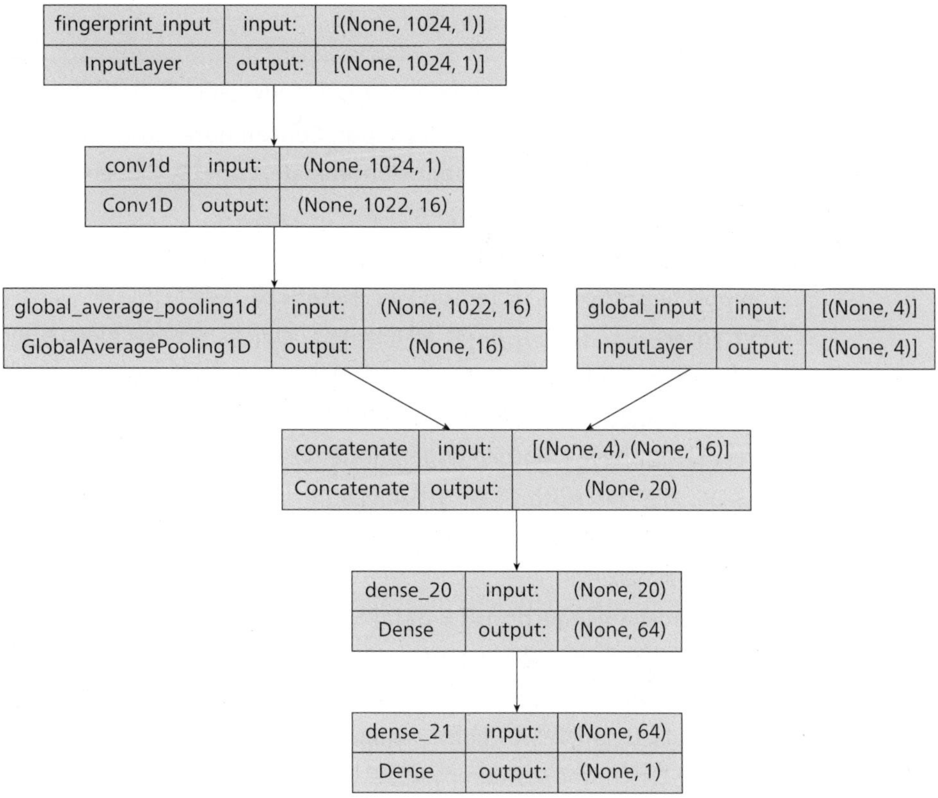

합성곱 레이어 중에서 conv1은 fingerprint 정보에 1D 합성곱을 적용하는 레이어로서 여기서 16개의 필터와 크기 3의 커널을 사용하며, 활성화 함수로는 ReLU를 사용한다. 이 레이어는 지문 정보의 로컬 패턴을 탐지하는 역할을 한다. 다음 레이어는 풀링레이어이다. gap1은 conv1 레이어의 출력에 특정 표현자의 평균 풀링을 적용하는 레이어로서, 이 풀링은 모든 fingerprint 정보의 특성을 평균화하여 고정된 길이의 벡터로 반환한다. 이후에 결합 레이어를 통해서 input_global과 gap1의 결과를 concat 함수를 사용하여 연결한다. 이렇게 함으로써 fingerprint 정보와 RDkit을 이용한 추출 정보의 특성들이 하나의 벡터로 합쳐진다.

완전 연결 레이어를 거치는데 dense1에서는 64개의 유닛을 가진 완전 연결 레이어로, 활성화 함수는 ReLU를 쓰고 이 레이어는 합쳐진 정보를 기반으로 학습하고 이를 최종 출력을 생성하는 완전 연결 레이어로 쓰인다. 출력의 크기는 한 개이며 마지막 레이어의 출력은 화학 물질의 lipophilicity를 나타낸다. 이후 모델을 컴파일하는데, 최적화 알고리즘으로는 'adam'을, 손실 함수로는 'mean_squared_error'를 사용한다. 이는 회귀 문제를 해결하기 위한 설정으로 모델은 화학 물질의 fingerprint 특성과 표현자 정보를 동시에 입력 받아, 두 정보를 합치고 여러 레이어를 거쳐 최종적인 lipophilicity 값을 예측하는 구조를 가진다.

코드에 대한 자세한 설명은 아래와 같다.

- from keras.models import Model: Keras의 Model 클래스를 가져온다.
- **from keras.layers import Dense, Input, Concatenate, Conv1D, GlobalAveragePooling1D:** Keras의 Dense, Input, Concatenate, Conv1D, GlobalAveragePooling1D 클래스를 가져온다.
- **from keras.utils import plot_model:** Keras의 plot_model 함수를 가져온다.
- **import tensorflow as tf:** TensorFlow 라이브러리를 가져온다.
- **17-20. Morgan fingerprint를 계산하는 함수:** SMILES 문자열을 입력으로 받아 해당 분자의 Morgan fingerprint를 계산하는 함수이다. Chem.MolFromSmiles 함수를 사용하여 SMILES 문자열을 분자 객체로 변환하고, rdMolDescriptors.GetMorganFingerprintAsBitVect 함수를 사용하여 Morgan fingerprint를 계산한다.
- **23-26. 기존 Descriptor 추출:** 'TPSA', 'LogP', 'MolecularWeight', 'NumRotatableBonds' 열의 각 행에 대해 Descriptors 모듈의 함수를 적용하여 기존 Descriptor 값을 계산하고, 각 열에 저장한다.
- **data['MorganFingerprint'] = data['SMILES'].apply(get_morgan_fingerprint):** 'SMILES' 열의 각 행에 대해 get_morgan_fingerprint 함수를 적용하여 Morgan fingerprint를 계산하고, 'MorganFingerprint' 열에 저장한다.
- **X_global = data[['TPSA', 'LogP', 'MolecularWeight', 'NumRotatableBonds']].values:** 기존 Descriptor 값을 numpy 배열로 변환하여 X_global에 저장한다.
- **X_fingerprint = np.array(list(map(list, data['MorganFingerprint'].values))):** Morgan fingerprint 값을 numpy 배열로 변환하여 X_fingerprint에 저장한다.
- **y = data['Lipophilicity'].values:** 'Lipophilicity' 열의 값을 numpy 배열로 변환하여 y에 저장한다.
- **37-38. 데이터 표준화:** StandardScaler 객체를 생성하고, X_global과 X_fingerprint에 대해 표준화를 수행한다.
- **41-44. 학습 데이터와 테스트 데이터 분할:** train_test_split 함수를 사용하여 X_global, X_fingerprint, y를 학습용 데이터와 테스트 데이터로 분할한다.
- **X_fingerprint_train = tf.expand_dims(X_fingerprint_train, axis=2):** X_fingerprint_train에 차원을 추가하여 3차원 텐서로 변환한다. 이를 위해 tf.expand_dims 함수를 사용하고, axis=2로 지정하여 추가할 차원의 위치를 지정한다.
- **X_fingerprint_test = tf.expand_dims(X_fingerprint_test, axis=2):** X_fingerprint_test에도 동일한 변환을 수행한다.
- **51-61. 모델 구성:** Functional API를 사용하여 다중 입력 모델을 구성한다. input_global과 input_fingerprint를 입력으로 사용하고, Conv1D, GlobalAveragePooling1D, Dense 레이어를 사용하여 모델을 구성한다. 출력 레이어는 1개의 노드로 이루어져 있다.
- **model = Model(inputs=[input_global, input_fingerprint], outputs=output):** Model 객체를 생성하여 입력과 출력을 설정한다.
- **model.compile(optimizer='adam', loss='mean_squared_error'):** 모델을 컴파일한다. 'adam' 옵티마이저와 'mean_squared_error' 손실 함수를 사용한다.

- **plot_model(model, to_file='model_plot.png', show_shapes=True, show_layer_names=True):** 모델의 구조를 시각화하고, "model_plot.png" 파일로 저장한다.
- **history = model.fit([X_global_train, X_fingerprint_train], y_train, validation_data=([X_global_test, X_fingerprint_test], y_test), epochs=10, batch_size=32):** 모델을 학습한다. 학습용 데이터와 검증용 데이터를 지정하고, 에포크 수와 배치 크기를 설정한다. 학습 과정에서의 손실값을 history 변수에 저장한다.
- **76-87. 모델 학습 과정 시각화:** matplotlib.pyplot을 사용하여 학습 과정에서의 손실값과 검증 손실값을 시각화한다.
- **model.evaluate([X_global_test, X_fingerprint_test], y_test):** 테스트 데이터에 대한 손실값을 평가한다.
- **93-94. 모델 평가 2:** evaluate 함수를 사용하여 테스트 데이터에 대한 손실값을 계산하고 출력한다.
- **r2 = r2_score(y_test, y_pred):** R^2 점수를 계산한다.
- **103-111. 예측값과 실제값 비교 시각화:** matplotlib.pyplot을 사용하여 예측값과 실제값을 비교하여 시각화한다. 로그 스케일로 표시되며, 등식의 기울기를 갖는 직선도 함께 표시된다.

Descriptor 추출하는 단계에서 주어진 분자 구조(SMILES)를 통해 몇 가지 기존 분자 표현자를 계산한다. 이 표현자에는 TPSA, LogP, 분자량 및 회전 가능한 결합의 수가 포함된다. 여기서는 표현자를 StandardScaler를 사용하여 표준화한다. 앞서 설명한 것처럼 각 기능의 평균을 0으로, 표준 편차를 1로 조정하여 모델 학습에 도움을 준다. 표준화는 특성 간의 척도 차이를 줄임으로써 모델의 학습 속도와 성능을 향상시킨다.

다음으로, CNN 모델은 두 부분으로 구성된다. 첫 번째 부분은 1D 컨볼루션 레이어와 전역 평균 풀링 레이어를 포함하고, 이는 fingerprint를 입력하여 사용한다. 두 번째 부분은 밀집 연결 레이어를 포함하며, 이는 표준화된 표현자를 입력으로 사용한다. 두 부분의 출력은 연결되어 최종 출력을 생성하는 추가 밀집 레이어에 공급된다. 이렇게 하는 이유는 분자의 지역적 특징(즉, fingerprint)과 전역적 특징(즉, 표현자) 모두를 사용하여 더욱 정확한 예측을 수행하기 위함이다. 이와 같은 CNN의 방법으로 크게 나아지지는 않았지만, 이후 GNN 모델에 대한 설명을 위해서 추가하였다. 특히 CNN 모델은 주로 이미지나 그리드 형태의 데이터에서 좋은 성능을 보인다. 이는 지역적 패턴과 공간적 계층구조를 학습하는 데 최적화되어 있기 때문이다. 그러나 분자 데이터의 경우 이미지와 같은 명확한 공간적 계층 구조가 존재하지 않고 CNN의 경우 하이퍼파라미터의 설정에 매우 큰 영향을 받는 것으로 알려져 있어 상대적으로 좋지 않은 성능을 보이는 것으로 평가된다.

RNN

RNN (Recurrent Neural Network)은 순차적인 데이터를 처리하는 데 특화된 딥러닝 모델이다. RNN은 이전 단계의 출력을 현재 단계의 입력으로 사용하여 순차적인 정보를 반영하고, 시계열 데이터와 같은 순차적인 구조를 가진 데이터를 처리할 수 있다. 이러한 특성으로 RNN은 자연어 처리, 음성 인식, 기계 번역 등의 분야에서 널리 사용되고 있다.

RNN 모델의 기본 구조와 동작 방식은 다음과 같다:

- **순환 구조:** RNN은 순환 구조를 가지며, 이전 단계의 출력이 다음 단계의 입력으로 전달된다. 이러한 구조의 특징으로 이전 단계의 정보를 현재 단계에 반영할 수 있다.
- **Hidden State:** RNN은 hidden state라는 내부 상태가 존재하는데, 순차적으로 데이터의 정보를 저장하는 역할을 한다. Hidden state는 이전 단계의 출력을 입력으로 받아 현재 단계의 출력을 계산하는 데 사용된다.
- **시퀀스 처리:** RNN은 입력 데이터가 시퀀스 형태로 주어질 수 있다. 이는 시간 축에 따라 여러 단계로 구성된 데이터를 처리할 수 있다는 의미이다. 각 단계마다 RNN은 해당 단계의 입력과 이전 단계의 hidden State를 기반으로 출력을 계산한다.
- **Backpropagation Through Time (BPTT):** RNN은 역전파 알고리즘을 사용하여 학습된다. BPTT는 시간 축을 따라 역전파를 수행하여 가중치를 업데이트하는 방법이다. BPTT를 통해 RNN은 순차적인 데이터를 학습할 수 있다.

순환신경망의 기본 구조

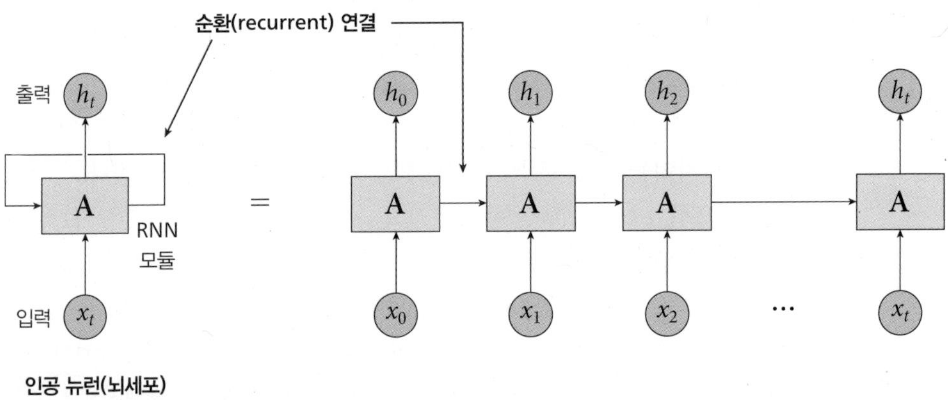

Recurrent neural network (RNN)

화학에서 응용될 수 있는 RNN 모델은 다음과 같은 단계로 구현된다:

- **데이터 전처리:** 화학 구조를 나타내는 SMILES 문자열 데이터를 준비하고, 필요한 경우 토큰화(tokenization), 정수 인코딩(integer encoding), 원-핫 인코딩(one-hot encoding) 등의 전처리를 수행한다. 이전 단계를 출력하고 현재 단계를 입력하는 매핑 형태의 데이터셋을 생성한다.
- **RNN 모델 구성:** RNN 모델을 구성하기 위해 필요한 층을 설계한다. 화학 데이터의 경우 시퀀스 형태의 데이터이므로 RNN 레이어를 사용하여 순차적인 패턴을 학습할 수 있다. 모델은 케라스(Keras)나 파이토치(PyTorch)와 같은 딥러닝 라이브러리를 이용하여 구현이 가능하다.

- **모델 학습**: 화학 데이터를 사용하여 RNN 모델을 학습시킨다. 입력 시퀀스와 해당 시퀀스의 lipophilicity 값으로 구성된 학습 데이터를 이용하여 모델의 가중치를 업데이트한다. 모델을 컴파일할 때는 손실 함수(loss function)와 옵티마이저(optimizer)를 선택하며, fit() 함수를 사용하여 모델을 학습시킨다.
- **예측 수행**: 학습된 RNN 모델을 사용하여 새로운 화학 구조의 lipophilicity를 예측한다. 입력 시퀀스에 대한 예측 결과를 얻는 과정으로, predict() 함수를 사용하여 예측값을 얻을 수 있다.
- **모델 평가**: 예측 결과와 실제값을 비교하여 모델의 성능을 평가한다. 화학 물질의 특성인 lipophilicity를 예측하는 경우, 평균 제곱 오차(Mean Squared Error, MSE)나 정확도(accuracy) 등을 사용하여 모델의 성능을 측정할 수 있다.

RNN 모델은 시퀀스 데이터에 특히 유용하며, 화학 데이터의 경우 시퀀스로 표현할 수 있는 구조를 잘 이해하고 예측할 수 있는 능력을 가질 수 있다. 그러나 RNN 모델은 장기 의존성 문제(Long-term Dependency Problem)로 인해 긴 시퀀스를 처리하는 데 어려움을 겪을 수 있다. RNN은 이전 단계의 정보를 현재 단계에 전달하는 과정에서 시퀀스의 길이가 길어질수록 초기 단계의 정보가 손실되는 경향이 있다. 이를 극복하기 위해 LSTM (Long Short-Term Memory)이나 GRU (Gated Recurrent Unit)와 같은 개선된 RNN 구조가 제안되었다.

또한, RNN 모델은 물리화학적 특성 예측에 적합하지 않을 수 있다. 물리화학적 특성은 분자 구조의 전역적인 특징에 의해 결정되는 경우가 많다. 예를 들어, 분자의 크기, 극성, 전하 분포 등은 분자 전체의 구조에 의해 영향을 받는다. 반면에 RNN은 시퀀스의 국소적인 패턴에 초점을 맞추기 때문에 전역적인 특징을 포착하는 데 한계가 있을 수 있다. 이러한 이유로 물리화학적 특성 예측에는 CNN이나 그래프 신경망과 같은 다른 유형의 신경망 모델이 더 적합할 수 있다. 그럼에도 불구하고 RNN 모델은 분자 구조의 시퀀스 정보를 활용하여 유용한 특징을 추출할 수 있다. 예를 들어, 분자의 부분 구조나 반응기의 순서와 같은 정보는 RNN을 통해 효과적으로 학습될 수 있다.

이러한 특징을 다른 모델과 결합하여 사용함으로써 물리화학적 특성 예측의 성능을 향상시킬 수 있다. RNN 모델을 사용하여 화학 데이터를 처리할 때는 데이터의 특성과 문제의 유형을 고려하여 적절한 모델 구조를 선택해야 한다. 시퀀스 정보가 중요한 역할을 하는 문제에서는 RNN 모델이 효과적일 수 있지만, 전역적인 특징이 중요한 문제에서는 다른 유형의 모델을 고려해야 할 수 있다. 또한, RNN 모델의 한계를 극복하기 위해 LSTM이나 GRU와 같은 개선된 구조를 사용하거나, 다른 유형의 신경망 모델과 결합하여 사용하는 것도 고려해 볼 수 있다.

```
import pandas as pd
import numpy as np
import matplotlib.pyplot as plt
from tensorflow.keras.layers import LSTM, Dropout, Dense, Input
```

```
from tensorflow.keras.optimizers import Adam
from tensorflow.keras.models import Model
from tensorflow.keras.preprocessing.text import Tokenizer
from tensorflow.keras.preprocessing.sequence import pad_sequences
from tensorflow.keras.utils import to_categorical
from sklearn.model_selection import train_test_split
from sklearn.metrics import mean_squared_error, r2_score

# 데이터 불러오기
data = pd.read_csv("Lipophilicity.csv")

# SMILES 문자열을 추출
smiles_list = data['SMILES'].values.tolist()

# SMILES 문자열을 토큰화하고 정수 인코딩
tokenizer = Tokenizer(char_level=True)
tokenizer.fit_on_texts(smiles_list)
sequences = tokenizer.texts_to_sequences(smiles_list)

# 시퀀스 패딩
max_length = max([len(seq) for seq in sequences])
X_smiles = pad_sequences(sequences, maxlen=max_length, padding='post')

# SMILES 데이터를 원-핫 인코딩
X_smiles = to_categorical(X_smiles)

# Lipophilicity를 타겟 변수로 설정
y = data['Lipophilicity'].values

# 트레이닝셋과 테스트셋 분리
X_train, X_test, y_train, y_test = train_test_split(X_smiles, y,
                                                    test_size=0.2, random_state=42)

# RNN 모델 구성
input_layer = Input(shape=(X_train.shape[1], X_train.shape[2]))
lstm_layer1 = LSTM(64, return_sequences=True, dropout=0.3,
                                    recurrent_dropout=0.2)(input_layer)
lstm_layer2 = LSTM(64, return_sequences=True, dropout=0.3,
                                    recurrent_dropout=0.2)(lstm_layer1)
lstm_layer3 = LSTM(64, return_sequences=False, dropout=0.3,
                                    recurrent_dropout=0.2)(lstm_layer2)
output_layer = Dense(1, activation='linear')(lstm_layer3)

# 모델 컴파일
model = Model(inputs=input_layer, outputs=output_layer)
model.compile(optimizer=Adam(), loss='mean_squared_error')

# 모델 학습
model.fit(X_train, y_train, epochs=50, batch_size=32)

# 테스트셋에 대한 예측 수행
```

```
y_pred = model.predict(X_test)

# 예측 결과 평가(Mean Squared Error와 R2 Score)
mse = mean_squared_error(y_test, y_pred)
r2 = r2_score(y_test, y_pred)
print("Mean Squared Error :", mse)
print("R^2 :", r2)

# 실제값 대비 예측값 시각화
plt.figure(figsize=(8, 8))
plt.scatter(y_test, y_pred, c='crimson')
plt.yscale('log')
plt.xscale('log')
p1 = max(max(y_pred), max(y_test))
p2 = min(min(y_pred), min(y_test))
plt.plot([p1, p2], [p1, p2], 'b-')
plt.xlabel('True Values', fontsize=15)
plt.ylabel('Predictions', fontsize=15)
plt.axis('equal')
plt.show()
```

상대적으로 매우 오래 걸리므로 epoch를 조절하여 테스트하길 바라며 위에서 말한 바처럼 그리 좋은 성능을 보이긴 어렵다.

```
Mean Squared Error : 1.6155222005221586
R^2 : -0.00016629187152306102
```

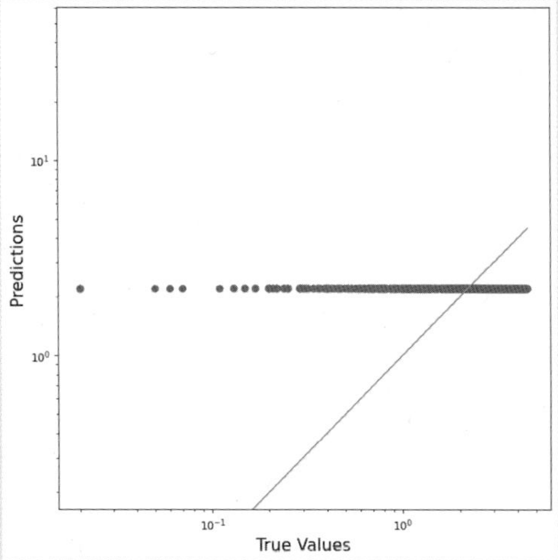

아래는 앞에서 중복되는 것을 제외하고 코드를 자세하게 설명해주는 부분이다.

- **11-12. values.tolist():** 'SMILES' 열의 값들을 리스트로 변환하여 smiles_list에 저장한다. tolist() 함수를 사용하여 값들을 리스트로 변환한다.
- **14-16. 토큰화와 정수 인코딩:** Tokenizer 객체를 생성하고, fit_on_texts 함수를 사용하여 SMILES 문자열을 토큰화하고 정수로 인코딩한다. 이 과정에서 SMILES 문자열을 단어 또는 문자 단위로 토큰화하고, 각 토큰에 고유한 정수 인덱스를 부여한다.
- **to_categorical():** X_smiles 배열을 원-핫 인코딩으로 변환한다. 원-핫 인코딩은 정수로 인코딩된 데이터를 범주형 데이터로 변환하는 과정이다. 이 과정에서 각 정수값이 특정 인덱스 위치에 해당하는 원소만 1로 설정하고, 나머지는 0으로 설정한다.
- **y = data['Lipophilicity'].values:** 'Lipophilicity' 열의 값들을 numpy 배열로 변환하여 y에 저장한다. 타겟 변수 y는 모델 학습에 사용될 예측 대상 변수가 된다.
- **24-25. 트레이닝셋과 테스트셋 분리:** train_test_split 함수를 사용하여 X_smiles와 y를 트레이닝셋과 테스트셋으로 분리한다. 데이터셋을 무작위로 섞은 후, 주어진 비율에 맞게 데이터셋을 분할한다.
- **28-34. RNN 모델 구성:** LSTM 레이어를 사용하여 RNN(Recurrent Neural Network) 모델을 구성한다. 입력 레이어, LSTM 레이어, 출력 레이어로 구성되어 있다. LSTM 레이어는 시퀀스 데이터를 처리하는 데 적합한 순환 신경망 레이어이다.
- **model = Model(inputs=input_layer, outputs=output_layer):** Model 객체를 생성하여 입력과 출력을 설정한다. 입력은 input_layer로, 출력은 output_layer로 설정된다.
- **model.compile(optimizer=Adam(), loss='mean_squared_error'):** 모델을 컴파일한다. 이 단계에서 모델의 구조가 컴파일되고, 최적화 알고리즘과 손실 함수가 설정된다. 여기서는 Adam 옵티마이저와 평균 제곱 오차(Mean Squared Error) 손실 함수를 사용하였다.
- **model.fit(X_train, y_train, epochs=50, batch_size=32):** 모델을 학습한다. X_train과 y_train 데이터를 사용하고, 주어진 에포크 수와 배치 크기에 따라 모델을 반복적으로 학습시켰다.

이 코드는 RNN (Recurrent Neural Network) 모델을 사용하여 화학 물질의 lipophilicity를 예측하는 과정이다. SMILES 문자열을 토큰화하고 정수 인코딩하는 과정을 거친다. 이때, Keras의 Tokenizer를 사용하여 각 문자를 고유한 정수로 매핑한다. 토큰화된 시퀀스는 패딩을 통해 모든 시퀀스의 길이를 동일하게 맞추고(103), 원-핫 인코딩을 적용하여 범주형 데이터로 변환하였다. RNN 모델은 Keras의 함수형 API를 사용하여 구성된다. 입력층은 SMILES 데이터의 형태를 반영하도록 설정되며, 3개의 LSTM 층이 순차적으로 연결된다. 각 LSTM 층은 64개의 유닛을 가지며, dropout과 recurrent_dropout을 적용하여 과적합을 방지한다. 마지막 LSTM 층의 출력은 Dense 층에 연결되며, 활성화 함수로 'linear'를 사용하여 lipophilicity 값을 예측한다.

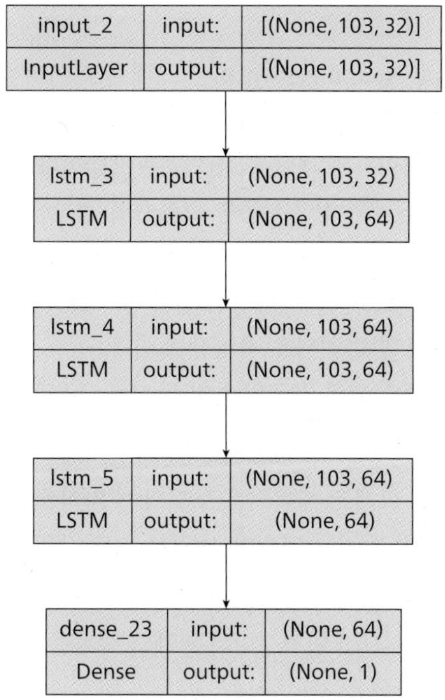

구성된 RNN 모델은 compile 메소드를 사용하여 컴파일되며, 최적화 알고리즘으로 Adam을, 손실 함수로 평균 제곱 오차(mean_squared_error)를 사용한다. 모델의 학습은 fit 메소드를 통해 이루어지며, 에포크 수는 50으로, 배치 크기는 32로 설정된다.

학습이 완료된 후, 테스트셋에 대한 예측을 수행한다. predict 메소드를 사용하여 테스트셋의 SMILES 데이터에 대한 lipophilicity 값을 예측한다. 예측 결과는 실제 lipophilicity 값과 비교하여 모델의 성능을 평가한다. 평균 제곱 오차(mean squared error)와 결정 계수(R-squared)를 계산하여 모델의 정확도를 측정한다. 이 지표들은 모델의 예측 성능을 정량적으로 나타낸다. 위 코드는 RNN 모델을 사용하여 SMILES 문자열로부터 lipophilicity를 예측하는 전체 과정을 보여준다. 데이터 전처리부터 모델 구성, 학습, 예측, 평가까지의 일련의 과정을 포함하고 있다. 코드의 실행 결과로 얻은 평가 지표와 시각화를 통해 모델의 성능을 분석할 수 있으며, 이를 바탕으로 모델의 개선 방향을 모색할 수 있다.

그러나 RNN 모델은 시퀀스 데이터 처리에 특화되어 있지만, lipophilicity와 같은 물리화학적 특성 예측에는 한계가 있을 수 있다는 점을 고려해야 한다. 물리화학적 특성은 분자 구조의 전역적인 특징에 의해 결정되는 경우가 많기 때문에, RNN 모델이 이러한 특성을 예측하는 데 어려움을 겪을 수 있다. 따라서 다양한 모델과 방법론을 시도하고 비교하여 문제에 가장 적합한 접근 방식을 찾는 것이 중요하다.

GNN

GNN (Graph Neural Network)은 그래프 데이터를 처리하고 분석하는 딥러닝 모델 중 하나로, 노드와 엣지로 이루어진 그래프 구조에서 노드와 엣지의 특성을 모델링하여 복잡한 그래프 데이터의 패턴을 학습하는 모델이다. GNN은 그래프 구조를 가진 데이터에서 노드 간의 관계와 상호작용을 고려하여 정보를 전파하고 학습할 수 있다는 점에서 강력한 성능을 보인다. 특히, GNN은 화학, 바이오인포매틱스, 소셜 네트워크 분석, 추천 시스템, 지식 그래프 분석 등 다양한 분야에서 활발히 연구되고 있으며, 최근에는 가장 주목받는 딥러닝 모델 중 하나로 자리잡고 있다.

GNN 모델의 기본 구조와 동작 방식은 다음과 같다:

그래프 구조 표현

- GNN은 그래프 데이터를 노드와 엣지의 특성으로 표현한다. 각 노드는 특정한 특성 벡터를 가지고 있으며, 엣지는 노드 간의 관계를 나타내는 정보를 갖는다.
- 노드의 특성 벡터는 노드의 속성이나 특징을 나타내는 값들로 구성되며, 엣지의 정보는 노드 간의 연결성이나 관계의 종류를 나타낼 수 있다.
- 그래프 구조는 인접 행렬(adjacency matrix)이나 엣지 리스트(edge list)와 같은 형태로 표현될 수 있다.

노드 표현 갱신

- GNN은 주변 노드와 엣지의 정보를 이용하여 각 노드의 표현을 갱신한다. 이를 위해 노드의 특성 벡터와 주변 노드의 특성 벡터를 결합하고, 엣지의 정보를 이용하여 새로운 표현을 계산한다.
- 노드 표현 갱신은 그래프 합성곱(graph convolution) 연산을 통해 이루어진다. 그래프 합성곱은 노드의 특성 벡터와 주변 노드의 특성 벡터를 가중 평균하여 새로운 노드 표현을 생성한다.
- 이 과정은 여러 번 반복되며, 각 반복마다 노드의 표현이 업데이트된다. 반복 횟수는 GNN의 층(layer) 수에 해당한다.

그래프 수준 표현 생성

- GNN은 반복적인 노드 표현 갱신을 통해 그래프 수준의 표현을 생성한다. 그래프 수준 표현은 전체 그래프의 특성을 요약하는 벡터로 나타낼 수 있다.
- 그래프 수준 표현을 생성하는 방법으로는 풀링(pooling) 연산이 사용된다. 풀링 연산은 노드 표현들을 집계하여 그래프 수준의 표현을 생성한다.
- 대표적인 풀링 연산으로는 평균 풀링(average pooling), 최대 풀링(max pooling), 주의력 기반 풀링(attention-based pooling) 등이 있다.

예측 및 분류

- GNN은 학습된 그래프 표현을 활용하여 예측이나 분류 작업을 수행한다. 예를 들어, 그래프 내의 노드 분류 작업을 수행할 때는 GNN이 생성한 노드 표현을 입력하여 분류 모델을 구성한다.
- 분류 모델은 노드 표현을 입력으로 받아 노드의 클래스를 예측하는 역할을 한다. 이때, 소프트맥스(Softmax) 함수를 사용하여 클래스 확률을 계산할 수 있다.
- 그래프 수준의 예측 작업에서는 그래프 수준 표현을 활용하여 전체 그래프에 대한 예측을 수행한다.

GNN 모델은 화학물질의 성질 예측과 같은 작업에 매우 적합하다. 화학물질은 원자(노드)와 결합(엣지)로 이루어진 그래프 구조로 표현될 수 있기 때문이다. GNN을 사용하여 화학물질의 구조적 정보를 학습하고, 이를 바탕으로 물질의 특성을 예측할 수 있다.

GNN 모델의 화학물질 성질 예측을 위한 모델 구현 과정은 다음과 같다:

데이터 준비 및 그래프 생성

- 화학 데이터는 분자 구조로 표현되며, 각 원자는 노드로 나타내고, 원자들 사이의 결합은 엣지로 연결된다.
- 분자 구조를 그래프로 변환하고, 그래프 데이터로 표현한다. 이때, 노드 특성은 원자의 화학적 특성(예: 원자 종류, 전하, 결합 상태 등)을 나타내고, 엣지 특성은 결합의 종류(예: 단일 결합, 이중 결합 등)를 나타낸다.
- 그래프 데이터는 인접 행렬이나 엣지 리스트의 형태로 저장될 수 있다.

GNN 모델 구성

- GNN 모델은 그래프 데이터에 대한 정보를 효과적으로 추출하기 위한 네트워크 구조로 설계된다.
- 일반적으로 그래프 합성곱 레이어(graph convolutional layer), 그래프 LSTM 레이어(graph LSTM layer) 등을 조합하여 사용한다.
- 그래프의 노드 및 엣지 특성을 이용하여 모델의 입력을 구성하고, 그래프에서 정보를 전파하며 노드 및 엣지의 잠재 표현을 업데이트한다.

모델 학습

- 그래프 데이터를 사용하여 GNN 모델을 학습시킨다. 입력 그래프와 해당 그래프의 lipophilicity 값을 사용하여 모델의 가중치를 업데이트한다.
- 손실 함수(loss function)와 옵티마이저(optimizer)를 선택하여 모델을 컴파일하고, fit() 함수를 사용하여 모델을 학습시킨다.
- 학습 과정에서 그래프 합성곱과 그래프 풀링 연산을 통해 노드 표현을 갱신하고, 그래프 수준 표현을 생성한다.

예측 수행

- 학습된 GNN 모델을 사용하여 테스트 데이터나 새로운 분자 구조에 대한 lipophilicity 값을 예측한다.
- predict() 함수를 사용하여 입력 그래프에 대한 예측 결과를 얻을 수 있다.

모델 평가

- 예측 결과와 실제값을 비교하여 모델의 성능을 평가한다.
- 평가 지표로는 평균 제곱 오차(Mean Squared Error, MSE), 평균 절대 오차(Mean Absolute Error, MAE), R-제곱(R-squared, R^2) 등을 사용할 수 있다.
- 모델의 성능을 분석하고, 필요에 따라 하이퍼파라미터를 조정하거나 모델 구조를 개선할 수 있다.

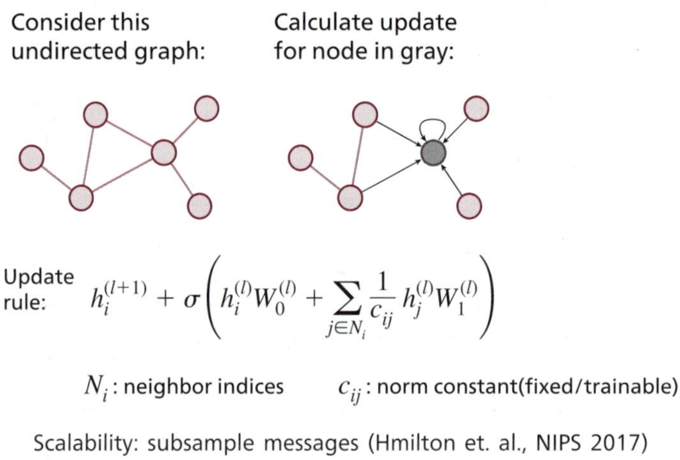

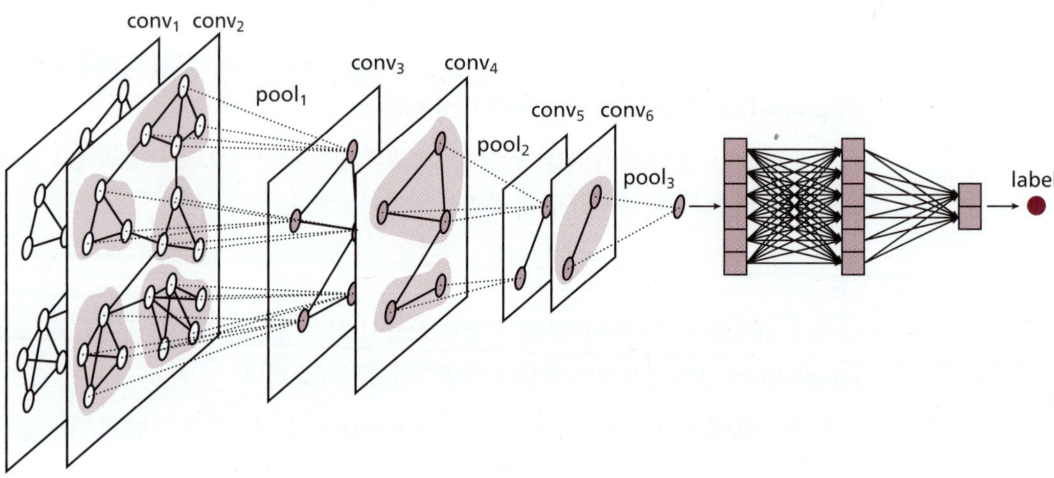

GNN 모델은 화학 분야에서 분자 구조와 관련된 다양한 작업에 활발히 적용되고 있다. 분자의 구조적 특성을 고려하여 정보를 추출하고 학습할 수 있기 때문에, 화학적 상호작용 예측, 분자 구조 예측, 분자 속성 예측 등의 문제에 효과적이다. 특히, GNN은 그래프 데이터에 대한 강력한 표현 학습 능력을 가지고 있어, 복잡한 화학 데이터의 패턴을 포착하고 예측할 수 있다. 그러나 GNN 모델의 학습에는 그래프의 크기와 구조에 따라 계산 복잡도가 크게 증가할 수 있다. 또한, 학습 데이터의 부족이나 그래프 데이터의 불균형 문제가 발생할 수 있다. 이러한 문제를 해결하기 위해서는 데이터 전처리 기법이나 샘플링 기법을 적용하는 것이 도움될 수 있다. 예를 들어, 그래프 데이터의 증강(graph data augmentation)이나 그래프 샘플링(graph sampling) 기법을 사용하여 데이터의 다양성을 높이고, 모델의 일반화 성능을 향상시킬 수 있다.

최근에는 GNN의 확장성과 일반화 능력을 높이기 위한 다양한 연구가 진행되고 있다. Graph transformer, graph attention network, graph pooling 등의 기법들이 제안되었으며, 이를 통해 대규모 그래프 데이터에 대한 효과적인 처리와 학습이 가능해졌다. 또한, 그래프 데이터의 불확실성을 다루기 위한 graph uncertainty learning, 그래프 데이터의 설명 가능성을 높이기 위한 graph explainability 등의 연구 주제도 활발히 다루어지고 있다.

```
import torch
from torch import nn
from torch.utils.data import Dataset, DataLoader
from torch_geometric.nn import GCNConv, global_mean_pool
from torch_geometric.data import DataLoader
from torch.nn import Linear
from torch_geometric.utils import dense_to_sparse
from torch_geometric.data import Data
from rdkit import Chem
import numpy as np
import pandas as pd
from sklearn.model_selection import train_test_split
from sklearn.metrics import mean_squared_error, r2_score
import matplotlib.pyplot as plt

# 데이터 불러오기
data = pd.read_csv('Lipophilicity.csv')

# rdkit을 사용해 SMILES 문자열을 그래프 형태로 변환
# 원자와 결합의 최대 개수 설정
max_atoms = max([Chem.MolFromSmiles(smiles).GetNumAtoms()
                                              for smiles in data['SMILES']])

def smiles_to_graph(smiles):
    mol = Chem.MolFromSmiles(smiles)
    adj = Chem.rdmolops.GetAdjacencyMatrix(mol)
    features = [atom.GetAtomicNum() for atom in mol.GetAtoms()]
```

```
    # 패딩 수행
    n_atoms = len(features)
    features.extend([0]*(max_atoms-n_atoms))
    adj_padding = np.zeros((max_atoms, max_atoms))
    adj_padding[:n_atoms, :n_atoms] = adj

    return adj_padding, features

graphs = [smiles_to_graph(smiles) for smiles in data['SMILES']]
X = [torch.tensor(features, dtype=torch.float).view(-1, 1)
                                              for _, features in graphs]
A = [torch.tensor(adj, dtype=torch.long) for adj, _ in graphs]
y = torch.tensor(data['Lipophilicity'].values, dtype=torch.float).
                                                            view(-1, 1)

class GraphDataset(Dataset):
    def __init__(self, X, A, y):
        self.X = X
        self.A = A
        self.y = y

    def __len__(self):
        return len(self.X)

    def __getitem__(self, idx):
        edge_index, _ = dense_to_sparse(self.A[idx])
                              # Convert adjacency matrix to edge_index
        return Data(x=self.X[idx], edge_index=edge_index, y=self.y[idx])

# 트레이닝셋과 테스트셋 분리
X_train, X_test, A_train, A_test, y_train,
     y_test = train_test_split(X, A, y, test_size=0.2, random_state=42)
train_data = GraphDataset(X_train, A_train, y_train)
test_data = GraphDataset(X_test, A_test, y_test)

train_loader = DataLoader(train_data, batch_size=32, shuffle=True)
test_loader = DataLoader(test_data, batch_size=32, shuffle=False)

# 그래프 신경망(GNN) 모델 구성
class GNN(torch.nn.Module):
    def __init__(self):
        super(GNN, self).__init__()
        self.conv1 = GCNConv(1, 64)
        self.conv2 = GCNConv(64, 64)
        self.conv3 = GCNConv(64, 64)
        self.fc = Linear(64, 1)

    def forward(self, data):
```

```
        x, edge_index = data.x, data.edge_index
        x = self.conv1(x, edge_index).relu()
        x = self.conv2(x, edge_index).relu()
        x = self.conv3(x, edge_index).relu()
        x = global_mean_pool(x, data.batch)
        x = self.fc(x)
        return x.view(-1)

# ... 기존 코드를 유지한다 ...

# 모델, 손실 함수, 최적화 함수 설정
model = GNN()
criterion = nn.MSELoss()
optimizer = torch.optim.Adam(model.parameters(), lr=0.001)
print(model)

# 학습
for epoch in range(100):
    model.train()
    train_losses = []
    for data in train_loader:
        optimizer.zero_grad()
        output = model(data)
        loss = criterion(output, data.y)
        loss.backward()
        optimizer.step()
        train_losses.append(loss.item())

    if epoch % 10 == 0:
        model.eval()
        test_losses = []
        for data in test_loader:
            output = model(data)
            loss = criterion(output, data.y)
            test_losses.append(loss.item())

        print(f'Epoch {epoch}:')
        print('Train Loss:', np.mean(train_losses))
        print('Test Loss:', np.mean(test_losses))
        model.train()

# 평가
model.eval()
y_pred = []
y_true = []
for batch in test_loader:
    output = model(batch)
    y_pred.append(output.detach().numpy().flatten())
```

```
    y_true.append(batch.y.numpy().flatten())

y_pred = np.concatenate(y_pred)
y_true = np.concatenate(y_true)

print('MSE: ', mean_squared_error(y_true, y_pred))
print('R2 score: ', r2_score(y_true, y_pred))

# 결과 시각화
plt.figure(figsize=(8, 8))
plt.scatter(y_true, y_pred, c='crimson')
plt.yscale('log')
plt.xscale('log')
p1 = max(max(y_pred), max(y_true))
p2 = min(min(y_pred), min(y_true))
plt.plot([p1, p2], [p1, p2], 'b-')
plt.xlabel('True Values', fontsize=15)
plt.ylabel('Predictions', fontsize=15)
plt.axis('equal')
plt.show()
```

모델의 결과는 아래와 같다. RNN보다는 좋은 결과이지만 만족할 수준은 아니다.

```
MSE:  1.5422634
R2 score:  0.04518807018937865
```

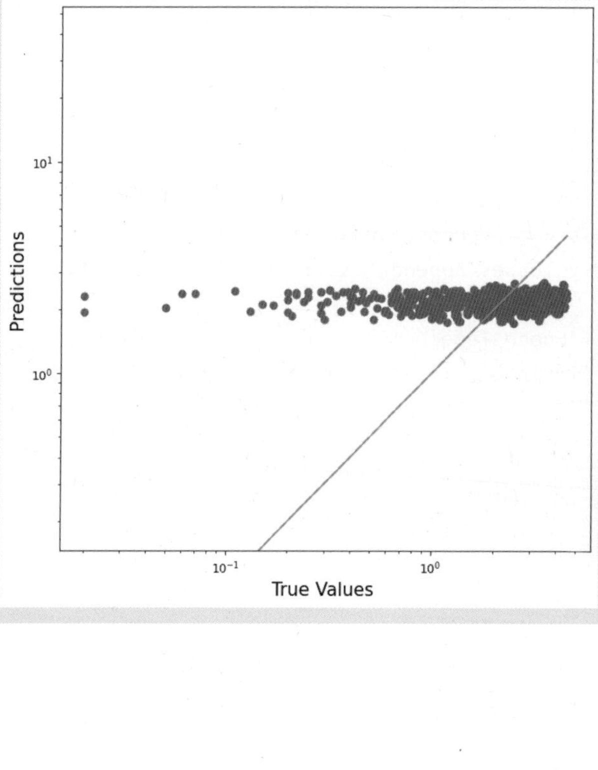

코드 분석

- **def smiles_to_graph(smiles): ...** : 이 함수는 SMILES 문자열을 그래프 형태로 변환한다. SMILES는 화학 물질의 구조를 텍스트 형태로 표현한 것이다. 이 그래프는 그래프 기반의 딥러닝 모델에 적용할 수 있다.
- **graphs = [smiles_to_graph(smiles) for smiles in data['SMILES']]**: 이 부분은 데이터셋의 모든 SMILES 문자열을 그래프로 변환하는 작업을 수행한다.
- **X = [torch.tensor(features, dtype=torch.float).view(-1, 1) for _, features in graphs] A = [torch.tensor(adj, dtype=torch.long) for adj, _ in graphs]**: 이 부분은 원자와 연결성 정보를 PyTorch 텐서로 변환한다.
- **y = torch.tensor(data['Lipophilicity'].values, dtype=torch.float).view(-1, 1)** : 'Lipophilicity' 값들을 PyTorch 텐서로 변환한다.
- **class GraphDataset(Dataset): ...** : 이 클래스는 PyTorch의 Dataset 클래스를 상속받아 그래프 데이터를 처리하는 방법을 정의한다. 이 클래스는 모델 학습에 사용될 데이터의 배치를 생성하는 역할을 한다.
- **X_train, X_test, A_train, A_test, y_train, y_test = train_test_split(X, A, y, test_size=0.2, random_state=42)** : 이 부분은 전체 데이터를 훈련 데이터와 테스트 데이터로 나눈다.
- **class GNN(torch.nn.Module): ...** : 이 부분에서는 그래프 신경망(GNN) 모델을 정의한다.
- **model = GNN() criterion = nn.MSELoss() optimizer = torch.optim.Adam(model.parameters(), lr=0.001)** : 이 부분에서는 GNN 모델을 초기화하고, 손실 함수와 최적화 알고리즘을 설정한다.
- **for epoch in range(100): ...** : 이 부분에서는 모델을 학습한다. 각 epoch에서, 모든 훈련 데이터는 모델에 한 번씩 전달되고, 모델의 파라미터는 손실을 줄이는 방향으로 업데이트된다.
- **model.eval() y_pred = [] y_true = [] for batch in test_loader: ...** : 이 부분에서는 학습된 모델을 테스트 데이터에 적용하여 성능을 평가한다. 평가 지표로는 MSE (Mean Squared Error)와 R2 score를 사용한다.

GNN을 사용하여 화합물의 lipophilicity를 예측하는 모델을 구현한 것으로 여기에서는 RDKit 라이브러리를 사용하여 SMILES 문자열을 그래프 형태로 변환한다. 그래프는 화합물의 분자 구조를 나타내는 데 적합한 형태로, 원자를 노드로, 화학 결합을 엣지로 표현한다. 'smiles_to_graph' 함수를 통해 각 화합물의 SMILES를 입력받아 인접 행렬(adjacency matrix)과 원자의 특성(atomic number)을 추출한다. 인접 행렬은 원자 간의 연결 정보를 나타내고, 원자의 특성은 해당 원자의 종류를 나타내는 숫자값이다.

데이터셋 내 화합물의 크기가 다양하므로, 모든 그래프의 크기를 동일하게 만들어주기 위해 패딩(padding)을 수행한다. 패딩은 그래프의 크기를 데이터셋 내 가장 큰 그래프의 크기에 맞춰 확장하고, 확장된 부분을 0으로 채우는 과정이다. 이를 통해 배치 단위로 그래프를 처리할 때 모든 그래프의 크기를 통일할 수 있다. 패딩된 인접 행렬과 원자 특성 벡터는 각각 'X'와 'A'라는 리스트에 저장되고, lipophilicity 값은 'y'라는 텐서로 저장된다.

다음으로, PyTorch의 Dataset 클래스를 상속받아 'GraphDataset' 클래스를 정의한다. 이 클래스는 그래프 데이터를 배치 단위로 효율적으로 로드할 수 있도록 돕는다. '__getitem__' 메소드에서는 인접 행렬을 COO (Coordinate) 형식의 희소 행렬(sparse matrix)로 변환하여 'edge_index'로 저장한다. 이는 그래프의 연결 정보를 효과적으로 나타내는 방법 중 하나이다. 또한 'Data' 클래스를 사용하여 그래프의 특성값('x'), 연결 정보('edge_index'), 타깃값('y')을 묶어서 반환한다. 데이터를 학습에 사용할 트레이닝셋과 모델 성능 평가에 사용할 테스트셋으로 분리한다. 분리된 데이터를 'GraphDataset'으로 'train_data'와 'test_data'를 생성한다. 이후 'DataLoader'를 사용하여 배치 단위로 데이터를 로드할 수 있는 'train_loader'와 'test_loader'를 만든다.

GNN 모델은 'GNN' 클래스로 정의된다. 이 모델은 3개의 그래프 컨볼루션 레이어('GCNConv')와 1개의 전결합층(fully connected layer)으로 구성된다. 그래프 컨볼루션 레이어는 노드의 특성값과 연결 정보를 이용하여 노드의 새로운 표현을 학습한다. 마지막 레이어의 출력은 'global_mean_pool' 함수를 통해 그래프 수준으로 집계되어 전결합층의 입력으로 사용된다. 전결합층을 통해 최종적으로 lipophilicity 값이 예측된다.

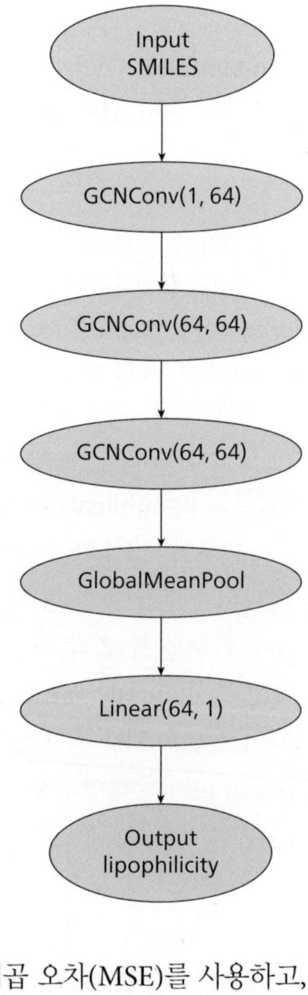

모델의 손실 함수로는 평균 제곱 오차(MSE)를 사용하고, 최적화 알고리즘으로는 Adam을 사용한다. 학습 과정에서는 100 에포크(epoch) 동안 모델을 학습시키며, 매 에포크마다

트레이닝셋에 대한 손실을 계산하고 역전파(backpropagation)를 통해 모델의 가중치를 업데이트한다. 10 에포크마다 테스트셋에 대한 손실도 계산하여 출력함으로써 모델의 일반화 성능을 확인할 수 있다. 대략적인 코드의 주요 내용에 대한 설명은 위에 추가하였다.

GAT

GAT (Graph Attention Network)은 그래프 내의 노드 간 상호작용을 고려하여 그래프 데이터를 처리하는 방법이다. 각 노드의 표현을 계산하기 위해 주변 이웃 노드와의 상호작용에 대한 가중치를 사용한다. 이 방법은 그래프 내의 중요한 상호작용을 집중적으로 고려하여 노드 표현을 학습할 수 있다.

```
import torch
from torch import nn
from torch.utils.data import Dataset, DataLoader
from torch_geometric.nn import GCNConv, global_mean_pool
from torch_geometric.data import DataLoader
from torch.nn import Linear
from torch_geometric.utils import dense_to_sparse
from torch_geometric.data import Data
from torch_geometric.nn import GATConv
from rdkit import Chem
from rdkit.Chem import rdMolDescriptors, Descriptors
import numpy as np
import pandas as pd
from sklearn.model_selection import train_test_split
from sklearn.metrics import mean_squared_error, r2_score
import matplotlib.pyplot as plt

# 데이터 불러오기
data = pd.read_csv('Lipophilicity.csv')

# rdkit을 사용해 SMILES 문자열을 그래프 형태로 변환
# 원자와 결합의 최대 개수 설정
max_atoms = max([Chem.MolFromSmiles(smiles).GetNumAtoms()
                                            for smiles in data['SMILES']])

def smiles_to_graph(smiles):
    mol = Chem.MolFromSmiles(smiles)
    adj = Chem.rdmolops.GetAdjacencyMatrix(mol)
    features = [atom.GetAtomicNum() for atom in mol.GetAtoms()]

    # 패딩 수행
    n_atoms = len(features)
    features.extend([0]*(max_atoms-n_atoms))
    adj_padding = np.zeros((max_atoms, max_atoms))
    adj_padding[:n_atoms, :n_atoms] = adj
```

```
    return adj_padding, features

graphs = [smiles_to_graph(smiles) for smiles in data['SMILES']]
X = [torch.tensor(features, dtype=torch.float).view(-1, 1)
                                        for _, features in graphs]
A = [torch.tensor(adj, dtype=torch.long) for adj, _ in graphs]
y = torch.tensor(data['Lipophilicity'].values, dtype=torch.float).
                                                    view(-1, 1)

# 글로벌 특성 추가
data['TPSA'] = data['SMILES'].apply(lambda x:
                                Descriptors.TPSA(Chem.MolFromSmiles(x)))
data['LogP'] = data['SMILES'].apply(lambda x:
                              Descriptors.MolLogP(Chem.MolFromSmiles(x)))
data['MolecularWeight'] = data['SMILES'].apply(lambda x:
                                Descriptors.MolWt(Chem.MolFromSmiles(x)))
data['NumRotatableBonds'] = data['SMILES'].apply(lambda x:
                      Descriptors.NumRotatableBonds(Chem.MolFromSmiles(x)))

# 글로벌 특성 데이터를 텐서로 변환
global_features = torch.tensor(data[['TPSA', 'LogP',
      'MolecularWeight','NumRotatableBonds']].values, dtype=torch.float)

class GraphDataset(Dataset):
    def __init__(self, X, A, y, global_features):
        self.X = X
        self.A = A
        self.y = y
        self.global_features = global_features

    def __len__(self):
        return len(self.X)

    def __getitem__(self, idx):
        edge_index, _ = dense_to_sparse(self.A[idx])
                                # Convert adjacency matrix to edge_index
        return Data(x=self.X[idx], edge_index=edge_index, y=self.y[idx],
                 global_features=self.global_features[idx].unsqueeze(0))

# 트레이닝셋과 테스트셋 분리
X_train, X_test, A_train, A_test, y_train, y_test, global_train,
               global_test = train_test_split(X, A, y, global_features,
                                          test_size=0.2, random_state=42)
train_data = GraphDataset(X_train, A_train, y_train, global_train)
test_data = GraphDataset(X_test, A_test, y_test, global_test)
train_loader = DataLoader(train_data, batch_size=32, shuffle=True)
test_loader = DataLoader(test_data, batch_size=32, shuffle=False)


# 그래프 신경망(GAT) 모델 구성
```

```
class GNN(torch.nn.Module):
    def __init__(self):
        super(GNN, self).__init__()
        self.conv1 = GATConv(1, 64)
        self.conv2 = GATConv(64, 64)
        self.conv3 = GATConv(64, 64)
        self.global_feature_layer = Linear(4, 64)
                                            # 추가: global feature layer
        self.fc = Linear(128, 1)

    def forward(self, data):
        x, edge_index, global_features = data.x, data.edge_index,
                                            data.global_features  # 수정
        x = self.conv1(x, edge_index).relu()
        x = self.conv2(x, edge_index).relu()
        x = self.conv3(x, edge_index).relu()
        x = global_mean_pool(x, data.batch)
        global_features = self.global_feature_layer(global_features).
                                        relu()  # 추가: global feature 처리

        x = torch.cat([x, global_features], dim=1)
                               # 수정: local feature와 global feature 결합
        x = self.fc(x)
        return x.view(-1)

# 모델, 손실 함수, 최적화 함수 설정
model = GNN()
criterion = nn.MSELoss()
optimizer = torch.optim.Adam(model.parameters(), lr=0.001)
print(model)

# 학습
for epoch in range(30):
    model.train()
    train_losses = []
    for data in train_loader:
        optimizer.zero_grad()
        output = model(data)
        loss = criterion(output, data.y)
        loss.backward()
        optimizer.step()
        train_losses.append(loss.item())

    if epoch % 10 == 0:
        model.eval()
        test_losses = []
        for data in test_loader:
            output = model(data)
```

```
            loss = criterion(output, data.y)
            test_losses.append(loss.item())

        print(f'Epoch {epoch}:')
        print('Train Loss:', np.mean(train_losses))
        print('Test Loss:', np.mean(test_losses))
        model.train()

# 평가
model.eval()
y_pred = []
y_true = []
for batch in test_loader:
    output = model(batch)
    y_pred.append(output.detach().numpy().flatten())
    y_true.append(batch.y.numpy().flatten())

y_pred = np.concatenate(y_pred)
y_true = np.concatenate(y_true)

print('MSE: ', mean_squared_error(y_true, y_pred))
print('R2 score: ', r2_score(y_true, y_pred))

# 결과 시각화
plt.figure(figsize=(8, 8))
plt.scatter(y_test, y_pred, c='crimson')
plt.yscale('log')
plt.xscale('log')
p1 = max(max(y_pred), max(y_test))
p2 = min(min(y_pred), min(y_test))
plt.plot([p1, p2], [p1, p2], 'b-')
plt.xlabel('True Values', fontsize=15)
plt.ylabel('Predictions', fontsize=15)
plt.axis('equal')
plt.show()
```

해당 코드를 실행하면 아래와 같은 결과를 확인할 수 있다. GNN보다 조금 더 우월한 결과값이 나온 것을 알 수 있다.

```
MSE:  1.3715588
R2 score:  0.15087093142402597
```

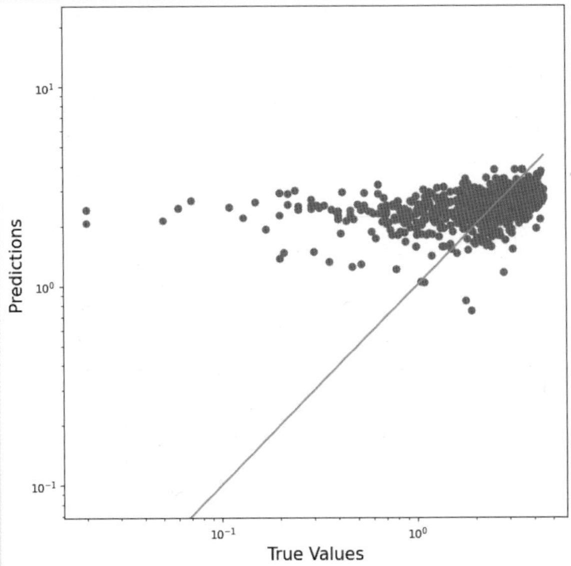

- **def smiles_to_graph(smiles): ... :** SMILES 문자열을 그래프 형태로 변환하는 작업을 한다. SMILES는 화학 물질의 구조를 텍스트 형태로 표현한 것으로, 그래프로 변환하면 그래프 기반의 딥러닝 모델에 적용할 수 있다.
- **graphs = [smiles_to_graph(smiles) for smiles in data['SMILES']]:** 데이터셋의 모든 SMILES 문자열을 그래프로 변환하는 작업을 수행한다.
- **global_features = torch.tensor(data[['TPSA', 'LogP', 'MolecularWeight','NumRotatableBonds']].values, dtype=torch.float):** 데이터 프레임에서 4가지 종류의 글로벌 특성을 추출하여 텐서로 변환한다.
- **class GraphDataset(Dataset): ... :** PyTorch의 Dataset 클래스를 상속받아 그래프 데이터를 처리하는 방법을 정의한다. 이 클래스는 모델 학습에 사용될 데이터의 배치를 생성하는 역할을 한다.
- **class GNN(torch.nn.Module): ... :** 그래프 신경망(GNN) 모델을 정의한다. GNN 모델은 입력으로 그래프의 노드 특성과 엣지 정보를 받아서 노드 또는 그래프의 출력을 생성한다.
- **model = GNN() ... optimizer = torch.optim.Adam(model.parameters(), lr=0.001) :** 정의한 모델을 초기화하고, 손실 함수와 최적화 알고리즘을 설정한다. 손실 함수는 모델의 예측이 얼마나 잘못되었는지를 측정하고, 최적화 알고리즘은 손실을 줄이는 방향으로 모델의 파라미터를 업데이트하는 역할을 한다.
- **for epoch in range(30): ... :** 실제 모델 학습을 수행한다. 각 epoch에서 모든 훈련 데이터가 모델에 한 번씩 전달되고, 모델의 파라미터가 손실을 줄이는 방향으로 업데이트된다.
- **model.eval() ... :** 학습된 모델을 테스트 데이터에 적용하여 성능을 평가한다. 평가 지표로는 MSE (Mean Squared Error)와 R2 score를 사용한다.
- **plt.figure(figsize=(8, 8)) ... plt.show() :** 실제값과 모델의 예측값을 시각적으로 비교하는 그래프를 그린다.

GAT는 이전 GNN 코드와 달리 그래프 구조 외에도 분자의 전역적 특성을 추가로 고려하여 예측 성능을 향상시키고자 하였다. 우선 데이터 불러오기와 SMILES 문자열을 그래프로 변환하는 부분은 이전 코드와 동일하지만, 이 코드에서는 'rdkit'의 'Descriptors' 모듈을 사용하여 분자의 전역적 특성을 계산한다. 구체적으로 'TPSA' (Topological Polar Surface Area), 'LogP' (Octanol−Water Partition Coefficient), 'MolecularWeight', 'NumRotatableBonds' (회전 가능한 결합의 수)를 계산하고, 이를 데이터프레임에 새로운 열로 추가하였다.

이렇게 계산된 전역적 특성은 'global_features'라는 텐서로 변환되어 'GraphDataset' 클래스의 초기화 메소드에 추가된다. 'GraphDataset'의 '__getitem__' 메소드에서는 기존의 그래프 데이터('x', 'edge_index', 'y')와 함께 'global_features'를 반환한다. 이때 'global_features'는 'unsqueeze(0)'을 사용하여 배치 차원을 추가한다.

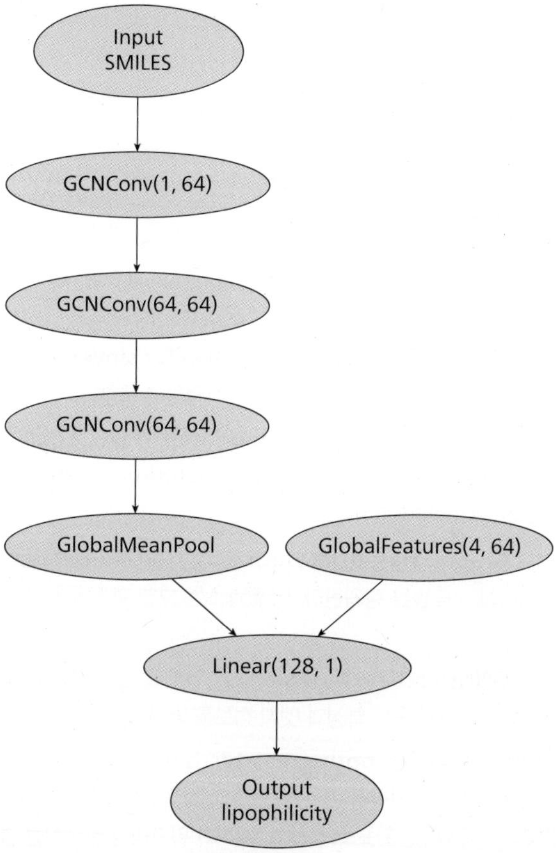

데이터를 학습용 트레이닝셋과 평가용 테스트셋으로 분리할 때, 'global_features'도 함께 분리한다. 분리된 데이터는 'GraphDataset'으로 'train_data'와 'test_data'로 저장되고, 'DataLoader'를 통해 배치 단위로 로드할 수 있도록 한다. 이전 코드에서 사용한 GCN(Graph Convolutional Network) 대신 이 코드에서는 GAT를 사용하여 그래프 신경망 모델을 구성한다. GAT는 그래프의 노드 간 연결 관계에 어텐션 메커니즘을 적용하여 중요한 이웃 노드에 더 큰 가중치를 부여하는 방식으로 동작한다.

모델 클래스 'GNN'에는 GAT 레이어('GATConv')가 3개 사용되며, 각 레이어는 64개의 출력 채널을 가진다. 전역적 특성을 처리하기 위한 선형 레이어('global_feature_layer')가 추가되었다. 이 레이어는 4개의 전역적 특성을 입력으로 받아 64개의 출력을 생성한다. 모델의 순전파(forward) 과정에서는 그래프 데이터와 전역적 특성을 입력받는다. 그래프 데이터는 GAT 레이어를 통과하여 노드 표현을 학습하고, 'global_mean_pool'을 사용하여 그래프 수준의 표현으로 집계된다. 전역적 특성은 선형 레이어를 통과하여 처리된다. 마지막으로 그래프 수준 표현과 처리된 전역적 특성을 연결(concatenate)하여 최종 출력을 생성한다.

모델 학습 과정은 이전 코드와 유사하나, 에폭(epoch) 수를 30으로 설정하였다. 그럼에도 이전보다 큰 성능을 보인 것을 주목하라. 에폭마다 트레이닝셋에 대한 손실을 계산하고 역전파를 수행하여 모델 가중치를 업데이트한다. 10 에폭마다 테스트셋에 대한 손실도 출력하여 모델의 일반화 성능을 확인한다.

특히 이 코드는 그래프 구조와 함께 분자의 전역적 특성을 활용하여 화합물의 lipophilicity를 예측하는 모델을 구현한 것이 특징이다. 전역적 특성을 추가함으로써 분자의 다양한 물리화학적 성질을 고려할 수 있게 되었다. 또한 GCN 대신 GAT를 사용하여 그래프의 노드 간 연결 관계에 어텐션 메커니즘을 적용함으로써 중요한 이웃 노드에 더 큰 가중치를 부여할 수 있게 되었다. 이를 통해 그래프 구조와 전역적 특성을 모두 활용하여 화합물의 lipophilicity를 보다 정확하게 예측할 수 있을 것으로 기대된다.

이러한 접근 방식은 약물 개발과 신약 발굴 분야에서 유용하게 활용될 수 있다. 대규모 화합물 라이브러리에서 유망한 후보 물질을 신속하게 스크리닝하고, 실험을 통한 측정 비용과 시간을 절감할 수 있다. 또한 이 코드에서 사용된 그래프 신경망과 전역적 특성을 활용하는 아이디어는 다른 화학 물성 예측 문제에도 적용될 수 있을 것이다. 앞으로 이 분야에서의 지속적인 연구와 발전을 통해 더욱 정교하고 효과적인 예측 모델이 개발될 것으로 기대된다.

GNN과 GAT 이외에도 다양한 최신 그래프 기반 딥러닝 방법이 개발되고 있다. 몇 가지 중요한 방법을 소개한다.

GraphSAGE

GraphSAGE (Graph Sample and Aggregated)는 그래프 내의 노드 임베딩을 학습하기 위해 사용되는 방법이다. 이 방법은 각 노드의 이웃 노드들의 임베딩을 집계하여 노드의 표현을 생성한다. 이 방법은 그래프 데이터의 크기에 상관없이 확장성이 뛰어나고, 복잡한 그래프 구조에서도 잘 작동한다.

Graph Attention Transformer

Graph Attention Transformer는 그래프 데이터를 처리하기 위해 Transformer 아키텍처를 그래프에 적용하는 방법이다. 이 방법은 그래프 내의 노드 및 엣지 간의 상호작용을 모델링하기 위해 self-attention 메커니즘을 사용한다. 이를 통해 그래프 데이터에 대한 효율적이고 강력한 표현을 학습할 수 있다.

Graph Neural ODE

Graph Neural ODE (Ordinary Differential Equation)는 그래프 데이터의 연속적인 변화를 모델링하기 위해 ODE를 활용하는 방법이다. 이 방법은 그래프에 대한 시간에 따른 표현을 학습함으로써 동적인 그래프 데이터에 적합한다. 그래프의 동적인 변화를 모델링하고 예측하는 데에 유용하다.

이 외에도 그래프 기반 기법의 발전은 계속되고 있으며, 그래프 기반 딥러닝 분야에서는 다양한 연구가 진행되고 있다. 새로운 기법이나 방법론이 지속적으로 개발되고 있으므로, 관련 논문과 연구를 참고하면 더 많은 정보를 얻을 수 있을 것이다.

Transformer

Transformer는 자연어 처리 분야에서 주목받는 딥러닝 모델 중 하나로, 기존의 순차적인 처리 방식과는 다르게 입력 시퀀스의 전체 정보를 한 번에 고려하여 처리하는 혁신적인 모델이다. Transformer 모델은 2017년에 발표된 "Attention is All You Need" 논문에서 처음 소개되었으며, 이후 기계 번역, 문장 생성, 문서 분류, 질의 응답 등 다양한 자연어 처리 작업에서 뛰어난 성능을 보여주고 있다. Transformer 모델의 핵심 아이디어는 self-attention 메커니즘이다. Self-attention은 입력 시퀀스 내의 각 단어가 다른 모든 단어와의 관계를 계산하는 방법으로, 이를 통해 모델은 입력 시퀀스 내의 단어들 간의 상호 의존성을 효과적으로 파악할 수 있다. 기존의 순환 신경망(RNN)이나 합성곱 신경망(CNN)과 달리, transformer는 self-attention을 사용하여 입력 시퀀스의 전체 맥락을 고려하면서도 병렬 처리가 가능하다는 장점이 있다.

Transformer 모델의 구조는 크게 encoder와 decoder로 구성된다. Encoder는 입력 시퀀스를 인코딩하여 입력 시퀀스의 특징을 추출하고, decoder는 encoder의 출력을 바탕으로 출력 시퀀스를 생성한다. Encoder와 decoder는 여러 개의 층(layer)으로 이루어져 있으며, 각 층은 self-attention과 feed-forward neural network로 구성된다.

Encoder의 각 층에서는 입력 시퀀스에 대해 self-attention을 수행하여 각 단어의 주변 단어와의 관계를 파악한다. 이때, multi-head attention이라는 기법을 사용하여 여러 개의 self-attention을 병렬로 수행하고, 이를 통해 다양한 관점에서의 단어 간 관계를 포착할 수 있다. Encoder의 출력은 입력 시퀀스의 특징을 압축적으로 표현한 벡터로, decoder에서 이를 활용하여 출력 시퀀스를 생성한다.

Decoder에서는 encoder의 출력과 이전 시점까지 생성된 출력 시퀀스를 입력으로 받아, 다음 단어를 예측한다. Decoder의 각 층에서는 self-attention과 encoder-decoder attention을 수행한다. Self-attention을 통해 이전 시점까지 생성된 출력 시퀀스 내의 단어 간 관계를 파악하고, encoder-decoder attention을 통해 encoder의 출력과 decoder의 현재 상태를 연결하여 출력 시퀀스를 생성한다.

Transformer 모델에서는 위치 정보를 반영하기 위해 positional encoding이라는 기법을 사용한다. 입력 시퀀스의 각 단어에 위치 정보를 인코딩한 벡터를 더해줌으로써, 모델이 단어의 순서를 인식할 수 있도록 한다. 이를 통해 순환 신경망에서 사용되는 순차적인 처리 방식의 한계를 극복하고, 병렬 처리가 가능해진다.

Transformer 모델을 구현할 때는 다음과 같은 과정을 거친다:

입력 데이터 전처리

- 입력 시퀀스를 토큰화하여 단어 단위로 분리한다.
- 각 단어를 정수로 매핑하는 정수 인코딩이나 원-핫 인코딩을 수행한다.
- 입력 시퀀스의 길이를 일정하게 맞추기 위해 패딩(padding)을 적용한다.

모델 구성

- Transformer 모델의 encoder와 decoder를 구성한다.
- 각 층의 self-attention과 feed-forward neural network를 정의한다.
- Multi-head attention을 구현하여 여러 개의 self-attention을 병렬로 수행한다.
- Positional encoding을 적용하여 위치 정보를 모델에 반영한다.

모델 학습

- 입력 시퀀스와 출력 시퀀스를 사용하여 모델을 학습시킨다.
- 손실 함수(일반적으로 크로스 엔트로피)와 옵티마이저(주로 Adam)를 선택하여 모델을 컴파일한다.
- 'fit()' 함수를 사용하여 모델을 학습시키고, 에포크(epoch)와 배치 크기(batch size)를 설정한다.

예측 수행

- 학습된 transformer 모델을 사용하여 새로운 입력 시퀀스에 대한 예측을 수행한다.
- 입력 시퀀스를 모델에 주입하고, 'predict()' 함수를 사용하여 예측 결과를 얻는다.

모델 평가

- 예측 결과와 실제 출력 시퀀스를 비교하여 모델의 성능을 평가한다.
- 정확도(accuracy), BLEU 스코어, 퍼플렉서티(perplexity) 등의 평가 지표를 사용하여 모델의 성능을 측정한다.

Transformer 모델은 기존의 순환 신경망이나 합성곱 신경망과 비교하여 여러 가지 장점을 가지고 있다. 먼저, self-attention을 통해 입력 시퀀스의 전체 맥락을 고려할 수 있어 장기 의존성을 효과적으로 포착할 수 있다. 또한, 병렬 처리가 가능하여 학습 속도가 빠르고, 대용량 데이터셋에 대해서도 훈련이 가능하다. 이러한 장점으로 인해 transformer 모델은 자연어 처리 분야에서 새로운 패러다임을 제시하였고, 많은 연구자들이 transformer 모델을 기반으로 다양한 연구를 진행하고 있다.

Transformer 모델은 기계 번역 분야에서 특히 두각을 나타내고 있다. Google의 BERT (Bidirectional Encoder Representations from Transformers)와 OpenAI의 GPT (Generative Pre-trained Transformer) 모델은 transformer 구조를 기반으로 사전 학습된 언어 모델로, 다양한 자연어 처리 작업에서 뛰어난 성능을 보여주고 있다. 이들 모델은 대규모 텍스트 데이터를 사전 학습하여 언어에 대한 풍부한 표현력을 갖추고 있으며, 전이 학습(transfer learning)을 통해 특정 작업에 쉽게 적용될 수 있다.

Transformer 모델은 자연어 처리 분야 외에도 다양한 도메인에서 활용되고 있다. 화학 분야에서의 transformer 모델 연구는 대규모 화학 데이터베이스를 활용하여 이루어지고 있다. PubChem, ChEMBL, ZINC 등의 데이터베이스는 수백만 개 이상의 화합물 정보를 포함하고 있으며, 이를 사전 학습에 활용하여 화학 도메인에 특화된 transformer 모델을 개발할 수 있다. 대규모 데이터를 활용한 사전 학습은 모델의 성능을 크게 향상시키고, 다양한 화학 작업에 적용될 수 있다.

그러나 화학 분야에서의 transformer 모델 적용에는 몇 가지 도전 과제도 존재한다. 화학 데이터는 그래프 구조를 가지고 있어 일반적인 시퀀스 데이터와는 다른 특성을 가지고 있다. 따라서 그래프 구조를 효과적으로 인코딩하고 처리할 수 있는 transformer 모델의 개발이 필요하다. 또한, 화학 데이터의 희소성과 불균형성으로 인해 모델 학습이 어려울 수 있으며, 이를 해결하기 위한 전처리 기법이나 학습 전략이 요구된다.

화학 분야에서의 transformer 모델은 약물 개발과 신약 발견 과정을 가속화하고, 화학자들의 연구를 지원할 수 있는 강력한 도구로 주목받고 있다. Transformer 모델을 활용하여 분자 구조를 디자인하고, 화합물의 특성을 예측하며, 화학 반응을 최적화할 수 있다. 이는 기존의 실험 기반 접근 방식에 비해 시간과 비용을 크게 절감할 수 있는 잠재력을 가지고 있다.

앞으로 화학 분야에서의 transformer 모델 연구는 더욱 활발히 이루어질 것으로 전망된다.

1 MLP 모델을 활용하여 화학특성 분석에 대한 코딩을 기초로 아래의 문제에 대한 답을 제시하라(문제 5번까지 포함). MLP 모델의 은닉층 크기(hidden_layer_sizes)를 (128, 128)로 변경하여 모델을 학습하고, 예측 성능을 평가하라.

2 히스토그램의 bin 개수를 50으로 변경하여 TPSA, LogP, MolecularWeight, NumRotatableBonds의 히스토그램을 그려라.

3 MLP 모델의 은닉층 개수(hidden_layer_sizes)를 3개로 늘려서 (64, 64, 64)로 변경하여 모델을 학습하고, 예측 성능을 평가하라.

4 데이터를 70%의 비율로 학습 데이터(X_train, y_train)와 30%의 비율로 검증 데이터(X_val, y_val)로 분할한 후, 검증 데이터를 사용하여 최적의 은닉층 크기를 찾아라. 은닉층 크기를 32에서 128까지 16씩 증가시키면서 모델을 학습하고 검증 데이터에 대한 평균 제곱 오차(MSE)를 기록한 후, 그래프로 표현하라. 가장 낮은 MSE를 가지는 은닉층 크기를 찾아라.

5 NumRotatableBonds 특성을 제외하고, TPSA, LogP, MolecularWeight 특성만을 사용하여 MLP 모델을 학습하고, 예측 성능을 평가하라.

6 MLP 모델 및 feature의 다양화에 대한 코딩을 활용하여 화학특성 분석에 대한 코딩을 기초로 아래의 문제에 대한 답을 제시하라(문제 5번까지 포함). Morgan fingerprint의 반지름(radius)을 3으로 변경하여 모델을 학습하고, 예측 성능을 평가하라.

7 Morgan fingerprint의 비트 수(nBits)를 2048로 변경하여 모델을 학습하고, 예측 성능을 평가하라.

8 기존 descriptor들과 Morgan fingerprint를 (2048비트) 함께 사용하여 MLP 모델을 학습하고, 예측 성능을 평가하라.

9 기존 descriptor들과 Topological Torsion fingerprint (TTF)를 함께 사용하여 MLP 모델을 학습하고, 예측 성능을 평가하라.

10 CNN 기반의 코딩을 기준으로 기존 descriptor 및 MACCS keys fingerprint를 사용하여 입력 데이터를 나누고, 이를 각각의 입력으로 받는 1D-CNN (Convolutional Neural Network) 모델을 구성하고 학습시켜보라. 그리고 학습 과정과 예측 성능을 평가하라.

11 CNN 기반의 코딩을 기준으로 Morgan fingerprint와 MACCS keys fingerprint를 사용하여 입력 데이터를 나누고, 이를 각각의 입력으로 받는 1D-CNN (Convolutional Neural Network) 모델을 구성하고 학습시켜보라. 그리고 학습 과정과 예측 성능을 평가하라.

12 RNN 관련 모델에서 SMILES 문자열을 입력으로 받는 RNN (LSTM) 모델을 구성하여 학습시키고, 다른 모델(MLP)의 예측 결과와 앙상블하여 예측 성능을 평가하라.

13 GNN 모델을 기반으로 학습과 예측을 수행하는 코드에 앙상블 기법을 적용하여 예측 성능을 향상시켜보라. 예를 들어, GNN 모델과 다른 모델(MLP)을 학습시키고, 두 모델의 예측 결과를 앙상블하는 방식을 적용해보라.

14 GAT (Graph Attention Network)의 내용을 근거로 하여 그래프 신경망(GNN) 모델의 레이어 개수를 늘리고 학습 및 평가하라. 모델 학습 후에 테스트셋에 대한 예측값과 실제값의 분포를 시각화하라. 예를 들어, 히스토그램이나 산점도를 활용하여 예측값과 실제값의 분포를 비교하라.

양자화학의 기초

차례

5.1 양자화학의 기본 이론

양자화학은 분자 내·외의 동작을 양자역학의 원리에 근거하여 이해하고 예측하는 화학과 물리학의 한 분야이다. 분자의 구조, 성질, 반응 등을 이해함으로써 우리는 화학 현상을 근본적으로 설명할 수 있다. 따라서 양자화학에 대한 이해는 더 효율적이고 지능적인 분자 설계, 소재 개발, 약물 발견, 환경 보호 등 다양한 분야에서의 혁신과 발전으로 이어진다. 특히 양자화학은 많은 이론과 계산 도구의 사용을 포함하고 있다. 분자의 전자 구조와 운동을 파동 함수로 표현하며, 양자역학의 수학적 기법을 사용하여 전자의 상태, 에너지, 운동량 등을 계산한다. 이를 통해 분자의 구조와 성질을 이해하고 예측하는 데 도움을 줄 수 있다. 양자화학은 아래를 포함한 많은 분야에서 중요한 역할을 한다.

첫째, 화학 반응의 메커니즘을 이해하고 설명하는 데에 도움을 준다. 화학 반응은 전자의 이동, 결합 형성 및 분해, 에너지 변화 등을 포함하는 복잡한 과정이다. 양자화학은 분자 간 상호작용과 전자의 동적인 결합과 분해를 이해하여 반응 경로와 활성화 에너지를 예측할 수 있다. 둘째, 양자화학은 분자의 구조와 성질을 정확히 이해하는 데에 중요하다. 분자의 구조는 분자의 물리적, 화학적 특성에 큰 영향을 미치며, 이는 반응성, 안정성, 용해도 등과 관련된다. 양자화학은 분자의 구조와 성질을 정량화하고 예측하는 도구를 제공하여 화학적 특성도 파악하는 데 도움을 줄 수 있다. 셋째, 양자화학은 분자 설계와 소재 연구에 큰 도움을 줄 수 있다. 양자화학 계산을 통해 결합과 반응성에 대한 성질을 예측하고 최적화할 수 있으며, 새로운 소재의 개발과 기능적 특성을 이해하는 데 기여할 수 있다. 더불어 약물 개발, 태양전지, 반도체, 촉매 등 다양한 분야에서 응용될 수 있다. 이와 같은 역할을 하는 양자화학의 발전은 현대 과학과 연구에 큰 기여를 해왔다. 정확하고 효율적인 계산을 통해 분자의 구조와 성질에 대한 이해를 극대화하고, 새로운 발견과 응용 가능성을 제시할 수 있으며, 이와 더불어 양자화학 계산을 위해 소프트웨어와 컴퓨팅 기술의 발전이 큰 역할을 하고 있으며, 이러한 도구들은 계산량이 많고 복잡한 문제를 다루는 데에 필수적이다.

양자화학의 중요성은 더욱 커질 것으로 예상된다. 기존의 실험과 이론을 통한 연구에 더해, 양자화학 계산과 모델링은 새로운 시각과 가능성을 제공할 수 있기 때문이다. 분자의 구조, 성질, 반응에 대한 이해는 우리의 생활과 산업에 큰 영향을 미치며, 환경 보호, 에너지 저장, 치료제 개발 등에도 중요한 역할을 할 수 있고, 앞으로 계산 능력의 발전과 소프트웨어 기술의 지속적인 발전으로 양자화학 분야의 발전이 더욱 가속화되어 더 정확하고 효율적인 연구를 수행하며, 현대 과학의 발전과 혁신을 이룰 수 있을 것이다.

양자화학의 기본 개념인 양자역학의 핵심 개념은 파동 함수이다. 파동 함수는 입자의 위치와 운동 상태에 대한 정보를 담고 있는 수학적인 표현으로, 양자역학에서의 전자는 파동 함수로 기술된다. 파동 함수를 통해 전자의 확률 분포를 계산할 수 있고, 전자의 상태, 에너지 준위, 전자 밀도 등을 예측할 수 있다. 하지만 양자화학은 계산량이 많고 복잡한 문제를 다루기 때문에 소프트웨어의 역할과 중요성이 크며, 양자역학 모델을 구현하고 계산을 수행하는 데 효율적이고 정확한 소프트웨어 도구가 필요하다. 양자화학 관련 소프트웨어는 최근까지 여러 종류가 있으며 관련 소프트웨어 사용을 통하여 파동 함수 계산, 분자 구조 최적화, 반응 경로 예측 등 다양한 기능을 제공하고 있다.

주로 양자화학 소프트웨어는 양자역학 계산을 위한 알고리즘과 수치 계산 방법을 구현한다. 대표적인 양자화학 소프트웨어로는 Gaussian, Q-Chem, DMol-3, GAMESS, NWChem, 우리나라 자체 프로그램인 EDISON 등이 있다. 이러한 소프트웨어는 파동 함수 계산에 사용되는 다양한 방법을 구현하고, 전자 상태의 에너지, 전자 구조, 분자의 성질 등을 예측하며 추가 또는 자체 양자화학 소프트웨어는 계산 결과를 시각화하고 분석하는 기능도 제공한다. 계산된 파동 함수와 전자 밀도를 시각적으로 표현하고 분자의 구조와 성질에 대한 확인이 가능하며, 분자 간의 상호작용 에너지, 반응 엔트로피, 활성화 에너지 등을 계산하여 반응 메커니즘과 에너지 변화를 분석할 수 있다. 따라서 소프트웨어의 역할은 양자화학 연구와 응용에 있어서 중요한 역할을 하며, 양자화학 소프트웨어를 사용하면 연구자들은 더 빠르고 정확한 계산을 수행할 수 있고 분자의 성질과 반응에 대한 이해를 높일 수 있다. 또한, 대용량 데이터 처리, 시각화, 결과 분석 등을 지원하여 더 효율적인 연구를 가능하게 한다. 정확하고 효율적인 계산을 통해 분자의 구조와 성질에 대한 이해를 극대화하고, 새로운 발견과 응용 가능성을 제시할 수 있으며 결국 소프트웨어의 발전은 하드웨어의 발전과 함께 양자화학 연구의 효율성과 정확성을 향상시키며, 분자 설계와 소재 연구 분야에서의 혁신과 발전에 기여하고 있다고 볼 수 있다. 이번 장에서 우리는 양자화학의 기본 이론부터 시작해서 파동 함수로 표현되는 양자역학을 해석하고 소개하고, 코딩을 통해 퍼텐셜 상자에서의 파동 함수와 확률 밀도의 의미를 알아볼 것이다. 더불어 실질적인 입자의 운동과 에너지 설명이 가능한 양자 조화 진동자와 회전운동, 수소 원자 및 다전자 원자 및 분자에서의 에너지와 파동 함수에 대하여 대략적으로 알아볼 것이다. 특히 이번 장에는 Python 코딩으로 설명하는 양자화학 계산의 예를 설명하고 이어서 가장 많이 쓰는 Gaussian 프로그램의 응용적 접근에 해당하는 다음 장에 대한 이해의 폭을 넓히는 데 초점을 맞췄다. 최대한 기본적인 내용을 바탕으로 설명하려 노력하였으나, 자세한 양자역학적 접근은 물리화학 기본에 대한 추가적인 이해가 필요하다.

5.2 파동 함수의 개념과 특성

양자역학에서 파동 함수는 양자 시스템의 상태를 묘사하는 수학적 함수이다. 파동 함수는 양자역학에서 입자의 상태를 나타내어 특정 시간과 위치에서 입자의 상태를 확률적으로 표현한다. 파동 함수는 복소수 값을 가지며, 양자역학의 특징 중 하나이다. 복소수는 실수부와 허수부로 구성되는 수이며, 파동 함수의 허수부는 파동의 위상을 나타내며, 파동의 진행 방향과 주기를 결정한다. 파동의 위상은 입자의 운동량과 에너지와 관련이 있다. 따라서 파동 함수의 위상 정보는 입자의 운동 특성을 나타낸다. 파동 함수의 복소성은 양자역학의 파동성을 나타내는 데 중요한 역할을 하며, 파동은 파동 함수의 크기와 위상으로 특성화된다. 보통 그리스 문자 프사이(Ψ)로 나타내며, 입자의 위치와 시간에 따라 변화하는 복소수 값으로 표현되는 파동 함수는 양자역학적 성질들, 예를 들어 입자의 위치나 운동량 등을 알아내는 데 사용된다.

파동 함수 자체는 직접적인 물리적 해석이 없으나, 파동 함수의 제곱의 크기는 입자를 특정 위치에서 발견할 확률 밀도를 나타내며, 이를 확률 해석이라고 한다. 즉, 파동 함수의 제곱을 적분하면, 입자가 특정 영역 내에 존재할 확률을 구할 수 있다. 정규화는 파동 함수를 조정하여 전체 공간에서의 확률이 1이 되도록 하는 과정이다. 파동 함수 $\Psi(x, t)$에 대해, 전체 공간에서 $\Psi^*\Psi$ (여기서 *는 복소 공액)을 적분한 값이 1이 되도록 파동 함수를 조정하는 것이 정규화이다. 이는 확률의 총합이 1이라는 사실과 일치한다.

또한 복소수의 성질을 이용하여 파동 함수를 표현함으로써 양자역학에서 파동-입자 이중성을 설명할 수 있다. 입자의 위치와 운동 상태를 동시에 나타내는 파동 함수는 입자가 동시에 여러 위치에 있을 수 있음을 의미한다. 이는 입자의 파동성을 나타내며, 양자역학에서는 입자의 확정된 위치나 운동 상태를 예측하는 것이 불가능하다는 원리인 하이젠베르그의 불확정성 원리와 관련이 있다. 헤이젠베르그의 불확정성 원리는 양자역학의 핵심 원칙 중 하나로, 입자의 위치와 운동량을 동시에 정확하게 알 수 없다는 내용을 담고 있다. 불확정성 원리는 수학적으로 나타내면 아래와 같다.

$$\Delta x * \Delta p \geq \frac{\hbar}{2}$$

Δx: 위치의 불확정성

Δp: 운동량의 불확정성

$\hbar$: 플랑크 상수(감소된)

하이젠베르크의 불확정성 원리는 파동 함수의 파동적 성질 때문에 발생한다. 파동 함수가 넓게 퍼져 있으면 위치에 대한 불확정성이 크지만, 운동량에 대한 불확정성은 작아진다. 반대로, 파동 함수가 좁게 퍼져 있으면 위치에 대한 불확정성은 작지만, 운동량에 대한 불확정성이 커지게 된다. 양자역학의 특이한 현상들, 예를 들어 터널링 효과, 파동 함수의 확산 등을 설명하는 데 하이젠베르크의 불확정성 원리가 필수적으로 이용된다. 이 원리는 우리가 양자 세계의 물체를 고전적인 개념으로 완전히 설명할 수 없음을 나타내며, 양자역학의 본질적인 특성을 반영한다. 이젠 Python을 활용하여 파동 함수에 대한 묘사를 해보도록 하자.

파동 함수는 Python을 이용하여 시각화하고 그 특성을 확인할 수 있다. 예를 들어, 사인 함수와 코사인 함수, 가우시안 함수 등을 Python으로 구현하여 파동 함수를 그래프로 그릴 수 있다. NumPy와 Matplotlib 라이브러리를 사용하여 파동 함수를 계산하고 시각화하는 코드를 작성하였다.

```
import numpy as np
import matplotlib.pyplot as plt

# 사인 함수
def sine_wave(x, amplitude=1, frequency=1, phase=0):
    return amplitude * np.sin(2 * np.pi * frequency * x + phase)

# 코사인 함수
def cosine_wave(x, amplitude=1, frequency=1, phase=0):
    return amplitude * np.cos(2 * np.pi * frequency * x + phase)

# 가우시안 함수
def gaussian_wave(x, mean=0, standard_deviation=1):
    return (1 / (np.sqrt(2 * np.pi) * standard_deviation)) * np.exp
                    (-0.5 * ((x - mean) / standard_deviation) ** 2)

# 사각파 함수
def square_wave(x, amplitude=1, frequency=1):
    return amplitude * np.sign(np.sin(2 * np.pi * frequency * x))

# 삼각파 함수
def triangle_wave(x, amplitude=1, frequency=1):
    return amplitude * np.abs(2 * (x * frequency - np.floor
                            (x * frequency + 0.5))) - amplitude / 2

# x 값 범위
x_vals = np.linspace(-5, 5, 1000)

# 각 파동 함수에 대해 그래프 그리기
plt.plot(x_vals, sine_wave(x_vals), label='Sine Wave')
plt.plot(x_vals, cosine_wave(x_vals), label='Cosine Wave')
plt.plot(x_vals, gaussian_wave(x_vals), label='Gaussian Wave')
plt.plot(x_vals, square_wave(x_vals), label='Square Wave')
```

```
plt.plot(x_vals, triangle_wave(x_vals), label='Triangle Wave')

# 그래프 설정
plt.xlabel('x')
plt.ylabel('Amplitude')
plt.legend()
plt.title('Different Wave Functions')
plt.grid(True)

# 그래프 표시
plt.show()
```

위의 코드는 NumPy와 Matplotlib 라이브러리를 사용하여 다양한 파동 함수들(사인, 코사인, 가우시안, 사각파, 삼각파)을 그래프로 그린다. 각 함수는 입력으로 x 값을 받고, 해당 파동 함수의 값을 반환한다. 이후, 그래프로 시각화하여 파동 함수들의 형태를 살펴볼 수 있다.

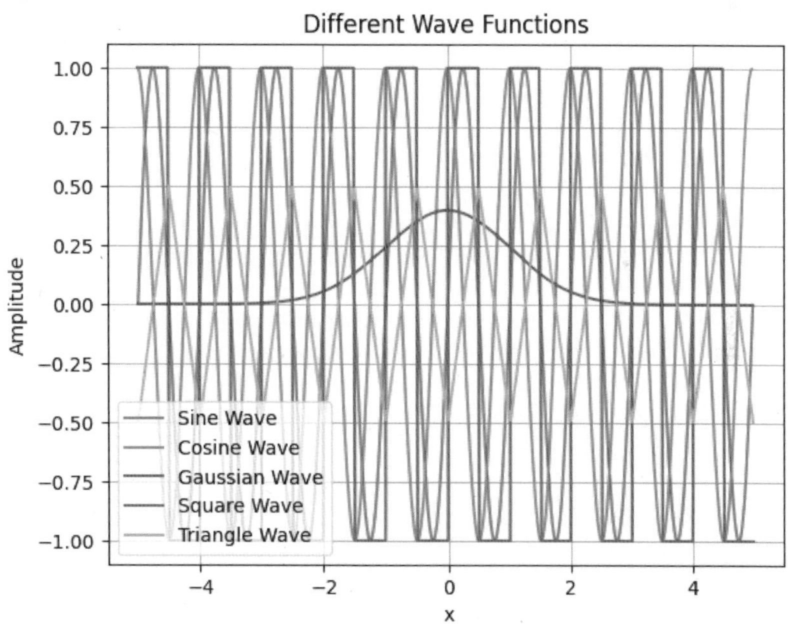

파동 함수의 정규화와 크기 제곱의 확률 밀도를 분석하는 예를 위에서 제공한 코드에 추가해 보자. 예시에서는 가우시안 함수를 파동 함수로 사용하고, 정규화한 뒤, 그 크기 제곱을 통해 확률 밀도를 계산한다.

```
import numpy as np
import matplotlib.pyplot as plt

# 가우시안 함수
def gaussian_wave(x, mean=0, standard_deviation=1):
    return (1 / (np.sqrt(2 * np.pi) * standard_deviation)) * np.exp
```

```
                              (-0.5 * ((x - mean) / standard_deviation) ** 2)

# 정규화 상수 계산 (수치 적분 사용)
def numerical_integration(func, a, b, num_points=1000):
    x_vals = np.linspace(a, b, num_points)
    dx = (b - a) / (num_points - 1)
    integral = np.sum([func(x) * dx for x in x_vals])
    return integral

# 정규화 상수 계산
normalization_constant = np.sqrt(numerical_integration
                              (lambda x: abs(gaussian_wave(x))**2, -10, 10))

# 정규화된 가우시안 함수
def normalized_gaussian_wave(x):
    return gaussian_wave(x) / normalization_constant

# x 값 범위
x_vals = np.linspace(-5, 5, 1000)

# 정규화된 가우시안 파동 함수와 확률 밀도 그래프 그리기
plt.plot(x_vals, normalized_gaussian_wave(x_vals), label='Normalized
                                                    Gaussian Wave Function')
plt.plot(x_vals, abs(normalized_gaussian_wave(x_vals))**2,
                                                 label='Probability Density')

# 그래프 설정
plt.xlabel('x')
plt.ylabel('Amplitude / Probability Density')
plt.legend()
plt.title('Normalization and Probability Density of Gaussian Wave
                                                                   Function')
plt.grid(True)

# 그래프 표시
plt.show()
```

위 코드에서 가우시안 함수를 파동 함수로 사용하여 정규화를 수행하고 확률 밀도를 계산한다. numerical_integration 함수를 사용하여 수치 적분을 직접 구현하고, 이를 이용하여 정규화 상수를 계산한다. matplotlib 라이브러리를 사용하여 정규화된 가우시안 파동 함수와 그 크기 제곱인 확률 밀도를 시각화한 것이다.

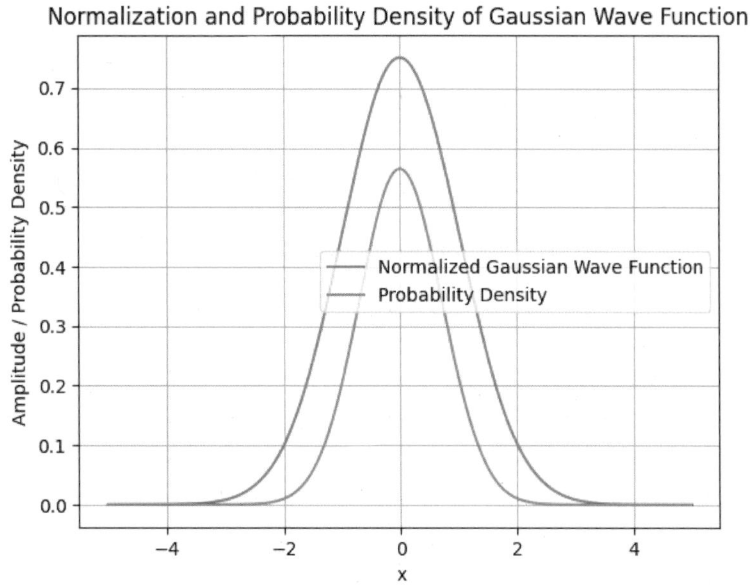

코드 분석

- **import numpy as np:** NumPy 라이브러리를 np라는 이름으로 가져온다.
- **import matplotlib.pyplot as plt:** Matplotlib의 pyplot 모듈을 plt라는 이름으로 가져온다.
- **def gaussian_wave(x, mean=0, standard_deviation=1):** 가우시안 함수를 정의하는 함수이다. 인자로 x, mean(평균), standard_deviation(표준 편차)를 받는다. 함수 내부에서는 가우시안 함수의 공식을 이용하여 값을 계산하고 반환한다.
- **def numerical_integration(func, a, b, num_points=1000)::** 수치적분을 사용하여 함수를 적분하는 함수이다. 인자로 func(적분할 함수), a(하한값), b(상한값), num_points(구간을 나눌 점의 수)를 받는다.
- x_vals라는 배열을 생성하여 a부터 b까지 num_points개의 점으로 구성된 배열을 만든다.
- dx를 계산하여 적분 구간을 num_points−1로 나눈다.
- x_vals의 각 점에 대해 func(x) * dx 값을 계산하여 리스트에 저장하고, 그 합을 반환한다.
- **normalization_constant = np.sqrt(numerical_integration(lambda x: abs(gaussian_wave(x))**2, -np.inf, np.inf)):** 정규화 상수를 계산한다.
- lambda 함수를 사용하여 적분할 함수를 정의한다. 절대값을 씌운 가우시안 함수의 제곱을 적분한다.
- numerical_integration 함수를 호출하여 적분값을 계산하고, 이를 제곱근으로 계산하여 normalization_constant 변수에 저장한다.
- **def normalized_gaussian_wave(x)::** 정규화된 가우시안 함수를 정의하는 함수이다. 인자로 x를 받는다.
- gaussian_wave(x)를 normalization_constant로 나누어 반환한다.
- **x_vals = np.linspace(-5, 5, 1000):** −5부터 5까지 1000개의 점으로 이루어진 배열을 생성하여 x_vals 변수에 할당한다.

- **plt.plot(x_vals, normalized_gaussian_wave(x_vals), label='Normalized Gaussian Wave Function'):** x_vals과 normalized_gaussian_wave(x_vals) 값을 이용하여 정규화된 가우시안 파동 함수의 그래프를 그린다. 라벨은 'Normalized Gaussian Wave Function'으로 지정한다.
- **plt.plot(x_vals, abs(normalized_gaussian_wave(x_vals))**2, label='Probability Density'):** x_vals과 abs(normalized_gaussian_wave(x_vals))**2 값을 이용하여 확률 밀도의 그래프를 그린다. 라벨은 'Probability Density'로 지정한다.
- **plt.xlabel('x'):** x축의 라벨을 'x'로 설정한다.
- **plt.ylabel('Amplitude / Probability Density'):** y축의 라벨을 'Amplitude / Probability Density'로 설정한다.
- **plt.legend():** 범례를 표시한다.
- **plt.title('Normalization and Probability Density of Gaussian Wave Function'):** 그래프의 제목을 'Normalization and Probability Density of Gaussian Wave Function'으로 설정한다.
- **plt.grid(True):** 그래프에 격자를 표시한다.
- **plt.show():** 그래프를 표시한다.

가우시안 파동 패킷은 가우스 함수와 코사인 함수의 곱으로 표현할 수 있으며, 파동 함수는 가우시안 함수와 코사인 함수의 곱으로 표현된다. 이를 활용할 경우 입자의 위치와 운동량을 같이 표현하는 데 용이하다(가우시안 함수는 입자 위치의 불확실성을, 코사인 함수는 운동량을 나타냄). 아래에서 쓰인 조금 더 간략화된 가우시안 함수는 평균이 0이고 표준편차가 sigma인 정규 분포를 나타낸다. x의 제곱에 대한 지수 함수 형태로, x가 증가함에 따라 값이 감소한다. 가우시안 함수는 $x = 0$에서 최대값을 가지며, x가 멀어질수록 값을 감소시킨다. 해당 함수의 특징은 sigma 값에 따라 곡선의 폭이 조절되며, 작은 sigma 값은 좁고 뾰족한 곡선을 생성하고, 큰 sigma 값은 넓고 평평한 곡선을 생성한다. 여기에 포함되는 코사인 함수는 주기적인 진동을 나타내는 함수이다. x가 증가함에 따라 주기적으로 진동하며, 주기는 $\frac{2\pi}{3}$이다. 코사인 함수는 -1에서 1까지의 값을 가지며, 0에서 최대값인 1에 도달하고 다시 감소하며 진동 주기와 진폭은 함수 내의 상수인 3에 의해 결정된다.

이 두 함수를 곱하여 파동 함수 psi를 생성할 수 있다. 이때 파동 함수 psi는 가우시안 곡선의 형태와 코사인 함수의 주기적인 진동을 모두 나타낸다. 파동 함수의 형태는 가우시안 함수의 감쇠된 진폭에 따라 결정되며, 코사인 함수의 주기적인 진동은 파동 함수의 운동량과 밀접한 관련이 있다.

이와 같은 가정하에 파동 함수의 형태와 파라미터를 조절하면 파동의 모양, 위치, 진폭 등을 조절할 수 있다. 예를 들어, sigma 값을 변경하면 가우시안 곡선의 폭을 조절하고, 코사인 함수의 계수를 변경하면 진동 주기를 조절할 수 있다. 이를 통해 파동 함수의 특성을 분석하고, 양자화학이나 파동 현상과 관련된 다양한 문제를 해결할 수 있다. 이는 양자역학적 모델링, 파동의 전파 연구, 또는 시간에 따른 신호 변화 분석 등 다양한 분야에서 응용될 수 있는 보다 일반적인 형태의 파동 함수일 것이다.

```
import numpy as np
import matplotlib.pyplot as plt

# 파동 함수 정의
def wave_function(x, sigma):
    psi = np.exp(-x**2 / (2 * sigma**2)) * np.cos(3 * x)
    return psi

def wave_function_squared(x, sigma):
    psi = np.exp(-x**2 / (2 * sigma**2)) * np.cos(3 * x)
    return psi**2

# x 범위 설정
x = np.linspace(-5, 5, 100)

# 파동 함수 계산
sigma = 1.0
psi_squared = wave_function_squared(x, sigma)
psi = wave_function(x, sigma)

# 파동 함수 그래프 출력
plt.plot(x, psi)
plt.xlabel('x')
plt.ylabel('Amplitude')
plt.title('Wave Function')
plt.show()

# 확률 분포 그래프 출력
plt.plot(x, psi_squared)
plt.xlabel('x')
plt.ylabel('Probability Density')
plt.title('Wave Function Probability Distribution')
plt.show()
```

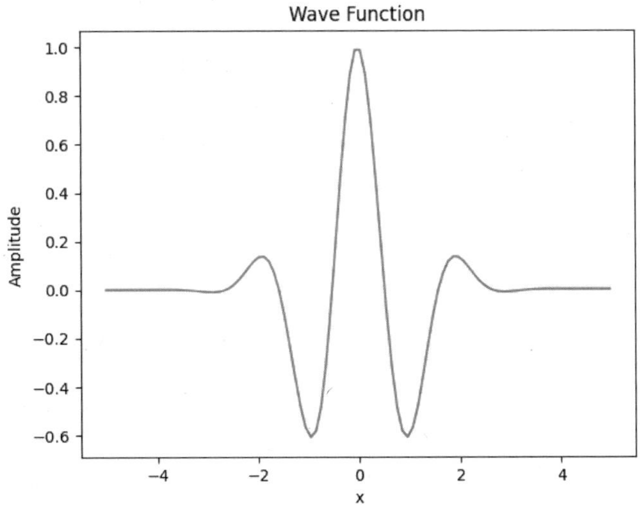

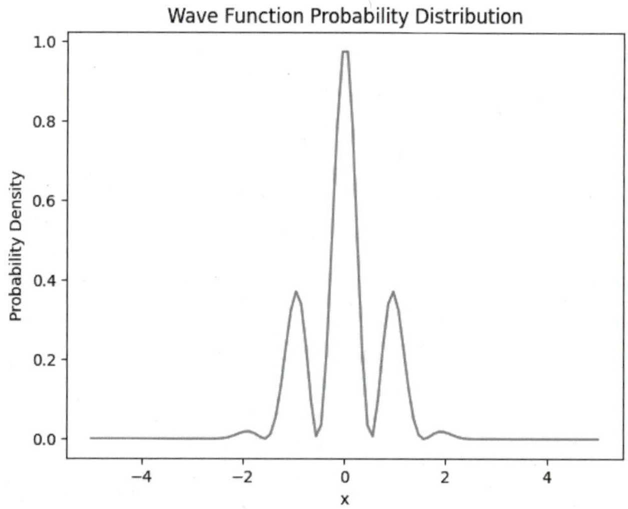

위 코드는 파동 함수를 형성하고 확률 분포를 계산하는 그래프로 파동 함수와 확률 분포를 출력하는 예시이다. wave_function 함수는 주어진 x 값에 대한 파동 함수를 구하고 wave_function_squared는 제곱을 계산하여 확률 분포를 나타낸다. Matplotlib 라이브러리를 사용하여 그래프를 시각화하고 파동 함수의 형태와 그래프를 통해 입자의 파동 방정식과 확률적인 위치를 파악할 수 있다.

코드 분석

- **5-8.** wave_function 함수를 정의한다. 이 함수는 주어진 위치 *x*와 파동 함수의 폭 sigma에 대한 파동 함수를 계산한다. 파동 함수는 가우시안 함수와 삼각 함수의 곱으로 정의되며, 제곱한 결과를 반환한다.
- x 범위를 설정한다. −5부터 5까지 100개의 값으로 이루어진 배열을 생성한다.
- 파동 함수를 계산한다. 주어진 위치 *x*와 파동 함수의 폭 sigma에 대한 파동 함수를 계산하여 psi에 넣고, 제곱한 결과를 psi_squared에 저장한다.
- **17-끝.** 파동 함수 및 확률 분포 그래프를 출력한다. plt.plot 함수를 사용하여 x와 psi_squared를 그래프로 표시한다. 축 레이블과 그래프 제목을 설정한다. 마지막으로 plt.show 함수를 호출하여 그래프를 표시한다.

위 코드는 주어진 파동 함수를 계산하고 그래프로 확률 분포를 표시한다. 파동 함수는 가우시안 형태로 정의되며, np.exp와 np.cos 함수를 사용하여 계산된다. 그래프를 통해 파동 함수의 확률 밀도를 시각화한다.

예제 5.1 위의 파동 함수의 가우시안 파동의 모양과 진동주기 및 진폭을 조정하여 그래프를 만들어라.

풀이:

```
import numpy as np
import matplotlib.pyplot as plt
```

```
# 파동 함수 정의
def wave_function(x, sigma):
    psi = np.exp(-x**2 / (2 * sigma**2)) * np.cos(5 * x)
    return psi

def wave_function_squared(x, sigma):
    psi = np.exp(-x**2 / (2 * sigma**2)) * np.cos(5 * x)
    return psi**2

# x 범위 설정
x = np.linspace(-10, 10, 200)

# 파동 함수 계산
sigma = 3.0
psi_squared = wave_function_squared(x, sigma)
psi = wave_function(x, sigma)

# 파동 함수 그래프 출력
plt.plot(x, psi)
plt.xlabel('x')
plt.ylabel('Amplitude')
plt.title('Wave Function')
plt.show()

# 확률 분포 그래프 출력
plt.plot(x, psi_squared)
plt.xlabel('x')
plt.ylabel('Probability Density')
plt.title('Wave Function Probability Distribution')
plt.show()
```

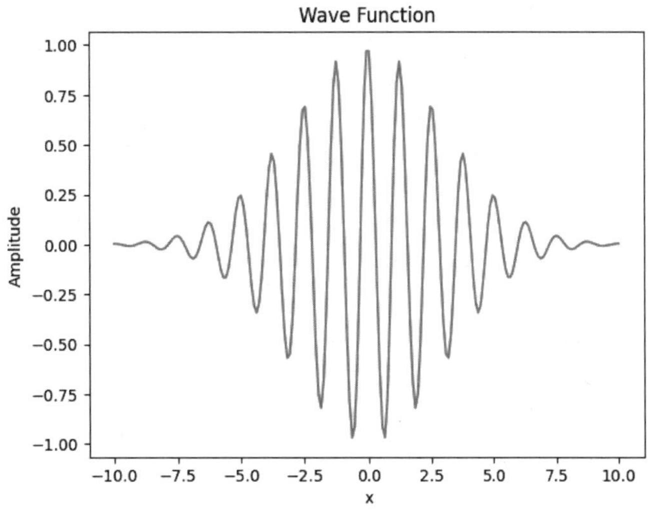

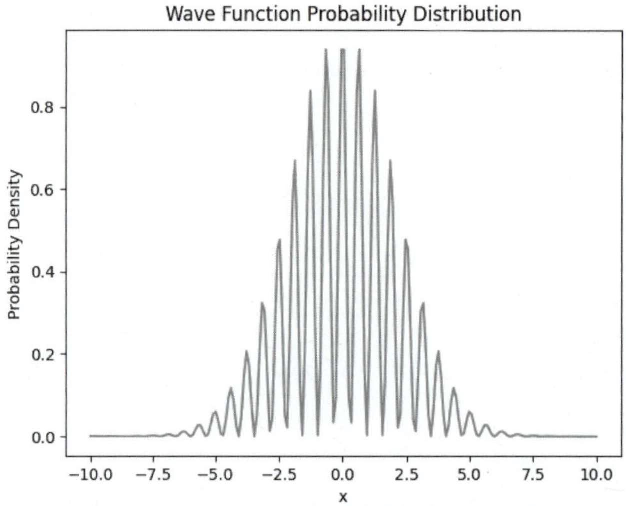

결과를 보면, 파동 방정식의 모양 및 구성에 따라 해당하는 파동 패킷의 모양 및 확률 분포의 모양은 상당히 다른 구조를 띠는 것을 알 수 있고, 특히 패킷을 구성하는 파동 함수의 숫자가 많을수록 점차 연속적인 확률 분포를 나타냄을 알 수 있다. 이를 통해서 양자역학과 고전역학의 연결을 보여주는 특징이 있다.

5.3 무한히 깊은 퍼텐셜 상자

1차원 무한히 깊은 퍼텐셜 상자(또는 무한 퍼텐셜 우물)는 양자 역학에서 기본적인 가정 중 하나로, 이상적으로 퍼텐셜 에너지가 상자 내부에서는 0이고 상자 바깥에서 무한대인 시스템을 나타낸다. 입자가 상자 내에서만 움직일 수 있고 상자를 빠져나갈 수 없다는 것을 가정한다. 이 문제를 통해 양자 역학의 여러 기본적인 개념을 다룰 수 있고 상대적으로 단순한 형태의 해를 갖는다. 무한히 깊은 퍼텐셜 상자에서 입자의 동작은 시간에 종속적인 슈뢰딩거 방정식에 의해 묘사된다. 하지만 여기서 우리가 결국 추구하는 바는 원자 및 분자 내 전자에 대한 이야기이므로(상태를 중시할 수밖에 없음), 시간에 종속적인 부분을 무시하고 시간에 독립적인 슈뢰딩거 방정식으로 문제를 단순화할 수 있다.

시간에 독립적인 슈뢰딩거 방정식은 아래와 같다:

$$-\left(\frac{\hbar^2}{2m}\right) \times \left(\frac{d^2\psi(x)}{dx^2}\right) + V(x)\psi(x) = E\psi(x)$$

$\psi(x)$: 파동 함수
$\hbar$: 감소된 플랑크 상수
m: 입자의 질량
$V(x)$: 퍼텐셜
E: 에너지

무한 퍼텐셜 상자에서는 $V(x) = 0$ (상자 안) 또는 $V(x) = \infty$ (상자 밖)으로 표현할 수 있다. 이 방정식을 풀면 파동 함수는 다음과 같다:

$$\psi_n(x) = \sqrt{\frac{2}{L}}\sin\left(\frac{n\pi x}{L}\right)$$

n: 양의 정수(1, 2, 3, ...)
L: 상자의 너비

에너지를 구하면, 무한 퍼텐셜 상자에서의 에너지 준위는 양자수 n에 따라 이산적이다. 각 에너지 준위는 다음과 같이 주어진다:

$$E_n = \frac{n^2\pi^2\hbar^2}{2mL^2}$$

위의 식은 입자가 특정 에너지를 가질 수 있고 에너지 간격이 증가함을 보여준다. 파동 함수 $\psi(x)$의 크기의 제곱 $|\psi(x)|^2$는 해당 위치에서 입자를 찾을 확률 밀도를 나타내므로 무한 퍼텐셜 상자에서, 파동 함수는 사인 곡선의 형태를 취하며, 입자는 상자의 양 끝에 있을 확률이 0이고, 중간 지점에서 확률이 더 높아진다. 양자수 n이 증가함에 따라 파동 함수는 상자 안에서 더 많은 노드(확률이 0인 지점)를 갖고 양자입자가 상자 안에서 어떻게 분포하는지, 어떻게 움직이는지 이해할 수 있다. 또한, 불확정성 원리와 에너지 양자화와 같은 중요한 양자역학적 특성을 관찰할 수 있다.

무한 퍼텐셜 상자 문제에서의 파동 함수들은 앞에 식에서처럼 사인 함수로 표현되며, 양자화학에서 가장 간단한 시스템 중 하나를 나타내지만, 양자화학에 대해 좀 더 복잡한 시스템을 고려하기 시작하면, 다양한 형태의 파동 함수들이 등장한다.

아래 Python 코드는 무한히 깊은 퍼텐셜 상자 내에서 입자의 사인 함수를 기준으로 한 파동 함수, 에너지 준위, 확률 밀도를 시각화하는 예이다.

```
import numpy as np
import matplotlib.pyplot as plt

# 상자의 길이(길이가 L인 상자에서 0 <= x <= L)
L = 1.0

# 파동 함수, 에너지, 확률 밀도를 계산하는 함수
def wave_function(n, x, L):
    # 파동 함수(정규화된)
    return np.sqrt(2/L) * np.sin(n * np.pi * x / L)

def energy(n, L):
    # 에너지 준위(단위: h_bar = m = 1)
    return (n**2 * np.pi**2) / (2 * L**2)

def probability_density(psi):
```

```
    # 확률 밀도
    return psi**2

# x 값의 범위
x_values = np.linspace(0, L, 400)

# 첫 3개의 양자 상태에 대해 파동 함수, 에너지, 확률 밀도를 그래프로 그리기
for n in range(1, 4):
    psi_values = wave_function(n, x_values, L)
    prob_density_values = probability_density(psi_values)

    plt.figure(figsize=(8, 4))

    plt.subplot(1, 2, 1)
    plt.plot(x_values, psi_values, label=f'n = {n}')
    plt.xlabel('x')
    plt.ylabel('Ψ(x)')
    plt.title(f'Wave Function for n = {n}')
    plt.grid(True)
    plt.legend()

    plt.subplot(1, 2, 2)
    plt.plot(x_values, prob_density_values, label=f'n = {n}')
    plt.xlabel('x')
    plt.ylabel('|Ψ(x)|^2')
    plt.title(f'Probability Density for n = {n}')
    plt.grid(True)
    plt.legend()

    plt.tight_layout()
    plt.show()

    print(f'Energy for n = {n}: {energy(n, L)}')
```

이 코드에서는 무한히 깊은 퍼텐셜 상자 문제에 대한 파동 함수, 에너지 준위, 확률 밀도를 시각화한다. 첫 번째 양자 상태부터 세 번째 양자 상태까지를 시각화하고 각 상태의 에너지 준위를 계산한다.

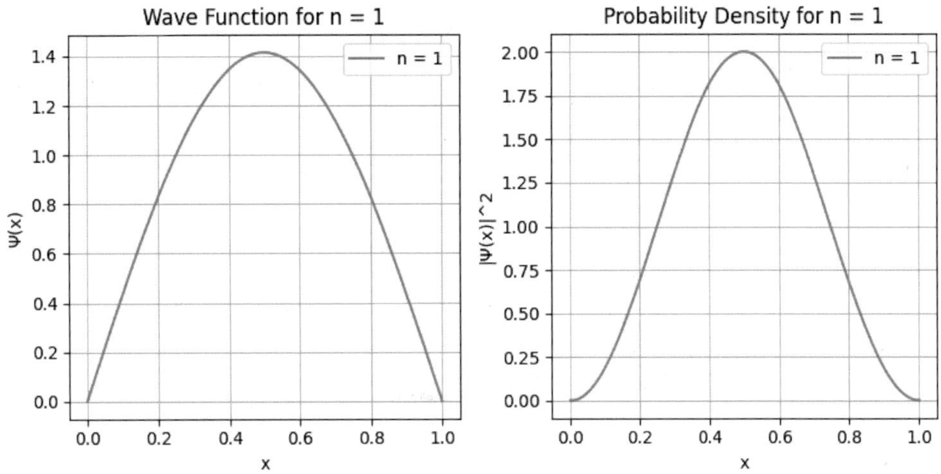


```
Energy for n = 1: 4.934802200544679
```

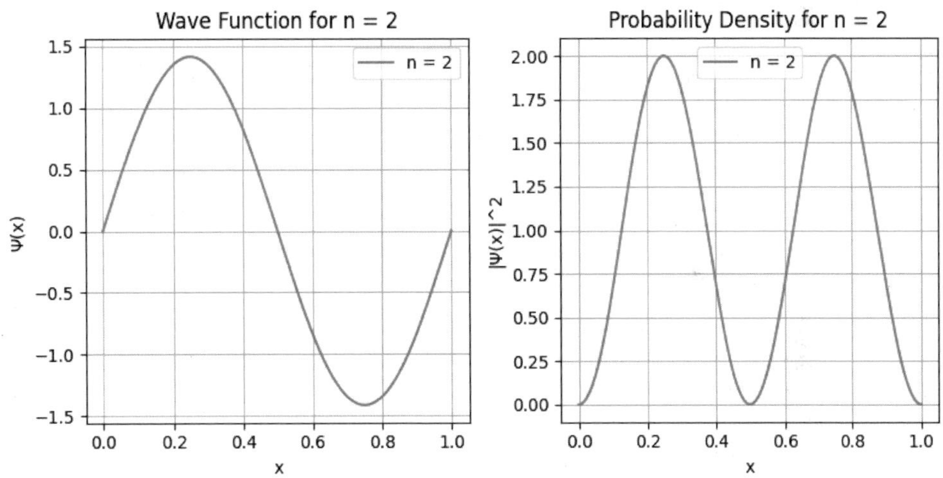


```
Energy for n = 2: 19.739208802178716
```

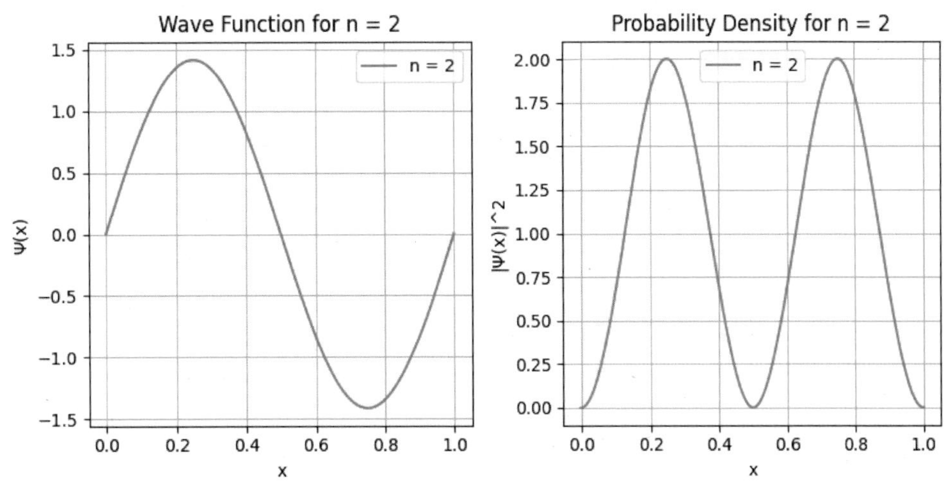

```
Energy for n = 3: 44.41321980490211
```

wave_function 함수는 정규화된 파동 함수 $\Psi(x)$를 계산한다. 파동 함수는 상자 내에서 정의되며, 입자의 위치를 설명하는 데 사용한다. energy 함수는 각 에너지 준위를 계산하며, probability_density 함수는 확률 밀도 $|\Psi(x)|^2$를 계산한다. 위의 코드를 실행하면, 각 양자 상태에 대한 파동 함수와 확률 밀도를 볼 수 있으며, 에너지 준위도 출력된다. 이를 통해 양자역학의 기본적인 개념들을 시각적으로 이해하는 데 도움이 된다.

이러한 그래프는 양자역학에서 중요한 개념들을 설명할 수 있다. 위의 코드로 양자화된 에너지 준위의 그래프를 생성하여 관찰해보면, 에너지는 연속적인 값이 아닌 특정 양자수에 의해 정의되는 이산적인 값임을 알 수 있다. 각 n 값에 대해 에너지 준위는 다르며, 이는 양자 역학의 양자화된 특성을 반영한다. 확률 밀도의 개념에서 확률 밀도 그래프를 보면, 입자가 상자 내의 특정 위치에 존재할 확률이 어떻게 분포하는지 확인할 수 있다. 노드의 개수에 대하여 파동 함수 그래프에서, 노드는 파동 함수가 0이 되는 지점이다. 노드의 수는 양자 상태에 의해 결정되며, n 상태의 노드 수는 $n-1$이다. 파동의 파장과 진폭의 측면에서 n이 증가함에 따라 파동 함수의 파장은 짧아지고 진폭은 증가한다. 이는 상자 내에서 더 많은 노드를 수용할 수 있음을 의미하며, 운동에너지의 증가와 함께 에너지가 높아짐을 연계하여 설명할 수 있다. 이에 대한 자세한 코드를 설명하는 부분을 추가하였으며, 그래프를 생성하는 부분은 대략 이해해도 되겠다.

코드 분석

- **L = 1.0:** 상자의 길이를 나타내는 변수로, 길이가 L인 상자에서 0 <= x <= L을 의미한다.
- **def wave_function(n, x, L)::** 파동 함수, 에너지, 확률 밀도를 계산하는 함수를 정의한다. 인자로 n(양자 수), x(위치), L(상자의 길이)를 받는다.
- 함수 내부에서는 파동 함수를 계산하여 반환한다. 파동 함수는 정규화된 형태로 계산된다.
- **def energy(n, L)::** 에너지를 계산하는 함수를 정의한다. 인자로 n(양자수), L(상자의 길이)를 받는다.
- 함수 내부에서는 에너지 준위를 계산하여 반환한다. (간략하게 하기 위해 n, ħ=1로 두었다.)
- **def probability_density(psi)::** 확률 밀도를 계산하는 함수를 정의한다. 인자로 psi(파동 함수)를 받는다.
- 함수 내부에서는 확률 밀도를 계산하여 반환한다.
- **x_values = np.linspace(0, L, 400):** 0부터 L까지 400개의 점으로 이루어진 배열을 생성하여 x_values 변수에 할당한다. 이는 x의 범위를 나타낸다.
- **for n in range(1, 4)::** 1부터 3까지의 양자 상태에 대해 반복한다.
- 이후의 코드 블록은 파동 함수, 에너지, 확률 밀도에 대한 그래프를 그리고 출력하는 부분이다.
- **psi_values = wave_function(n, x_values, L):** wave_function 함수를 호출하여 파동 함수 값을 계산하여 psi_values 변수에 할당한다.
- **prob_density_values = probability_density(psi_values):** probability_density 함수를 호출하여 확률 밀도 값을 계산하여 prob_density_values 변수에 할당한다.

- **plt.figure(figsize=(8, 4)):** 그래프의 크기를 설정한다.
- **plt.subplot(1, 2, 1):** 그래프 영역을 1행 2열로 분할하고, 첫 번째 영역을 설정한다.
- **plt.plot(x_values, psi_values, label=f'n = {n}'):** x_values와 psi_values 값을 이용하여 파동 함수의 그래프를 그린다. 라벨은 'n = n' 형식으로 지정한다.
- **plt.xlabel('x'):** x축의 라벨을 'x'로 설정한다.
- **plt.ylabel('Ψ(x)'):** y축의 라벨을 'Ψ(x)'로 설정한다.
- **plt.title(f'Wave Function for n = {n}'):** 그래프의 제목을 'Wave Function for n = n' 형식으로 설정한다.
- **plt.grid(True):** 그래프에 격자를 표시한다.
- **plt.legend():** 범례를 표시한다.
- **plt.subplot(1, 2, 2):** 그래프 영역을 1행 2열로 분할하고, 두 번째 영역을 설정한다.
- **plt.plot(x_values, prob_density_values, label=f'n = {n}'):** x_values와 prob_density_values 값을 이용하여 확률 밀도의 그래프를 그린다. 라벨은 'n = n' 형식으로 지정한다.
- **plt.xlabel('x'):** x축의 라벨을 'x'로 설정한다.
- **plt.ylabel('|Ψ(x)|^2'):** y축의 라벨을 '|Ψ(x)|^2'로 설정한다.
- **plt.title(f'Probability Density for n = {n}'):** 그래프의 제목을 'Probability Density for n = n' 형식으로 설정한다.
- **plt.grid(True):** 그래프에 격자를 표시한다.
- **plt.legend():** 범례를 표시한다.
- **plt.tight_layout():** 그래프들이 서로 겹치지 않도록 자동으로 여백을 조정한다.
- **plt.show():** 그래프를 표시한다.
- **print(f'Energy for n = {n}: {energy(n, L)}'):** 해당 양자 상태의 에너지 값을 출력한다.

무한히 깊은 퍼텐셜 상자 외에도 다른 퍼텐셜과 상호작용하는 입자의 파동 함수와 에너지 상태를 탐색할 수 있다. 또한, 2차원 또는 3차원 시스템에 대해 비슷한 분석을 수행하여 더 복잡한 시스템의 양자 상태를 이해하는 데 도움이 될 수 있다.

5.4 2차원 퍼텐셜 상자

앞에서의 1차원 퍼텐셜 상자를 업그레이드하여 2차원 퍼텐셜 상자 내의 입자를 다루고자 한다. 이러한 시스템은 두 방향으로의 운동을 고려하며, 각 방향은 서로 독립적이다. 1차원 퍼텐셜 상자에서 배운 개념을 확장하여, x 및 y 방향 모두에 대해 입자의 에너지 준위와 파동 함수를 살펴볼 수 있으며 2차원 퍼텐셜 상자는 x와 y 축 방향으로 길이 Lx와 Ly를 갖는다. 상자 내부의 퍼텐셜은 0이고, 상자의 바깥은 무한대로 가정한다. 상자 내의 입자는 x와 y 방향으로 움직일 수 있다. 2차원 슈뢰딩거 방정식은 입자의 퍼텐셜과 에너지를 묘사한다. 슈뢰딩거 방정식은 x와 y 방향으로 분리할 수 있으며, x와 y에 대해 독립적인 파동 함수를 얻을 수 있다. 결과적으로, 2차원 파동 함수는 x와 y 방향의 파동 함수의 곱으로 표현된다.

2차원 상자에서 에너지는 x와 y 방향의 양자 수(nx, ny)에 의해 결정된다. 에너지 준위는 $E = \left(\frac{h^2}{8m}\right)\left(\frac{{n_x}^2}{{L_x}^2} + \frac{{n_y}^2}{{L_y}^2}\right)$으로 주어지고, h는 플랑크 상수, m은 입자의 질량이다. 파동 함수는 $\Psi(\mathrm{x}, \mathrm{y}) = \left(\frac{2}{L_x}\right)^{\frac{1}{2}}\left(\frac{2}{L_y}\right)^{\frac{1}{2}}\sin\left(\frac{n_x\pi_x}{L_x}\right)\sin\left(\frac{n_y\pi_y}{L_y}\right)$로 주어진다.

2차원 파동 함수의 제곱은 1차원일 때와 마찬가지로 입자가 특정 위치 (x, y)에 존재할 확률 밀도를 보여주며, 노드는 2차원 파동 함수가 0이 되는 영역으로 2차원 상자에서 노드는 x와 y 방향에서 일어나는데, 이는 파동 함수가 각각 $x = (m/n_x)L_x$와 $y = (m/n_y)L_y$에서 0이 되기 때문이다. 여기서 m은 정수이다. 시각적 이해를 돕기 위해 2차원 파동 함수와 확률 밀도를 그리는 것이 유용하므로, 이를 Python의 NumPy와 Matplotlib 라이브러리를 사용하여 2차원 퍼텐셜 상자 내의 입자에 대한 파동 함수와 확률 밀도를 시각화할 것이다.

```
import numpy as np
import matplotlib.pyplot as plt
from mpl_toolkits.mplot3d import Axes3D

# 상수 정의
Lx = 1.0  # x 방향의 상자 크기
Ly = 1.0  # y 방향의 상자 크기
h = 6.626e-34  # 플랑크 상수
m = 9.11e-31   # 전자의 질량

# 양자 수
nx = 1
ny = 2

# x, y 좌표 정의
x = np.linspace(0, Lx, 100)
y = np.linspace(0, Ly, 100)
X, Y = np.meshgrid(x, y)

# 파동 함수 계산
wave_function = (2 / Lx) ** 0.5 * (2 / Ly) ** 0.5 * np.sin(nx * np.pi *
                                   X / Lx) * np.sin(ny * np.pi * Y / Ly)

# 확률 밀도 계산
probability_density = wave_function ** 2

# 3D로 그리기
fig = plt.figure(figsize=(10, 5))

# 파동 함수 그래프
ax1 = fig.add_subplot(121, projection='3d')
ax1.plot_surface(X, Y, wave_function, cmap='viridis')
ax1.set_xlabel('X')
```

```
ax1.set_ylabel('Y')
ax1.set_zlabel('Ψ(x, y)')
ax1.set_title('Wave Function')

# 확률 밀도 그래프
ax2 = fig.add_subplot(122, projection='3d')
ax2.plot_surface(X, Y, probability_density, cmap='viridis')
ax2.set_xlabel('X')
ax2.set_ylabel('Y')
ax2.set_zlabel('|Ψ(x, y)|^2')
ax2.set_title('Probability Density')

plt.show()
```

2차원 퍼텐셜 상자 내의 입자에 대한 파동 함수($\Psi(x, y)$)와 확률 밀도($|\Psi(x, y)|^2$)를 시각화하였다. L_x와 L_y는 상자의 x 및 y 방향의 길이를 나타내며, n_x와 n_y는 양자 수이다. 이 값을 변경하면 다양한 에너지 상태를 시각화할 수 있다. wave_function은 주어진 x와 y 좌표에서 파동 함수의 값을 계산한다. probability_density는 파동 함수의 제곱으로, 입자가 특정 위치에 있을 확률 밀도를 나타낸다. 코드를 실행하면, 왼쪽 그래프는 파동 함수를 보여주고, 오른쪽 그래프는 확률 밀도를 보여준다. 파동 함수는 양과 음의 부분으로 구성되어 있으며, 확률 밀도는 개념상/계산식으로 볼 때 항상 양수이다. 또한, 확률 밀도는 입자가 특정 영역에 존재할 확률을 나타내므로 그래프상의 모든 지점에서 양수이어야 한다.

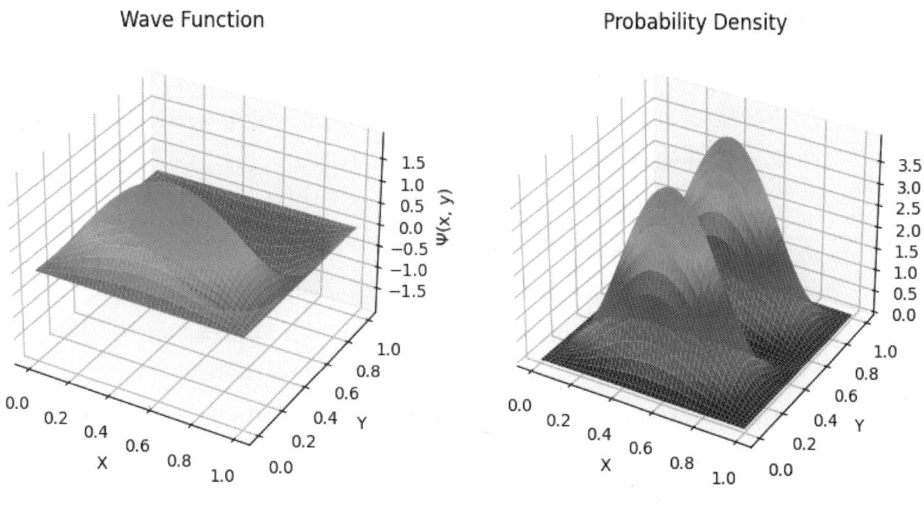

여기서 주목해야 할 점은 파동 함수의 양과 음의 부분이 확률 밀도에서는 양의 값을 가지는 것이다. 이는 당연하겠지만 확률 밀도가 파동 함수의 제곱과 관련되어 있기 때문이다. 확률 밀도 그래프는 어떤 위치에서 입자를 찾을 확률이 높은지 보여주며, 이를 통해 입자의 분포와 특성을 이해할 수 있다. 상자의 모서리나 경계 부근에서 확률 밀도가 낮은 것을 확인할 수 있는데, 입자가 상자의 중앙 부근에 머무를 확률이 더 높다는 것을 보여준다.

코드 분석

- **from mpl_toolkits.mplot3d import Axes3D:** Matplotlib의 mplot3d 모듈에서 Axes3D를 가져온다.
- **Lx = 1.0:** x 방향의 상자 크기를 나타내는 변수이다.
- **Ly = 1.0:** y 방향의 상자 크기를 나타내는 변수이다.
- **h = 6.626e-34:** 플랑크 상수를 나타내는 변수이다.
- **m = 9.11e-31:** 전자의 질량을 나타내는 변수이다.
- **nx = 1:** x 방향의 양자 수를 나타내는 변수이다.
- **ny = 2:** y 방향의 양자 수를 나타내는 변수이다.
- **x = np.linspace(0, Lx, 100):** 0부터 Lx까지 100개의 점으로 이루어진 배열을 생성하여 x 변수에 할당한다.
- **y = np.linspace(0, Ly, 100):** 0부터 Ly까지 100개의 점으로 이루어진 배열을 생성하여 y 변수에 할당한다.
- **X, Y = np.meshgrid(x, y):** x와 y의 모든 조합에 대한 2차원 그리드를 생성하여 X와 Y 변수에 할당한다.
- **wave_function = (2 / Lx) ** 0.5 * (2 / Ly) ** 0.5 * np.sin(nx * np.pi * X / Lx) * np.sin(ny * np.pi * Y / Ly):** 파동 함수를 계산하여 wave_function 변수에 할당한다.
- 상자 내에서의 파동 함수는 두 개의 삼각 함수의 곱으로 표현되며, 정규화 상수와 함께 계산된다.
- **probability_density = wave_function ** 2:** 확률 밀도를 계산하여 probability_density 변수에 할당한다.
- **fig = plt.figure(figsize=(10, 5)):** 그래프의 크기를 설정한다.
- **ax1 = fig.add_subplot(121, projection='3d'):** 그래프를 그릴 서브플롯 중 첫 번째를 설정한다. 3D 그래프를 그릴 것이므로 projection을 '3d'로 설정한다.
- **ax1.plot_surface(X, Y, wave_function, cmap='viridis'):** X, Y, wave_function 값을 이용하여 파동 함수의 3D 그래프를 그린다. cmap은 'viridis'로 설정한다.
- **ax1.set_xlabel('X'):** x축의 라벨을 'X'로 설정한다.
- **ax1.set_ylabel('Y'):** y축의 라벨을 'Y'로 설정한다.
- **ax1.set_zlabel('Ψ(x, y)'):** z축의 라벨을 'Ψ(x, y)'로 설정한다.
- **ax1.set_title('Wave Function'):** 그래프의 제목을 'Wave Function'으로 설정한다.
- **ax2 = fig.add_subplot(122, projection='3d'):** 그래프를 그릴 서브플롯 중 두 번째를 설정한다. 3D 그래프를 그릴 것이므로 projection을 '3d'로 설정한다.
- **ax2.plot_surface(X, Y, probability_density, cmap='viridis'):** X, Y, probability_density 값을 이용하여 확률 밀도의 3D 그래프를 그린다. cmap은 'viridis'로 설정한다.
- **ax2.set_xlabel('X'):** x축의 라벨을 'X'로 설정한다.
- **ax2.set_ylabel('Y'):** y축의 라벨을 'Y'로 설정한다.
- **ax2.set_zlabel('|Ψ(x, y)|^2'):** z축의 라벨을 '|Ψ(x, y)|^2'로 설정한다.
- **ax2.set_title('Probability Density'):** 그래프의 제목을 'Probability Density'로 설정한다.
- **plt.show():** 그래프를 표시한다.

여기에 에너지 준위에 대해 살펴보자. 2차원 상자에서 입자의 에너지는 양자수 *nx*와 *ny*에 의해 결정되며, 에너지 준위는 다음과 같은 수식으로 계산된다:

$$E = \left(\frac{h^2}{(8 \times m)}\right) \times \left(\left(\frac{n_x^{\;2}}{L_x^{\;2}}\right) + \left(\frac{n_y^{\;2}}{L_y^{\;2}}\right)\right)$$

E: 에너지
h: 플랑크 상수
m: 입자의 질량
n_x, n_y: 양자 수
L_x, L_y: 상자의 크기

Python 코드로 위의 에너지를 계산하는 예시는 다음과 같이 간단하게 만들 수 있다:

```
def calculate_energy(nx, ny, Lx, Ly, h, m):
    return (h ** 2 / (8 * m)) * ((nx ** 2 / Lx ** 2) + (ny ** 2 / Ly ** 2))

# nx = 1, ny = 2로 설정하여 에너지를 계산해보자.
energy = calculate_energy(nx=1, ny=2, Lx=1.0, Ly=1.0, h=6.626e-34,
                                                            m=9.11e-31)

print(f"Energy for nx=1, ny=2: {energy} J")
```

```
Energy for nx=1, ny=2: 3.0120661361141598e-37 J
```

n_x와 n_y를 변화시키면서 각 상태에 대한 에너지를 계산하고, 어떻게 파동 함수와 확률 밀도가 변화하는지 살펴볼 수 있다.

- **def calculate_energy(nx, ny, Lx, Ly, h, m)::** 에너지를 계산하는 함수를 정의한다. 인자로 nx, ny, Lx, Ly, h, m을 받는다.
- **return (h ** 2 / (8 * m)) * ((nx ** 2 / Lx ** 2) + (ny ** 2 / Ly ** 2)):** 에너지를 계산하여 반환한다. 주어진 수식을 이용하여 계산된다.
- **energy = calculate_energy(nx=1, ny=2, Lx=1.0, Ly=1.0, h=6.626e-34, m=9.11e-31):** calculate_energy 함수를 호출하여 nx=1, ny=2에 해당하는 에너지를 계산하고 energy 변수에 할당한다.
- **print(f"Energy for nx=1, ny=2: {energy} J"):** 계산된 에너지를 출력한다. 문자열 포맷팅을 사용하여 출력한다.

2차원 퍼텐셜 상자는 양자 역학의 기본적인 시스템을 이해하는 데 중요한 도구이다. 2차원 퍼텐셜 상자를 통해 입자의 양자 상태, 에너지 준위, 확률 분포에 대해 학습할 수 있으며, 차원이 늘어나고 전자가 늘어나는 더 복잡한 양자 시스템의 기본이 된다.

5.5 조화 진동 운동

조화 진동자는 양자 역학에서 매우 중요한 모델 중 하나로, 입자가 조화로운 복원력을 가지는 용수철과 같은 퍼텐셜에서 진동하는 경우를 다루며, 원자와 분자의 진동을 설명하는 데 사용한다. 여기서는 본격적으로 실제 적용되는 에너지 및 파동 함수에 대한 계산에 대해서는, 이 계산을 진행할 때 가장 많이 사용하는 라이브러리인 SciPy에 대해 간단히 소개한 뒤 SciPy를 활용하여 설명하고자 한다.

➤ SciPy의 기본 기능

- **수치 계산:** 최적화, 적분, 선형 대수 등 다양한 수치 계산 기능을 제공한다.
- **신호 및 이미지 처리:** 신호 및 이미지 처리와 관련된 함수와 알고리즘을 제공한다.
- **통계 분석:** 통계적 분석, 확률 분포, 회귀 분석 등을 위한 통계 모듈을 포함한다.
- **최적화:** 최적화 알고리즘을 사용하여 함수의 최소값 또는 최대값을 찾을 수 있다.

➤ 양자화학에서 활용 가능한 SciPy 모듈 및 함수

- **scipy.linalg:** 선형 대수 연산을 위한 모듈로, 양자역학에서 행렬 연산, 고유값 분해, 특이값 분해 등에 활용될 수 있다.

```
import numpy as np
from scipy import linalg

# 분자의 히스토그램 행렬 예시
histogram_matrix = np.array([[1, 2, 3], [4, 5, 6], [7, 8, 9]])

# 행렬 곱셈
result = linalg.matmul(histogram_matrix, histogram_matrix)

print("행렬 곱셈 결과:")
print(result)
```

- **scipy.optimize:** 최적화 기능을 제공하는 모듈로, 양자화학 계산에서 최적화된 분자 구조나 에너지를 찾는 데 사용될 수 있다.

```
from scipy import optimize

# 최소화할 함수 정의
def objective(x):
    return (x[0] - 1)**2 + (x[1] - 2.5)**2

# 초기 추정치 설정
x0 = [0, 0]

# 최적화 실행
```

```
result = optimize.minimize(objective, x0)

# 최적화 결과 출력
print("최적값:", result.x)
print("최적 함수 값:", result.fun)
```

- **scipy.integrate:** 수치적 적분과 관련된 함수와 알고리즘을 제공하는 모듈로, 양자화학 계산에서 전자 상태 밀도 계산 등에 활용될 수 있다.

```
from scipy import integrate

# 적분할 함수 정의
def integrand(x):
    return x**2

# 수치 적분 실행
result, error = integrate.quad(integrand, 0, 1)

# 적분 결과 출력
print("적분 결과:", result)
print("오차:", error)
```

- **scipy.special:** 수학적인 특수 함수를 제공하는 모듈로, 양자화학 계산에서 파동 함수 표현, 구획 통계 등에 활용될 수 있다.

```
from scipy import special

x = 1.0
bessel_value = special.jv(3, x)

print("베셀 함수 값:", bessel_value)
```

- **scipy.stats:** 통계 분석을 위한 함수와 분포를 제공하는 모듈로, 양자화학 데이터 분석에서 확률 분포, 회귀 분석 등에 활용될 수 있다.

```
from scipy import stats

# 정규 분포 객체 생성
norm_dist = stats.norm(loc=0, scale=1)

# 랜덤 샘플 생성
samples = norm_dist.rvs(size=10)

print("랜덤 샘플:", samples)
```

- **scipy.sparse:** 희소 행렬과 관련된 기능을 제공하는 모듈로, 양자화학 계산에서 대규모 분자 시스템의 행렬 연산에 활용될 수 있다.

```
import numpy as np
from scipy import sparse

# 희소 행렬 생성
A = sparse.csr_matrix([[1, 0, 2], [0, 3, 0]])

# 행렬-벡터 곱셈
b = np.array([1, 2, 3])
result = A.dot(b)

print("행렬-벡터 곱셈 결과:", result)
```

조화 진동자의 파동 함수는 실질적인 입자의 움직임을 이해하는 데 시작점이 되는 양자역학 설명의 명확한 기준이므로 양자 역학에서는 조화 진동자 모델이 매우 중요한 역할을 한다. 이 모델은 원자나 분자의 진동을 설명하고, 에너지 준위 및 상태, 파동 함수 등을 계산하는 데 사용된다. 특히 Hooke 법칙으로 대변되는 복원력이 퍼텐셜 에너지로 작용하고 양자화된 에너지 준위로 진동 주파수와 관련이 있으며 진동자는 파동 함수로 표현되게 된다. 조화 진동자의 퍼텐셜은 $V(x) = \left(\frac{1}{2}\right)m\omega^2x^2$로 주어지며, m은 입자의 질량, ω는 진동의 각 주파수, x는 입자의 위치이다.

조화진동자의 파동 함수는 급수 전개를 통한 허미트 다항식(Hermite polynomials)을 사용하여 표현된다. (아래에서처럼 SciPy에 표현되며, 이는

$$H_n(x) = (-1)^n \cdot \exp(x^2) \cdot \frac{d^n}{dx^n}\exp(-x^2)$$

와 같은 형식으로 정의되는 다항식으로 양자 역학에서 파동 함수의 형태와 특성을 결정하는 데 사용되며, 양자역학적 시스템의 에너지 준위와 파동 함수의 공간적 분포를 설명하는 데 중요한 역할을 한다. 이 다항식은 조화 진동자의 파동 함수에서 노드(파동 함수가 0이 되는 지점)의 수를 결정하며, 양자수 n이 증가함에 따라 노드의 수가 증가하게 된다. 좀 더 자세한 설명은 Griffiths의 저서 양자 역학의 2.3절 조화 진동자 부분을 일독할 것을 권한다.)

아래 코드를 실행하면 각기 다른 n 값에 대한 조화 진동자의 파동 함수를 볼 수 있다. n 값이 증가함에 따라 노드의 수가 증가하는 것을 확인할 수 있다. (참고로, ladder operator (사다리 연산자)에 대한 내용은 이 책의 범위를 벗어나므로 생략하였다. 이에 대한 심화 연구는 기호 연산자를 지원하는 Mathematica와 같은 도구를 사용하는 것을 권한다.)

```
import numpy as np
import matplotlib.pyplot as plt
from scipy.special import hermite
from math import pi, sqrt, exp, factorial
```

```
def harmonic_oscillator_wave_function(n, x):
    m = 1.0  # 질량(간단하게 보여주기 위함)
    omega = 1.0  # 각 주파수(간단하게 보여주기 위함)
    hbar = 1.0  # 감소된 플랑크 상수(간단하게 보여주기 위함)

    # 정규화 상수
    coeff = 1.0 / sqrt(2**n * factorial(n)) * (m * omega /
                                                  (pi * hbar))**(1/4)
    # 허미트 다항식
    herm_poly = hermite(n)
    # 파동 함수 계산
    wave_function = coeff * herm_poly(np.sqrt(m * omega / hbar) * x) *
                              np.exp(-m * omega * x**2 / (2 * hbar))

    return wave_function

x = np.linspace(-5, 5, 400)  # x 좌표 배열

plt.figure(figsize=(10, 5))

# n = 0, 1, 2, 3에 대한 파동 함수를 그린다.
for n in range(4):
    psi = harmonic_oscillator_wave_function(n, x)
    plt.plot(x, psi, label=f'n={n}')

plt.xlabel('Position')
plt.ylabel('Wave Function')
plt.legend()
plt.title('Wave Functions of a Quantum Harmonic Oscillator')
plt.grid()
plt.show()
```

각기 다른 *n* 값에 대한 조화 진동자의 파동 함수를 볼 수 있다. *n* 값이 증가함에 따라 노드의 수가 증가하는 것을 확인할 수 있다.

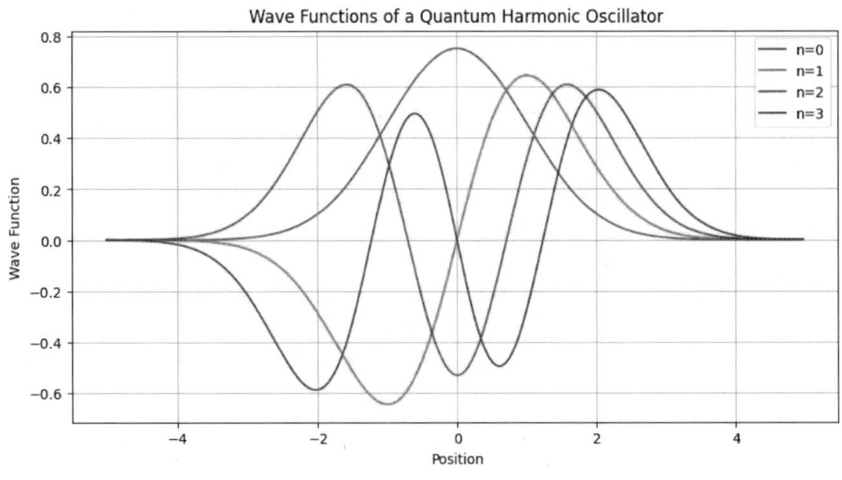

NumPy와 matplotlib을 사용하여 양자 조화 진동자의 파동 함수를 그래프로 표시하는 것이며, 해당 코드에 대한 자세한 설명은 아래와 같다.

코드 분석

- **from scipy.special import hermite:** scipy.special 모듈에서 hermite 함수를 가져옴. hermite 함수는 허미트 다항식을 계산하는 데 사용된다.
- **from math import pi, sqrt, exp, factorial:** math 모듈에서 pi, sqrt, exp, factorial 함수를 가져옴. 이 함수들은 파동 함수 계산에 사용된다.
- **def harmonic_oscillator_wave_function(n, x)::** 양자 조화 진동자의 파동 함수를 계산하는 함수를 정의한다. 함수는 n과 x를 매개변수로 받는다.
- **m = 1.0, omega = 1.0, hbar = 1.0:** 질량(m), 각 주파수(omega), 감소된 플랑크 상수(hbar)를 설정하며 간단화를 위해 정수로 정했다.
- **coeff = 1.0 / sqrt(2**n * factorial(n)) * (m * omega / (pi * hbar))**(1/4):** 정규화 상수(coeff)를 계산한다. 상수는 파동 함수를 정규화하기 위해 사용된다. 계산에는 허미트 다항식과 관련된 계수 및 물리적 상수가 포함된다.
- **herm_poly = hermite(n):** 허미트 다항식(herm_poly)을 계산한다. hermite 함수는 scipy.special 모듈에서 가져온 함수로, 허미트 다항식의 값을 계산한다.
- **wave_function = coeff * herm_poly(np.sqrt(m * omega / hbar) * x) * np.exp(-m * omega * x**2 / (2 * hbar)):** 파동 함수(wave_function)를 계산한다. 계산에는 정규화 상수(coeff), 허미트 다항식(herm_poly), 지수 함수(exp)가 사용된다. 파동 함수는 허미트 다항식과 지수 함수의 곱으로 표현된다.
- **x = np.linspace(-5, 5, 400):** −5부터 5까지의 범위를 가지고 400개의 등간격으로 나눈 배열을 생성한다. 이 배열은 x 좌표를 나타낸다.
- **plt.figure(figsize=(10, 5)):** 새로운 그림(도표)를 생성하고 크기를 지정한다. figsize=(가로 크기, 세로 크기)로 설정한다.
- **for n in range(4)::** 0부터 3까지의 범위에서 반복문을 실행한다. 이 반복문은 n 값에 대해 파동 함수를 계산하고 그래프로 표시한다.
- **psi = harmonic_oscillator_wave_function(n, x):** harmonic_oscillator_wave_function 함수를 사용하여 파동 함수(psi)를 계산한다.
- **plt.plot(x, psi, label=f'n={n}'):** x와 파동 함수를 그래프로 그린다. 각 그래프에는 n 값이 포함된 레이블이 지정된다.
- 나머지는 그래프 표현

파동 함수의 형태를 시각적으로 이해하기 위해 확률 밀도를 계산하고 시각화할 수 있다. 반복해서 설명했듯이 확률 밀도는 파동 함수의 제곱으로 나타낼 수 있으며, 이 함수 식은 입자의 위치에 대한 확률을 나타낸다. 확률 밀도를 시각화하면 조화 진동자 내에서 입자의 위치에 따라 확률의 분포를 쉽게 파악할 수 있다. 아래의 코드는 위의 헤르미트 다항식이 아닌 확률론적 헤르미트 다항식을 사용하는 정규화를 시킨 파동 함수를 계산하고 시각화하는 예시이다. 에너지 준위에 따라 파동 함수의 형태와 확률 밀도가 어떻게 변하는지 확인할 수 있다. 파동 함수의 값이 크다는 것은 해당 위치에서 입자가 존재할 확률이 높다는 의미일 것이다. 여기서는 실질적 파라미터를 대입해보자.

```
import numpy as np
import matplotlib.pyplot as plt
from scipy.special import eval_hermitenorm
from scipy.constants import hbar

# 파동 함수 계산 함수
def harmonic_wavefunction(x, n, omega, m):
    normalization = (m * omega / (np.pi * hbar))**(1/4) /
                                np.sqrt(2**n * np.math.factorial(n))
    # 적절한 변환 적용
    hermite_val = eval_hermitenorm(n, np.sqrt(2) * np.sqrt(m * omega /
                                                              hbar) * x)
    psi = normalization * hermite_val * np.exp(- (m * omega * x ** 2) /
                                                             (2 * hbar))
    return psi

# 파라미터 설정
m = 9.109e-31  # 전자의 질량(kg)
omega = 2 * np.pi * 1e14  # 각진동수(rad/s)

# 위치 범위 설정
x_values = np.linspace(-5e-9, 5e-9, 1000)  # 위치 범위(미터)

# 파동 함수 계산 및 확률밀도 계산
n_values = list(range(0, 11))  # 에너지 준위 0부터 10까지
psi_values = []
prob_density_values = []
for n in n_values:
    psi = harmonic_wavefunction(x_values, n, omega, m)
    psi_values.append(psi)
    prob_density = np.abs(psi)**2
    prob_density_values.append(prob_density)

# 확률밀도 시각화
plt.figure(figsize=(12, 8))
for i, n in enumerate(n_values):
    plt.plot(x_values, prob_density_values[i], label=f'n = {n}')

plt.xlabel('Position (x) [m]')
plt.ylabel('Probability Density')
plt.title('Quantum Harmonic Oscilloator - Probability Density')
plt.legend()
```

```
plt.grid(True)
plt.show()
```

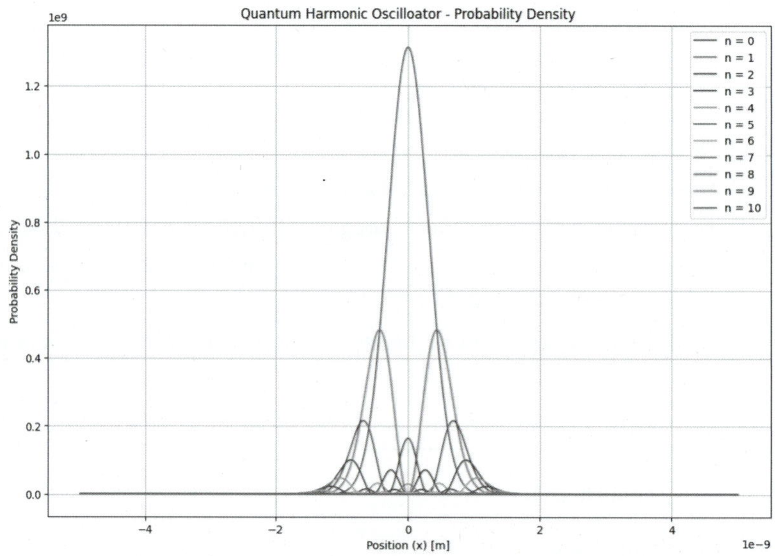

실행한 결과, 파동 함수의 모양은 중심에 집중되어 있고, 양 끝으로 갈수록 값이 작아지는 모습을 확인할 수 있으며, 색이 분명하지 않아 위의 그래프를 알아보기 어렵겠지만 직접 코랩으로 실행해보면 해당 그래프의 색으로 n이 증가함에 따른 확률밀도의 그래프를 확인할 수 있다. 조화 진동자의 특성을 반영하여, 입자가 평형 위치 주변에서 진동하는 모습을 나타낸다.

코드 분석

- **from scipy.special import eval_hermitenorm:** SciPy의 special 모듈에서 eval_hermitenorm 함수를 가져옴. 이 함수는 에르미트 다항식의 정규화된 값을 계산하는 데 사용된다.
- **from scipy.constants import hbar:** SciPy의 constants 모듈에서 hbar를 가져옴. hbar는 플랑크 상수의 축소판이다.
- **7-12.** harmonic_wavefunction 함수를 정의한다. 이 함수는 주어진 위치 x, 에너지 준위 n, 각진동수 omega, 전자의 질량 m에 대한 양자 조화 진동자의 파동 함수를 계산한다. 파동 함수는 에르미트 다항식, 정규화 상수 및 가우시안 함수의 곱으로 정의되며, 계산된 결과를 반환한다.
- **15-16.** 파라미터 m과 omega를 설정한다. m은 전자의 질량을 나타내며, omega는 각진동수를 나타낸다.
- **19-21.** x_values를 설정한다. −5e−9부터 5e−9까지 1000개의 값으로 이루어진 배열을 생성한다. 이는 위치의 범위를 나타낸다.
- **24-28.** n_values에 0부터 10까지의 에너지 준위를 포함하는 리스트를 생성한다.
- **30-34.** 반복문을 사용하여 각 에너지 준위 n에 대해 파동 함수를 계산하고, 계산된 파동 함수를 psi_values 리스트에 추가한다. 또한, 파동 함수의 확률 밀도를 계산하고, 계산된 확률 밀도를

prob_density_values 리스트에 추가한다.

- **37-46.** 확률 밀도를 시각화한다. plt.plot 함수를 사용하여 x_values와 prob_density_values를 그래프로 표시한다. 축 레이블과 그래프 제목을 설정하고, 범례를 추가한다. 그리드를 표시하여 가독성을 높이다. 마지막으로 그래프를 표시한다.

이제 위의 조화 진동자의 에너지 레벨을 계산할 수 있으며, 조화 진동자의 에너지 레벨은 다음과 같은 간단한 공식으로 계산된다.

$$E_n = \hbar\omega\left(n + \frac{1}{2}\right)$$

n은 양의 정수 또는 0이고, $\hbar$는 감소된 플랑크 상수, ω는 각 주파수이다. 아래는 조화 진동자의 에너지 레벨을 간단히 구하고 시각화하는 코드이다:

```
# 파라미터(간략화)
hbar = 1.0  # 감소된 플랑크 상수
omega = 1.0  # 각 주파수
n_levels = 5  # 시각화할 에너지 레벨 수

# 에너지 레벨 계산
energy_levels = [hbar * omega * (n + 0.5) for n in range(n_levels)]

# 시각화
plt.figure(figsize=(6, 4))
plt.hlines(energy_levels, xmin=-1, xmax=1, color='blue')
plt.scatter([0]*n_levels, energy_levels, color='red',
                                                label='Energy levels')
plt.ylim(0, max(energy_levels) + 1)
plt.xlim(-1.5, 1.5)
plt.ylabel('Energy')
plt.title('Energy Spectrum of a Quantum Harmonic Oscillator')
plt.legend()
plt.grid()
plt.show()
```

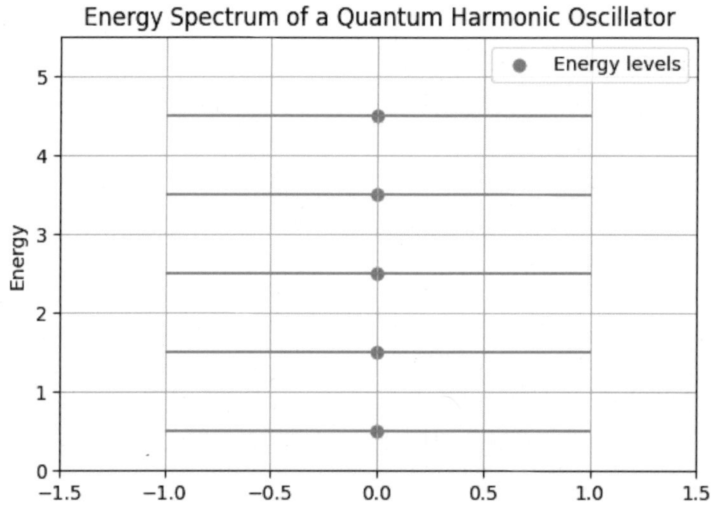

위의 그래프는 조화 진동자의 양자화된 에너지 레벨을 보여주며, 각 에너지 레벨은 균일한 간격으로 떨어져 있다. 이 예제는 조화 진동자가 양자 역학에서 어떻게 작용하는지 이해하는 데 도움이 된다. Python을 사용하여 이러한 개념을 시각화하고 분석하는 것은 매우 효과적이다.

코드 분석

- **hbar = 1.0:** 에너지의 상대적인 그래프를 나타내기 위하여 감소된 플랑크 상수를 1로 hbar 변수에 설정한다.
- **omega = 1.0:** 각 주파수를 omega 변수에 설정한다.
- **n_levels = 5:** 시각화할 에너지 레벨의 수를 n_levels 변수에 설정한다. 이 예에서는 5개의 에너지 레벨을 시각화한다.
- **energy_levels = [hbar * omega * (n + 0.5) for n in range(n_levels)]:** 주어진 에너지 레벨 수에 대한 에너지 레벨을 계산한다. 각 에너지 레벨은 hbar, omega 및 레벨 인덱스를 사용하여 계산된다.
- **plt.figure(figsize=(6, 4)):** 새로운 그림(도표)를 생성하고 크기를 지정한다. figsize=(가로 크기, 세로 크기)로 설정한다.
- **plt.hlines(energy_levels, xmin=-1, xmax=1, color='blue'):** 수평선을 사용하여 에너지 레벨을 그래프로 그린다. energy_levels에 저장된 에너지 레벨 값을 사용한다. xmin과 xmax은 그래프의 수평선이 그려질 x축의 범위를 지정한다. 여기서는 −1부터 1까지로 설정한다. color는 선의 색상을 지정한다.
- **plt.scatter([0]*n_levels, energy_levels, color='red', label='Energy levels'):** 점 그래프를 사용하여 에너지 레벨을 표시한다. x 좌표는 모두 0이고, y 좌표는 energy_levels에 저장된 에너지 레벨 값을 사용한다. color는 점의 색상을 지정한다. label은 그래프의 범례에 표시될 레이블을 나타낸다.
- **plt.ylim(0, max(energy_levels) + 1):** y축의 범위를 지정한다. 최소값은 0으로 설정하고, 최대값은 energy_levels에 저장된 최대 에너지 레벨 값에 1을 더한 값으로 설정한다.
- **plt.xlim(-1.5, 1.5):** x축의 범위를 지정한다. −1.5부터 1.5까지로 설정한다.

- **plt.ylabel('Energy'):** y축의 레이블을 'Energy'로 설정한다.
- **plt.title('Energy Spectrum of a Quantum Harmonic Oscillator'):** 그래프의 제목을 'Energy Spectrum of a Quantum Harmonic Oscillator'로 설정한다.
- **plt.legend():** 범례를 표시한다.
- **plt.grid():** 그리드를 표시한다.
- **plt.show():** 그래프를 표시한다.

예제 5.2 하나의 입자가 조화진동자 잠재 에너지에서 움직인다고 가정합시다. 이 입자의 질량은 1.0 kg이고 각 주파수는 2 * π rad/s이다. 이때, 입자가 n = 2 상태에 있을 경우, 입자의 에너지는 얼마인지 계산하라.

조화진동자의 에너지는 다음의 공식으로 주어진다:

$$E_n = \hbar\omega\left(n + \frac{1}{2}\right)$$

여기서 n은 양의 정수 또는 0, $\hbar$는 감소된 플랑크 상수(약 $1.0545718 \times 10^{-34}$ J · s), ω는 각 주파수이다. 이 경우, $n = 2$, $\omega = 2 \times \pi$ rad/s이고, $\hbar$는 약 $1.0545718 \times 10^{-34}$ J · s이다. 에너지를 간단한 코딩으로 계산해보자.

```
import numpy as np
from scipy.constants import hbar

# 파라미터 설정
n = 2
omega = 2 * np.pi  # rad/s

# 에너지 계산
energy = hbar * omega * (n + 0.5)

print(f"The energy of the particle in the n=2 state is {energy}
                                                          Joules.")
```

```
The energy of the particle in the n=2 state is 1.6565175375e-33 Joules.
```

이 값은 매우 작은 에너지 수준을 나타내는데, 양자역학적 효과가 미시적인 크기에 더 관련이 있기 때문이다. 에너지는 입자가 조화 진동자 잠재 에너지 내에서 특정 양자 상태로 제한되어 있음을 나타낸다. 이 수준에서 입자의 에너지는 연속적으로 변할 수 없고, 특정 양자 상태들 사이에서만 변할 수 있다는 것을 의미한다.

5.6 양자 터널링 효과와 유한 퍼텐셜

양자 터널링(quantum tunnelling)은 입자가 고전적으로는 넘을 수 없는 장벽을 통과하는 현상이다. 위에서 제시한 조화 진동자의 경우를 사용하여 터널링 효과를 살펴보도록 하자. 양자 터널링 현상을 Python으로 표현하고, 이를 확인할 수 있는 것은 매우 흥미로운 일이다. 아래의 코드는 양자 조화 진동자의 확률 밀도를 시각화하고, 장벽 영역을 부분 확대하여 표시한다. 주어진 위치 범위 내에서 에너지 준위 0부터 10까지의 파동 함수의 확률 밀도를 계산하고 시각화한다. 또한, 장벽 영역은 회색으로 표시되며, 부분 확대 그래프를 통해 장벽 근처의 확률 밀도를 자세히 살펴볼 수 있다.

```
import numpy as np
import matplotlib.pyplot as plt
from scipy.special import eval_hermitenorm
from scipy.constants import hbar
from mpl_toolkits.axes_grid1.inset_locator import inset_axes

# 파동 함수 계산 함수
def harmonic_wavefunction(x, n, omega, m):
    normalization = (m * omega / (np.pi * hbar))**(1/4) / np.sqrt
                                        (2**n * np.math.factorial(n))
    # 적절한 변환 적용
    hermite_val = eval_hermitenorm(n, np.sqrt(2) * np.sqrt(m * omega /
                                                          hbar) * x)
    psi = normalization * hermite_val * np.exp(- (m * omega * x ** 2) /
                                                        (2 * hbar))
    return psi

# 파라미터 설정
m = 9.109e-31  # 전자의 질량(kg)
omega = 2 * np.pi * 1e14  # 각진동수(rad/s)

# 위치 범위 설정
x_values = np.linspace(-5e-9, 5e-9, 1000)  # 위치 범위(미터)

# 파동 함수 계산 및 확률밀도 계산
n_values = list(range(0, 11))  # 에너지 준위 0부터 10까지
psi_values = []
prob_density_values = []
for n in n_values:
    psi = harmonic_wavefunction(x_values, n, omega, m)
    psi_values.append(psi)
    prob_density = np.abs(psi)**2
    prob_density_values.append(prob_density)

# 확률밀도 시각화
plt.figure(figsize=(12, 8))
for i, n in enumerate(n_values):
```

```
    plt.plot(x_values, prob_density_values[i], label=f'n = {n}')

# 확률밀도 시각화
fig, ax = plt.subplots(figsize=(12, 8))
for i, n in enumerate(n_values):
    ax.plot(x_values, prob_density_values[i], label=f'n = {n}',
                                                        linewidth=1)

# 장벽 그리기
ax.fill_between([-2e-9, 2e-9], 0, np.max(prob_density_values),
                                          color='gray', alpha=0.3)

# 부분 확대 그래프 추가
axins = inset_axes(ax, width="30%", height="30%", loc="center right")
for i, n in enumerate(n_values):
    axins.plot(x_values, prob_density_values[i], linewidth=0.7)
axins.fill_between([-2e-9, 2e-9], 0, np.max(prob_density_values),
                                          color='gray', alpha=0.3)

# 부분 확대 영역 설정
x1, x2, y1, y2 = 1.5e-9, 3e-9, 0, np.max(prob_density_values) * 0.0002
axins.set_xlim(x1, x2)
axins.set_ylim(y1, y2)

plt.xlabel('Position (x) [m]')
plt.ylabel('Probability Density')
plt.title('Quantum Harmonic Oscillator - Probability Density')
ax.legend(loc='upper left')
plt.grid(True)
plt.show()
```

조화 진동자의 파동 함수는 에너지 준위에 따라 입자의 위치에 대한 확률 분포를 나타내는데, 터널링 현상을 이해하기 위해서는 파동 함수의 형태와 확률 분포를 고려해야 한다. 터널링은 입자가 고전적으로 넘을 수 없는 에너지 장벽을 확률적으로 통과하는 양자역학적 현상이다. 이는 주로 유한한 퍼텐셜 장벽을 가진 시스템에서 발생하며, 파동 함수가 장벽 너머로 확산되면서 입자가 장벽을 넘어 존재할 확률이 생긴다 . 에너지 준위가 높을수록 파동 함수는 장벽 내에서 더 넓게 퍼지며, 그 결과 장벽을 통과할 확률이 상대적으로 높아진다.

그림에서 보듯이, 파동 함수의 형태는 에너지가 낮을수록 중앙에 집중되어 있으며, 이러한 파동 함수는 장벽을 넘어서 퍼질 가능성이 낮아지고 있다. 따라서 파동 함수를 사용하여 조화 진동자의 파동성과 터널링 현상을 시각화할 수 있으며, 이는 양자역학적 입자가 장벽을 어떻게 통과하는지를 설명하는 데 도움을 준다.

코드를 실행해보면, 에너지 준위에 따른 파동 함수의 형태와 확률 밀도를 확인할 수 있으며, 장벽을 통과하는 확률이 어떻게 변하는지를 관찰할 수 있다. 특히 양자수 n이 증가함에 따라 터널링 효과가 어떻게 변하는지를 직접 확인할 수 있으며, 이를 통해 터널링 현상에 대한 직관적인 이해를 얻을 수 있다.

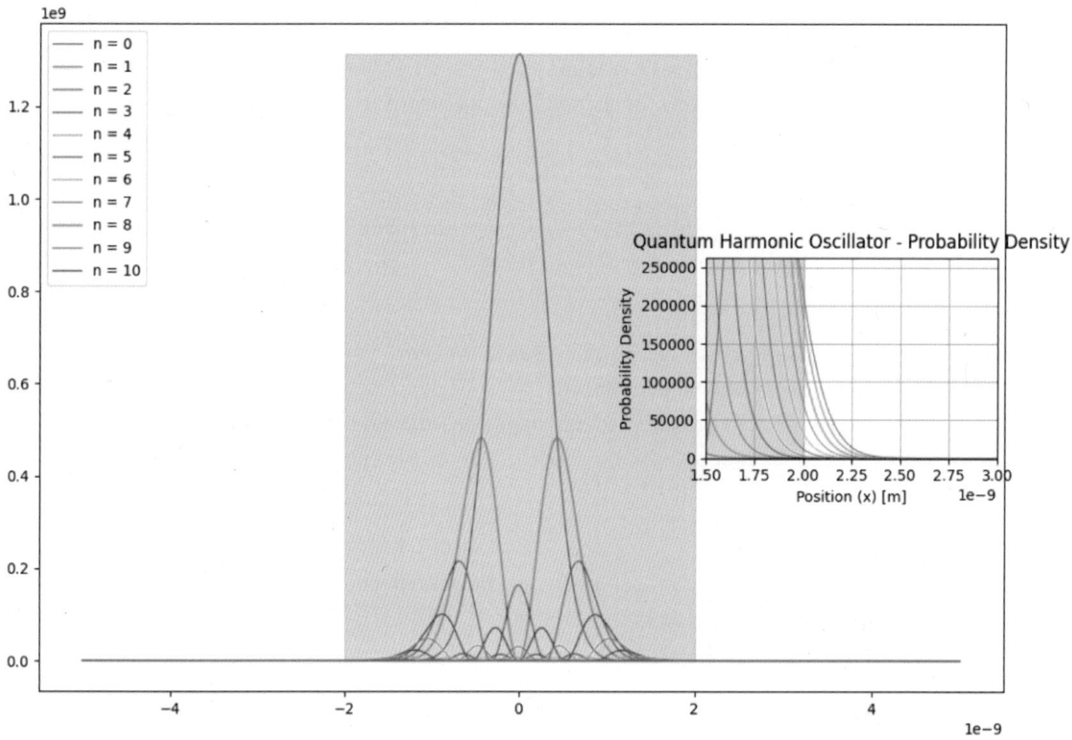

코드 분석

- **from matplotlib.patches import Rectangle:** Matplotlib의 patches 모듈에서 Rectangle 클래스를 가져옴. 이 클래스는 사각형을 그리기 위해 사용된다.
- **from scipy.special import eval_hermitenorm:** Scipy의 special 모듈에서 eval_hermitenorm 함수를 가져옴. 이 함수는 헤르미트 다항식을 계산하는 데 사용된다.
- **from scipy.constants import hbar:** Scipy의 constants 모듈에서 hbar 상수를 가져옴. hbar는 플랑크 상수의 분수인 축소 플랑크 상수이다.
- **from mpl_toolkits.axes_grid1.inset_locator import inset_axes:** mpl_toolkits 패키지의 axes_grid1 모듈에서 inset_axes 함수를 가져옴. 이 함수는 부분 그래프를 생성하기 위해 사용된다.
- **8-12.** harmonic_wavefunction 함수를 정의한다. 이 함수는 주어진 위치 x, 에너지 준위 n, 각진동수 omega, 질량 m을 사용하여 양자 조화 진동자의 파동 함수를 계산한다.
- **14-15.** 전자의 질량 m과 각진동수 omega를 설정한다.
- 위치 범위를 설정한다. −7e−9부터 7e−9까지의 1000개의 x 값으로 이루어진 배열 x_values를 생성한다.
- **21-24.** 각 에너지 준위 n에 대해 파동 함수와 확률 밀도를 계산하고 시각화한다.
- **26-27.** 에너지 준위를 0부터 10까지의 범위로 설정한다.

- **30-32.** 파동 함수와 확률 밀도를 저장할 리스트를 초기화한다.
- **34-41.** 각 에너지 준위에 대해 파동 함수와 확률 밀도를 계산하고 리스트에 추가한다.
- 그림과 축을 생성한다. 그림의 크기는 12×8로 설정한다.
- **47-54.** 각 에너지 준위에 대해 확률 밀도를 시각화한다. 각 준위에 대해 서로 다른 색상의 선을 그린다.
- 장벽 영역을 표시한다. (−2e−9, 2e−9) 범위의 x 값에 대해 y 값을 0부터 최대 확률 밀도까지 채우는 사각형을 그린다.
- **60-67.** 부분 확대 그래프를 추가한다. inset_axes 함수를 사용하여 부분 그래프를 생성한다.
- **70-71.** 부분 확대 영역을 설정한다. x축과 y축의 범위를 지정한다.
- **74-78.** x축과 y축의 레이블, 그래프의 제목, 범례, 그리드를 설정한다.
- 시각화 결과를 보여준다.

유한 퍼텐셜 우물(finite potential well) 문제도 Python을 사용하여 시뮬레이션할 수 있다. 유한 퍼텐셜 우물은 양쪽 끝에 높이가 유한한 장벽이 있는 영역 내에 입자가 존재하는 경우를 다룬다. 아래의 코드는 유한 퍼텐셜 우물에서(V0) 양자 조화 진동자(harmonic oscillator) 파동 함수를 사용하여 파동 함수와 에너지 준위를 계산하고 시각화하는 예시이다. 여기서는 일정 조건에서의 조화 진동자의 각 주파수를 직접 계산한 것에 주목하라. 퍼텐셜 우물 영역을 회색으로 표시하고 부분 확대 그래프를 추가하여 우물 근처의 확률 밀도를 자세히 보여준다.

```
import numpy as np
import matplotlib.pyplot as plt
from scipy.constants import hbar
from scipy.special import eval_hermitenorm
from mpl_toolkits.axes_grid1.inset_locator import inset_axes

def finite_well_wavefunction(x, n, a, V0, m):
    omega = np.sqrt(2 * V0 / (m * a**2))  # 조화 진동자의 각 주파수 계산
    normalization = (m * omega / (np.pi * hbar))**(1/4) / np.sqrt
                                                  (2**n * np.math.factorial(n))
    hermite_val = eval_hermitenorm(n, np.sqrt(m * omega / hbar) * x)
    psi = normalization * hermite_val * np.exp(- (m * omega * x ** 2) /
                                                                 (2 * hbar))
    return psi

# 파라미터 설정
m = 9.109e-31  # 전자의 질량(kg)
a = 1e-10  # 우물의 너비(미터)
V0 = 10 * 1.6e-19  # 우물의 높이(Joule)
alpha = 0.5  # 회색 영역의 투명도

# 위치 범위 설정
x_values = np.linspace(-5 * a, 5 * a, 1000)  # 위치 범위
```

```
# 에너지 준위 설정
n_values = list(range(0, 6))  # 에너지 준위 0부터 5까지

# 파동 함수 계산
psi_values = []
for n in n_values:
    psi = finite_well_wavefunction(x_values, n, a, V0, m)
    psi_values.append(psi)

# 파동 함수 시각화
fig, ax = plt.subplots(figsize=(12, 8))
for i, n in enumerate(n_values):
    ax.plot(x_values, np.abs(psi_values[i])**2, label=f'n = {n}',
                                                      linewidth=1)

# 우물 영역 회색으로 표시
ax.fill_between([-a, a], 0, np.max(np.abs(psi_values))**2, color='gray',
                                                      alpha=alpha)

# 부분 확대 그래프 추가
axins = inset_axes(ax, width="30%", height="30%", loc="center right")
for i, n in enumerate(n_values):
    axins.plot(x_values[x_values > 0], np.abs(psi_values[i][x_values >
                                            0])**2, linewidth=0.7)
axins.fill_between([0, a], 0, np.max(np.abs(psi_values))**2,
                                          color='gray', alpha=alpha)

# 부분 확대 영역 설정
x1, x2, y1, y2 = 0, 1.7 * a, 0, np.max(np.abs(psi_values))**2 * 0.1
axins.set_xlim(x1, x2)
axins.set_ylim(y1, y2)

plt.xlabel('Position (x)')
plt.ylabel('Probability Density')
plt.title('Finite Potential Well - Probability Density')
ax.legend(loc='upper right')
plt.grid(True)
plt.show()
```

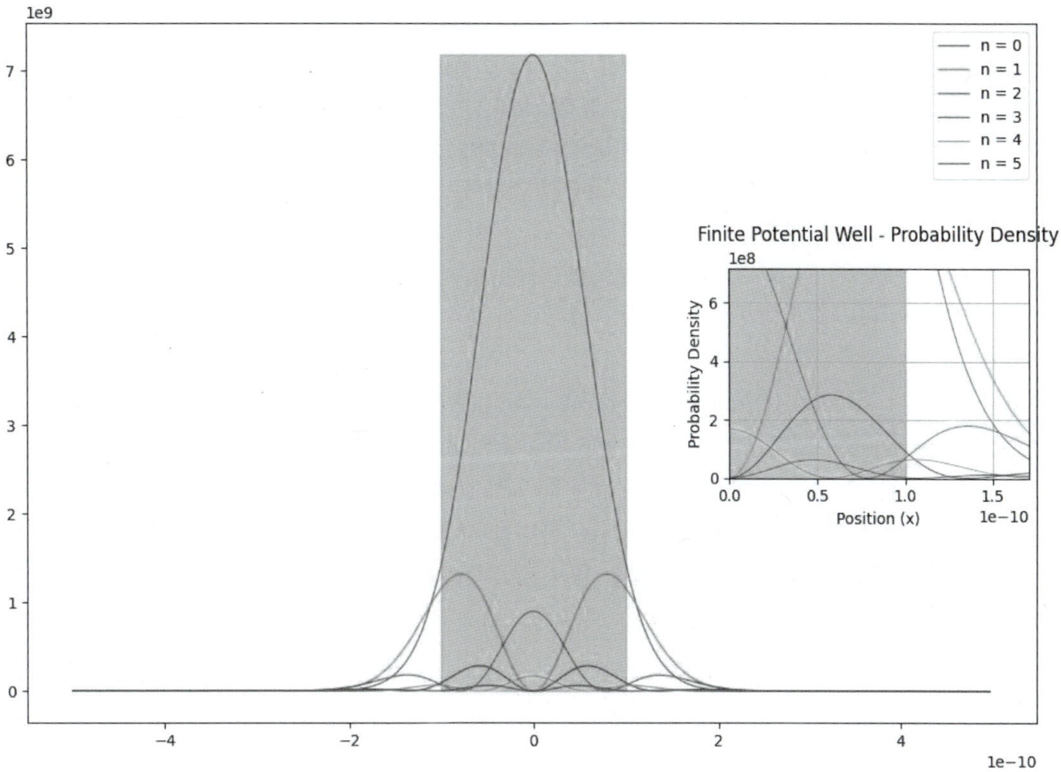

코드는 유한 잠재 에너지 우물 시스템의 파동 함수와 확률 밀도를 계산하고, 그래프로 시각화하는 기능을 수행하였다.

코드 분석

- **from scipy.special import eval_hermitenorm:** SciPy의 special 모듈에서 eval_hermitenorm 함수를 가져옴. 이 함수는 에르미트 다항식의 정규화된 값을 계산하는 데 사용된다.
- **from mpl_toolkits.axes_grid1.inset_locator import inset_axes:** Matplotlib의 axes_grid1 모듈에서 inset_axes 함수를 가져옴. 이 함수는 부분 그래프를 생성하기 위해 사용된다.
- **8-15.** finite_well_wavefunction 함수를 정의한다. 이 함수는 주어진 위치 x, 에너지 준위 n, 우물의 너비 a, 우물의 높이 V0, 전자의 질량 m에 대한 유한 잠재 에너지 우물의 파동 함수를 계산한다. 파동 함수는 에르미트 다항식, 정규화 상수 및 가우시안 함수의 곱으로 정의되며, 계산된 결과를 반환한다.
- **18-21.** 파라미터 m, a, V0, alpha를 설정한다. 각각은 전자의 질량, 우물의 너비, 우물의 높이, 회색 영역의 투명도를 나타낸다.
- **24-26.** x_values를 설정한다. −5a부터 5a까지 1000개의 값으로 이루어진 배열을 생성한다. 이는 위치의 범위를 나타낸다.
- **29-31.** n_values에 0부터 5까지의 에너지 준위를 포함하는 리스트를 생성한다.
- **34-40.** 반복문을 사용하여 각 에너지 준위 n에 대해 파동 함수를 계산하고, 계산된 파동 함수를 psi_values 리스트에 추가한다.

- **43-52.** 파동 함수를 시각화한다. plt.plot 함수를 사용하여 x_values와 np.abs(psi_values[i])**2를 그래프로 표시한다. 우물 영역은 회색으로 표시되며, ax.fill_between 함수를 사용하여 채워진 영역을 생성한다. 이를 통해 확률 밀도의 분포를 시각화할 수 있다.
- **55-57.** inset_axes 함수를 사용하여 부분 확대 그래프를 생성한다. axins 객체에 대해 plot 함수를 사용하여 부분 그래프를 그린다. 마찬가지로 axins.fill_between 함수를 사용하여 채워진 영역을 생성한다.
- **60-64.** 그래프의 축 레이블, 제목, 범례 등을 설정한다.
- 그래프를 표시한다.

위의 코드에서는 finite_well_wavefunction 함수를 사용하여 유한 퍼텐셜 우물에서의 파동 함수를 계산한다. 파라미터 a는 우물의 너비, V0는 우물의 높이를 나타낸다. 확률 밀도를 계산하고 시각화하기 위해 파동 함수의 절대값 제곱인 np.abs(psi_values[i])^{2}를 사용한다. 우물 영역은 ax.fill_between 함수를 사용하여 회색으로 표시되고, 부분 확대 그래프를 추가하여 우물 근처의 확률 밀도를 자세히 보여준다.

시각화된 그래프에서는 각 에너지 준위에 해당하는 파동 함수와 우물 영역을 함께 나타내어 파동 함수가 우물 내부에 제한되고 외부에서 산란되는 현상을 확인할 수 있다.

예제 5.3 해당 유한우물의 높이가 V0 = 1000 * 1.6e–19일 경우에 파동 함수가 산란되는 현상에 대해서 논하라.

위의 코드에서 V0 = 1000 * 1.6e−19 # 우물의 높이(Joule)로 두고 코드를 실행하면 아래의 그림이 형성이 된다.

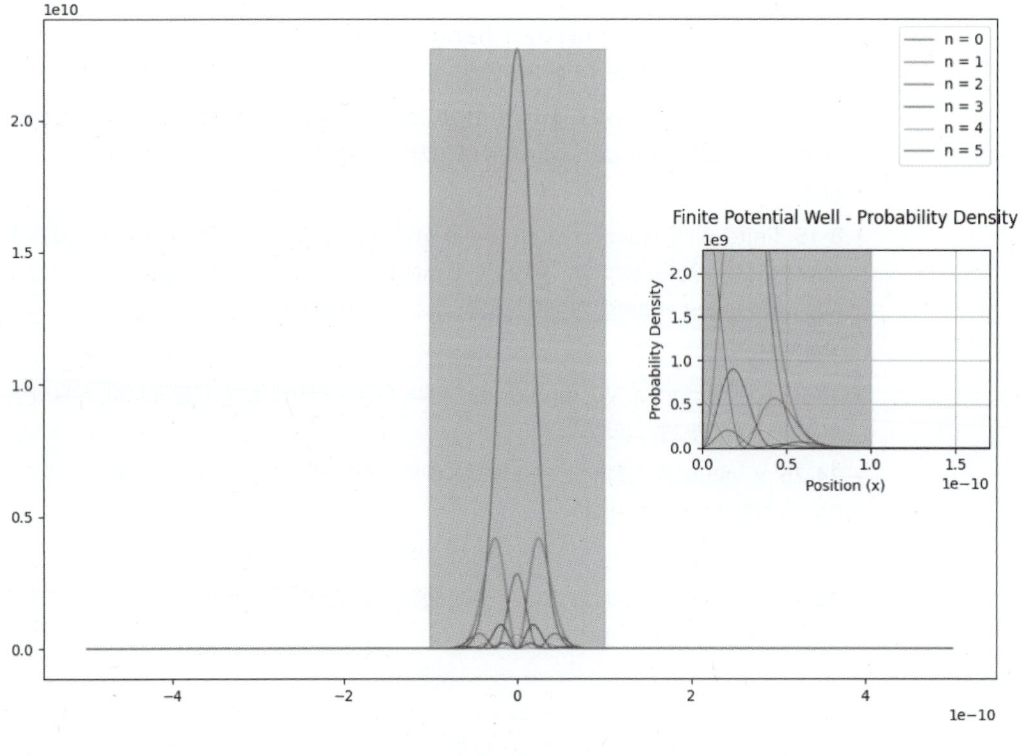

위의 코드를 실행하면 우물의 높이가 너무 크기 때문에 산란이 일어나지 않는 상태의 유한퍼텐셜 우물에서의 에너지 준위와 파동 함수, 확률 밀도가 시각화되어 나타난다. 회색으로 표시된 부분이 우물을 나타내며, 부분 확대 그래프를 통해 우물 근처의 확률 밀도를 더 자세히 살펴볼 수 있다.

5.7 양자 역학의 회전운동과 에너지 준위

회전운동은 입자가 어떤 점 주위를 원을 그리며 움직이는 운동이다. 고전 역학에서는 회전운동을 각속도, 각가속도, 각운동량 등과 같은 개념을 이용하여 설명한다. 각운동량은 질량, 반지름, 각속도의 곱으로 표현된다. 양자 역학에서 회전운동을 다룰 때 중요한 차이점은 입자의 회전운동이 연속적인 값이 아니라 양자화된 값으로 발생한다는 것이다. 즉, 각운동량은 특정한 양자 수에 의해 제한된 값을 가질 수 있다. 입자는 특정한 양자 상태에서만 존재할 수 있으며, 회전운동도 양자적 특성을 나타낸다. 특히 양자역학에서 각운동량은 중요한 역할을 하는데, 고전적 각운동량의 양자화 버전으로 이해할 수 있다. 양자 회전운동에서, 각운동량은 양자수에 의해 제한된 값만 가질 수 있기에 이를 표현하는 양자수를 'l'이라고 하며, 'l'은 0, 1, 2, ...와 같은 정수값으로 표현한다. 각운동량의 크기는 $\sqrt{l(l+1)}\hbar$로 계산된다. 또한 각운동량은 방향성을 가지며, 방향은 또 다른 양자수 'm'에 의해 정의된다. 여기서 'm'은 $-l$부터 l까지 정수값을 가지며, 각운동량의 z 성분은 $m\hbar$로 표현된다. 확장된 개념으로 당연히 양자 회전운동의 에너지 준위는 슈뢰딩거 방정식을 사용하여 구할 수 있다. 회전운동을 다루는 경우, 퍼텐셜 에너지는 중심으로부터의 거리에만 의존하므로, 슈뢰딩거 방정식은 입자의 각 위치에 대해 작성된다.

구면 조화 함수는 위의 회전운동을 논할 때 중요한 역할을 한다. 이 함수들은 각운동량 양자수 l과 자기 양자수 m에 의해 정의되며, 구면 좌표계에서 함수를 표현하는 데 사용된다. 구면 조화 함수는 $Y_l^m(\theta,\phi)$로 표기되며, 여기서 θ와 ϕ는 각각 극각과 방위각을 나타낸다. 구면 조화 함수는 결국 슈뢰딩거 방정식에 의하여 양자역학적 시스템에서 전자의 각운동량 상태를 기술한다. 이 함수들은 전자의 공간적 분포와 에너지 상태를 이해하는 데 사용된다. 예를 들어, 원자나 분자에서 전자의 공간 분포는 구면 조화 함수를 통해 표현되는 파동 함수의 형태에 따라 결정된다.

아래는 주어진 각운동량 양자수 l과 자기 양자수 m에 대한 구면 함수(spherical harmonics)를 계산하고 이를 3D 그래프로 시각화하는 예제이다.

```
import numpy as np
import matplotlib.pyplot as plt
from mpl_toolkits.mplot3d import Axes3D
from scipy.special import sph_harm

# 구면 조화 함수
l = 2  # 각운동량 양자 수
m = 1  # 자기 양자 수
```

```
# 각도 정의
theta = np.linspace(0, np.pi, 100)  # 극각
phi = np.linspace(0, 2*np.pi, 100)  # 방위각

# 메쉬그리드 생성
Theta, Phi = np.meshgrid(theta, phi)

# 구면 조화 함수 계산
Ylm = sph_harm(m, l, Phi, Theta)

# Catesian 좌표로 변환하여 플로팅 준비
X = np.abs(Ylm) * np.sin(Theta) * np.cos(Phi)
Y = np.abs(Ylm) * np.sin(Theta) * np.sin(Phi)
Z = np.abs(Ylm) * np.cos(Theta)

# 플롯
fig = plt.figure()
ax = fig.add_subplot(111, projection='3d')
ax.plot_surface(X, Y, Z, rstride=1, cstride=1, color='c', alpha=0.5,
                                                          linewidth=0)

ax.set_title('구면 조화 함수 |Y^{}_{}|'.format(l, m))
ax.set_xlabel('X')
ax.set_ylabel('Y')
ax.set_zlabel('Z')
plt.show()
```

이 코드는 구면 조화 함수 $Y_l^m(\theta,\phi)$를 3차원 공간에서 시각화한다. 여기서 사용된 l과 m은 각각 각운동량 양자수와 자기 양자수를 나타내며, θ와 ϕ는 극각과 방위각을 나타낸다. 코드는 이 함수를 계산하고, 그 결과를 3차원 좌표계에 플롯한 것이다.

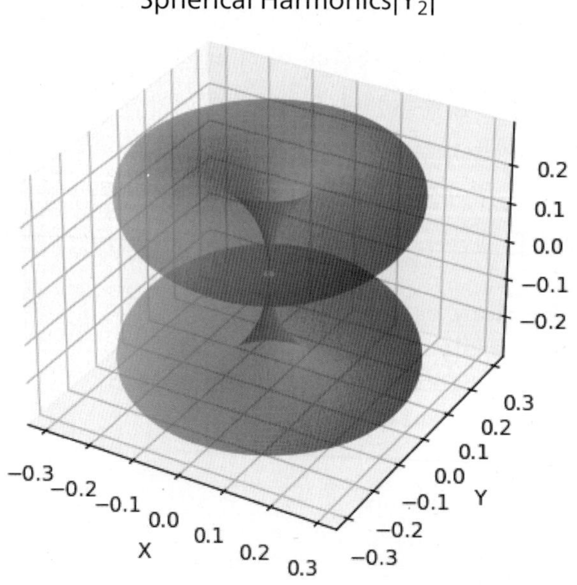

위와 같이 d orbital과 같은 모양으로 나타나는 것을 알 수 있으며(l = 2이므로), 이에 대한 코드의 자세한 설명은 아래와 같다.

- **from mpl_toolkits.mplot3d import Axes3D:** 3D 그래프를 그리기 위한 Axes3D 클래스를 가져온다
- **from scipy.special import sph_harm:** SciPy에서 제공하는 구면 함수를 계산하기 위해 sph_harm 함수를 가져온다.
- **l = 2, m = 1:** 계산할 구면 함수의 각운동량 양자수 l과 자기 양자수 m을 설정 이 예제에서는 l=2, m=1로 설정되어 있으므로 3차원의 d 궤도를 나타내는 구면 함수를 계산한다.
- **theta = np.linspace(0, np.pi, 100):** 극각(θ)에 대한 값을 0에서 π까지 100개의 등간격으로 생성하며 이것은 극좌표계의 극각을 나타낸다.
- **phi = np.linspace(0, 2*np.pi, 100):** 방위각(ϕ)에 대한 값을 0에서 2π까지 100개의 등간격으로 생성하며 이것은 극좌표계의 방위각을 나타낸다.
- **Theta, Phi = np.meshgrid(theta, phi):** theta와 phi 값을 사용하여 Theta와 Phi 2D 그리드를 생성하고 이 그리드는 후에 구면 함수를 계산하기 위해 사용된다.
- **Ylm = sph_harm(m, l, Phi, Theta):** SciPy의 sph_harm 함수를 사용하여 구면 함수를 계산한다. m, l, Phi, Theta를 인수로 전달.
- **X, Y, Z 계산:** 계산된 구면 함수 Ylm을 이용하여 X, Y, Z 좌표값을 계산하고 이러한 좌표값은 3D 그래프를 그릴 때 사용된다.
- **fig = plt.figure():** 새로운 그림(figure) 객체를 생성
- **ax = fig.add_subplot(111, projection='3d'):** 3D 서브플롯(subplot)을 그린다. add_subplot 함수를 사용하여 3D 그래프를 그릴 축을 설정
- **ax.plot_surface(X, Y, Z, rstride=1, cstride=1, color='c', alpha=0.5, linewidth=0):** plot_surface 함수를 사용하여 3D 표면을 그린다. X, Y, Z는 3D 공간 상의 좌표값을 나타낸다. rstride와 cstride는 행과 열의 스트라이드를 나타내며 그래프의 해상도를 제어한다. color는 표면의 색상을 지정하고 alpha는 투명도를 조절한다. linewidth는 선의 두께를 지정한다.
- **ax.set_title(...), ax.set_xlabel(...), ax.set_ylabel(...), ax.set_zlabel(...):** 그래프의 제목 및 각 축의 레이블을 설정한다.
- **plt.show():** 그래프를 화면에 표시한다.

양자역학적으로 회전운동을 고려할 때, 회전운동의 에너지는 다음과 같이 표현된다.

$$E = \frac{l(l+1)\hbar^2}{2I}$$

I: 회전 관성 모멘트

l: 각운동량 양자수

에너지 준위는 양자역학적으로 이산적임을 알 수 있다. l = 0일 때 에너지는 0이며, l이 증가함에 따라 에너지도 증가한다. 이산적인 에너지 준위는 스펙트럼에서 특정한 회전 선을 생성하는데, 분자 스펙트럼 분석에서 중요한 역할을 한다. 회전운동에 대해 양자역학

적으로 생각할 때, 고전적인 개념과는 달리, 회전운동은 특정 양자 상태로 제한되며, 분자의 동작과 구조를 이해하는 데 매우 중요한 요소이다. 또한, 회전운동은 전자의 스핀과 연관된 중요한 양자 역학적 특성을 갖고 있으며, 자기 공명 및 다른 현상과 관련이 있다. 회전운동의 에너지 준위를 계산하는 간단한 Python 코드를 작성해보자. 예제에서는 회전운동의 에너지 준위를 계산하고 시각화한다. 회전 에너지 준위는 앞서 언급한 공식 $E = l(l + 1)\hbar^2 / 2I$를 사용하여 계산할 수 있다. $\hbar$는 감소된 플랑크 상수, l은 각운동량 양자수, I는 회전 관성 모멘트이다.

```
import matplotlib.pyplot as plt

# 상수
h_bar = 1.0545718e-34  # m² kg / s
I = 1e-46  # 회전 관성 모멘트(kg m²), 임의의 값

# 각운동량 양자 수 범위
l_values = range(0, 11)

# 에너지 준위 계산
energy_levels = [(l * (l + 1) * h_bar ** 2) / (2 * I) for l in l_values]

# 그래프 그리기
plt.plot(l_values, energy_levels, 'bo', label='Rotational Energy Levels')
plt.xlabel('Angular Momentum Quantum Number (l)')
plt.ylabel('Energy (J)')
plt.title('Rotational Energy Levels')
plt.legend()
plt.grid(True)
plt.show()
```

위의 코드는 양자역학의 회전운동에 대한 회전 에너지 준위를 계산하고 그래프로 나타내었다.

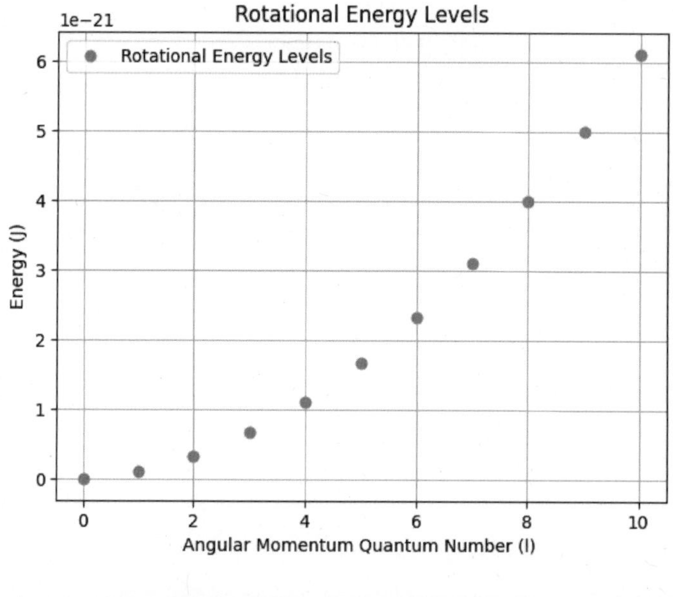

h_bar는 감소된 플랑크 상수를 나타내고, I는 회전 관성 모멘트를 나타낸다. 이 값은 특정 분자나 입자에 대해 실험적으로 알려져 있다. 각운동량 양자수 l의 범위를 0부터 10까지 설정하였다.

energy_levels 리스트를 사용하여 각 l 값에 대한 에너지 준위를 계산한다. matplotlib 라이브러리를 사용하여 이를 그래프로 시각화하였다. x축은 각운동량 양자수 l이고, y축은 에너지이다. 이 코드를 실행하면, l 값이 증가함에 따라 에너지가 점차적으로 증가하는 것을 볼 수 있는 그래프가 생성된다.

이 물리적 의미는 양자역학에서 중요한 개념 중 하나인 오비탈과 전자 에너지 준위와 직접적으로 연관된다. 각운동량 양자수 l은 오비탈의 형태를 결정하며, 이는 전자가 어떤 에너지 상태에서 어떤 공간적 분포를 가지는지를 나타낸다. 예를 들어, $l = 0$은 s-오비탈, $l = 1$은 p-오비탈, $l = 2$는 d-오비탈, $l = 3$은 f-오비탈에 해당한다.

양자수 l이 증가함에 따라 에너지가 점차 증가하는 것은 오비탈이 더 높은 에너지 상태를 가지며, 그 결과 전자가 더 높은 에너지를 가지게 됨을 의미한다. 이는 원자 내에서 전자가 더 높은 오비탈로 이동할 때 더 많은 에너지를 필요로 한다는 것을 나타낸다. 따라서 이 그래프는 전자가 특정 오비탈에 위치할 때의 에너지 상태를 시각적으로 이해하는 데 도움을 준다.

전자의 에너지가 양자화된 값으로 존재한다는 점은 화학적 결합과 전이, 그리고 스펙트럼 분석에서 중요한 의미를 가진다. 각운동량 양자수와 관련된 에너지 준위의 변화는 전자의 위치와 전이 가능성, 그리고 분자의 물리적, 화학적 성질을 결정짓는 핵심 요소로 작용한다.

이와 같이 회전 에너지가 이산적으로 양자수에 따라 점차적으로 증가하는 현상은, 전자의 오비탈과 연관된 에너지 상태의 양자화와 깊이 연결되어 있으며, 이는 전자의 공간적 분포와 전이 에너지를 이해하는 데 중요한 역할을 한다.

5.8 수소 원자의 양자 상태와 파동 함수

수소 원자는 양자화학 계산을 위해서 기본적인 역할을 한다. 이 원자는 하나의 양성자와 하나의 전자로 구성되어 있으며, 슈뢰딩거 방정식을 사용하여 파동 함수를 정확하게 분석할 수 있다. 수소 원자의 파동 함수는 양자수 n, l, m에 의해 결정된다. 수소 원자의 파동 함수는 방적표현(radial part)과 각표현(angular part)으로 나눌 수 있으며, 이 두 부분은 다음과 같이 나타낼 수 있다:

$$\Psi(r, \theta, \varphi) = R(r) * Y(\theta, \varphi)$$

$R(r)$는 방적표현이고, $Y(\theta, \varphi)$는 각표현이다. Python을 사용하여 수소 원자의 파동 함수를 시각화해보자. 여기서는 scipy 라이브러리의 특수 함수를 사용하여 수소 원자의 파동 함수를 계산한다. 아래 코드는 수소 원자의 파동 함수의 확률 밀도를 계산하고 그래프로 표시한다. 다양한 n, l, m 값을 사용하여 원자핵에서의 방사 방향의(방적 표현) 확률 밀도를 계산한다. 수소 원자의 파동 함수를 슈뢰딩거 방정식을 이용하여 구하는 과정

에서 구의 반지름인 r에 전개식의 해가 아래에 쓰인 라게르 함수이며, 이에 대한 자세한 내용은 양자역학의 수소 원자의 파동 함수 부분의 일독을 권장한다. 이후 n은 주 양자수, l은 각 모멘텀 양자수, m은 자기 모멘텀 양자수이다. 확대한 그래프를 함께 표시하였다. plt.subplots 함수를 사용하여 두 개의 그래프를 생성하고, 두 번째 그래프의 y축 범위를 확대하여 보다 상세한 정보를 볼 수 있도록 하였다.

```
import numpy as np
import matplotlib.pyplot as plt
from scipy.special import sph_harm, genlaguerre
import math

def hydrogen_radial_wave_func(n, l, r):
    # 상수
    a0 = 1  # 보어 반지름

    # 정규화 상수
    norm_const = (2 / (n * a0)) ** 3 * (math.factorial(n - l - 1) /
                                       (2 * n * math.factorial(n + l))) ** 0.5

    # 관련 라게르 함수
    rho = 2 * r / (n * a0)
    L = genlaguerre(n - l - 1, 2 * l + 1)(rho)

    # 파동 함수의 반경 부분
    R = norm_const * np.exp(-rho / 2) * rho ** l * L

    return np.abs(R) ** 2

# r에 대한 메쉬 그리드 생성
r = np.linspace(0, 20, 1000)

# 양자 수 정의
quantum_numbers = [(1, 0, 0), (2, 0, 0), (2, 1, 0), (3, 0, 0),
                                                    (3, 1, 0), (3, 2, 0)]

# 서브플롯 생성
fig, (ax1, ax2) = plt.subplots(2, 1, figsize=(10, 10))

# 다른 양자 수에 대한 반경 파동 함수 플롯
for n, l, m in quantum_numbers:
    ax1.plot(r, hydrogen_radial_wave_func(n, l, r), label=f'n={n},
                                                         l={l}, m={m}')
    ax2.plot(r, hydrogen_radial_wave_func(n, l, r), label=f'n={n},
                                                         l={l}, m={m}')

# 첫 플롯
ax1.set_title('Hydrogen Atom Radial Wave Functions')
ax1.set_xlabel('r (radius)')
ax1.set_ylabel('Probability Density')
```

```
ax1.legend()
ax1.grid(True)

# 둘째 플롯 (y-axis 줌인)
ax2.set_title('Hydrogen Atom Radial Wave Functions (Zoomed In)')
ax2.set_xlabel('r (radius)')
ax2.set_ylabel('Probability Density')
ax2.set_ylim(0, 0.05)  # Set y-axis limits for the zoomed-in plot
ax2.grid(True)

# 플롯 표시
plt.tight_layout()
plt.show()
```

위의 코드는 수소 원자의 방사형 파동 함수를 계산하고, 주어진 양자수에 대해 이를 그래프로 표시한다. 첫 번째 그래프는 전체 범위를 보여주고, 두 번째 그래프는 y축을 확대해서 보여준다.

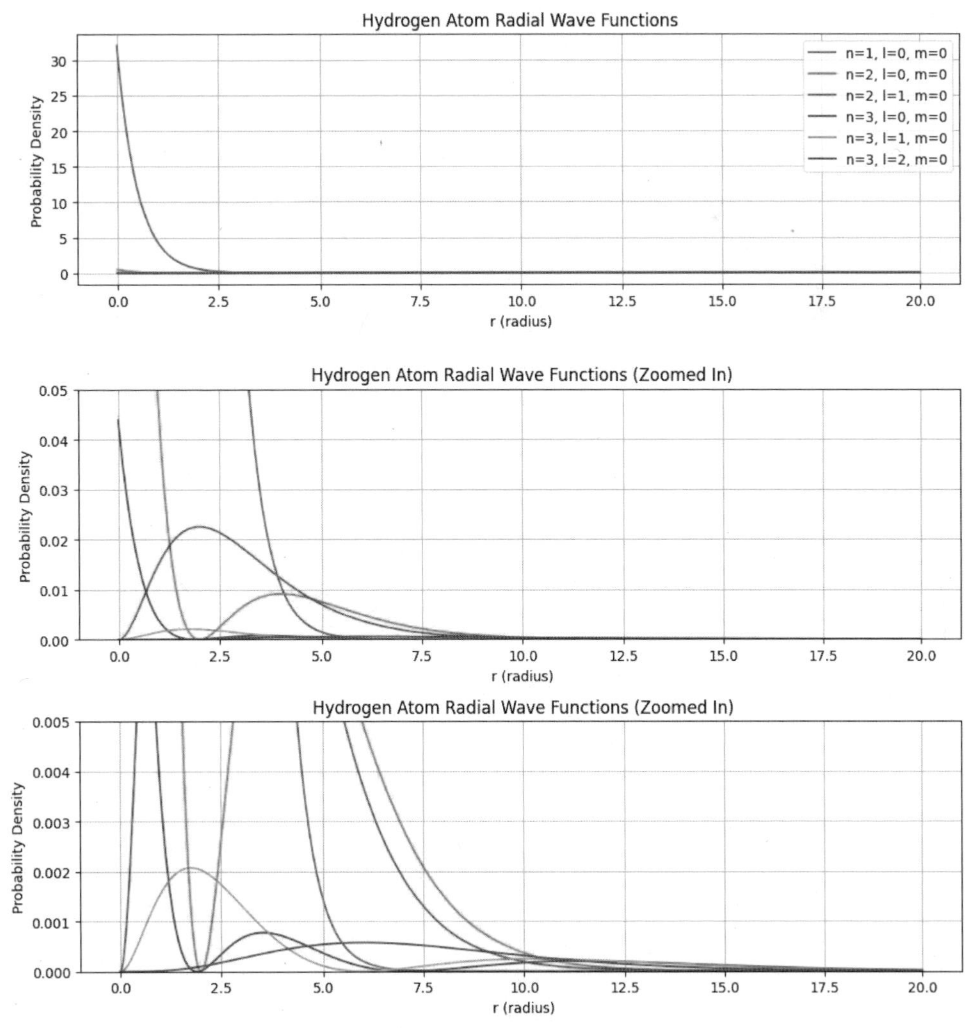

그래프 x축은 원자핵으로부터 전자까지의 거리를 나타내는 반지름(r)을, y축에는 해당 반지름에서 전자가 존재할 확률을 나타내는 확률 밀도를 나타낸다. 그래프의 높이가 높을수록 해당 반지름에서 전자의 존재 확률이 높다는 것을 의미한다.

위의 코드에서는 여러 양자수 조합에 대한 파동 함수를 계산하여 그래프로 나타냈다. 양자수는 수소 원자의 특성을 나타내는 수치이다. 양자수 n은 에너지 준위를 나타내는데, 에너지 준위가 커질수록 전자의 에너지가 높아지고 원자핵 주위를 더 멀리 돌 수 있다. 양자수 l은 각운동량을 나타내며, 운동량 커질수록 전자의 궤도가 원자핵 주위를 더 많이 감싸는 형태가 된다. 양자수 m은 자기운동량을 나타내는데, 자기 운동량이 증가할수록 전자의 궤도가 특정 방향으로 더 많이 휘어진다. 따라서 그래프를 통해 서로 다른 양자수 조합에 대한 파동 함수를 비교하고, 전자의 존재 확률이 반지름에 따라 어떻게 변화하는지 확인할 수 있다. 수소 원자의 원자 궤도와 전자의 존재 확률에 대한 개념인 오비탈에 대한 기본적인 이해할 수 있다. 좀 더 다양한 형태의 내용은 연습 문제에서 살펴보도록 하자.

코드 분석

- **from scipy.special import sph_harm, genlaguerre:** Scipy의 special 모듈에서 sph_harm, genlaguerre 함수를 가져옴. 이 함수들은 구면 조화 함수와 연관된 라게르 다항식을 계산하는 데 사용된다.
- **import math:** math 모듈을 가져옴. 이 모듈은 수학적인 함수와 상수를 제공한다.
- **6-19.** hydrogen_radial_wave_func 함수를 정의한다. 이 함수는 주어진 양자 수 n, 오비탈 갈래 수 l, 위치 r을 사용하여 수소 원자의 방사형 파동 함수를 계산한다.
- 보어 반지름인 a0의 값을 1로 설정한다.
- 정규화 상수를 계산한다. 이는 파동 함수를 정규화하는 데 사용된다.
- 관련된 라게르 다항식을 계산하기 위해 변수 rho를 설정한다.
- 라게르 다항식 L을 계산한다.
- 파동 함수의 방사형 부분을 계산한다. 이는 정규화 상수, 지수 함수, rho의 거듭제곱 및 라게르 다항식을 사용하여 계산된다.
- 반지름 r에 대한 메시 그리드를 생성한다.
- 양자 수를 정의한다. 각 튜플은 (n, l, m) 형태로 이루어져 있으며, 각각 주 양자수, 오비탈 갈래수, 자기 양자수를 나타낸다.
- 두 개의 하위 그래프(subplots)를 생성한다. ax1과 ax2는 두 개의 서로 다른 그래프 객체를 나타낸다.
- **43-49.** 각 양자수에 대해 방사형 파동 함수를 계산하고 그래프에 플롯한다. ax1은 전체 그래프를 보여주는 부분이며, ax2는 y축을 확대해서 보여주는 부분이다.
- **52-56.** 첫 번째 그래프(ax1)를 사용자 정의한다. 제목, x축과 y축의 레이블, 범례, 그리드를 설정한다.
- **59-64.** 두 번째 그래프(ax2)를 사용자 정의한다. 제목, x축과 y축의 레이블, y축의 확대 범위, 그리드를 설정한다.
- 그래프를 표시한다.

주어진 양자수 (n, l, m)에 따라 수소 원자의 파동 함수를 계산하고, 3차원 그래프로 시각화할 수 있다. 위에서 표현한 방적 표현과 각 표현을 모두 고려하여 아래와 같은 코드를 만들 수 있다.

```
import numpy as np
import matplotlib.pyplot as plt
from matplotlib import cm
from scipy.special import sph_harm, genlaguerre
import math
from mpl_toolkits.mplot3d import Axes3D

def hydrogen_wave_func(n, l, m, r, theta, phi):
    # 상수 간략 정의
    a0 = 1  # Bohr radius

    # 정규화 상수
    norm_const = (2 / (n * a0)) ** 3 * (math.factorial(n - l - 1) /
                                        (2 * n * math.factorial(n + l))) ** 0.5

    # 관련 라게르 함수
    rho = 2 * r / (n * a0)
    L = genlaguerre(n - l - 1, 2 * l + 1)(rho)

    # 파동 함수의 방사형 함수(방적 표현)
    R = norm_const * np.exp(-rho / 2) * rho ** l * L

    # 파동 함수의 구면조화 함수(각 표현)
    Y = sph_harm(m, l, phi, theta)

    # 전체 파동 함수
    psi = R * Y

    return np.abs(psi) ** 2

# 양자수 정의
quantum_numbers = [(3, 2, 0)]

# 메쉬 그리드 생성
r = np.linspace(0, 20, 100)
theta = np.linspace(0, np.pi, 100)
phi = np.linspace(0, 2 * np.pi, 100)
r, theta, phi = np.meshgrid(r, theta, phi)

# 좌표로 변환
x = r * np.sin(theta) * np.cos(phi)
y = r * np.sin(theta) * np.sin(phi)
z = r * np.cos(theta)

# 각기 양자수에 대한 파동 함수 플롯
fig = plt.figure(figsize=(8, 8))
for idx, (n, l, m) in enumerate(quantum_numbers, start=1):
```

```
    # 파동 함수
    psi_squared = hydrogen_wave_func(n, l, m, r, theta, phi)

    # 전자 표현의 랜덤 데이터
    mask = np.random.random(psi_squared.shape) < 0.05

    # 플롯
    ax = fig.add_subplot(1, 1, idx, projection='3d')
    sc = ax.scatter(x[mask], y[mask], z[mask], c=psi_squared[mask],
                                             cmap=cm.plasma, alpha=0.01
                   )
    ax.set_title(f'n={n}, l={l}, m={m}')
    ax.set_xlabel('X')
    ax.set_ylabel('Y')
    ax.set_zlabel('Z')
    fig.colorbar(sc, ax=ax)
vmin, vmax = np.min(psi_squared), 0.000005
for ax in fig.axes:
    ax.collections[0].set_clim(vmin, vmax)
plt.tight_layout()
plt.show()
```

위의 코드는 높은 코딩 수준을 요구한다. 대략적으로 살펴보면, hydrogen_wave_func 함수는 주어진 양자수(n, l, m)와 r, theta, phi 좌표를 사용하여 수소 원자의 파동 함수를 계산한다. 함수 내부에서는 라게르 다항식과 구면 조화 함수를 계산하여 파동 함수를 구성하고, 이를 제곱하여 확률밀도를 얻을 수 있다.

quantum_numbers를 통하여 시각화할 양자수(n, l, m)를 정의한다. 여기서는 (3, 2, 0)으로 설정되어 있다.

- **hydrogen_wave_func 함수**: 이 함수는 주어진 양자수 n, l, m와 구면 좌표 r, θ, ϕ를 입력으로 받아, 수소 원자의 파동 함수를 계산한다. 함수 내부에서는 라게르 다항식과 구면 조화 함수를 사용하여 파동 함수를 계산하고, 이를 제곱하여 확률 밀도를 얻는다. 이 확률 밀도는 전자를 특정 위치에서 발견할 확률을 나타낸다.
- **r, theta, phi:** 파동 함수를 시각화하기 위한 좌표 격자를 생성한다. r은 0에서 20까지 범위를 갖는 반지름 값의 배열이고, theta는 0에서 π까지의 범위를 갖는 각도 값의 배열이다. phi는 0에서 2π까지의 범위를 갖는 각도 값의 배열이다. 이러한 격자들은 np.meshgrid 함수를 사용하여 생성된다.
- **x, y, z:** 구면 좌표를 Cartesian 좌표로 변환하여 생성한다.
- **for 루프:** 주어진 양자수 (n, l, m)에 대해 파동 함수를 계산하고, 3차원 그래프를 생성한다.
- **psi_squared:** 파동 함수의 제곱값으로 확률밀도를 계산한다. 이 확률 밀도는 전자를 특정 위치에서 발견할 확률을 나타낸다.

- **mask:** 시각화를 위해 임의로 선택된 포인트들을 제어하기 위한 마스크 배열을 생성한다. 이는 각 전자 구름을 표현한다.
- **ax:** Figure 객체에 서브플롯을 추가한다. projection='3d'를 사용하여 3차원 그래프로 설정한다.
- **sc:** 선택된 포인트들을 3차원 그래프에 산점도로 표시한다. c 매개변수를 사용하여 확률밀도 값을 색상으로 지정하고, cmap 매개변수를 사용하여 컬러맵을 설정한다.

위와 같이 실행하고 *n*, *l*, *m*을 바꿈에 따라 여러 모양이 가능하다.

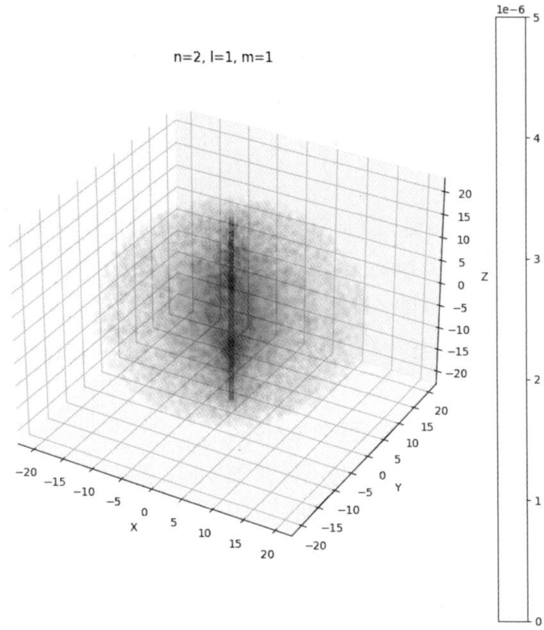

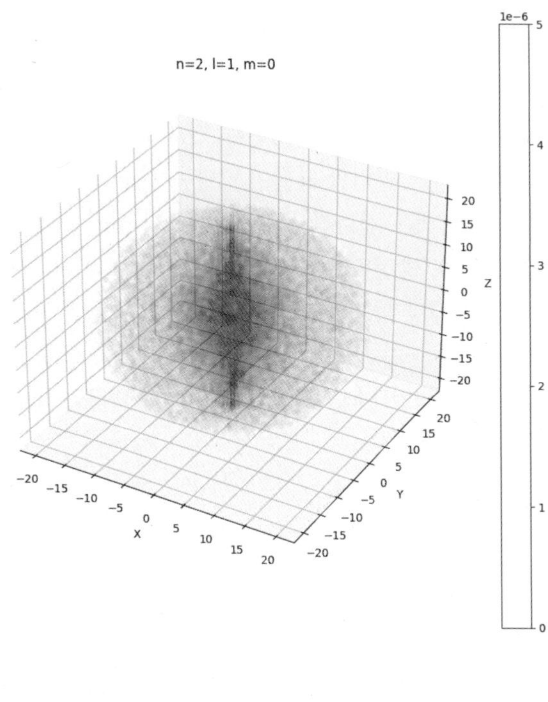

코드 분석

- **from matplotlib import cm:** Matplotlib의 cm 모듈에서 컬러 맵(color map)을 가져옴.
- **from scipy.special import sph_harm, genlaguerre:** Scipy의 special 모듈에서 sph_harm, genlaguerre 함수를 가져옴. 이 함수들은 구면 조화 함수와 연관된 라게르 다항식을 계산하는 데 사용된다.
- **import math:** math 모듈을 가져옴. 이 모듈은 수학적인 함수와 상수를 제공한다.
- **from mpl_toolkits.mplot3d import Axes3D:** mpl_toolkits의 mplot3d 모듈에서 Axes3D 클래스를 가져옴. 이 클래스는 3D 그래프를 그리기 위한 도구를 제공한다.
- **8-23.** hydrogen_wave_func 함수를 정의한다. 이 함수는 주어진 양자 수 n, 각 운동량 양자수 l, 자기 양자수 m, 위치 (r, theta, phi)를 사용하여 수소 원자의 파동 함수를 계산한다.
- 양자수를 정의한다. 각 튜플은 (n, l, m) 형태로 이루어져 있으며, 각각 주 양자수, 각 운동량 양자수, 자기 양자수를 나타낸다.
- **28-31.** r, theta, phi에 대한 메시 그리드를 생성한다. 이는 3D 그래프의 x, y, z 좌표를 나타내기 위해 사용된다.
- **34-36.** 극 좌표를 직교 좌표로 변환한다. x, y, z는 3D 그래프의 실제 좌표를 나타낸다.
- **39-47.** 각 양자수에 대해 파동 함수를 계산하고 그래프에 플롯한다. 무작위 샘플링을 통해 파동 함수의 일부를 시각화한다.
- **50-56.** 그래프를 설정하고 플롯한다. 각 그래프의 제목과 축 레이블을 설정하고, 컬러 바를 추가한다.
- 그래프를 레이아웃에 맞추어 표시한다.
- 이 코드는 수소 원자의 파동 함수를 계산하고, 주어진 양자수에 대해 3D 그래프로 표시한다. 각 그래프는 파동 함수의 절대값 제곱을 사용하여 파동의 확률 밀도를 시각화한다.

책으로는 표현이 안되었지만, 실제 실행해 보면 노란색과 파란색은 그래프에서 파동 함수의 크기를 나타낸다. 색상은 파동 함수의 절대값의 제곱인 확률밀도를 나타내는 데 사용된다. 그래프에서 노란색은 파동 함수의 크기가 크고, 파란색은 파동 함수의 크기가 작음을 나타낸다. 더 진한 색상은 파동 함수의 크기가 크며, 따라서 해당 지점에서 전자를 발견할 확률이 높다는 것을 의미한다. 반대로, 연한 색상은 파동 함수의 크기가 작아서 해당 지점에서 전자를 발견할 확률이 낮다는 것을 나타낸다.

따라서 노란색은 전자가 높은 확률로 발견될 수 있는 지역을 나타내고, 파란색은 전자가 낮은 확률로 발견될 수 있는 지역을 나타낸다. 이와 같이 n, l, m의 숫자를 바꿔 그래프를 형성하면 해당 확률밀도 함수에 따른 오비탈의 구조를 얻어낼 수 있다. 수소 원자는 양자역학에서 가장 간단하게 해석할 수 있는 시스템 중 하나이다. 그 이유는 수소 원자가 단일 전자 시스템이기 때문이다. 수소 원자의 에너지 레벨은 다음과 같이 주어진다:

$$E_n = -\frac{13.6\ \mathrm{eV}}{n^2}$$

n은 주 양자수이다.

이를 기반으로 다음은 Python을 사용하여 수소 원자의 에너지 레벨을 계산하고 그래프로 표현하는 코드이다.

```
import matplotlib.pyplot as plt
import numpy as np

# 상수 정의
eV_to_J = 1.60218e-19  # eV to J 변환 상수
h = 6.62607e-34  # 플랑크 상수(J s)
c = 2.99792e8  # 빛의 속도(m/s)
R_inf = 13.6  # Rydberg 상수(eV)

# 에너지 레벨 계산
n_levels = 10  # 계산할 에너지 레벨 수
n = np.arange(1, n_levels+1)  # 주 양자 수
E_n = -R_inf / n**2  # 에너지 레벨(eV)

# 에너지 레벨을 출력
for i, E in enumerate(E_n):
    print(f"n = {i+1}, E = {E:.2f} eV")

# 에너지 레벨 그래프 그리기
plt.figure(figsize=(6, 4))
plt.plot(n, E_n, 'ro-')
plt.title('Energy Levels of a Hydrogen Atom')
plt.xlabel('Principal Quantum Number (n)')
plt.ylabel('Energy (eV)')
plt.grid(True)
plt.show()
```

이 코드를 실행하면 $n = 1, 2, ..., 10$에 대한 수소 원자의 에너지 레벨을 출력하고 이러한 에너지 레벨을 그래프로 표시된다.

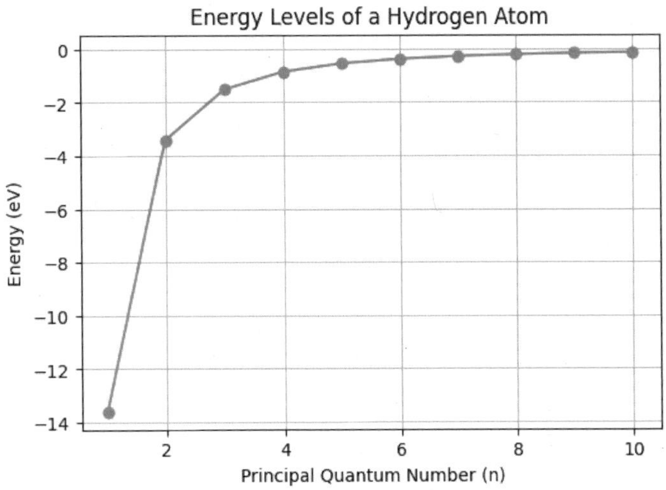

양자 역학에서 에너지가 양자화되어 특정 불연속 레벨에만 존재할 수 있음을 보여주며, 이러한 이해는 더 복잡한 양자 시스템을 이해하는 데 중요한 첫걸음이다.

코드 분석

- **5-8.** 상수를 정의한다. eV_to_J는 전자볼트(eV)를 줄로 변환하는 상수이다. h는 플랑크 상수(J · s)이다. c는 빛의 속도(m/s)이다. R_inf은 라이드베리 상수(Rydberg constant, eV)이다.
- **n_levels = 10:** 계산할 에너지 레벨 수를 지정한다. 여기서는 10개의 에너지 레벨을 계산한다.
- **n = np.arange(1, n_levels+1):** 1부터 n_levels까지의 정수 배열을 생성한다. 이 배열은 주 양자 수를 나타낸다.
- **E_n = -R_inf / n**2:** 에너지 레벨을 계산한다. 에너지는 −R_inf / n^2로 계산되며, n이 주 양자 수이다. 계산된 에너지 레벨은 eV 단위이다.
- **16-18.** 계산된 에너지 레벨을 출력한다. 각 주 양자 수와 계산된 에너지를 나타낸다.
- **plt.figure(figsize=(6, 4)):** 새로운 그림(도표)을 생성하고 크기를 지정한다. figsize=(가로 크기, 세로 크기)로 설정한다.
- **plt.plot(n, E_n, 'ro-'):** 주 양자 수(n)와 계산된 에너지 레벨(E_n)을 그래프로 그린다. 'ro-'는 빨간색 동그라미로 데이터 포인트를 나타내는 선 스타일이다.
- **plt.title('Energy Levels of a Hydrogen Atom'):** 그래프의 제목을 'Energy Levels of a Hydrogen Atom'으로 설정한다.
- **plt.xlabel('Principal Quantum Number (n)'):** x축의 레이블을 'Principal Quantum Number (n)'로 설정한다.
- **plt.ylabel('Energy (eV)'):** y축의 레이블을 'Energy (eV)'으로 설정한다.
- **plt.grid(True):** 그리드를 표시한다.
- **plt.show():** 그래프를 표시한다.

5.9 양자화학의 분자구조 적용

양자화학은 다전자가 존재하는 분자에 대한 파동방정식 및 오비탈 등에 대한 정보를 얻기 위하여 시간에 독립적인 슈뢰딩거 방정식의 해가 필요하다. (비평형 생태, 광학적 특성, 펨토화학과 같은 시간의존일 경우는 제외한다.)

$$\hat{H}\Psi(R_1, R_2, ..., R_N, r_1, r_2, ..., r_n) = E\Psi(R_1, R_2, ..., R_N, r_1, r_2, ..., r_n)$$

$\hat{H}$: 헤밀토니안 연산자

$\Psi(R_1, R_2, ..., R_N, r_1, r_2, ..., r_n)$: 모든 핵과 전자에 대한 파동 함수이며, E는 파동 함수와 관련된 에너지

Hamiltonian에는 분자의 운동 에너지와 퍼텐셜 에너지를 설명하는 모든 연산자가 포함되어 있다. 파동 함수는 핵 위치 R과 전자 위치 r의 함수이다. 전자가 많은 분자 시스템의 경우 슈뢰딩거 방정식을 정확하게 풀 수 없으므로 해당 식을 풀기 쉽게 만들기 위해 여러 가지 근사 과정이 필요하다.

Hartee–Fock 방법을 위한 Born–Oppenheimer 근사

Born–Oppenheimer 근사는 전체 분자 파동 함수 $\Psi(R,r)$가 모든 핵의 위치와 모든 전자의 위치에 따라 달라진다는 사실을 기반으로 핵 변수와 전자 변수를 분리하는 근사법이다. 전자는 핵보다 가벼우므로 핵의 상대적인 위치 변화에 더 빠르게 반응할 수 있다. 전자 변수와 핵 변수를 분리함으로써 전자 부분에 대해서만 고려할 수 있다. 전체 파동 함수는 전자 파동 함수 $\Psi(r)$와 핵 파동 함수 $\Phi(\mathrm{R})$로 분리된다. 이 근사법은 Born과 Oppenheimer에 의해 제안되었으며 대부분의 유기 분자에 적용할 수 있다.

$$\Psi(R_1, R_2, ..., R_N, r_1, r_2, ..., r_n) = \Phi(R_1, R_2, ..., R_N)\Psi(r_1, r_2, ..., r_n)$$

이를 이용하여 퍼텐셜 에너지 표면(Potential Energy Surface: PES)을 나타낼 수 있다. 퍼텐셜 에너지 표면은 핵의 위치를 변화시키면서 분자의 전자 에너지를 결정하는 개념이다. PES의 이해는 Born–Oppenheimer 근사의 유효성에 의존하며, 전이 상태 및 로컬 최소값과 같은 PES의 중요한 특징을 인식하는 것이 중요하다. 전자의 속도가 빛의 속도에 접근할 때는 상대론적인 보정이 필요하다. 이를 위하여 Dirac 상대론 방정식을 푼다. 이를 상대론적 효과(relativistic effect)라 부른다. 이 책에서 다루는 전자의 숫자는 그리 많지 않아 이를 무시할 수 있다.

$$\hat{H} = -\frac{1}{2}\sum_{i}^{n}\nabla_i^2 - \sum_{I}^{N}\sum_{i}^{n}\frac{Z_I}{r_{Ii}} + \sum_{i<j}^{n}\frac{1}{r_{Ii}} + V^{\mathrm{nuc}}$$

Born–Oppenheimer 근사를 적용하고 상대성 이론을 무시한 후 얻은 Hamiltonian은 위와 같다. V^{nuc}는 핵–핵 반발 에너지를 나타낸다. 이를 다전자 분자의 상태를 고려할 때 각 파동 함수당 하나의 전자에 의존하는 함수의 곱으로 표현할 수 있다.

$$\Psi(r_1, r_2, ..., r_n) = \phi_1(r_1)\phi_2(r_2) ... \phi_n(r_n)$$

여기에서 전자끼리의 반발을 고려하지 않는다면 위 식을 바탕으로 한 슈뢰딩거 방정식을 정확히 풀 수 있을 것이다. 하지만 전자끼리의 반발력은 존재한다. 따라서 전자 간 반발력을 고려한 식(Hartee 식)은 아래와 같이 나타낼 수 있다.

$$\left(-\frac{1}{2}\nabla_i^2 - \sum_{I}^{N}\frac{Z_I}{r_{Ii}} + V_i^{\mathrm{eff}}\right)\phi_i = E_i\phi_i$$

전체 슈뢰딩거식을 푸는 데 각 전자에 대한 계산을 해야 하는 반면에 해당하는 전자–전자 반발력은(V^{eff}) 전자들의 평균 위치에 의존한다. 당연 전자의 위치를 바로 알아내긴 어렵다. 따라서 위의 Hartree 식을 푸는 데 마치 루프와 같은 반복적인 접근이 필요하다. 먼저 일련의 전자들의 파동 함수를 가정한다. 이들 함수는 V^{eff}를 생성하는 데 사용된다. V^{eff} 연산자와 Hartree 방정식을 해결하여 계산된 전자들의 파동 함수 집합을 다시 생성하게 된다. 이러한 새로운 함수는 업데이트된 V^{eff}을 생성하며, 이는 다시 새로운 함수 집합을 생성한다. 이 프로세스는 함수가 더 이상 변경되지 않을 때까지 계속되며, 자체 일관성 필드(Self-Consistent Field, SCF)를 형성하게 된다. 여기에 더하여 Fock는 해당 파동 함수는 Pauli 배타 원리를 (비대칭 파동 함수) 만족하지 않으므로 Slater 행렬식을 사용하도록 하였다. (이렇게 하면 비대칭 파동 함수를 만족하게 된다.)

$$\psi(r_1, r_2, ..., r_n) = \frac{1}{\sqrt{n!}}\begin{vmatrix} \phi_1(e_1) & \phi_2(r_1) & ... & \phi_n(e_1) \\ \phi_1(e_2) & \phi_2(r_2) & ... & \phi_n(e_2) \\ \vdots & \vdots & & \vdots \\ \phi_1(e_n) & \phi_2(r_n) & ... & \phi_n(e_n) \end{vmatrix} = |\phi_1\phi_2 ... \phi_n|$$

위와 같은 과정으로 양자화학 계산에서의 오랜 고전인 Hartree–Fock (HF) 방정식이 생기게 되었다. 이에 대하여 좀 더 자세한 의미는 아래에 설명을 추가하였다.

LCAO (Linear Combination of Atomic Orbitals) 근사

HF 모델에서의 ϕ_i에 대한 해는 분자 궤도(Molecular Orbital, MO)로 알려져 있다. 분자 궤도는 일반적으로 전체 분자 공간에 걸쳐 있는 것으로 알려져 있으며, 일반적으로 원자 궤도(Atomic Orbital, AO)가 원자 주위 공간에 걸쳐 있는 것과 유사한 방식으로 구성된다. 원자 궤도 함수의 겹침이 종종 큰 영향을 주지만 통상적으로 원자의 특성이 분자 내에서 일정 수준으로 유지된다고 가정하기 때문에 MO를 AO의 확장으로 구성하는 것이 합리적으로 여긴다. 이렇게 하면 분자 내에서 원자의 특성이 반영되며, 화학적 특성 및 반응성을 설명하는 데 유용한 개념을 제공할 수 있다. 따라서 아래처럼 MO는 AO의 합으로 표현할 수 있다.

$$\phi_i = \sum_{\mu}^{k} c_{i\mu}\chi_{\mu}$$

인덱스 μ는 분자 내 모든 원자의 모든 원자 궤도(Atomic Orbital, AO)를 나타낸다. 총 k개의 AO가 있다. $c_{i\mu}$는 MO ϕ_i에서 AO χ_{μ}의 확장 계수(expansion coefficient)이다. 위의 식은 원자 궤도의 선형 결합(Linear Combination of Atomic Orbitals, LCAO) 근사를 정의한다. 이를 통해 MO는 AO의 선형 조합으로 표현된다. 위에서 Pauli 배타 원리를 만족하기 위하여 닫힌 껍질 파동 함수를 가정했다. 이러한 파동 함수는 각 전자의 스핀을 고려하여 오비탈의 범위를 설명한다.

전자는 스핀 업(α) 또는 스핀 다운(β) 상태를 가질 수 있다. 닫힌 껍질 파동 함수에서 각 전자쌍은 동일한 공간 궤도를 공유하지만 서로 다른 스핀을 가진다. 하나는 위쪽 스핀을 가지고 다른 하나는 아래쪽 스핀을 가지게 된다. 이러한 유형의 파동 함수는 전자쌍이 동일한 공간 궤도로 제한되므로 (스핀) 제한 파동 함수라고도 한다. 그러나 이러한 제한은 통상 라디컬이나 금속 이온을 표현하여 홑전자가 오비탈에 존재할 때는 유용하지 않다. 따라서 제한 파동 함수의 반대인 무제한 파동 함수에서 스핀 업 전자와 스핀 다운 전자 쌍은 일반적으로 동일한 공간적 설명을 갖지 않고 이를 구현하기 위해 스핀 업 전자에 대한 방정식 세트와 스핀 다운 전자에 대한 별도의 방정식 세트를 생성한다. 다만 이러한 스핀-무제한 Hartree−Fock (Unrestricted Hartree−Fock, UHF) 방법의 단점은 계산 양이 늘어나는 것 외에 무제한 파동 함수가 일반적으로 S^2 연산자의 고유 함수가 되지 않는다는 것이다. Hamiltonian 및 S^2 연산자는 commute하므로 해당 파동 함수는 이 두 연산자 모두의 고유 함수여야 한다. UHF 파동 함수는 일반적으로 스핀 상태가 높을수록 오염(contaminate)될 수 있다(commute하지 않음). 따라서 무제한 파동 함수를 사용할 때에는 관심 있는 분자가 라디칼과 같이 본질적으로 열린 껍질을 갖는 경우에 오염되는지 주의가 필요하다.

변분법 원리

변분 원리(variational principle)는 서로 직교하는 함수들의 선형 조합으로 구성된 파동 함수의 에너지는 시스템의 최저 에너지(E_0) 이상이거나 그와 같다는 원리이다. 다시 말해, 적절한 기저 함수 집합을 선택하고 선형 조합의 계수를 최적화함으로써 우리는 시스템의 기본 상태 에너지를 근사화하고 그 에너지의 상한값을 얻을 수 있다. 변분 원리는 양자화학 계산에서 다전자 시스템의 기본 상태 에너지와 파동 함수를 근사화하는 변분법에서 널리 사용된다.

$$\frac{<\Phi|\hat{H}|\Phi>}{<\Phi|\Phi>} \geq E_0$$

$$\Phi = \sum_i c_i \phi_i$$

변분 원리는 무한한 함수 집합으로 분자의 파동 함수를 표현하여 계산하는 것은 현실적으로 어렵기 때문에, 우리는 유한한 함수 집합을 사용하여 파동 함수를 근사화한다. 그러나 이렇게 근사화된 파동 함수의 품질을 어떻게 판단할 수 있을까? 이때 변분 원리가 쓰이게 된다.

변분 원리는 간단한 원리로써, 분자를 정확히 표현하는 파동 함수의 에너지가 해당 헤밀토니안에 대해 가장 낮은 값을 갖는다는 것을 주장한다. 반대로 생각하면 우리는 다양한 축소된 파동 함수 표현 방법들의 에너지를 계산하여 비교함으로써 파동 함수의 정확성을 판단할 수 있다. 에너지가 낮을수록 파동 함수의 정확성이 좋다고 판단할 수 있다는 것이다.

여기서 헷갈리지 말아야 할 것은 변분 원리는 슈뢰딩거 방정식의 근사 처리를 제공하는 방법이 아니라 특정 유형의 근사 처리의 효과를 평가하고 비교하는 수단을 제공한다는 것이다. 우리는 유한한 함수 집합을 사용하여 파동 함수를 근사화하고, 에너지를 통해 그 근사의 품질을 평가 및 판단할 수 있는 것이다.

기저 함수

양자화학 계산에서 기저 함수는 파동 함수를 근사화하기 위해 사용되는 함수 세트를 말한다. 기저 함수는 분자의 전자 구조와 성질을 설명하고 계산하는 데에 중요한 역할을 한다. 이는 양자역학 계산의 기본 요소이며, 기저 함수의 선택은 계산의 정확성과 효율성에 큰 영향을 미친다. 기저 함수는 일반적으로 원자 궤도(Atomic Orbital, AO)로 구성된다. 앞에서 설명했듯이 원자 궤도는 개별 원자 주위의 전자 구조를 설명하는 데 사용되는 함수이다.

기저 함수는 다음과 같은 특징을 갖는다:

- **완전한 기저 세트:** 기저 함수는 가능한 완전한 세트여야 하며, 원자의 전자 구조를 정확하게 설명할 수 있어야 한다. 전자의 위치, 에너지, 강도 등을 정확하게 계산하는 데에 중요하다.
- **수학적인 직교성:** 기저 함수는 수학적으로 직교해야 한다. 즉, 서로 다른 기저 함수들은 상호 간섭하지 않고 독립적으로 사용될 수 있어야 한다. 정확한 계산 결과를 보장하고 계산의 효율성을 높이는 데에 중요하다.
- **가변성과 확장성:** 기저 함수는 계산의 유연성과 확장성을 지원해야 한다. 다양한 분자 체계와 환경에 대한 적용이 가능하며, 필요에 따라 기저 함수의 수를 조정하거나 다른 유형의 함수를 추가할 수 있어야 한다.
- **물리적 해석 가능성:** 기저 함수는 물리적인 의미를 가져야 한다. 즉, 전자의 확률 분포나 전자 밀도와 관련된 물리적 정보를 포함하고 있어야 한다. 이는 분자의 구조와 성질을 이해하고 해석하는 데 필요하다.

위의 특징을 가진 기저 함수의 선택은 계산의 정확성과 계산 비용에 영향을 미치며 보다 정확한 결과를 얻기 위해 크고 복잡한 기저 함수를 사용할 수 있지만, 계산 비용이 증가할 수 있다. 따라서 연구자들은 필요에 맞는 적절한 기저 함수를 선택하고 계산의 정확성과 효율성 사이의 균형을 유지하려고 노력한다. 양자화학 계산에서 기저 함수의 선택은 연구자의 판단과 경험, 계산의 목적 및 자원의 가용성에 따라 달라진다. 연구자들은 실험 결과와의 비교, 계산의 정확성과 효율성, 계산 비용 등을 고려하여 적절한 기저 함수를 선택하고 최적화하는 작업을 수행한다. Hartree–Fock 계산 절차에서 에너지와 파동 함수를 계산하기 위해서는 원자 궤도가 명시되어야 한다. 만약 원자 궤도의 집합이 무한하다면 변분 원리에 따라 HF–SCF 방법으로 가장 낮은 에너지를 얻게 된다. (다만, 이 또한 분자의 실제 에너지가 아니다. HF 방법은 순간적인 전자 간 상호작용인 전자 상관성을 무시하기 때문이다.) 무한한 원자 궤도 집합은 실용적이지 않으므로, 어떻게든 유한한 원자 궤도 함수를 선택해야 한다. 이러한 원자 궤도의 선택은 기저 함수 집합을 정의한다. 자연스럽게 시작점은 수소 원자의 슈뢰딩거 방정식의 정확한 해에서 얻어진 함수를 사용하는 것이다. 이러한 궤도는 다음과 같은 형태를 가진다.

$$\psi_{\mathrm{STO}} = Ne^{-\zeta r}Y_{lm}(\theta,\phi)$$

여기서 r은 중심이 되는 원자에서 전자까지의 거리이며, N은 정규화 상수이다. 이러한 형태의 함수를 Slater형 궤도(Slater-Type Orbital, STO)라고 한다. 특정 원소의 각 STO에 대한 ζ의 값은 슬레이터 지수이며, ζ에 대해 원자의 에너지를 최소화하여 결정된다. 이러한 값은 분자 환경과 상관없이 해당 원소의 모든 원자에 사용된다.

반면 아래의 식과 같은 가우시안형 궤도(Gaussian-Type Orbitals, GTO)를 생각해 볼 수 있다.

$$\psi_{\text{STO}} = Ne^{-\alpha r^2} Y_{lm}(\theta, \phi)$$

여기서 α는 가우시안 지수이며, 이를 활용할 경우 MO를 구성하는 AO가 많은 경우에 미분과 적분의 소요를 상당히 줄일 수 있다. 그러나 GTO를 사용할 경우 GTO는 STO와 모양이 다르며, 특히 STO와 다르게 GTO는 계속해서 미분 가능하다. 따라서 이를 타개하기 위하여 STO를 적절하게 모방하기 위해 여러 개의 GTO가 필요하며, 이는 계산의 규모를 증가시킬 수밖에 없다. 따라서 GTO로 구성된 기저 세트를 잘 구성하여 사용해야 한다.

```
import numpy as np
import matplotlib.pyplot as plt

# STO 함수
def sto(r, Z=1, N=1, x=1, y=1, z=1, R=0):
    return N * x * y * z * np.exp(-Z * np.abs(r - R))

# GTO 함수
def gto(r, alpha=1, N=1, x=1, y=1, z=1, R=0):
    return N * x * y * z * np.exp(-alpha * (r - R)**2)

# r 값 범위 (예: -5 ~ 5)
r = np.linspace(-5, 5, 400)

# STO와 GTO 함수 값 계산
sto_values = sto(r)
gto_values = gto(r)

# 그래프 그리기
plt.plot(r, sto_values, label='STO')
plt.plot(r, gto_values, label='GTO')
plt.xlabel('r')
plt.ylabel('Function Value')
plt.title('STO and GTO functions')
plt.legend()
plt.grid(True)
plt.show()
```

위와 같이 STO 함수와 GTO 함수를 그리면 아래와 같은 두 함수로 나타난다. 그래프를 통해 두 함수의 차이를 알 수 있다.

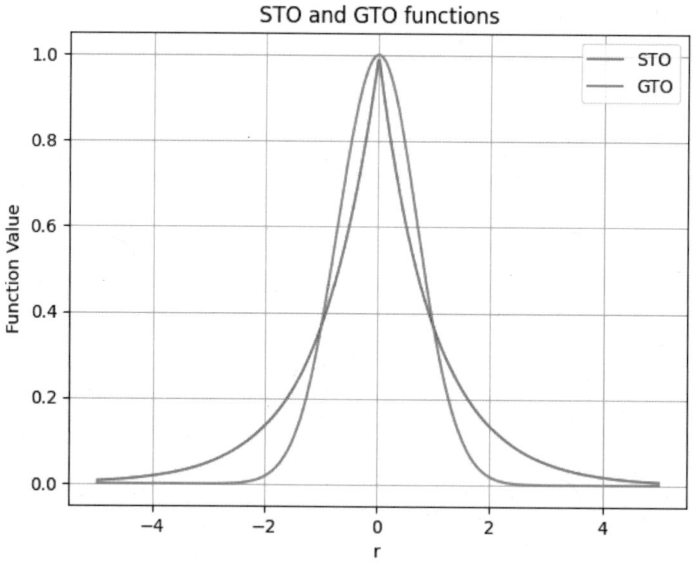

양자화학 계산에서 기저 세트를 정의하는 데에는 여러 요소가 있다. 얼마나 많은 기저 함수를 사용해야 할까? 최소 기저 세트는 원자의 공식적으로 점유된 또는 부분적으로 점유된 궤도마다 하나의 기저 함수를 갖는다. 예를 들어, 탄소에 대한 최소 기저 세트는 $1s^2 2s^2 2p^2$의 전자 점유도를 가지므로 2개의 s형 함수와 p_x, p_y, p_z 함수로 구성되어 총 5개의 기저 함수를 가질 것이다.

최소 기저 세트는 일반적으로 코어 전자들이 핵에 충분히 가까워지고 최외곽 전자들이 공유 결합하기에 충분한 유연성을 제공하지 못한다. 이러한 문제를 해결하기 위한 명확한 해결책은 기저 세트의 크기를 늘리는 것으로, 만약 두 배로 늘릴 경우 탄소의 기저 세트는 4개의 s 기저 함수와 2개의 p 기저 함수(여기서 p 기저 함수는 p_x, p_y, p_z 함수를 의미)로 구성되어 총 10개의 기저 함수를 갖는다. 대부분의 화학 반응은 최외곽 전자의 작용에 중점을 두고 있기 때문에, Pople은 코어에 사용하는 기저 세트와 외곽 전자 영역에 사용하는 분할 점유(split-valence) 기저 세트로 개발하였으며 이에 대한 연구는 그가 노벨상을 받는 데 일조하였다. 예를 들어 분할 점유 6−31G 기저를 보면, 기저 세트 생성에 사용된 분할 점유 방식이 이름에 명시되어 있다. 대시(−)는 코어(왼쪽)와 외곽 세트(오른쪽)을 분리한다. 각 코어 기저 함수는 여섯 개의 가우시안 함수로 구성된다. 외곽 영역은 두 개의 기저 함수로 다시 분리되며, 일반적으로 내부 함수와 외부 함수로 지칭된다. 내부 기저 함수는 세 개의 가우시안 함수로 구성되고, 다시 외부 기저 함수는 단일 가우시안 함수로 구성된다. 따라서 탄소의 6-31G 기저 세트는 22개의 가우시안 함수로 구성된 9개의 기저 함수로 이루어진다(표 5.1 참조).

그러나 이런 큰 기저 세트조차도 분자 내 전자 분포를 완전히 설명하기에는 수학적 유연성이 부족할 수 있다. 이를 해결하기 위해 극성화 함수를 추가할 수 있다. 탄소의 경우, 이는 d 오비탈의 가우시안 유형 오비탈을 의미하며, 이는 기저 함수에 "(d)"로 표시된다. 수소의 경우, 극성화 함수는 p 함수의 집합을 의미한다. 음이온이나 많은 고립된 전자를 가진 분자의 경우, 확산 함수를 기저 세트에 추가할 수 있으며, 이는 "+"로 표기된다.

표 5.1 탄소의 6–31G 기저 함수 세트

Core	6–31G	
	Basis functions	GTO
	s	6
Valence	s(inner)	3
	s(outer)	1
	p_x(inner)	3
	p_x(outer)	1
	p_y(inner)	3
	p_y(outer)	1
	p_z(inner)	3
	p_z(outer)	1

예를 들어, 6−31+G(d) 기저 세트는 추가된 확산 함수와 d 오비탈 극성화 함수를 포함한다. 이 경우, 탄소 원자의 기저 세트는 기존 9개의 기저 함수에 d 오비탈 극성화 함수(일반적으로 5개의 가우시안 함수)와 확산 함수(보통 하나의 가우시안 함수)가 추가되어 총 36개의 가우시안 함수로 구성될 수 있다. "cc−pVNZ" 표기법은 화학에서 사용되는 복잡한 기저 세트의 한 형태를 나타낸다. 여기서 "cc"는 'correlation-consistent'를 의미하며, 이는 기저 세트가 전자 상관 효과를 고려하여 설계되었음을 나타낸다. "pV"는 'polarization valence'를 의미하고, 이는 극성화 함수가 포함되어 있다는 것을 나타낸다. "NZ" 부분은 숫자 N에 해당하는 것으로, 이는 극성화 함수의 정도를 나타낸다. 예를 들어, "cc−pVDZ"는 두 세트의 극성화 함수를, "cc−pVTZ"는 세 세트의 극성화 함수를 가진다. 예를 들어, cc−pVDZ 기저 세트는 탄소 원자에 대해 기본 6−31G 세트에 2개의 d 오비탈 극성화 함수(각각 5개의 가우시안 함수)를 추가하여 총 32개의 가우시안 함수를 가질 수 있다. 반면 cc−pVTZ는 2개의 d 오비탈(각각 5개의 가우시안 함수)과 추가적인 f 오비탈 극성화 함수(7개의 가우시안 함수)를 포함하여 총 39개의 가우시안 함수를 가질 수 있다. 이러한 기저 세트는 더 정밀한 계산을 가능하게 하지만, 계산 비용이 높아진다는 단점이 있으므로 분자의 전자 구조와 화학적 성질을 더 정확하게 예측하려는 경우에 주로 사용될 수 있을 것이다. 특히, 음이온 또는 많은 인접한 고립 전자를 가진 분자의 경우, 기저 세트에 확산 함수(diffuse functions)를 추가하는 것이 더욱 정확한 분자 모델링으로 역할을 할 수 있을 것이다. 기저 함수의 종류, 개발 등 그 범위가 넓어 여기에서 설명을 마치고 여러 기저 세트를 검색할 수 있는 유용한 웹 기반 데이터베이스는 Molecular Science Computing Facility, Environmental and Molecular Sciences Laboratory의 "EMSL Gaussian Basis Set Order Form"에서 확인할 수 있다(https://bse.pnl.gov/bse/portal).

Hartree−Fock와 DFT

통상적인 물리화학 교재의 내용을 넣고자 위에서 설명한 HF−SCF에 대한 좀 더 자세히 설명하고자 한다. Hartree−Fock을 설명하기 이전에 비슷한 개념으로 과감한 가정으로 분자의 모델링할 수 있는 Hückel 근사는 원자의 모델링에 사용되는 양자역학적 방법으로서, 주로 conjugate계를 가진 분자를 설명하는 데 사용된다. 이 방법은 단순화된 형태로, 분자의 전자 구조를 계산한다.

Hückel 근사의 주요 가정들은 다음과 같다.

- σ와 π 전자를 분리하며, Hückel 방법은 π 전자에만 집중한다.
- 전자–전자 상호 작용은 무시한다.
- 핵간 반응을 무시한다.

Hückel 방법은 분자의 구조와 안정성에 대한 직관을 제공하는 데 유용하다. 하지만 이 방법은 매우 단순화되어 있으며, 많은 중요한 효과를 무시한다.

반면 Hartree–Fock 방법은 원자와 분자의 전자 구조를 계산하는 데 사용되는 더 정교한 방법이다. 이 방법은 전자–전자 상호작용을 더 신중하게 다룬다. Hartree–Fock 방정식은 위에서 설명한 슬레이터 결정자를 사용하여 전자들 사이의 반응을 근사적으로 고려한다.

Hartree–Fock 방법의 몇 가지 중요한 특징은 다음과 같다.

- 전자 상관 효과를 부분적으로 고려한다.
- 계산적으로 더 많은 자원을 필요로 한다.
- 정확한 에너지와 구조 정보를 제공한다.

양자화학 계산에서 Hückel 근사는 빠르고 단순한 분석을 위해 사용되며, 학문적인 연구에서 시작점으로 종종 사용된다. 반면 Hartree–Fock 방법은 더 정교하며, 실제 물리적 시스템을 더 정확하게 모델링하는 데 사용된다. 양자화학 계산은 물질의 성질과 반응을 이해하는 데 필수적인 도구로, 이론과 실험 사이의 간극을 메우는 데 중요한 역할을 하므로, Hartree–Fock 방법 및 더 많은 전자 상호 작용을 고려한 방법을 사용하는 경우가 대부분이다.

Hartree–Fock 방법의 계산은 상당히 복잡하므로 일반적으로 전용 라이브러리를 사용한다. pyscf는 Python으로 작성된 양자화학 계산 라이브러리이다. 이에 대한 좀 더 자세한 설명은 아래에서 언급하겠다.

```
from pyscf import gto, scf

# 분자 정의
mol = gto.Mole()
mol.atom = '''
    O 0 0 0
    H 0 1 0
    H 0 0 1
'''
mol.basis = 'sto-3g'
```

```
mol.build()

# Hartree-Fock RHF 계산
mf = scf.RHF(mol)
energy = mf.kernel()

print(f"Hartree-Fock Energy: {energy} Hartree")

converged SCF energy = -74.9611711378677
Hartree-Fock Energy: -74.96117113786767 Hartree
```

예제는 pyscf 라이브러리를 사용하여 물 분자의 Hartree-Fock 에너지를 계산한다. 유사한 방법으로 다양한 분자 시스템의 에너지와 구조를 계산할 수 있다. 중요한 것은, Hartree-Fock와 같은 방법들은 상당한 계산 능력을 요구하며, 큰 시스템의 경우에는 HPC (High Performance Computer) 클러스터를 사용하는 것이 일반적이다. 복잡한 계산은 기본 원리를 이해하고, 올바른 라이브러리와 도구를 사용하는 것이 중요하다.

코드 분석

- **from pyscf import gto, scf:** PySCF에서 gto와 scf 모듈을 가져옴. 앞에서 설명했듯이 gto 모듈은 분자와 기저 함수를 정의하기 위해 사용되며, scf 모듈은 분자의 전자 상태와 에너지를 계산하기 위해 사용된다.
- **mol = gto.Mole():** gto.Mole()을 사용하여 Mole 객체를 생성한다. 이 객체는 분자 정보를 저장하고 관리하는 데 사용된다.
- **mol.atom = '''...''':** 분자의 원자 정보를 문자열로 지정한다. 각 줄은 하나의 원자를 나타내며, 첫 번째 열은 원자 기호, 두 번째, 세 번째, 네 번째 열은 x, y, z 좌표를 나타낸다.
- **mol.basis = 'sto-3g':** 기저 함수를 'sto-3g'로 설정한다. 'sto-3g'는 간단한 3개의 가우시안 함수로 구성된 기저 함수이다.
- **mol.build():** 분자 정보를 기반으로 분자를 빌드한다. 이 단계에서 전자 구조 계산을 위해 필요한 기타 내부 변수들이 설정된다.
- **mf = scf.RHF(mol):** scf.RHF()를 사용하여 RHF (Restricted Hartree-Fock) 객체 mf를 생성한다. 이 객체는 RHF 계산을 수행하는 데 사용된다.
- **energy = mf.kernel():** mf.kernel()을 호출하여 Hartree-Fock 계산을 수행하고 에너지를 반환한다.
- **print(f"Hartree-Fock Energy: {energy} Hartree"):** 계산된 Hartree-Fock 에너지를 출력한다.

위에서 사용한 기저 함수와 LCAO, 그리고 변분법적 원리에 대한 설명에 더해 이전에 간략히 설명한 SCF 방법은 파동 함수와 에너지를 찾기 위한 반복적인 절차이다. Hartree-Fock 및 DFT (Density Functioual Theory) 모두 SCF 접근법을 사용한다.

SCF 절차는 대략적으로 다음과 같은 순서로 진행된다:

- 초기 추측 파동 함수로 시작한다(가장 단순한 경우, 원자의 파동 함수).

- 이 파동 함수를 사용하여 해밀턴 연산자를 계산한다.
- 해밀턴 연산자를 사용하여 새로운 파동 함수를 계산한다.
- 새로운 파동 함수를 사용하여 다시 해밀턴 연산자를 계산한다.
- 이 과정을 파동 함수와 에너지가 수렴할 때까지 반복한다. (수렴 정도는 가장 에너지가 낮은 정도를 정하게 되는 기준이다.)

아래의 Python 코드 예제에서는 pyscf 라이브러리를 사용하여 H_2 분자의 Hartree-Fock 에너지를 계산한 예이다. 이 과정에서, STO-3G 기저 함수를 사용하여 원자 궤도를 근사화하고, LCAO를 사용하여 분자의 파동 함수를 구성하였으며, 변분법적 원리와 SCF를 사용하여 분자의 에너지를 계산한 예이다.

```
from pyscf import gto, scf

# 분자 정의(H₂ 분자)
mol = gto.Mole()
mol.atom = '''
    H 0 0 0
    H 0 0 0.74
'''
mol.basis = 'sto-3g'  # STO-3G basis set 사용
mol.build()

# Hartree-Fock RHF (Restricted Hartree-Fock) 계산
mf = scf.RHF(mol)
energy = mf.kernel()

print(f"Hartree-Fock Energy: {energy} Hartree")
```

H_2 분자를 정의하고, STO-3G 기저 함수를 사용하여 Hartree-Fock 방법으로 안정한 상태의 에너지를 계산한다. 원자 궤도가 LCAO를 사용하여 분자 궤도로 결합된다. 또한 수소 분자의 에너지를 계산하는 데 SCF 절차를 사용한다. 시스템의 파동 함수를 근사화하기 위해 Hartree-Fock 방법을 사용하며, 변분법적 원리를 따라 파동 함수를 반복적으로 개선하여 에너지를 수렴한다. 기저 함수는 파동 함수를 근사화하는 데 사용되는 함수의 집합이다. STO-3G와 같은 기저 함수는 간단한 시스템에 대해 빠른 계산을 수행하는 데 유용하며, 더 복잡한 시스템은 더 큰 기저 함수(예: 6-31G, cc-pVTZ)를 사용하여 더 정확한 결과를 얻을 수 있다. 하지만, 기저 함수가 크면 클수록 계산 비용이 증가한다는 점을 다시 한번 유념해야 한다.

```
converged SCF energy = -1.11675930739643
Hartree-Fock Energy: -1.1167593073964255 Hartree
```

코드 분석

- **from pyscf import gto, scf:** PySCF에서 gto와 scf 모듈을 가져옴. gto 모듈은 분자와 기저 함수를 정의하기 위해 사용되며, scf 모듈은 분자의 전자 상태와 에너지를 계산하기 위해 사용된다.
- **mol = gto.Mole():** gto.Mole()을 사용하여 Mole 객체를 생성한다. 이 객체는 분자 정보를 저장하고 관리하는 데 사용된다.
- **mol.atom = '''...''':** 분자의 원자 정보를 문자열로 지정한다. 각 줄은 하나의 원자를 나타내며, 첫 번째 열은 원자 기호, 두 번째, 세 번째, 네 번째 열은 x, y, z 좌표를 나타낸다.
- **mol.basis = 'sto-3g':** 기저 함수를 'sto-3g'로 설정한다. 'sto-3g'는 간단한 3개의 가우시안 함수로 구성된 기저 함수이다.
- **mol.build():** 분자 정보를 기반으로 분자를 빌드한다. 이 단계에서 전자 구조 계산을 위해 필요한 기타 내부 변수들이 설정된다.
- **mf = scf.RHF(mol):** scf.RHF()를 사용하여 RHF (Restricted Hartree–Fock) 객체 mf를 생성한다. 이 객체는 RHF 계산을 수행하는 데 사용된다.
- **energy = mf.kernel():** mf.kernel()을 호출하여 Hartree–Fock 계산을 수행하고 에너지를 반환한다.
- **print(f"Hartree-Fock Energy: {energy} Hartree"):** 계산된 Hartree–Fock 에너지를 출력한다.

앞서 언급한 pyscf는 Python에 기반을 둔 양자화학 소프트웨어 패키지로, 높은 유연성과 확장성을 갖추고 있다. 이름에서 알 수 있듯이 pyscf는 Python Scripting for Computational Chemistry의 약자이다. 이 패키지는 다양한 양자화학 방법과 모델을 지원하며, 분자와 주기적 시스템(주로 고체)에 대해 계산을 수행할 수 있다.

pyscf의 주요 기능은 다음과 같다.

- **Hartree–Fock 방법:** RHF(제한된 Hartree–Fock), UHF(비제한 Hartree–Fock), ROHF(제한된 공개 쉘 Hartree–Fock)와 같은 HF 방법을 지원한다.
- **DFT (밀도 기능 이론):** 다양한 교환–상관 기능과 결합된 DFT 계산을 수행할 수 있다.
- **Post–Hartree–Fock 방법:** MP2, CCSD 등과 같은 상관계산 방법을 포함한다.
- **분자 속성 계산:** 분자의 다양한 물리적 속성들, 예를 들면 전기 구조, 자기 구조, 진동 스펙트럼 등을 계산할 수 있다.
- **고성능 계산:** pyscf는 효율적인 C 라이브러리를 사용하여 고성능 계산을 제공한다. 또한, 병렬 처리를 지원하여 큰 시스템에 대한 계산을 빠르게 수행할 수 있다.
- **확장성과 개방성:** 사용자 정의 메소드와 모델을 쉽게 구현할 수 있으며, 다른 양자화학 소프트웨어 패키지와의 통합이 가능하다.

매우 중요하고 놓칠 수 없는 관련 분야는 범밀도 함수 이론(Density Functional Theory,

DFT)이다. DFT는 양자 역학적 시스템을 표현하는 데 사용되는 효과적인 방법론이다. DFT는 전자들의 파동 함수가 아닌 전자 밀도를 중심으로 분석을 진행하며, 이로 인해 계산적으로 매우 효율적이다. 전자 밀도는 시공간상의 한 점에서 전자의 존재 확률로 이해할 수 있다.

DFT의 기본 가정은 Hohenberg–Kohn 정리로부터 시작한다. 전자 밀도가 주어지면, 해당 시스템의 모든 관찰 가능한 물리적 속성은 마찬가지로 계산으로 결정될 수 있다. 어떤 외부 퍼텐셜에 대해서도, 최소의 에너지를 가지는 전자 밀도는 유일하다는 가정을 기준으로, Kohn–Sham 방정식은 DFT의 중심 개념으로, 전자들을 비상호작용하는 효과적인 입자들로 취급하여, 문제를 단순화한다. pyscf를 사용하여 DFT 계산을 수행하는 방법은 Hartree–Fock 계산과 비슷하다. 다음은 물 분자(H_2O)의 에너지를 DFT를 사용하여 계산하는 예시이다.

```
from pyscf import gto, dft

# 분자 정의(물 분자 H2O)
mol = gto.Mole()
mol.atom = '''
    O 0 0 0
    H 0 1 0
    H 0 0 1
'''
mol.basis = 'cc-pvdz'
mol.build()

# DFT 계산
mf = dft.RKS(mol)  # Restricted Kohn-Sham DFT
mf.xc = 'PBE'  # PBE 범밀도 함수 기반 교환-상관 기능 사용(다른 기능도 사용 가능)
energy = mf.kernel()

print(f'DFT Energy: {energy} Hartree')
```

dft.RKS를 사용하여 Restricted Kohn–Sham DFT 계산을 생성하고, PBE (Perdew–Burke–Ernzerhof) 범밀도 함수를 사용하여 계산을 수행한다. 이 기능은 전자 구조 계산에서 널리 사용되며, DFT의 다양한 교환–상관 기능을 추가해 준 함수 중 하나이다.

DFT는 전자 구조와 분자의 물리적 성질을 연구하는 데 매우 강력한 도구로 사용되고 있으며, 계산적 효율성과 상당한 정확도를 제공한다.

```
converged SCF energy = -76.3303178098514
DFT Energy: -76.33031780985144 Hartree
```

코드 분석

- **from pyscf import gto, dft:** PySCF에서 gto와 dft 모듈을 가져옴. gto 모듈은 분자와 기저 함수를 정의하기 위해 사용되며, dft 모듈은 밀도 함수 이론 계산을 위해 사용된다.
- **mol = gto.Mole():** gto.Mole()을 사용하여 Mole 객체를 생성한다. 이 객체는 분자 정보를 저장하고 관리하는 데 사용된다.
- **mol.atom = '''...''':** 분자의 원자 정보를 문자열로 지정한다. 각 줄은 하나의 원자를 나타내며, 첫 번째 열은 원자 기호, 두 번째, 세 번째, 네 번째 열은 x, y, z 좌표를 나타낸다.
- **mol.basis = 'cc-pvdz':** 기저 함수를 'cc-pVDZ'로 설정한다. 'cc-pVDZ'는 기저 함수이다.
- **mol.build():** 분자 정보를 기반으로 분자를 만든다. 이 단계에서 전자 구조 계산을 위해 필요한 기타 내부 변수들이 설정된다.
- **mf = dft.RKS(mol):** dft.RKS()를 사용하여 RKS (Restricted Kohn-Sham) 객체 mf를 생성한다. 이 객체는 RKS DFT 계산을 수행하는 데 사용된다.
- **mf.xc = 'PBE':** 교환-상관 기능을 'PBE'로 설정한다. 'PBE'는 Perdew-Burke-Ernzerhof 교환-상관 기능을 나타내는 범밀도 함수이다.
- **energy = mf.kernel():** mf.kernel()을 호출하여 DFT 계산을 수행하고 에너지를 반환한다.
- **print(f'DFT Energy: {energy} Hartree'):** 계산된 DFT 에너지를 출력한다.

범밀도 함수 이론(Density Functional Theory, DFT)에서 범밀도 함수(exchange-correlation functional)는 전자의 상호작용과 교환 효과를 설명하는 데 사용된다. DFT는 전자 밀도만을 입력으로 사용하며, HF에서는 고려하지 않았던 전자 간 상호작용인 상관과 교환 효과를 함께 고려한다. 범밀도 함수는 여러 가지 형태가 있고, 각기 다른 근사를 사용하여 전자 상호작용을 모델링한다. 그중 하나의 형태는 LDA (Local Density Approximation)이며, LDA는 전자 밀도가 국소적으로 균일하다고 가정한다. 즉, 전자 상호작용은 해당 지점에서의 전자 밀도에만 의존한다고 가정하는 것이다. 이는 매우 단순한 근사로, 시스템이 균일한 가스처럼 행동하는 경우 잘 작동한다. 그러나 분자나 고체와 같은 복잡한 시스템에서는 정확도가 떨어진다. GGA (Generalized Gradient Approximation)는 전자 밀도뿐만 아니라 밀도의 그래디언트(공간 변화율)도 고려한다. 이로써 밀도가 공간적으로 빠르게 변하는 영역에서 더 나은 결과를 얻을 수 있다. GGA 함수는 일반적으로 LDA보다 더 정확하며, 분자와 고체에 대해 잘 작동한다. 추가적으로 하이브리드 함수(hybrid functional)는 DFT 계산에 Hartree-Fock 교환의 일부를 추가하여 더 정확한 결과를 얻을 수 있으며, 이는 DFT의 근사와 Hartree-Fock의 정확성을 절충한 방법이다. B3LYP는 하이브리드 함수 중 가장 널리 사용되는 함수로, 다양한 화학 시스템에 대해 높은 정확도를 제공한다. 또한 범위 분리 하이브리드 함수(range-separated hybrid functional)는 전자 상호작용의 거리에 따라 다른 근사를 사용한다. 일반적으로 장거리 상호작용에는 Hartree-Fock 교환을 더 많이 사용하고, 단거리 상호작용에는 DFT 근사를 사용한다. 이는 미묘한 van der Waals 상호작용과 같은 효과를 더 잘 묘사하는 데 도움이 된다.

```
from pyscf import gto, dft

# 분자 정의(물 분자 H2O)
mol = gto.Mole()
mol.atom = '''
    O 0 0 0
    H 0 1 0
    H 0 0 1
'''
mol.basis = 'cc-pvdz'
mol.build()

# DFT 계산을 위한 다양한 범밀도 함수
functionals = ['LDA', 'PBE', 'B3LYP', 'CAM-B3LYP']

for xc in functionals:
    mf = dft.RKS(mol)
    mf.xc = xc
    energy = mf.kernel()
    print(f'{xc} Energy: {energy} Hartree')
```

위의 예는 물 분자의 에너지를 여러 가지 범밀도 함수를 사용하여 계산한다. 이를 통해 각 함수의 차이를 관찰할 수 있다.

```
converged SCF energy = -75.1883309985121
LDA Energy: -75.18833099851207 Hartree
converged SCF energy = -76.3303178098515
PBE Energy: -76.33031780985148 Hartree
converged SCF energy = -76.3783357815613
B3LYP Energy: -76.37833578156133 Hartree
converged SCF energy = -76.3863502986908
CAM-B3LYP Energy: -76.38635029869084 Hartree
```

코드 분석

- **functionals = ['LDA', 'PBE', 'B3LYP', 'CAM-B3LYP']:** 다양한 밀도 함수 기능을 포함하는 리스트를 정의한다.
- **for xc in functionals: ...:** functionals 리스트의 각 요소에 대해 반복하여 DFT 계산을 수행한다.
- **mf = dft.RKS(mol):** dft.RKS()를 사용하여 RKS (Restricted Kohn−Sham) 객체 mf를 생성한다.
- **mf.xc = xc:** DFT에 사용할 밀도 함수 기능을 설정한다.
- **energy = mf.kernel():** mf.kernel()을 호출하여 DFT 계산을 수행하고 에너지를 반환한다.
- **print(f'{xc} Energy: {energy} Hartree'):** 계산된 DFT 에너지를 출력한다. 출력은 각 밀도 함수 기능에 대해 수행된다.

다양한 범밀도 함수를 시도하여 물 분자의 에너지를 계산할 수 있다. 연구나 실제 상황에서는 실험적인 데이터나 다른 이론적 기법들과 결과를 비교하여 가장 적합한 범밀도 함수를 선택하는 것이 중요하다.

Post Hartree–Fock 방법

Hartree–Fock 방법은 앞에서 설명했듯이 전자 간 상호작용을 평균장 근사(mean field approximation)로 처리하기 때문에 전자 상관성을 무시한다(electron correlation energy). 반면 CI (Configuration Interection) 방법은 HF 방법이 무시하는 전자상관 에너지를 포함하여, 전자구조 계산의 정확성을 높이는 post HF 방법이다. 전자 상관 에너지는 정확한 에너지와 HF 한계에서의 에너지 차이로 정의된다.

$$E_{\text{corr}} = E_{\text{exact}} - E_{\text{HF}}$$

전자 상관성을 어떻게 포함할 수 있을까? 전체 전자 파동 함수를 n개의 전자에 의존하는 함수들의 선형 결합으로 구성한다고 가정해보자.

$$\Psi = i \Sigma\, c_i \psi_i$$

그럼 우리는 에너지를 최소화하기 위해 계수 c_i를 변화시킴으로써 전체 Hamiltonian으로 슈뢰딩거 방정식을 풀 수 있다. 만약 무한한 수의 이러한 N-전자 함수, ψ_i로 합산한다면, 우리는 정확한 에너지를 얻을 것이다. 하지만 보다 현실적으로, 유한한 수의 함수를 사용한다면, 변분 원리에 의해 계산된 에너지는 정확한 에너지보다 높게 나올 것이다.

HF 파동 함수는 N-전자 함수이다(스스로 하나의 전자 함수인 MO로 구성됨). HF 파동 함수 ψ_{HF}에서 함수의 집합을 생성하는 것은 합리적이다. 이 함수 집합은 때때로 참조 구성(reference configuration)이라고도 불린다. HF 파동 함수는 n개의 전자의 단일 구성을 정의한다. 점유된 MO에서 전자를 제거하고 가상(미점유) MO로 이동시켜 새로운 구성, 새로운 N-전자 함수를 만들 수 있다.

이 새로운 구성은 전자가 재배치된 수에 따라 분류할 수 있다. 점유된 원자 궤도에서 가상 원자 궤도로 전자를 하나 옮기는 구성은 HF 구성과 비교하여 단일 활성화된 것으로, singles라고 불리며, 두 개의 전자를 옮기는 경우 doubles라고 부른다. 간단한 표기법으로는 활성화된 구성을 나타내기 위해 전자가 제거되는 점유된 MO(s)를 아래 첨자로, 전자가 위치하는 가상 원자 궤도를 위 첨자로 나열하는 것이다. 따라서 singles 구성의 일반적인 표기법은 ψ_{ai} 또는 ψ_{S}이며, doubles 구성의 표기법은 $\psi_{\text{ab ij}}$ 또는 ψ_{D}이며, 이와 같이 진행된다. 아래 그림은 대표적인 HF 구성의 MO 다이어그램과 일부 singles 및 doubles 구성의 예를 보여준다. 이러한 구성은 스핀에 맞게 적응된 Slater 행렬식으로 구성되며, 각각은 다양한 적절한 MO에 전자의 배열로 생성된다.

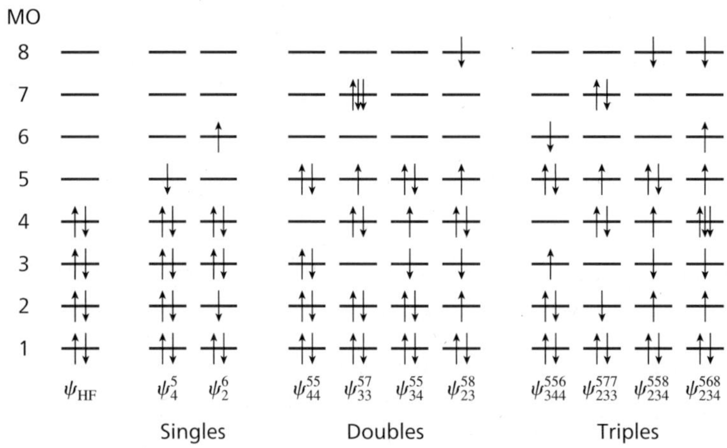

Møller−Plesset (MP) 섭동이론은 Hartree−Fock (HF) 기반의 전자 상관관계 에너지 계산을 개선하기 위해 개발되었다. MP 이론은 전자 상관관계의 효과를 조금씩 추가하여 근사적으로 더 정확한 전자 상태를 얻는 방법이다.

MP 이론은 전자 상호작용을 작은 매개변수로 나누어 계산한다. 매개변수는 전자의 상호작용을 나타내는 Coulomb 상호작용 및 교환 상호작용 항의 크기이다. 이들 상호작용 항은 HF 방정식에서 무시된 것이며, MP 이론은 이들을 추가로 고려하여 보정한다.

$$\hat{O} = \hat{O}^{(0)} + \hat{O}'$$

MP 이론은 전자 상태를 계층적으로 개선할 수 있다. MP2, MP3, MP4 등과 같이 계산의 순서에 따라 차수가 증가한다. MP2는 가장 일반적으로 사용되며, HF 에너지에 이차 보정을 적용하여 전자 상호작용의 일부 효과를 보상한다. MP3, MP4 등은 점차 더 정확한 보정을 수행한다.

MP 이론에서는 전자 상호작용 항들을 포함한 새로운 보정 Hamiltonian을 정의한다. Hamiltonian을 사용하여 전자 상태를 개선하고, 에너지와 파동 함수를 계산한다. 계산은 이전 단계에서 계산된 파동 함수와 상호작용 항을 이용하여 재귀적으로 수행된다. MP 이론은 보통 HF 기반의 초기 파동 함수를 사용하고, 이에 상호작용 보정을 적용하여 정확한 결과를 얻는다. MP2 이상의 차수에서는 상호작용 항의 계산이 복잡해지므로, 전체 전자 상태의 계산량이 증가한다. 따라서 더 정확한 결과를 얻기 위해서는 계산 자원과 시간에 대한 상대적인 고려가 필요하다. 이 중에서 MP2는 일반적으로 정확도와 계산 비용의 균형을 맞추는 데 효과적이며, MP3 이상의 차수는 더 정확한 계산을 위해 사용된다. 그러나 MP 이론은 상호작용 항의 계산 어려움과 전자 상태의 근사적 계산에 의존하기 때문에 정확한 계산을 위해서는 보다 정교한 계산 방법이 필요할 수 있다.

커플드 클러스터 이론(coupled cluster theory)은 양자화학 계산에서 사용되는 고급 이론 중 하나로, 전자 상호작용을 더 정확하게 모델링하기 위해 개발된 수학적인 접근 방법이다. 커플드 클러스터 이론은 원자핵 주위의 전자들 간의 상호작용을 더욱 자세히 설명한다.

$$\Psi = e^{\hat{T}}\Psi HF$$

파동 함수는 위와 같이 표현하며, $\hat{T}$는 다음과 같이 연산자들의 확장으로 표현된다.

$$\hat{T} = \hat{T}_1 + \hat{T}_2 + \ldots + \hat{T}_n$$

T_i 연산자는 i개의 전자 excitation을 고려한다.

커플드 클러스터 이론은 전체 파동 함수를 작은 클러스터 확장으로 표현한다. 클러스터는 전자들의 쌍이나 그룹을 나타내며, 각각의 클러스터에 대해 상관관계를 고려한다. 전체 파동 함수의 근사적인 형태를 구성하며, 전자 상호작용을 상대적으로 정확하게 포착할 수 있다.

커플드 클러스터 이론은 주로 섭동 이론(perturbation theory)의 일종으로 취급되며, 텐서 네트워크 방식(tensor network method)과도 연결된다. 이 이론은 계산적으로 효율적인 기법과 광범위한 물리적인 응용 가능성을 가지고 있다.

이론적으로, 커플드 클러스터 이론은 무한한 클러스터까지 고려하는 것이 이상적이다. 그러나 실제 계산에서는 연산 비용의 한계로 인해 클러스터의 크기를 제한해야 한다. 일반적으로 더 많은 전자 상관 관계를 포함하는 큰 크기의 클러스터를 사용할수록 결과의 정확도가 향상된다. 커플드 클러스터 이론은 분자의 에너지, 구조, 반응에 대한 정확한 예측을 가능하게 한다. 특히 전자 상관 관계가 중요한 시스템(예: 이중 결합, 화학 반응의 활성 부위 등)에서 커플드 클러스터 이론은 더 정확한 결과를 제공할 수 있다.

그러나 커플드 클러스터 이론은 계산적으로 요구되는 자원이 많고 복잡하기 때문에 일반적으로 규모가 큰 분자에는 적합하지 않을 수 있다. 따라서 더 작은 시스템이나 간단한 반도체 재료 디자인 등에서 주로 사용된다. 요약하면, 커플드 클러스터 이론은 전자 상호작용을 더 정확하게 모델링하기 위해 개발된 고급 양자화학 이론이다. 작은 클러스터 확장을 사용하여 전체 파동 함수를 근사적으로 표현하고, 정확한 에너지와 전자 상태를 계산하는 데 사용된다. 이론적으로는 더 큰 클러스터를 사용할수록 결과의 정확도가 향상되지만, 계산적인 한계로 인해 실제 계산에서는 크기를 제한해야 한다. 커플드 클러스터 이론은 분자의 에너지와 구조에 대한 정확한 예측을 가능하게 하며, 특히 전자 상관 관계가 중요한 시스템에서 사용된다. 예시로, coupled cluster 방법을 사용하여 물 분자의 에너지를 계산해보자.

```
from pyscf import gto, scf, cc

# 분자 정의
mol = gto.Mole()
mol.atom = "O 0 0 0; H 0 -0.757 0.587; H 0 0.757 0.587"
mol.basis = "sto-3g"
mol.build()

# Hartree-Fock 계산
mf = scf.RHF(mol)
```

```
mf.kernel()

# Coupled Cluster계산 수행
mycc = cc.CCSD(mf)
mycc.kernel()

# CCSD energy 계산
energy_ccsd = mf.e_tot + mycc.e_corr
print(f"CCSD Energy: {energy_ccsd} Hartree")
```

예제에서는 coupled cluster 방법을 사용하여 전자 상관을 고려한 물 분자의 에너지를 계산한다. 실제 연구에서는 다양한 상관 방법을 사용하여 시스템의 특성에 따라 최적의 방법을 선택한다.

```
converged SCF energy = -74.9630631297277
E(CCSD) = -75.01253063681317  E_corr = -0.04946750708550946
CCSD Energy: -75.01253063681317 Hartree
```

코드 분석

- **from pyscf import gto, scf, cc:** PySCF에서 gto, scf, cc 모듈을 가져옴. gto 모듈은 분자와 기저 함수를 정의하기 위해 사용되고, scf 모듈은 분자의 전자 상태와 에너지를 계산하기 위해 사용되며, cc 모듈은 Coupled Cluster 계산을 수행하기 위해 사용된다.
- **mol = gto.Mole():** gto.Mole()을 사용하여 Mole 객체를 생성한다. 이 객체는 분자 정보를 저장하고 관리하는 데 사용된다.
- **mol.atom = "O 0 0 0; H 0 -0.757 0.587; H 0 0.757 0.587":** 분자의 원자 정보를 문자열로 지정한다. 각 줄은 하나의 원자를 나타내며, 첫 번째 열은 원자 기호, 두 번째, 세 번째, 네 번째 열은 x, y, z 좌표를 나타낸다.
- **mol.basis = "sto-3g":** 기저 함수를 'sto-3g'로 설정한다. 'sto-3g'는 간단한 3개의 가우시안 함수로 구성된 기저 함수이다.
- **mol.build():** 분자 정보를 기반으로 분자를 빌드한다. 이 단계에서 필요한 내부 변수들이 설정된다.
- **mf = scf.RHF(mol):** scf.RHF()를 사용하여 RHF (Restricted Hartree-Fock) 객체 mf를 생성한다.
- **mf.kernel():** mf.kernel()을 호출하여 Hartree-Fock 계산을 수행하고 에너지를 반환한다.
- **mycc = cc.CCSD(mf):** cc.CCSD()를 사용하여 CCSD (Coupled Cluster Singles and Doubles) 객체 mycc를 생성한다. 이 객체는 CCSD 계산을 수행하는 데 사용된다. mf 객체는 RHF 계산의 결과를 기반으로 생성된다.
- **mycc.kernel():** mycc.kernel()을 호출하여 CCSD 계산을 수행하고 에너지를 반환한다.
- **energy_ccsd = mf.e_tot + mycc.e_corr:** CCSD 에너지는 RHF 계산의 총 에너지와 CCSD 계산의 상관 에너지(e_corr)의 합으로 계산된다.
- **print(f"CCSD Energy: {energy_ccsd} Hartree"):** 계산된 CCSD 에너지를 출력한다.

다음은 MP2 (Møller–Plesset perturbation theory) 방법으로 전자 상관을 고려하여 물 분자의 에너지를 계산하는 예를 보자.

```
from pyscf import gto, scf, mp

# 분자 정의
mol = gto.Mole()
mol.atom = "O 0 0 0; H 0 -0.757 0.587; H 0 0.757 0.587"
mol.basis = "sto-3g"
mol.build()

# Hartree-Fock 계산
mf = scf.RHF(mol)
mf.kernel()

# MP2 계산 수행
mymp = mp.MP2(mf)
mymp.kernel()

#  MP2 energy 계산
energy_mp2 = mf.e_tot + mymp.e_corr
print(f"MP2 Energy: {energy_mp2} Hartree")
```

```
converged SCF energy = -74.9630631297277
E(MP2) = -74.9986299479474  E_corr = -0.0355668182197806
E(SCS-MP2) = -75.003981716266  E_corr = -0.0409185865383464
MP2 Energy: -74.99862994794744 Hartree
```

MP2는 상대적으로 간단한 방법으로, 상관 에너지를 추가하는 데 비교적 적은 계산 비용이 들지만 높은 차수일수록 기하급수적으로 계산 비용이 증가한다.

또한 다른 방법으로는 Quantum Monte Carlo (QMC)가 있다. 전자 상관을 고려하는 데 사용될 수 있으나, 통계적 샘플링을 사용하고 계산 비용이 크기 때문에 일반적인 분자 계산에는 덜 사용된다. 전자 상관을 처리하는 방법은 많으며, 각 방법은 장단점을 가지고 있으므로 어떤 방법을 사용할지는 연구 목표, 시스템의 특성, 사용 가능한 계산 자원에 따라 달라진다. 예를 들어, 정확도가 매우 중요한 경우 coupled cluster 방법을 사용할 수 있으나, 계산 비용이 높다. 반면, DFT와 MP2는 상대적으로 빠르지만, 때때로 덜 정확할 수 있다. 아래는 위의 코딩에 대한 상세한 설명이다.

코드 분석

- **from pyscf import gto, scf, mp:** PySCF에서 gto, scf, mp 모듈을 가져옴. gto 모듈은 분자와 기저 함수를 정의하기 위해 사용되며, scf 모듈은 분자의 전자 상태와 에너지를 계산하기 위해 사용되며, mp 모듈은 MP2 계산을 수행하기 위해 사용된다.
- **mol = gto.Mole():** gto.Mole()을 사용하여 Mole 객체를 생성한다. 이 객체는 분자 정보를 저장하고 관리하는 데 사용된다.

- **mol.atom = "O 0 0 0; H 0 -0.757 0.587; H 0 0.757 0.587":** 분자의 원자 정보를 문자열로 지정한다. 각 줄은 하나의 원자를 나타내며, 첫 번째 열은 원자 기호, 두 번째, 세 번째, 네 번째 열은 x, y, z 좌표를 나타낸다.
- **mol.basis = "sto-3g":** 기저 함수를 'sto-3g'로 설정한다. 'sto-3g'는 간단한 3개의 가우시안 함수로 구성된 기저 함수이다.
- **mol.build():** 분자 정보를 기반으로 분자를 빌드한다. 이 단계에서 필요한 내부 변수들이 설정된다.
- **mf = scf.RHF(mol):** scf.RHF()를 사용하여 RHF (Restricted Hartree–Fock) 객체 mf를 생성한다.
- **mf.kernel():** mf.kernel()을 호출하여 Hartree–Fock 계산을 수행하고 에너지를 반환한다.
- **mymp = mp.MP2(mf):** mp.MP2()를 사용하여 MP2 (Møller–Plesset 2nd order perturbation theory) 객체 mymp를 생성한다. 이 객체는 MP2 계산을 수행하는 데 사용된다. mf 객체는 RHF 계산의 결과를 기반으로 생성된다.
- **mymp.kernel():** mymp.kernel()을 호출하여 MP2 계산을 수행하고 에너지를 반환한다.
- **energy_mp2 = mf.e_tot + mymp.e_corr:** MP2 에너지는 RHF 계산의 총 에너지와 MP2 계산의 상관 에너지(e_corr)의 합으로 계산된다.
- **print(f"MP2 Energy: {energy_mp2} Hartree"):** 계산된 MP2 에너지를 출력한다.

Excited state method는 높은 에너지 상태의 전자 구조를 연구하는 데 사용된다. 대부분의 양자화학 방법은 기본 상태(가장 낮은 에너지 상태)를 계산하는 데 초점을 맞추지만, 여러 화학적 및 물리적 프로세스는 더 높은 에너지 상태와 관련이 있다. 여기에는 스펙트럼, 광학적 특성, 광화학적 반응 등이 포함된다. 몇 가지 일반적인 excited state 방법은 다음과 같다.

- **Configuration Interaction Singles (CIS):** CIS 방법은 기본 상태와 single excitation (하나의 전자가 더 높은 에너지 상태로 이동하는 경우)을 고려한다. 이 방법은 빠르고 단순하지만, 상관 효과를 완벽하게 고려하지는 않는다.
- **Time-Dependent Density Functional Theory (TDDFT):** TDDFT는 밀도 함수 이론을 시간 영역으로 확장하여 excited states를 고려한다. 이 방법은 중간 수준의 계산 비용과 정확도를 제공한다.
- **Equation-of-Motion Coupled Cluster (EOM–CC):** EOM–CC 방법은 coupled cluster 방법을 excited states에 적용한다. 이 방법은 매우 정확하지만, 계산 비용이 매우 높다.

예제로, TDDFT를 사용하여 물 분자의 첫 번째 excited state를 계산해보자.

```
from pyscf import gto, scf, tdscf

# 분자 정의
mol = gto.Mole()
```

```
mol.atom = "O 0 0 0; H 0 -0.757 0.587; H 0 0.757 0.587"
mol.basis = "sto-3g"
mol.build()

# Hartree-Fock 계산
mf = scf.RHF(mol)
mf.kernel()

# TDDFT 계산
mytd = tdscf.TDDFT(mf)
mytd.kernel(nstates=1)  # 첫 번째 excited state 계산
```

```
converged SCF energy = -74.9630631297277
Excited State energies (eV)
[13.14433259]
```

위의 코드에서는 Pyscf 라이브러리를 사용하여 물 분자에 대해 Time-Dependent Density Functional Theory (TDDFT) 계산을 수행했다. TDDFT는 excited state의 에너지와 전이 무게(광학 스펙트럼에 기여하는 정도)를 계산할 수 있다.

각 excited state 방법은 특정 응용 분야에 적합하며, 계산의 정확도와 비용 사이의 균형을 고려하여 적절한 방법을 선택해야 한다. TDDFT는 분자의 광학 특성을 연구하는 데 널리 사용되며, EOM−CC는 높은 정확도가 필요한 경우에 적합하다.

코드 분석

- **from pyscf import gto, scf, tdscf:** PySCF에서 gto, scf, tdscf 모듈을 가져옴. gto 모듈은 분자와 기저 함수를 정의하기 위해 사용되며, scf 모듈은 분자의 전자 상태와 에너지를 계산하기 위해 사용되며, tdscf 모듈은 TDDFT 계산을 수행하기 위해 사용된다.
- **mol = gto.Mole():** gto.Mole()을 사용하여 Mole 객체를 생성한다. 이 객체는 분자 정보를 저장하고 관리하는 데 사용된다.
- **mol.atom = "O 0 0 0; H 0 -0.757 0.587; H 0 0.757 0.587":** 분자의 원자 정보를 문자열로 지정한다. 각 줄은 하나의 원자를 나타내며, 첫 번째 열은 원자 기호, 두 번째, 세 번째, 네 번째 열은 x, y, z 좌표를 나타낸다.
- **mol.basis = "sto-3g":** 기저 함수를 'sto-3g'로 설정한다. 'sto-3g'는 간단한 3개의 가우시안 함수로 구성된 기저 함수이다.
- **mol.build():** 분자 정보를 기반으로 분자를 빌드한다. 이 단계에서 필요한 내부 변수들이 설정된다.
- **mf = scf.RHF(mol):** scf.RHF()를 사용하여 RHF (Restricted Hartree−Fock) 객체 mf를 생성한다.
- **mf.kernel():** mf.kernel()을 호출하여 Hartree−Fock 계산을 수행하고 에너지를 반환한다.
- **mytd = tdscf.TDDFT(mf):** tdscf.TDDFT()를 사용하여 TDDFT (Time-Dependent Density Functional Theory) 객체 mytd를 생성한다. 이 객체는 TDDFT 계산을 수행하는 데 사용된다. mf 객체는 RHF 계산의 결과를 기반으로 생성된다.

- **mytd.kernel(nstates=1):** mytd.kernel(nstates=1)을 호출하여 TDDFT 계산을 수행한다. nstates 인수를 사용하여 계산할 상태의 수를 지정할 수 있다. 여기서는 첫 번째 (Excited state) 상태만 계산하도록 설정했다

자세한 내용에 대한 소개는 생략하겠지만 EOM-CC (Equation-of-Motion Coupled Cluster)는 매우 정확한 결과를 제공하는 데 뛰어난 방법으로 알려져 있다. 반면 이는 계산 자원에 상당한 부담을 주게 된다. 그럼에도 불구하고 높은 수준의 정확도가 필요한 경우, 특히 중소 규모의 분자 시스템에서 EOM-CC는 매우 유용하다. 아래는 EOM-CC를 사용하여 물 분자의 첫 번째 excited state를 계산하는 PySCF 코드 예제이다.

```
from pyscf import gto, scf, cc

# 분자 정의
mol = gto.Mole()
mol.atom = "O 0 0 0; H 0 -0.757 0.587; H 0 0.757 0.587"
mol.basis = "cc-pvdz" # Use a better basis set for more accuracy
mol.build()

# Hartree-Fock 계산
mf = scf.RHF(mol)
mf.kernel()

#  EOM-CCSD 계산 실행
myeom = cc.RCCSD(mf)
myeom.kernel()
myeom.eomee_ccsd_singlet(nroots=1) # 첫번째 singlet excited state 계산
```

```
converged SCF energy = -76.0267656731175
E(CCSD) = -76.24010891900583  E_corr = -0.2133432458882954
```

EOM-CC 계산은 일반적으로 CCSD (Coupled Cluster with Singles and Doubles)를 기반으로 하며 위의 코드는 물 분자의 첫 번째 단일항(singlet) excited state를 계산한다.

여러 방법으로 excited state를 계산할 수 있다. 어떤 방법을 사용할 것인지는 시스템의 크기, 필요한 정확도, 이용할 수 있는 계산 자원 등을 고려하여 결정해야 한다. Excited state 계산은 광학적 특성, 전자 스펙트럼, 광화학적 반응 및 여러 분야에서 중요한 정보를 제공할 수 있다. 이러한 계산을 수행할 때는 각 방법의 한계와 근사를 이해하는 것이 중요하다. 위의 코드에 대한 상세한 설명을 아래에 첨부하였다.

코드 분석

- **from pyscf import gto, scf, cc:** PySCF에서 gto, scf, cc 모듈을 가져옴. gto 모듈은 분자와 기저 함수를 정의하기 위해 사용되며, scf 모듈은 분자의 전자 상태와 에너지를 계산하기 위해 사용되며, cc 모듈은 CCSD 계산을 수행하기 위해 사용된다.
- **mol = gto.Mole():** gto.Mole()을 사용하여 Mole 객체를 생성한다. 이 객체는 분자 정보를 저

장하고 관리하는 데 사용된다.

- **mol.atom = "O 0 0 0; H 0 –0.757 0.587; H 0 0.757 0.587":** 분자의 원자 정보를 문자열로 지정한다. 각 줄은 하나의 원자를 나타내며, 첫 번째 열은 원자 기호, 두 번째, 세 번째, 네 번째 열은 x, y, z 좌표를 나타낸다.
- **mol.basis = "cc-pvdz":** 기저 함수를 'cc-pvdz'로 설정한다. 'cc-pvdz'는 구성 수준 이중-zeta 기저 함수로 좀 더 정확한 결과를 얻을 수 있도록 해준다.
- **mol.build():** 분자 정보를 기반으로 분자를 빌드한다. 이 단계에서 필요한 내부 변수들이 설정된다.
- **mf = scf.RHF(mol):** scf.RHF()를 사용하여 RHF (Restricted Hartree-Fock) 객체 mf를 생성한다.
- **mf.kernel():** mf.kernel()을 호출하여 Hartree-Fock 계산을 수행하고 에너지를 반환한다.
- **myeom = cc.RCCSD(mf):** cc.RCCSD()를 사용하여 EOM-CCSD (Equation-of-Motion Coupled Cluster with Single and Double Excitations) 객체 myeom을 생성한다. 이 객체는 EOM-CCSD 계산을 수행하는 데 사용된다. mf 객체는 RHF 계산의 결과를 기반으로 생성된다.
- **myeom.kernel():** myeom.kernel()을 호출하여 EOM-CCSD 계산을 수행하고 에너지를 반환한다.
- **myeom.eomee_ccsd_singlet(nroots=1):** myeom.eomee_ccsd_singlet(nroots=1)을 호출하여 EOM-CCSD 계산으로 첫 번째 여기된(exited singlet) 상태를 계산한다. nroots 인수를 사용하여 계산할 상태의 수를 지정할 수 있다.

5.10 Python 코딩 응용

이전의 코딩과 데이터를 응용한다면 원활하고 실질적인 양자화학 계산이 가능할 것이다. SMILES 표기된 분자를 읽어 양자 계산을 수행할 수 있다.

```
from rdkit import Chem
from rdkit.Chem import AllChem
from pyscf import gto, scf

# Convert SMILES to molecule using RDKit
smiles = 'CCO'
mol_rdkit = Chem.MolFromSmiles(smiles)
mol_rdkit = Chem.AddHs(mol_rdkit)  # Adding hydrogens to the molecule
AllChem.EmbedMolecule(mol_rdkit)
AllChem.UFFOptimizeMolecule(mol_rdkit)

# Convert RDKit molecule to PySCF molecule
atom_charges = [atom.GetAtomicNum() for atom in mol_rdkit.GetAtoms()]
atom_coords = mol_rdkit.GetConformer().GetPositions()
atom_str = ""
for charge, coords in zip(atom_charges, atom_coords):
```

```
    atom_str += f"{charge} {coords[0]} {coords[1]} {coords[2]}; "

# Create PySCF molecule
mol_pyscf = gto.Mole()
mol_pyscf.atom = atom_str
mol_pyscf.basis = 'sto-3g'
mol_pyscf.build()

# Perform Hartree-Fock calculation
mf = scf.RHF(mol_pyscf)
energy = mf.kernel()

# Output the total energy (Hartree units)
print(f"Total Energy: {energy} Hartrees")
```

위의 코드는 SMILES 코드로부터 분자를 정의하고 Pyscf를 사용하여 안정화 에너지(stabilization energy)를 계산하는 것의 순서를 만든 코드이다. RDKit 라이브러리를 사용하여 SMILES 문자열로부터 분자의 구조를 생성하고, 이를 Pyscf의 입력으로 사용하여 적용하였다. 다음은 SMILES 코드 'CCO'(에탄올)를 사용하여 Pyscf로 안정화 에너지를 계산하는 Python 코드를 실행한 결과이다.

```
converged SCF energy = -152.127991043417
Total Energy: -152.1279910434173 Hartrees
```

이는 RDKit을 사용하여 SMILES 표기법으로 표시된 분자를 읽고, 분자에 대해 최적화된 기하구조를 얻은 후, Pyscf를 사용하여 Hartree–Fock 계산을 수행하는 것이다.

코드 분석

- **from rdkit import Chem:** RDKit 모듈에서 Chem 모듈을 가져옴. Chem 모듈은 분자를 다루는 기능을 제공한다.
- **from rdkit.Chem import AllChem:** RDKit의 AllChem 모듈을 가져옴. AllChem 모듈은 분자의 기하구조 생성과 최적화에 사용된다.
- **smiles = 'CCO':** 분석할 분자의 SMILES 표기법을 지정한다.
- **mol_rdkit = Chem.MolFromSmiles(smiles):** RDKit의 Chem.MolFromSmiles() 함수를 사용하여 SMILES 문자열을 RDKit 분자 객체로 변환한다.
- **mol_rdkit = Chem.AddHs(mol_rdkit):** Chem.AddHs() 함수를 사용하여 분자에 수소 원자를 추가한다.
- **AllChem.EmbedMolecule(mol_rdkit):** AllChem.EmbedMolecule() 함수를 사용하여 분자를 기하구조 생성을 위해 초기화한다.
- **AllChem.UFFOptimizeMolecule(mol_rdkit):** AllChem.UFFOptimizeMolecule() 함수를 사용하여 분자의 기하구조를 최적화한다.
- **atom_charges = [atom.GetAtomicNum() for atom in mol_rdkit.GetAtoms()]:** 분자 내 원자의 전하 정보를 가져옴.

- **atom_coords = mol_rdkit.GetConformer().GetPositions():** 분자의 좌표를 가져온다.
- **atom_str = "":** 분자 정보를 담을 문자열 변수를 초기화한다.
- **for charge, coords in zip(atom_charges, atom_coords)::** 원자의 전하와 좌표를 반복하면서 분자 정보를 문자열로 작성한다.
- **atom_str += f"{charge} {coords[0]} {coords[1]} {coords[2]}; ":** 원자의 전하와 좌표를 문자열로 추가한다.
- **mol_pyscf = gto.Mole():** gto.Mole()을 사용하여 PySCF의 Mole 객체를 생성한다.
- **mol_pyscf.atom = atom_str:** 분자 정보를 Mole 객체의 atom 속성에 할당한다.
- **mol_pyscf.basis = 'sto-3g':** 기저 함수를 'sto-3g'로 설정한다.
- **mol_pyscf.build():** 분자 정보를 기반으로 분자를 빌드한다.
- **mf = scf.RHF(mol_pyscf):** scf.RHF()를 사용하여 RHF (Restricted Hartree-Fock) 객체 mf를 생성한다.
- **energy = mf.kernel():** mf.kernel()을 호출하여 Hartree-Fock 계산을 수행하고 에너지를 반환한다.
- **print(f"Total Energy: {energy} Hartrees"):** 총 에너지를 출력한다.

위의 코드를 응용하여 원하는 SMILSE 코드를 받아 계산을 바로 수행할 수 있다.

```
from rdkit import Chem
from rdkit.Chem import AllChem
from pyscf import gto, scf

# SMILES 코드를 입력받음
smiles = input("Enter the SMILES code of the molecule: ")

# Convert SMILES to molecule using RDKit
mol_rdkit = Chem.MolFromSmiles(smiles)
mol_rdkit = Chem.AddHs(mol_rdkit)
AllChem.EmbedMolecule(mol_rdkit)
AllChem.UFFOptimizeMolecule(mol_rdkit)

# Convert RDKit molecule to PySCF molecule
atom_charges = [atom.GetAtomicNum() for atom in mol_rdkit.GetAtoms()]
atom_coords = mol_rdkit.GetConformer().GetPositions()
atom_str = ""
for charge, coords in zip(atom_charges, atom_coords):
    atom_str += f"{charge} {coords[0]} {coords[1]} {coords[2]}; "

# Create PySCF molecule
mol_pyscf = gto.Mole()
mol_pyscf.atom = atom_str
mol_pyscf.basis = 'sto-3g'
mol_pyscf.build()

# Perform Hartree-Fock calculation
```

```
mf = scf.RHF(mol_pyscf)
energy = mf.kernel()

# Output the total energy (Hartree units)
print(f"Total Energy: {energy} Hartrees")
```

사용자로부터 SMILES 코드를 입력받아 분자의 안정화 에너지를 계산하는 Python 코드이다. RDKit와 PySCF 라이브러리를 사용하며, 사용자로부터 입력받아 분자의 Hartree–Fock 에너지를 계산한다.

아래의 예는 propanol(CCCO)를 SMILES로 넣었을 때 계산값이다.

```
Enter the SMILES code of the molecule: CCCO
converged SCF energy = -190.707474694189
Total Energy: -190.70747469418913 Hartrees
```

코드 분석

- **smiles = input("Enter the SMILES code of the molecule: "):** 사용자로부터 분자의 SMILES 코드를 입력받는다.
- 이후의 코드는 이전과 동일하다. SMILES 코드를 RDKit로 읽어 들이고, 최적화된 기하구조를 얻기 위해 UFF 방법을 사용한다. 그런 다음 RDKit에서 PySCF로 분자를 변환하고 Hartree–Fock 계산을 수행하여 총 에너지를 출력한다.

연습 문제

1 1차원 공간에서 파동 함수로 sin 함수를 플롯하라.

2 Python을 사용하여 간단한 가우시안 함수를 플롯하라.

3 1차원에서 무한히 깊은 퍼텐셜 박스에 있는 입자의 파동 함수를 플롯하라.

4 2차원 퍼텐셜 상자에 있는 입자의 파동 함수를 플롯하라.

5 조화 진동자의 에너지 준위를 계산하라.

6 양자 회전운동의 에너지 준위를 계산하라.

7 수소 원자의 에너지 준위를 계산하라.

8 Python을 사용하여 플랑크 상수의 값을 계산하라.

9 양자 회전운동의 첫 번째 세 가지 파동 함수를 플롯하라.

10 수소 원자의 첫 번째 세 가지 파동 함수를 플롯하라.

11 1D 퍼텐셜 박스의 첫 5개의 에너지 준위를 계산하라.

12 2D 퍼텐셜 박스의 첫 5개의 에너지 준위를 계산하라.

13 무한 퍼텐셜 박스에서 파티클의 파동 함수의 확률 밀도를 플롯하라.

14 2차원 무한 퍼텐셜 박스에서 파티클의 파동 함수의 확률 밀도를 플롯하라.

15 양자 조화 진동자의 파동 함수를 통해 계산된 에너지와 이론적 에너지($E = \hbar_{\omega}(n + 0.5)$)를 비교하라.

16 양자틀에 있는 입자의 파동 함수의 정규화를 직접 계산하라. [무한대의 양자틀을 가정하고, 파동 함수는 sin(n * pi * x / L)이다.]

17 1차원 자유 입자의 파동 함수를 계산하고 그래프로 그려라. 파동수 k를 2로 설정하라.

18 조화 진동자의 파동 함수를 계산하고 그래프로 그려라. m과 w를 1로 설정하라.

19 조화 진동자의 에너지를 계산하라. n을 0부터 4까지 설정하여 각 상태의 에너지를 출력하라.

20 조화 진동자 파동의 에너지 준위를 16으로 두고(n = 16), 파동 함수와 확률밀도 함수의 그래프를 그려라.

21 PySCF를 사용하여 수소 분자의 에너지를 계산하라. 기저 집합으로 'sto-3g'를 사용하라.

22 PySCF를 사용하여 메탄(CH_4)의 에너지를 계산하라. 기저 집합으로 'sto-3g'를 사용하라.

23 PySCF를 사용하여 메탄(CH_4)의 에너지를 계산하라. 기저 집합으로 '6-31g'를 사용하라.

24 사용자로부터 SMILES 코드를 입력받아 cyclohexane(C1CCCCC1) 분자의 Hartree-Fock 에너지를 계산하는 프로그램을 작성하라.

25 1차원 무한히 깊은 퍼텐셜 우물의 에너지 수준을 계산하는 함수를 작성하라. 함수는 n(에너지 수준)과 L(우물의 폭)을 입력으로 받아야 한다.

26 분자의 거리를 변경하면서 수소 분자(H_2)의 에너지를 계산하는 코드를 작성하라. 거리를 0.5에서 4.0까지 0.1 간격으로 변경하라.

27 PySCF로부터 cyclohexane(C1CCCCC1) 분자 사용하여 DFT 방법으로 에너지를 계산하는 코드를 작성하라. 기저 집합으로 '6-31g'를 사용하고 함수로는 'b3lyp'를 사용하라.

28 Hartree-Fock 방법과 DFT를 사용하여 에탄올(CCO)의 에너지를 비교하라.

29 수소 분자에 대해 Hartree-Fock과 DFT의 에너지 차이를 계산하라.

30 벤젠 분자(C_6H_6)의 분자 궤도를 계산하고 그래프로 표시하라.

31 헬륨 원자에 대한 B3LYP 함수를 사용하여 DFT 계산을 수행하라.

32 Hückel 근사를 사용하여 벤젠 분자의 모 에너지를 계산하라.

33 Møller-Plesset 방법(MP2)을 사용하여 수소 분자의 상관 에너지를 계산하라.

34 수소 분자의 Dipole 모멘트를 계산하라.

35 원하는 분자로 만들고 SCF(DFT), MP2, CCSD 에너지를 계산하고 비교하라.

36 앞에 주어진 수소 원자의 파동 함수를 구하고 3D로 플롯하는 코드를 확장하여 1s 및 2s 상태에 대한 파동 함수를 계산하고, 2p 상태와 함께 플롯하고 각각의 상태에 대해 확률밀도를 3D 플롯으로 표시하라

Python과 양자화학 소프트웨어의 활용

차례

- 양자화학 소프트웨어의 종류와 기능
- Python과 연동하여 양자화학 소프트웨어를 활용하는 방법

6.1 양자화학 소프트웨어 일반

양자화학 소프트웨어란 양자역학의 이론과 원리를 기반으로 분자 구조, 전자 상태, 에너지, 반응 열역학 등을 계산하고 분석하는 소프트웨어이다. 이러한 소프트웨어는 연구, 산업 및 교육 분야에서 활용되며, 전통적인 실험적인 방법만으로는 어려웠던 분자의 특성을 이해하고 설명하는 데 중요한 도구로 사용된다. 양자화학 소프트웨어의 일반적인 주요 목적은 다음과 같다.

- **분자 구조와 특성의 예측:** 양자화학 소프트웨어는 분자의 구조, 전자 구성, 전하 분포 등을 예측할 수 있다. 새로운 화합물을 설계하거나 기존 화합물의 특성을 이해하는 데에 활용될 수 있다.
- **반응 열역학 분석:** 양자화학 소프트웨어는 화학 반응의 열역학적 특성을 계산할 수 있다. 이를 통해 반응의 에너지 변화, 반응 속도, 균형 상수 등을 예측하고 이해할 수 있다.
- **분자 동역학 시뮬레이션:** 양자화학 소프트웨어는 분자의 운동을 모사하고 분자의 동역학적 특성을 시뮬레이션할 수 있다. 화학 반응 메커니즘, 화학적 안정성, 분자의 구조 변화 등을 이해할 수 있다.

6.2 주요 양자화학 소프트웨어 도구 소개

아래에 소개하는 양자화학 소프트웨어의 경우 각자 특성을 가지고 있는 부분도 있지만 최근에는 그 차이가 미미하고 각자 모두 통합된 모델로 발전하고 있어 성능에는 큰 차이가 없고, 최신 함수와 툴, GUI의 최신화 정도에 따라서만 달라 상황에 맞게 골라 익숙하게 쓰는 것도 중요하다고 볼 수 있다.

- **Gaussian:** Gaussian은 가장 널리 사용되는 양자화학 소프트웨어 중 하나로, 밀도 함수 이론(DFT)과 Hartree-Fock 방법 등 다양한 계산 방법을 지원한다. Gaussian은 분자의 구조 최적화, 에너지 계산, 스펙트럼 예측 등 다양한 기능을 제공하고, 사용자 친화적인 인터페이스를 가지고 있으며, 전세계에서 가장 많은 사용자를 보유하고 있는 것으로 알려져 있다.
- **NWChem:** NWChem은 무료로 사용할 수 있는 강력한 양자화학 소프트웨어 도구이다. 분자 구조 최적화, 전자 구조 계산, 에너지 계산, 반응 열역학 분석 등의 기능을 제공하며, 분자 동역학 시뮬레이션을 위한 다양한 알고리즘을 포함하고 있지만, 무료인 반면 최근 함수를 포함하지 못하고 있는 점이 아쉽다.
- **Q-Chem:** Q-Chem은 고성능 양자화학 계산을 위한 전문적인 소프트웨어이다. Q-Chem은 밀도 범함수 이론(DFT), Post-Hartree-Fock 등 다양한 계산 방법을 제공한다. 또한, Q-Chem은 다양한 기능을 갖추고 있어 구조 최적화, 전자 구조 계산, 반응 경로 탐색, 분광학 예측, 반응 열역학 분석 등 다양한 응용 분야에서 사용된다. Q-Chem은 확장성과 성능을 갖춘 다양한 계산 기법을 제공하여 대용량 시스템의 계산에도 적합하다. Gaussian의 대체 소프트웨어로 주목받고 있다.
- **Amsterdam:** Amsterdam은 양자화학 및 분자 모델링에 사용되는 범용적인 소프트웨어 패키지이다. Amsterdam은 다양한 양자화학 계산 방법과 분자 동역학 시뮬레이션, 구조 최적화, 분자 동역학 등을 포함한 다양한 기능을 제공한다. 또한, Amsterdam은 많은 분자 모델링 도구와 라이브러리를 포함하고 있어 사용자 정의 기능을 추가하거나 확장할 수 있는 유연성을 제공한다. Amsterdam은 학술 연구와 산업 분야에서의 다양한 응용 분야에서 활발히 사용되고 있으며, Gaussian의 대체 소프르웨어로 최근 주목 받고 있다.
- **Avogadro:** Avogadro는 분자 구조 시각화와 편집을 위한 강력한 오픈소스 소프트웨어이다. Avogadro는 사용자가 분자 구조를 직접 그래픽적으로 조작하고 수정할 수 있는 다양한 도구를 제공한다. 또한, 분자의 특성을 분석하기 위한 다양한 계산 기능도 제공하며, Python 스크립트를 통해 사용자가 자신만의 기능을 추가할 수도 있다.
- **Dmol:** Dmol은 전자 구조 및 분자 모델링을 위한 소프트웨어 패키지이다. Dmol은 밀도 기능 이론(DFT) 계산과 강한 상호작용 계산, 구조 최적화, 전자 상태 계산, 분자 동역학 등의 다양한 기능을 제공한다. 특히 Dmol은 고정 필드 분자 동역학 계산과 분자 동역학 모의실험 등의 기능을 갖추고 있다.

- **Gamess:** Gamess는 양자화학 계산을 위한 범용적인 소프트웨어 패키지이다. Gamess는 밀도 기능 이론(DFT), Post-Hartree-Fock, MP2, CI 등 다양한 계산 방법을 제공하며, 구조 최적화, 반응 경로 탐색, 분광학 예측 등의 기능을 지원한다. 또한 Gamess는 병렬 계산과 대규모 시스템 계산에 특화된 기능을 제공한다.
- **Jaguar:** Jaguar는 고성능 양자화학 계산을 위한 소프트웨어이다. Jaguar는 DFT, MP2, CCSD, QM/MM 등 다양한 계산 방법을 제공하며, 구조 최적화, 전자 상태 계산, 반응 열역학 분석 등의 기능을 갖추고 있다. 특히 Jaguar는 정확한 전자 상태 계산과 반응 열역학 분석에 중점을 둔 소프트웨어로 알려져 있다.
- **Orca:** Orca는 밀도 기능 이론(DFT), Post-Hartree-Fock, MP2, CC 등 다양한 계산 방법을 제공하는 양자화학 소프트웨어이다. Orca는 분자 구조 최적화, 전자 상태 계산, 반응 경로 탐색, 분광학 예측, 자동화된 실험 지원 등의 기능을 제공한다. 또한 Orca는 병렬 계산과 대용량 분자 시스템에 특화된 기능을 갖추고 있다.
- **SIESTA:** SIESTA는 밀도 기능 이론(DFT)을 기반으로 한 전자 구조 계산을 위한 소프트웨어이다. SIESTA는 분자 및 고체 시스템의 구조 최적화, 전자 상태 계산, 전하 분포 계산 등을 지원하며, 실제 시스템의 전자 구조를 보다 효과적으로 모델링할 수 있는 특징을 갖고 있다.
- **VASP:** VASP는 밀도 기능 이론(DFT)과 평면파 전자 구조 계산을 위한 고성능 소프트웨어이다. VASP는 전자 구조 계산, 구조 최적화, 분자 동역학 시뮬레이션 등 다양한 기능을 제공한다. 또한 VASP는 병렬 계산과 대규모 시스템 계산에 최적화된 기능을 갖추고 있다.
- **TURBOMOLE:** TURBOMOLE은 양자화학 계산을 위한 고성능 소프트웨어 패키지이다. TURBOMOLE은 DFT, MP2, CCSD 등 다양한 계산 방법을 제공하며, 구조 최적화, 전자 상태 계산, 반응 경로 탐색 등의 기능을 지원한다. TURBOMOLE은 효율적인 병렬 계산과 대용량 시스템 계산에 특화된 기능을 갖추고 있다.
- **CASTEP:** CASTEP은 고체 상태 전자 구조 계산을 위한 소프트웨어이다. CASTEP은 DFT를 기반으로 한 계산 방법을 제공하며, 고체 구조 최적화, 전자 상태 계산, 밴드 구조 계산 등의 기능을 지원한다. CASTEP은 고체 물질의 전자 구조와 물리적 특성을 연구하는 데 활발히 사용되는 소프트웨어이다.
- **EDISON:** 한국에서 자체 개발한 양자화학 계산 플랫폼이며, 전산열유체부터 나노물리, 전산의학, 전산설계 및 도시환경의 공학적 시뮬레이션까지 넓은 범위의 계산과학 소프트웨어를 갖추고 있다.

이와 같은 양자화학 계산용 소프트웨어는 양자화학 계산과 분자 모델링을 위한 다양한 기능을 제공하며, 최근에는 연구 및 응용 및 산업 분야에서도 활발히 사용되고 있다. 사용자들은 자신의 연구 목적과 요구 사항에 맞게 이들 소프트웨어를 선택하여 활용할 수 있을 것이다.

6.3 양자화학 소프트웨어의 기본 기능

양자화학 소프트웨어의 기능은 최초 개발된 이후로 기하급수적으로 기능이 늘어나고 있으며, 다음에서 제시하는 기능은 기본 기능을 위주로 소개하고 있으므로 각 계산 및 분석 가능한 내용에 대해서는 각 소프트웨어 홈페이지 등을 참고하는 것을 권한다.

- **분자 구조 시각화와 편집:** 분자 구조 시각화는 분자의 3차원 구조를 시각적으로 표현하는 과정을 말한다. 대표적으로 사용되는 도구나 라이브러리에는 Gaussview, Avogadro, PyMOL, RDKit 등이 있다. 이러한 도구들은 사용자가 분자 구조를 그래픽 인터페이스를 통해 시각화하고 조작할 수 있는 다양한 기능을 제공한다. 분자 구조 편집은 사용자가 분자의 구조를 수정하거나 조작하는 과정을 말하며 분자의 결합을 형성하거나 끊는 등의 작업을 수행할 수 있어 분자 구조 편집을 통해 분자 설계, 약물 디자인, 반응 메커니즘 연구 등 다양한 분야에서 이에 맞게 시각화를 할 수 있다.
- **구조 최적화와 분자 동역학:** 구조 최적화는 분자의 최적 구조를 찾는 과정으로, 분자의 에너지를 최소화하거나 특정한 기하학적 제약 조건을 만족시키는 과정을 포함한다. 구조 최적화는 분자의 안정성, 분자의 특성 예측, 화학 반응 메커니즘 연구 등에 중요한 역할을 한다. 분자 동역학은 분자의 운동을 모사하고 분자의 동역학적 특성을 연구하는 과정이다. 분자의 구조 변화, 분자 간 상호작용, 반응속도 등을 이해할 수 있다. 분자 동역학 시뮬레이션은 분자의 운동방정식을 수치적으로 풀어 모사하는 방식으로 수행된다.

  실제로 구조 최적화를 수행하는 코드나 도구의 사용 방법은 다음과 같다.

  - 초기 분자 구조를 설정한다. 이는 분자의 원자좌표와 초기 전자 구성을 포함한다.
  - 구조 최적화를 수행할 코드나 도구를 선택한다. 예를 들어, Gaussian의 최적화 관련 명령어를 사용할 수 있다.
  - 최적화 알고리즘과 수렴 조건을 설정한다. 이는 최적화 과정에서 에너지 변화나 구조 변화 등의 기준을 정하는 것을 의미한다.
  - 최적화를 실행한다. 최적화 과정은 초기 분자 구조에서 시작하여 에너지가 최소화되는 구조를 찾을 때까지 반복된다.
  - 최적화된 구조와 에너지를 분석하고 해석한다. 분자의 안정 구조, 에너지 변화, 결합 길이 등을 평가하는 것을 의미한다.

- **전자 구조 및 전하 분포 계산:** 전자 구조 계산은 분자의 전자 분포와 전자 상태를 계산하는 과정을 말한다. 전자 구조 계산은 전자 밀도, 전하 분포, 전자 구성 등을 예측하는 데 활용된다. HF 방법이나 DFT 방법 등 여러 방법을 사용하여 전자 구조 계산이 수행된다. 전하 분포 계산은 분자 내 전하 분포를 계산하는 과정을 말한다. 전하 분포 계산은 분자의 전하 분포, 전하 이동 경로, 전하 분리 가능성 등을 이해하는 데에

중요한 정보를 제공한다. 전자 구조 계산과 전하 분포 계산에는 다양한 도구와 알고리즘이 사용된다. Gaussian의 전자 구조 계산 관련 명령어를 사용하여 전자 상태 계산을 수행하고, 결과를 분석하여 여러 전자구조 및 전하 분포를 분석할 수 있다. 좀 더 자세한 전하 분포 계산에는 분자 전하 분석 도구인 Multiwfn, MULLEN 등을 활용할 수 있으며 개인적으로는 Multiwfn이 잘 만들어진 도구라고 생각한다.

이때, 전자 구조 계산과 전하 분포 계산 결과의 해석에는 다음 사항을 고려해야 한다:

- **전자 분포의 형태와 밀도:** 분자 내 전자 밀도의 분포와 형태를 확인하여 전하 밀도의 균일성과 분포를 평가한다.
- **전하 분리 가능성:** 분자 내 전하 분리가 가능한 위치를 확인하여 전하 이동 경로를 파악한다.
- **전하 상호작용:** 분자 내 전하 분포가 다른 분자나 이온과 상호작용하는지 확인하여 전하 상호작용에 대한 정보를 얻을 수 있다.

➤ **범밀도 함수 이론(DFT) 구현:** 이전 장에서 자세히 설명했듯이 이는 최근 광범위한 계산 방법으로 DFT는 전자 밀도를 기반으로 분자의 전자 상태와 에너지를 계산하는 방법이다. DFT는 HF 방법보다 계산 비용이 비슷하면서도 정확한 결과를 제공하는 효율적인 방법이다. DFT는 분자 전자 구조, 전하 분포, 에너지 계산 등 다양한 분야에서 활용된다. DFT는 Gaussian, NWChem, PySCF와 같은 양자화학 소프트웨어에서 지원되며, 계산 방법과 관련된 설정 및 매개변수를 제공한다. DFT의 장점은 계산 비용이 상대적으로 낮고 다양한 분자 시스템에 적용 가능하다는 점이다. 그러나 DFT는 완전한 정확성을 보장하지 않으며, 일부 특정한 시스템에 대해서는 근사적인 결과를 도출할 수 있다. 따라서 사용자는 계산 결과를 신중하게 해석해야 한다.

➤ **분광학 예측:** 양자화학 소프트웨어는 분광학 예측등과 같은 다양한 심화 기능을 제공한다. 분광학 예측은 분자의 전자 상태와 구조를 기반으로 분광학적 특성을 예측하는 과정을 말한다. 이를 통해 분자의 UV-Vis 스펙트럼, IR 흡수 스펙트럼, 자기 공명 스펙트럼 등을 예측할 수 있다. Gaussian, Q-Chem 등 대부분 소프트웨어는 분광학 예측 기능을 제공한다.

6.4 양자화학 소프트웨어의 활용 사례

이 책에서는 사례의 일부만 소개한다. 관련 연구 논문 및 홈페이지를 찾아보면 많은 연구들이 소개되어 있으며, 실질적 연구를 위해서는 많은 연구 논문 정리 및 실행을 수행해야 한다는 점을 먼저 이야기하고 싶다.

화학 분야

- **반응 메커니즘 연구:** 양자화학 소프트웨어를 사용하여 화학 반응의 메커니즘과 중간체 구조를 연구한다. 반응 경로와 화학 반응의 열역학적 특성을 이해하고, 새로운 화합물의 합성 경로를 설계한다.
- **화학 촉매 설계:** 양자화학 소프트웨어를 활용하여 촉매의 구조와 작용 메커니즘을 연구하고 최적의 촉매를 설계한다. 화학 반응의 효율성과 선택성을 향상시킬 수 있다.

생명과학 분야

- **약물 디자인:** 양자화학 소프트웨어를 사용하여 약물과 수용체 간의 상호작용을 연구한다. 약물의 효능, 선택성, 안전성 등을 평가하고 새로운 약물 후보물질을 디자인한다.
- **특정 단백질 구조 예측:** 양자화학 소프트웨어를 활용하여 일부 단백질의 3차원 구조를 예측한다. 단백질 기능과 상호작용을 이해하는 데 중요한 역할을 한다. 통상적으로 분자량이 커서 molecular dyanamics 방법을 사용한다. 최근에는 alpha fold 2로 예측하기도 한다. 최근 alpha fold 3는 단백질–단백질, 단백질–리간드 등의 상호 에너지 예측에 대한 계산도 가능하도록 개발되었다. 다만, 제한적 사용 시스템이어서 그 버전과 다르게 유료화가 될 것으로 보인다.

재료과학 분야

- **재료 설계:** 양자화학 소프트웨어를 사용하여 재료의 전자 구조와 물리적 특성을 예측한다. 이를 통해 새로운 재료의 특성을 이해하고, 전기, 자기, 광학 등 다양한 재료의 기능을 최적화한다.
- **에너지 저장 시스템 개발:** 양자화학 소프트웨어를 활용하여 에너지 저장 재료, 전지 및 연료전지 소재 등의 설계와 성능 개선을 연구한다. 고성능의 에너지 저장 시스템을 개발하고 지속 가능한 에너지 솔루션을 제공한다.

약물 개발

- **약물 후보물질 선별:** 양자화학 소프트웨어를 사용하여 대량의 화합물 중에서 특정 질병 치료에 유리한 약물 후보물질을 선별한다. 실험실에서의 시간과 비용을 절감하며, 효율적인 약물 개발을 가능하게 한다.
- **약물-수용체 상호작용 분석:** 양자화학 소프트웨어를 활용하여 약물과 수용체 간의 상호작용을 연구하고, 약물의 효능과 안전성을 평가한다. 약물 디자인과 임상 시험 전 단계에서의 의사 결정에 도움을 준다. 통상적으로 분자량이 커서 QM/MM 기법을 사용한다.

교육 및 학습에서의 활용 사례

- **양자화학 이론 교육:** 양자화학 소프트웨어를 활용하여 학생들에게 양자화학의 기본 이론과 원리를 시각적으로 이해시키고 실험 결과와 비교하여 학습을 도울 수 있다.
- **분자 모델링 실험:** 학생들에게 분자 구조 시각화와 편집, 구조 최적화 등을 경험시키는 실험을 수행한다. 학생들은 분자의 구조와 성질을 직접 탐구하고 학습할 수 있다.
- **분자 구조와 구조 변화:** 학생들은 양자화학 소프트웨어를 사용하여 분자의 구조를 시각화하고 구조 최적화를 수행하는 과정을 배우며, 분자의 구조 변화에 따른 물리적 특성을 이해할 수 있다.
- **전자 상태와 에너지:** 학생들은 양자화학 소프트웨어를 활용하여 전자 상태 계산과 에너지 계산을 수행하는 방법을 배우고, 전자 구조와 에너지 변화를 이해할 수 있다.
- **반응 메커니즘:** 학생들은 양자화학 소프트웨어를 사용하여 화학 반응의 메커니즘을 연구하고, 분자의 상호작용과 반응 경로를 시각적으로 이해할 수 있다.

6.5 Gaussian 양자화학 계산과 Python

Gaussian이 현재 학계 및 산업계에서도 가장 많이 사용하고 있는 상용 프로그램이므로, 이를 기준으로 Python과의 연결을 고려하여 설명하고자 한다. 또한 국내 환경에 맞게 학부 수준에서 연구하는 컴퓨터로서 labtop 기준의 Windows 10 또는 11에서 구현되는 계산을 기반으로 설명하여 실질적으로 따라 할 수 있는 환경을 고려하여 이 책을 구성하였다. 앞에서 간단히 설명했듯이 Gaussian은 양자화학 계산을 위한 고성능 소프트웨어 패키지로, 다양한 계산 방법과 기능을 제공한다. 앞에서 제시한 것에 더하여 좀 더 자세한 기능에 대하여 설명하면 아래와 같다.

- **구조 최적화:** Gaussian을 사용하여 분자 구조 최적화를 수행할 수 있다. 구조 최적화는 분자의 에너지를 최소화하는 안정된 구조를 찾는 과정이다. Gaussian은 분자 내 원자들의 상호작용을 모델링하고, 분자의 에너지를 최적화하여 안정된 분자 구조를 찾을 수 있도록 한다.
- **전자 상태 계산:** Gaussian은 분자의 전자 구조와 전자 상태를 계산한다. 분자의 전자 밀도, 전하 분포, 전자 오비탈 등의 정보를 얻을 수 있다. Gaussian은 다양한 계산 방법을 지원하여, 밀도 기능 이론(DFT), 해석적인 HF, MP2, CC 등을 활용하여 전자 상태 계산을 수행할 수 있다.
- **반응 열역학 분석:** Gaussian을 사용하여 화학 반응의 열역학적 특성을 분석할 수 있다. Gaussian은 화학 반응 경로를 탐색하고, 반응의 활성화 에너지, 반응 열, 반응

속도 상수 등을 계산하여 반응 열역학적 특성을 이해하는 데 도움을 준다.

- **분광학 예측:** Gaussian은 분자의 분광학적 특성을 예측하는 기능을 제공한다. 분자의 적외선 스펙트럼, 자외선-가시 스펙트럼, 자기 공명 스펙트럼 등을 예측할 수 있다. 이러한 분광학적 정보는 분자의 구조와 성질을 이해하는 데 중요한 역할을 한다.

이에 연결되는 GaussView 프로그램은 상호 보완적인 소프트웨어로, Gaussian을 사용하여 양자화학 계산을 수행하고, GaussView를 사용하여 계산 결과를 시각화하고 분석하는 것에 효과적이다. Gaussian은 강력한 계산 기능을 제공하며, GaussView는 사용자 친화적인 그래픽 인터페이스를 통해 계산 결과의 시각화와 분석에 용이하다. 사용자는 분자 구조와 성질을 더 깊이 이해하고, 실험적 결과와 비교하여 응용 연구나 물리적·화학적 설명을 수행할 수 있으며 아래는 좀 더 자세한 GaussView에 대한 설명이다.

- **분자 구조 시각화:** GaussView는 분자의 구조를 시각화하는 기능을 제공한다. 분자 구조를 그래픽으로 표현하여 사용자가 분자의 결합, 회전, 이동 등을 직관적으로 조작하고 분자 구조의 세부 정보를 확인할 수 있다. 이를 통해 분자의 형태와 구조적 특징을 시각적으로 파악할 수 있다.
- **전자 구조 시각화:** GaussView는 전자 구조와 전하 분포를 시각화하여 분석할 수 있는 도구를 제공한다. 분자 오비탈, 전하 밀도, 전자 구조의 에너지 레벨 등을 확인할 수 있다. 이를 통해 전자의 위치, 확산 경로, 전하 분포 등을 시각적으로 분석할 수 있다.
- **결과 분석:** GaussView는 Gaussian 계산 결과를 분석하는 다양한 도구를 제공한다. 전자 구조, 에너지, 군집 분석, 결합 에너지, 분자 극성 등을 분석할 수 있다. 분석 결과는 그래픽으로 표시되며, 그래픽과 수치 정보를 함께 제공하여 분자 구조와 성질을 이해하는 데 도움을 준다.

두 소프트웨어에 대한 더 자세한 설명 및 사용 방법은 여기서 생략한다. 세부적인 정보와 tutorial 및 계산에 대한 내용은 홈페이지에 동영상과 함께 아주 잘 설명이 되어 있다 (https://gaussian.com/).

Python을 통하여 Gaussian과 연결할 수 있는 방법은 많이 있을 것이다. 특히 Python을 사용하여 위에서 예시로 제시한 여러 Gaussian 계산을 자동화하거나 결과를 처리하고 분석할 수 있다. 다음은 몇 가지 주요한 방법이다:

- **Python API (Application Programming Interface):** Gaussian은 Python API를 제공하여 Python 스크립트에서 Gaussian을 직접 호출하고 제어할 수 있도록 한다. Python에서 Gaussian 계산을 설정하고 실행할 수 있으며, 계산 결과를 Python 변수로 받아올 수 있다. 이를 활용하여 자동화된 계산 프로세스를 구축하거나, 결과를 Python에서 처리하고 분석할 수 있다.

- **외부 라이브러리 활용:** Python에는 Gaussian 계산 결과를 처리하고 분석할 수 있는 다양한 라이브러리가 있다. 예를 들어, Python 라이브러리인 pyGauss는 Gaussian의 출력 파일을 읽고 분석하는 기능을 제공한다. Python에서 계산 결과를 읽고, 분자 구조, 전자 구조, 에너지 등을 추출하고 처리할 수 있다.
- **파일 입출력:** Gaussian은 계산 결과를 파일로 출력하는 기능을 제공한다. 출력 파일을 Python에서 읽고 처리할 수 있다. 예를 들어, 출력 파일을 파싱하여 원하는 정보를 추출하거나, 그래프 라이브러리를 사용하여 데이터를 시각화할 수 있다.

이러한 방법을 통해 Gaussian, GaussView, Python을 유연하게 연결하여, Python의 강력한 데이터 처리 및 분석 능력을 활용하여 계산 결과를 처리하고 응용할 수 있다.

특히 Gaussian의 Python API를 사용하면 Python에서 Gaussian을 직접 호출하고 제어할 수 있다. Python 스크립트에서 Gaussian 계산을 설정하고 실행하며, 계산 결과를 Python 변수로 받아올 수 있다. 이를 활용하여 자동화된 계산 프로세스를 구축하고 결과를 Python에서 처리하고 분석할 수 있다. Gaussian Python API를 사용하기 위해서는 Gaussian 소프트웨어가 시스템에 설치되어 있어야 한다. API를 사용하기 위해 다음과 같은 절차를 따를 수 있다:

- **Gaussian 계산 설정:** Python 스크립트에서 Gaussian 계산을 설정한다. Python에서는 Gaussian 입력 파일을 생성하고, 계산에 필요한 매개변수, 분자 구조, 계산 방법 등을 설정한다. 원하는 계산 유형과 설정을 정의할 수 있다.
- **계산 실행:** 설정된 Gaussian 입력 파일을 사용하여 Gaussian을 실행한다. 계산이 수행되며, Gaussian은 계산 결과를 출력 파일로 생성한다. 계산이 완료되면 출력 파일에는 에너지, 전자 구조, 분자 극성 등의 정보가 포함된다.
- **결과 처리 및 분석:** 실행된 Gaussian의 출력 파일을 Python에서 읽고, 결과를 처리하고 분석할 수 있다. 출력 파일에는 계산 결과가 텍스트 형식으로 저장되어 있으며, Python에서는 이를 파싱하여 원하는 정보를 추출하고 처리할 수 있다. 예를 들어, 에너지 값을 추출하여 계산된 분자들의 안정성을 비교하거나, 전자 구조를 분석하여 전하 분포를 확인하는 등의 작업을 수행할 수 있다.

아래는 Gaussian Python API를 사용한 예시 코드이다:

```
import os
import subprocess

# Gaussian 입력 파일 생성
input_file = "input.com"
with open(input_file, "w") as f:
    f.write("My Gaussian calculation")  # Gaussian 입력 설정

# Gaussian 실행
subprocess.run(["g16", input_file], capture_output=True)
```

```
# 출력 파일 읽기
output_file = "input.log"
with open(output_file, "r") as f:
    output_data = f.read()

# 결과 처리 및 분석
# 예: 에너지 값 추출
energy_line = None
for line in output_data.split("\n"):
    if "SCF Done" in line:
        energy_line = line
        break

if energy_line:
    energy = float(energy_line.split()[4])
    print("계산된 에너지:", energy)
else:
    print("에너지 정보를 찾을 수 없습니다.")
```

위의 코드에서는 Gaussian 입력 파일을 생성하고, subprocess를 사용하여 Gaussian을 실행한다. 실행된 결과는 출력 파일인 .log 파일로 저장되며, Python에서 읽고 처리한다. 에너지 값을 추출하는 예시를 보여주었지만, 다양한 결과 정보를 추출하여 원하는 분석을 수행할 수 있다.

Gaussian Python API를 사용하면 Python에서 Gaussian 계산을 자동화하고 결과를 처리하는 데 유용하다. API를 사용하면 Python의 다양한 기능과 라이브러리를 활용하여 계산 결과를 분석하고 시각화하는 등 다양하게 응용할 수 있다. 다만 이와 같은 방법은 Ubuntu와 같이 리눅스에서만 가능하고 윈도우에서는 호환되지 않으므로, 이 책에서는 윈도우에서도 작동할 수 있는 Python 코드에 대해서 설명하여 조금 더 일반적인 방법에 집중하여 설명하도록 하겠다.

6.6 Gaussian 양자화학 계산과 Python in Windows

우선 gjf 파일을 생성하는 방법에 대해서 살펴보자. SMILES 코드를 사용하여 gjf 파일을 생성하는 것은 관련 빅데이터를 구현하는 데 핵심적인 역할을 할 수 있다.

다음은 Python을 사용하여 주어진 SMILES (CCO)를 기반으로 Gaussian의 gjf 파일을 생성하는 코드이다. 이 코드는 Open Babel 라이브러리를 사용하여 SMILES를 분자로 변환하고, 해당 분자의 정보를 사용하여 gjf 파일을 생성한다. 생성된 파일은 "ethanol.gjf"로 저장된다.

```
import openbabel as ob

# SMILES를 분자로 변환
```

```
smiles = "CCO"
obConversion = ob.OBConversion()
obConversion.SetInAndOutFormats("smi", "gjf")
mol = ob.OBMol()
obConversion.ReadString(mol, smiles)

# 분자 정보 추출
formula = mol.GetFormula()
charge = mol.GetTotalCharge()

# gjf 파일 생성
gjf_file = "ethanol.gjf"
with open(gjf_file, "w") as f:
    f.write("%chk=ethanol.chk\n")
    f.write(f"%mem=2GB\n")
    f.write(f"%nproc=4\n")
    f.write(f"# MP2/6-31G(d) opt\n\n")
    f.write(f"ethanol\n\n")
    f.write(f"{charge} 1\n")

    # 원자 정보 작성
    for atom in ob.OBMolAtomIter(mol):
        atomic_number = atom.GetAtomicNum()
        x, y, z = atom.GetVector()
        f.write(f"{atomic_number} {x:.6f} {y:.6f} {z:.6f}\n")

    f.write("\n")

# gjf 파일 생성 완료
print(f"ethanol.gjf 파일이 생성되었습니다.")
```

위의 코드를 실행하면 SMILES "CCO"를 기반으로 "ethanol.gjf"라는 Gaussian gjf 파일이 생성된다. 파일 내용에는 분자의 정보, 전하 상태, 원자 위치 등이 포함된다. 생성된 gjf 파일은 Gaussian에서 계산에 사용할 수 있다.

코드 분석

- **import openbabel as ob:** openbabel 라이브러리를 ob라는 명칭으로 가져옴.
- **smiles = "CCO":** 분자의 SMILES 표기법을 smiles 변수에 저장한다.
- **obConversion = ob.OBConversion():** openbabel의 변환 객체 obConversion을 생성한다.
- **obConversion.SetInAndOutFormats("smi", "gjf"):** 입력 형식과 출력 형식을 설정한다. 여기서는 SMILES 입력과 Gaussian gjf 출력 형식을 설정한다.
- **mol = ob.OBMol():** openbabel의 분자 객체 mol을 생성한다.
- **obConversion.ReadString(mol, smiles):** smiles를 읽어 mol에 저장하여 SMILES를 분자로 변환한다.

- **formula = mol.GetFormula():** 분자의 화학식을 추출하여 formula 변수에 저장한다.
- **charge = mol.GetTotalCharge():** 분자의 전하를 추출하여 charge 변수에 저장한다.
- **gjf_file = "ethanol.gjf":** 생성할 gjf 파일의 이름을 gjf_file 변수에 저장한다.
- **with open(gjf_file, "w") as f::** gjf_file을 쓰기 모드로 열고 파일 핸들을 f 변수에 저장한다.
- **17-21.** gjf 파일의 헤더 부분을 작성한다. %chk, %mem, %nproc 등의 설정을 지정한다.
- **f.write(f"ethanol\n\n"):** 계산할 분자의 이름을 작성한다.
- **f.write(f"{charge} 1\n"):** 분자의 전하와 첫 번째 원자의 인덱스를 작성한다.
- **27-30.** 분자의 각 원자에 대한 정보를 작성한다. ob.OBMolAtomIter를 사용하여 분자의 모든 원자를 반복하면서 각 원자의 원자 번호와 위치 정보를 작성한다.
- **f.write("\n"):** 파일에 개행 문자를 작성하여 데이터를 구분한다.
- **"ethanol.gjf 파일이 생성되었습니다.":** gjf 파일 생성이 완료되었음을 출력한다.

위 코드는 Open Babel 라이브러리를 사용하여 SMILES를 분자로 변환하고, 분자의 정보를 기반으로 gjf 파일을 작성한다. 코드를 실행하기 전에 Open Babel을 설치해야 한다. 부록에서도 소개했듯이 이는 Anaconda 및 Juypter Notebook 설치를 통하여 해결할 수 있다. 다만, 이는 Colab에서는 불가능하므로 RDKit을 사용하여 프로그래밍하는 것을 아래에 소개하려고 한다.

```
from rdkit import Chem
from rdkit.Chem import AllChem

# SMILES 문자열로부터 분자 생성
ethanol = Chem.MolFromSmiles('CCO')

# 3차원 좌표 생성
ethanol = Chem.AddHs(ethanol)
AllChem.EmbedMolecule(ethanol)
AllChem.MMFFOptimizeMolecule(ethanol)

# Gaussian 입력 파일 생성
with open('ethanol.gjf', 'w') as f:
    f.write('%nproc=4\n') # 사용할 CPU 코어 수
    f.write('%mem=4GB\n')  # 사용할 메모리 크기
    f.write('# B3LYP/6-31G(d) Opt Freq\n\n') # 계산 메소드와 기저집합
    f.write('Ethanol geometry optimization\n\n') # 작업 설명
    f.write('0 1\n') # 전하 및 스핀 다중도

    # 각 원자의 좌표를 입력 파일에 쓰기
    conf = ethanol.GetConformer()
    for atom in ethanol.GetAtoms():
        pos = conf.GetAtomPosition(atom.GetIdx())
        f.write(f'{atom.GetSymbol()}   {pos.x}   {pos.y}   {pos.z}\n')

    f.write('\n\n')
```

Openbabel보다는 다소 복잡하지만 RDKit는 앞에서도 설명하였듯이 화학정보학에 사용되는 강력한 도구로, SMILES 문자열을 분자 객체로 변환하고 이를 다양한 포맷으로 출력하는 데 사용할 수 있다. Gaussian 입력 파일(.gjf 또는 .com)은 특정 구조에 대한 계산을 수행하는 데 필요한 모든 정보를 포함한다. SMILES 코드 'CCO'를 사용하여 에탄올 분자를 생성하고, 3차원 구조로 변환한 다음 B3LYP/6−31G(d) 기법을 사용하여 구조 최적화 및 진동 주파수 계산을 수행하는 Gaussian 입력 파일을 작성한다. 필요에 따라 계산 메소드, 기저집합, 사용할 CPU 코어 수, 메모리 크기 등을 수정할 수 있다. 단지 에탄올에 대한 것일 뿐, 다른 분자의 SMILES 코드를 사용하면 해당 분자에 대한 입력 파일을 생성할 수 있다. 해당 코드에 대한 자세한 설명은 아래와 같다.

코드 분석

- **from rdkit import Chem와 from rdkit.Chem import AllChem:** RDKit 라이브러리에서 필요한 모듈을 가져옴. Chem 모듈은 화학적 구조를 다루는 데 사용되며, AllChem은 화학 구조를 최적화하고 임베딩하는 기능 등을 제공한다.
- **ethanol = Chem.MolFromSmiles('CCO'):** SMILES 문자열 'CCO'를 사용하여 에탄올 분자 객체를 생성한다.
- **ethanol = Chem.AddHs(ethanol):** 분자에 묵시적으로 표현된 수소 원자를 명시적으로 추가한다. 이는 3차원 임베딩 및 최적화를 위해 필요하다.
- **AllChem.EmbedMolecule(ethanol):** 분자의 3차원 좌표를 초기화하는 과정으로 에탄올 분자를 3차원 공간에 임베딩한다.
- **AllChem.MMFFOptimizeMolecule(ethanol):** 에탄올 분자의 3차원 구조를 최적화한다. 분자 내 원자들 사이의 힘을 최소화하는 방식으로 동작한다.
- **with open('ethanol.gjf', 'w') as f::** 'ethanol.gjf'라는 이름의 파일을 쓰기 모드로 열고, 파일 작성이 끝나면 자동으로 닫히도록 with문을 사용한다.
- **7-11. f.write('%nproc=4\n') 등:** Gaussian 입력 파일의 첫 부분을 작성한다. 이 부분에는 사용할 CPU 코어 수, 메모리 크기, 계산 메소드와 기저집합, 작업 설명, 전하 및 스핀 다중도 등의 정보가 포함된다.
- **12-16. conf = ethanol.GetConformer() 등:** 분자의 각 원자에 대해 원자의 기호와 3차원 좌표를 파일에 쓴다. GetConformer() 함수는 분자의 3차원 구조를 반환하며, GetAtoms() 함수는 분자의 원자를 순회하는 반복자를 반환한다. 각 원자의 위치는 GetAtomPosition() 함수를 통해 얻을 수 있다.
- **f.write('\n\n'):** Gaussian 입력 파일의 끝에 빈 줄 두 개를 추가한다. Gaussian이 파일의 끝을 인식하는 방식에 따라 필요하다.

이를 응용하면, SMILES 코드를 입력하면 바로 gjf 파일을 만들어주는 코드를 만들 수 있다. Python에서 사용자 입력받는 방법 중 하나는 input() 함수를 사용하는 것이다. input() 함수를 이용하여 SMILES 코드를 입력받고 분자의 Gaussian 입력 파일을 생성하는 코드를 작성하면 다음과 같다.

```
from rdkit import Chem
from rdkit.Chem import AllChem

# SMILES 코드를 입력받음
smiles = input("Enter the SMILES code of the molecule: ")
filename = input("Enter the desired filename for the Gaussian input
                                                              file: ")

# SMILES 코드로부터 분자를 생성
mol = Chem.MolFromSmiles(smiles)
mol = Chem.AddHs(mol)
AllChem.EmbedMolecule(mol)
AllChem.MMFFOptimizeMolecule(mol)

# Gaussian 입력 파일을 작성
with open(filename, 'w') as f:
    f.write('%nproc=4\n')
    f.write('%mem=4GB\n')
    f.write('# B3LYP/6-31G(d) Opt Freq\n\n')
    f.write(f'{smiles} geometry optimization\n\n')
    f.write('0 1\n')

    conf = mol.GetConformer()
    for atom in mol.GetAtoms():
        pos = conf.GetAtomPosition(atom.GetIdx())
        f.write(f'{atom.GetSymbol()}   {pos.x}   {pos.y}   {pos.z}\n')

    f.write('\n\n')
```

코드를 실행하면, 먼저 SMILES 코드를 입력하라는 메시지가 표시된다. SMILES 코드를 입력한 후에는 Gaussian 입력 파일의 이름을 입력하라는 메시지가 표시된다. 이 두 가지 정보를 입력하면, 분자의 Gaussian 입력 파일이 생성된다. 이에 맞게 SMILES를 입력하고 gfj 또는 com 파일을 생성할 수 있는 코드이다. 이에 대한 자세한 설명은 아래와 같다.

코드 분석

- **smiles = input("Enter the SMILES code of the molecule: "):** Python 내장 함수인 input()을 이용해 사용자로부터 SMILES 코드를 입력받게 된다. 입력받은 코드는 smiles 변수에 저장된다.
- **filename = input("Enter the desired filename for the Gaussian input file: "):** input() 함수를 이용해 Gaussian 입력 파일의 이름을 사용자로부터 입력받는다. 입력받은 파일 이름은 filename 변수에 저장된다.
- **mol = Chem.MolFromSmiles(smiles):** 입력받은 SMILES 코드를 사용하여 분자 객체를 생성한다.
- **mol = Chem.AddHs(mol):** 분자에 묵시적으로 표현된 수소 원자를 명시적으로 추가한다. 이는 3차원 임베딩 및 최적화를 위해 필요하다.

- **AllChem.EmbedMolecule(mol):** 분자의 3차원 좌표를 초기화하는 과정으로, 분자를 3차원 공간에 임베딩한다.
- **AllChem.MMFFOptimizeMolecule(mol):** 분자의 3차원 구조를 최적화한다. 분자 내 원자들 사이의 힘을 최소화하는 방식으로 동작한다.
- **with open(filename, 'w') as f:** 사용자가 입력한 이름의 파일을 쓰기 모드로 연다. 파일 작성이 끝나면 자동으로 닫히도록 with 문을 사용한다.
- **9-13. f.write('%nproc=4\n') 등:** Gaussian 입력 파일의 첫 부분을 작성한다. 이 부분에는 사용할 CPU 코어 수, 메모리 크기, 계산 메소드와 기저 집합, 작업 설명, 전하 및 스핀 다중도 등의 정보가 포함된다.
- **14-18. conf = mol.GetConformer() 등:** 분자의 각 원자에 대해 원자의 기호와 3차원 좌표를 파일에 쓴다. GetConformer() 함수는 분자의 3차원 구조를 반환하며, GetAtoms() 함수는 분자의 원자를 순회하는 반복자를 반환한다. 각 원자의 위치는 GetAtomPosition() 함수를 통해 얻을 수 있다.
- **f.write('\n\n'):** Gaussian 입력 파일의 끝에 빈 줄 두 개를 추가한다. Gaussian의 입력 파일 형식을 따르는 것이다.

통상 물질의 SMILES 코드를 직접 입력하는 것은 분자 구조를 알고 있다 하더라도 쉽게 할 수 있는 것은 아니다. 물론 검색을 통하여 SMILES를 PubChem 등에서 받아와서 할 수도 있을 것이다. 반면 이름을 기준으로 자동으로 코딩을 통해 해결이 가능하다. RDKit는 분자 이름을 바로 SMILES 코드로 변환하는 기능을 내장하고 있지 않으므로 화학 물질의 이름을 SMILES 코드로 변환하려면 외부 데이터베이스나 서비스를 이용해야 한다. 이전에도 설명했었던 PubChemPy 라이브러리를 사용하여 분자 이름에서 SMILES 코드를 검색하고, RDKit을 사용하여 SMILES 코드로부터 Gaussian 입력 파일을 생성하는 법을 소개한다.

```
!pip install pubchempy
import pubchempy as pcp
from rdkit import Chem
from rdkit.Chem import AllChem

# 분자 이름을 입력받음
name = input("Enter the name of the molecule: ")
filename = input("Enter the desired filename for the Gaussian input
                                                              file: ")

# PubChem에서 분자 이름을 사용하여 Compound를 검색
compounds = pcp.get_compounds(name, 'name')

# 검색된 첫 번째 화합물의 SMILES 코드를 가져옴
smiles = compounds[0].isomeric_smiles

# SMILES 코드로부터 분자를 생성
mol = Chem.MolFromSmiles(smiles)
```

```
mol = Chem.AddHs(mol)
AllChem.EmbedMolecule(mol)
AllChem.MMFFOptimizeMolecule(mol)

# Gaussian 입력 파일을 작성
with open(filename, 'w') as f:
    f.write('%nproc=4\n')
    f.write('%mem=4GB\n')
    f.write('# B3LYP/6-31G(d) Opt Freq\n\n')
    f.write(f'{name} geometry optimization\n\n')
    f.write('0 1\n')

    conf = mol.GetConformer()
    for atom in mol.GetAtoms():
        pos = conf.GetAtomPosition(atom.GetIdx())
        f.write(f'{atom.GetSymbol()}    {pos.x}    {pos.y}    {pos.z}\n')

    f.write('\n\n')
```

코드를 실행하면, 먼저 화학 물질의 이름을 입력하라는 메시지가 표시된다. 이름을 입력한 후에는 Gaussian 입력 파일의 이름을 입력하라는 메시지가 표시된다. 예로 ethanol이라고 입력해보길 바란다. 두 가지 정보를 입력하면, 해당 화학 물질의 Gaussian 입력 파일이 생성된다. 해당하는 코드를 설명하는 부분은 다음과 같다.

코드 분석

- **import pubchempy as pcp와 from rdkit import Chem, from rdkit.Chem import AllChem:** 필요한 모듈을 임포트한다. pubchempy는 PubChem 데이터베이스에서 정보를 검색하는 데 사용되며, Chem와 AllChem는 RDKit 라이브러리의 일부로 화학적 구조를 다루는 데 사용된다.
- **name = input("Enter the name of the molecule: "):** Python 내장 함수인 input()을 사용하여 화학 물질의 이름을 사용자로부터 입력받는다.
- **filename = input("Enter the desired filename for the Gaussian input file: "):** Gaussian 입력 파일의 이름을 사용자로부터 입력받는다.
- **compounds = pcp.get_compounds(name, 'name'):** 입력받은 화학 물질 이름을 사용하여 PubChem 데이터베이스에서 화합물을 검색한다.
- **smiles = compounds[0].isomeric_smiles:** 검색 결과에서 첫 번째 화합물의 이성질체 SMILES 코드를 가져온다.
- **6-10. mol = Chem.MolFromSmiles(smiles) 등:** SMILES 코드를 이용하여 분자를 생성하고, 3차원 공간에 임베딩하며, 분자의 3차원 구조를 최적화한다.
- **with open(filename, 'w') as f::** 사용자가 입력한 이름의 파일을 쓰기 모드로 연다. 파일 작성이 끝나면 자동으로 닫히도록 with문을 사용한다.
- **12-16. f.write('%nproc=4\n') 등:** Gaussian 입력 파일의 첫 부분을 작성한다. 이 부분에는 사용할 CPU 코어 수, 메모리 크기, 계산 메소드와 기저 집합, 작업 설명, 전하 및 스핀 다중도 등의

정보가 포함된다.

- **17-21. conf = mol.GetConformer() 등:** 분자의 각 원자에 대해 원자의 기호와 3차원 좌표를 파일에 쓰게 된다.
- **f.write('\n\n'):** Gaussian 입력 파일의 끝에 빈 두 줄을 추가한다.

다음은 Gaussian의 계산 후 out 파일에서 원하는 정보를 추출하기 위해 python으로 연결하는 예를 보이고자 한다. 통상 양자화학 계산 후 결과 처리 및 분석은 계산화학에서 매우 중요한 단계이다. Gaussian 계산의 출력 파일은 계산 결과와 함께 상세한 정보를 제공한다. 더불어 에너지, 전자 구조, 분자 구조, 분광학적 속성 등, 계산된 시스템에 대한 광범위한 통찰력도 제공한다. 그러나 이 정보는 종종 복잡한 텍스트 형식으로 표현되기 때문에 Python과 같은 프로그래밍 언어를 사용하여 파싱 및 분석에 유용하다.

Python을 사용하면 Gaussian 출력 파일에서 원하는 정보를 추출하고, 처리하고 분석하는 과정을 매우 효율적으로 자동화할 수 있다. 가령, 에너지 값을 추출하여 계산된 분자들의 안정성을 비교하거나, 전자 구조를 분석하여 전하 분포를 확인하는 등의 작업을 수행할 수 있다. 또한 Python은 풍부한 데이터 처리 및 시각화 라이브러리를 가지고 있어 Gaussian 계산의 결과를 쉽게 통계적으로 분석하거나 시각적으로 표현할 수 있다. 예를 들어, 앞 장에서도 계속 연습해 온 pandas는 matplotlib와 seaborn과 같은 도구들을 활용하면 Gaussian 계산의 결과를 효과적으로 이해하고 공유하는 데 도움이 된다.

추가로, Python의 cclib 라이브러리는 Gaussian과 같은 계산화학 소프트웨어의 출력 파일을 파싱하는 데 특화되어 있다. cclib는 다양한 계산화학 소프트웨어의 출력 파일을 읽을 수 있으며, 에너지, 분자 구조, 분광학적 속성 등의 정보를 추출할 수 있다. Gaussian의 결과 처리 및 분석이 더욱 용이하다.

우선 에너지와 관련해서 가장 많이 쓰이고 있는 부분에 대해 알아보자. 아래 코드는 Gaussian 계산에서 최고로 채워진 분자 궤도(Highest Occupied Molecular Orbital, HOMO)와 최저로 비어 있는 분자 궤도(Lowest Unoccupied Molecular Orbital, LUMO)의 에너지를 추출하는 함수를 정의하고 있다. HOMO와 LUMO는 분자의 화학적 성질을 이해하는 데 중요한 역할을 한다.

```
def extract_HOMO_LUMO(gaussian_output_file):
    homo_energy = None
    lumo_energy = None
    with open(gaussian_output_file, 'r') as file:
        lines = file.readlines()
        for i, line in enumerate(lines):
            if "Alpha  occ. eigenvalues" in line:
                homo_energy = float(line.split()[-1])
            if "Alpha virt. eigenvalues" in line:
                lumo_energy = float(line.split()[4])
                break
```

```
    return homo_energy, lumo_energy

# 위의 함수 실행
homo, lumo = extract_HOMO_LUMO('ethanol.out')
print(f"HOMO Energy: {homo} Hartree")
print(f"LUMO Energy: {lumo} Hartree")
```

위의 코드는 Ethanol에 대한 계산 결과를 대상으로 한 것이다. Gaussian 출력 파일에서 HOMO와 LUMO 에너지를 추출하려면 파일을 읽고 해당 정보를 찾아야 한다. 이를 Python의 표준 라이브러리를 사용하여 수행할 수 있다. 이는 Gaussian 출력 파일에서 HOMO와 LUMO 에너지를 추출하는 간단한 Python 코드이다. 여기서 주의할 점은 Gaussian에서 기본적으로 제공하는 에너지 단위인 Hartree를 사용하고 있어 이에 대한 출력값을 고려하였다. 세부적으로 해당 코드는 "Alpha occ. eigenvalues"라는 문자열을 찾아 마지막에 위치한 에너지 값을 HOMO 에너지로, "Alpha virt. eigenvalues"라는 문자열을 찾아 첫 번째 에너지 값을 LUMO 에너지로 가져온다. 한 가지 주의해야 할 점은 이 코드가 특정 Gaussian 계산의 출력 형식에 의존한다는 것이다. 따라서 다른 계산 방법이나 다른 버전의 Gaussian에서는 출력 형식이 다를 수 있으므로, 출력 파일의 형식에 따라 코드를 수정해야 할 수도 있다(예를 들면 ethanol.out이 아닌 ethanol.log). 코드 실행 결과는 다음과 같다.

```
HOMO Energy: -0.2579 Hartree
LUMO Energy: 0.06983 Hartree
```

코드 분석

- **def extract_HOMO_LUMO(gaussian_output_file)::** 함수를 정의하며, 인자로 Gaussian 출력 파일의 이름을 받는다.
- **homo_energy = None, lumo_energy = None:** HOMO와 LUMO 에너지를 저장할 변수를 None으로 초기화한다.
- **with open(gaussian_output_file, 'r') as file::** Gaussian 출력 파일을 읽기 모드로 연다. with 문을 사용하면 파일 사용이 끝난 후에 파일이 자동으로 닫히게 된다.
- **lines = file.readlines():** 파일의 모든 줄을 한 번에 읽어서 리스트로 반환한다. 각 줄은 문자열로 표현되며 리스트의 각 요소가 된다.
- **for i, line in enumerate(lines)::** 파일의 각 줄에 대해 반복을 수행한다. enumerate 함수는 각 줄의 인덱스와 함께 줄의 내용을 반환한다.
- **if "Alpha occ. eigenvalues" in line: homo_energy = float(line.split()[-1]):** 각 줄이 "Alpha occ. eigenvalues" 문자열을 포함하는지 확인한다. 문자열이 포함된 줄은 HOMO 에너지 값을 포함하고 있다. 해당 줄에서 마지막 단어를 분리하고, 이를 실수로 변환하여 homo_energy 변수에 저장한다.
- **if "Alpha virt. eigenvalues" in line: lumo_energy = float(line.split()[4]):** 각 줄이

"Alpha virt. eigenvalues" 문자열을 포함하는지 확인한다. 문자열이 포함된 줄은 LUMO 에너지 값을 포함하고 있다. 해당 줄에서 다섯 번째 단어를 분리하고, 이를 실수로 변환하여 lumo_energy 변수에 저장한다.

- **return homo_energy, lumo_energy:** HOMO와 LUMO 에너지를 반환한다.

아래의 코드는 Gaussian 계산의 최종 에너지를 출력 파일에서 추출하는 함수를 정의하고 테스트하는 코드이다.

```
def extract_final_energy(gaussian_output_file):
    final_energy = None
    with open(gaussian_output_file, 'r') as file:
        for line in file:
            if "SCF Done" in line:
                final_energy = float(line.split()[4])
    return final_energy

# 함수 실행
energy = extract_final_energy('ethanol.out')
print(f"Final Energy: {energy} Hartree")
```

ethanol.out 파일에서 최종 에너지를 추출하고 출력한다. Gaussian 출력 파일에서 최종 에너지를 추출하려면, 파일을 읽고 "SCF Done" 라인을 찾아야 한다. 이 라인에는 최종 에너지 값이 포함되어 있다. 이후 "SCF Done"이라는 문자열을 찾고, 해당 라인에서 5번째 값을 최종 에너지로 가져오고 이 값은 Hartree 단위로 출력된다.

```
Final Energy: -155.034289877 Hartree
```

코드 분석

- **def extract_final_energy(gaussian_output_file)::** 함수를 정의하며, 인자로 Gaussian 출력 파일의 이름을 받는다.
- **final_energy = None:** 최종 에너지를 저장할 변수를 None으로 초기화한다.
- **with open(gaussian_output_file, 'r') as file::** Gaussian 출력 파일을 읽기 모드로 연다. with 문을 사용하면 파일 사용이 끝난 후에 파일이 자동으로 닫힌다.
- **for line in file::** 파일의 각 줄에 대해 반복을 수행한다.
- **if "SCF Done" in line: final_energy = float(line.split()[4]):** 각 줄이 "SCF Done" 문자열을 포함하는지 확인한다. 이 문자열이 포함된 줄은 최종 에너지 값을 포함하고 있다. 해당 줄에서 다섯 번째 단어를 분리하고, 이를 실수로 변환하여 final_energy 변수에 저장한다.
- **return final_energy:** 최종 에너지를 반환한다.

아래의 코드는 Gaussian 계산의 최종 전기 쌍극자 모멘트를 출력 파일에서 추출하는 함수를 정의하고 테스트하는 코드이다.

```python
def extract_dipole_moment(gaussian_output_file):
    dipole_moment = None
    with open(gaussian_output_file, 'r') as file:
        lines = file.readlines()
        for i, line in enumerate(lines):
            if "Electric dipole moment (input orientation):" in line:
                dipole_moment = float(lines[i+3].split()[2].
                                                replace('D','E'))
    return dipole_moment

# 함수 실행
dipole = extract_dipole_moment('ethanol.out')
print(f"Dipole Moment: {dipole} Debye")
```

이는 Gaussian 출력 파일에서 최종 dipole moment를 추출하는 간단한 Python 코드이다. ethanol.out 파일에서 전기 쌍극자 모멘트를 추출하고 출력한다. Gaussian 출력 파일에서 최종 dipole moment를 추출하려면, 파일을 읽고 'Electric dipole moment (input orientation):' 라인 뒤의 세 번째 줄에서 'Tot' 값을 추출해야 한다. "Electric dipole moment (input orientation):" 라인을 찾고, 해당 라인 바로 세 번째 라인에서 세 번째 값을 총 dipole moment로 가져오며 해당 값은 Gaussian의 소수점 표기법 'D'를 일반적인 'E'로 바꾼 후 Debye 단위로 출력된다. 전기 쌍극자 모멘트는 Debye 단위로 출력된다. Debye는 전기 쌍극자 모멘트를 측정하는 데 일반적으로 사용되는 단위이다.

```
Dipole Moment: 1.67382 Debye
```

코드 분석

- **def extract_dipole_moment(gaussian_output_file)::** 함수를 정의하며, 인자로 Gaussian 출력 파일의 이름을 받게 된다.
- **dipole_moment = None:** 전기 쌍극자 모멘트를 저장할 변수를 None으로 초기화한다.
- **with open(gaussian_output_file, 'r') as file::** Gaussian 출력 파일을 읽기 모드로 연다. with 문을 사용하면 파일 사용이 끝난 후에 파일이 자동으로 닫힌다.
- **lines = file.readlines():** 파일의 모든 줄을 한 번에 읽어서 리스트로 반환한다. 각 줄은 문자열로 표현되며 리스트의 각 요소가 된다.
- **for i, line in enumerate(lines)::** 파일의 각 줄에 대해 반복을 수행한다. enumerate 함수는 각 줄의 인덱스와 함께 줄의 내용을 반환한다.
- **if "Electric dipole moment (input orientation):" in line: dipole_moment = float(lines[i+3].split()[2].replace('D','E')): 각 줄이 "Electric dipole moment (input orientation):"** 문자열을 포함하는지 확인한다. 이 문자열이 포함된 줄은 쌍극자 모멘트 값을 포함하고 있다. 해당 줄에서 세 번째 단어를 분리하고, 문자열에서 'D'를 'E'로 변경한 후 이를 실수로 변환하여 dipole_moment 변수에 저장한다. 여기서 'D'를 'E'로 변경하는 것은 'D'가 수학적 표기법에서 10의 승수를 나타내는 'E'로 대체되어야 함을 의미한다.
- **return dipole_moment:** 전기 쌍극자 모멘트를 반환한다.

아래의 코드는 Gaussian 계산의 전기 쌍극자 편광성을 출력 파일에서 추출하는 함수를 정의하고 테스트하는 코드이다.

```
def extract_dipole_polarizability(gaussian_output_file):
    dipole_polarizability = None
    with open(gaussian_output_file, 'r') as file:
        lines = file.readlines()
        for i, line in enumerate(lines):
            if "Dipole polarizability" in line:
                dipole_polarizability = float(lines[i+4].split()[1].
                                                      replace('D','E'))
    return dipole_polarizability

# 함수 실행
polarizability = extract_dipole_polarizability('ethanol.out')
print(f"Dipole Polarizability: {polarizability}")
```

위의 코드는 Gaussian 출력 파일에서 최종 polarizability를 추출하는 간단한 Python 코드이다.

ethanol.out 파일에서 전기 쌍극자 편광성을 추출하고 출력한다. 전기 쌍극자 편광성은 단위가 없다. Gaussian 출력 파일에서 최종 polarizability 값을 추출하려면, 파일을 읽고 Dipole polarizability' 라인 뒤의 네 번째 줄에서 두 번째 값을 추출해야 한다. 이 값은 Gaussian의 소수점 표기법 'D'를 일반적인 'E'로 바꾼 후 출력된다.

```
Dipole Polarizability: 26.3219
```

코드 분석

- **def extract_dipole_polarizability(gaussian_output_file)::** 함수를 정의하며, 인자로 Gaussian 출력 파일의 이름을 받는다.
- **dipole_polarizability = None:** 전기 쌍극자 편광성을 저장할 변수를 None으로 초기화한다.
- **with open(gaussian_output_file, 'r') as file::** Gaussian 출력 파일을 읽기 모드로 연다. with 문을 사용하면 파일 사용이 끝난 후에 파일이 자동으로 닫힌다.
- **lines = file.readlines():** 파일의 모든 줄을 한 번에 읽어서 리스트로 반환한다. 각 줄은 문자열로 표현되며 리스트의 각 요소가 된다.
- **for i, line in enumerate(lines)::** 파일의 각 줄에 대해 반복을 수행한다. enumerate 함수는 각 줄의 인덱스와 함께 줄의 내용을 반환한다.
- **if "Dipole polarizability" in line: dipole_polarizability = float(lines[i+4].split()[1].replace('D','E')):** 각 줄이 "Dipole polarizability" 문자열을 포함하는지 확인한다. 이 문자열이 포함된 줄은 쌍극자 편광성 값을 포함하고 있다. 해당 줄에서 두 번째 단어를 분리하고, 문자열에서 'D'를 'E'로 변경한 후 이를 실수로 변환하여 dipole_polarizability 변수에 저장한다. 여기서 'D'를 'E'로 변경하는 것은 'D'가 수학적 표기법에서 10의 승수를 나타내는 'E'로 대체되어야 함을 의미한다.
- **return dipole_polarizability:** 전기 쌍극자 편광성을 반환한다.

다음의 코드는 Gaussian 계산의 출력 파일에서 여러 유형의 에너지 값을 추출하는 함수를 정의하고 테스트하는 코드이다.

```
def extract_energies(gaussian_output_file):
    energies = {
        'Sum of electronic and zero-point Energies': None,
        'Sum of electronic and thermal Energies': None,
        'Sum of electronic and thermal Enthalpies': None,
        'Sum of electronic and thermal Free Energies': None
    }
    with open(gaussian_output_file, 'r') as file:
        lines = file.readlines()
        for line in lines:
            for energy_type in energies.keys():
                if energy_type in line:
                    energies[energy_type] = float(line.split()[-1])
    return energies

# 함수 실행
energies = extract_energies('ethanol.out')
for energy_type, energy_value in energies.items():
    print(f"{energy_type}: {energy_value}")
```

마찬가지로 ethanol.out 파일에서 각종 열역학적 에너지 값을 추출하고, 각 에너지 유형과 그 값을 출력한다. 이를 위해 Gaussian 출력 파일을 한 줄씩 읽으면서 각 에너지 유형에 대한 줄을 찾는다. 해당 줄에서 마지막 단어를 float으로 변환하여 에너지 값을 추출한다.

```
Sum of electronic and zero-point Energies: -154.953889
Sum of electronic and thermal Energies: -154.949668
Sum of electronic and thermal Enthalpies: -154.948723
Sum of electronic and thermal Free Energies: -154.979219
```

코드 분석

- **def extract_energies(gaussian_output_file)::** 함수를 정의하며, 인자로 Gaussian 출력 파일의 이름을 받게 된다.
- **energies = {...}:** 추출하려는 여러 유형의 에너지를 저장할 딕셔너리를 생성한다. 각 키는 에너지 유형의 이름이며, 값은 해당 에너지의 값이다. 초기에는 모든 값이 None으로 설정된다.
- **with open(gaussian_output_file, 'r') as file::** Gaussian 출력 파일을 읽기 모드로 연다. with 문을 사용하면 파일 사용이 끝난 후에 파일이 자동으로 닫힌다.
- **lines = file.readlines():** 파일의 모든 줄을 한 번에 읽어서 리스트로 반환한다. 각 줄은 문자열로 표현되며 리스트의 각 요소가 된다.
- **for line in lines::** 파일의 각 줄에 대해 반복을 수행한다.

- **for energy_type in energies.keys()::** 각 에너지 유형에 대해 반복을 수행한다. 여기서 energies.keys()는 딕셔너리의 키들을 반환하는 메소드이다.
- **if energy_type in line: energies[energy_type] = float(line.split()[-1]):** 각 줄이 현재 에너지 유형의 이름을 포함하는지 확인한다. 만약 그렇다면, 줄의 마지막 단어를 실수로 변환하여 해당 에너지 유형의 값을 딕셔너리에 저장한다.
- **return energies:** 에너지 값을 포함하는 딕셔너리를 반환한다.

이와 같은 상황에서 여러 계산이 완료된 데이터를 기준으로 빅데이터를 구축할 수 있는 방법을 고민해보자. 이것이 python과 같은 코딩의 묘미일 것이다. 이를 위해 먼저 많은 SMILES 코드가 있는 빅데이터를 기반으로 gjf 파일을 대량으로 자동으로 만들어 내는 것이다. 아래는 book1.csv 파일에서(직접 엑셀을 사용해서 간단히 만들 수 있음) SMILES 컬럼을 읽어 해당 SMILES에 대한 Gaussian 입력 파일(.gjf)을 생성하고 NUM 컬럼의 이름을 사용하여 모든 SMILES에 대한 Gaussian 입력 파일을 저장하는 Python 코드이다. 이해를 위해 book1.csv 파일이 아래의 그림처럼 되어 있으며 직접 생성할 수 있을 것이다.

A	B
NUM	SMILES
1	CC
2	CCC
3	CCCC
4	CCCCC
5	CCO
6	CCN
7	CCCCCC
8	COC

```
import pandas as pd

# CSV 파일 읽기
df = pd.read_csv('book1.csv')

for index, row in df.iterrows():
    # PubChem에서 분자 이름을 사용하여 Compound를 검색
    compounds = pcp.get_compounds(row['SMILES'], 'smiles')

    # 검색된 첫 번째 화합물의 SMILES 코드를 가져옴
    smiles = compounds[0].isomeric_smiles

    # SMILES 코드로부터 분자를 생성
    mol = Chem.MolFromSmiles(smiles)
    mol = Chem.AddHs(mol)
    AllChem.EmbedMolecule(mol)
    AllChem.MMFFOptimizeMolecule(mol)
```

```
    # Gaussian 입력 파일을 작성
    with open(f'{row["NUM"]}.gjf', 'w') as f:
        f.write('%nproc=4\n')
        f.write('%mem=4GB\n')
        f.write('# B3LYP/6-31G(d) Opt Freq\n\n')
        f.write(f'{row["SMILES"]} geometry optimization\n\n')
        f.write('0 1\n')

        conf = mol.GetConformer()
        for atom in mol.GetAtoms():
            pos = conf.GetAtomPosition(atom.GetIdx())
            f.write(f'{atom.GetSymbol()}  {pos.x}  {pos.y}  {pos.z}\n')

        f.write('\n\n')
```

book1.csv 파일을 읽고, 각 행에서 SMILES 코드를 가져와 분자를 생성한다. 이후 각 분자에 대한 Gaussian 입력 파일을 생성하며, 이 파일은 CSV 파일의 NUM 컬럼 값에 해당하는 이름으로 저장된다. 그렇게 하면 Colab에서는 아래의 그림처럼 gjf 파일이 생성된 것을 확인할 수 있다.

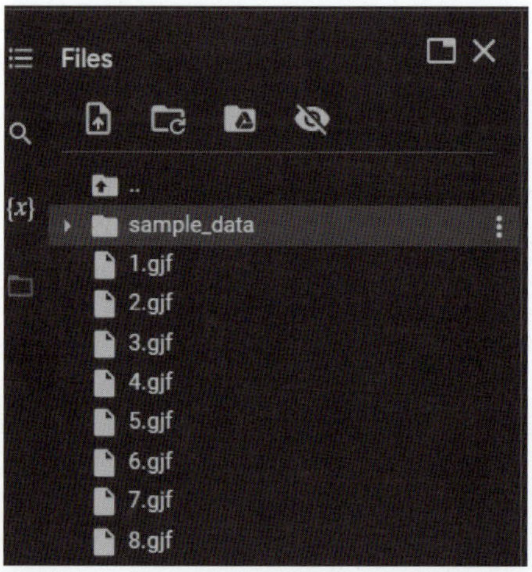

코드 분석

- **import pandas as pd:** 판다스를 가져온다. 판다스는 데이터 처리와 분석에 적합한 Python 라이브러리이다. 이를 이용해서 CSV 파일을 읽을 수 있다.
- **df = pd.read_csv('book1.csv'):** 판다스의 read_csv 함수를 이용하여 CSV 파일을 불러오고, DataFrame 객체로 반환한다.
- **for index, row in df.iterrows():** 이 줄은 DataFrame의 각 행을 순회한다. iterrows()는 인덱스와 행의 내용을 모두 반환하는 pandas 함수이다.
- **compounds = pcp.get_compounds(row['SMILES'], 'smiles'):** PubChemPy의 get_compounds 함수를 사용하여 각 행에서 SMILES 코드를 가져온다. 이 함수는 인자로 받은 SMILES 코드에 해당하는 모든 화합물을 반환한다.

- **smiles = compounds[0].isomeric_smiles:** 첫 번째 화합물의 SMILES 코드를 가져온다.
- **mol = Chem.MolFromSmiles(smiles):** RDKit의 MolFromSmiles 함수를 사용하여 SMILES 코드를 분자로 변환한다.
- **mol = Chem.AddHs(mol):** 분자에 수소 원자를 추가한다.
- **AllChem.EmbedMolecule(mol)와 AllChem.MMFFOptimizeMolecule(mol):** 분자의 3D 구조를 생성하고, MMFF 힘장을 이용하여 분자의 구조를 최적화한다.
- **with open(f'{row["NUM"]}.gjf', 'w') as f::** 이 행은 각 분자에 대한 Gaussian 입력 파일을 생성하고, 이 파일은 CSV 파일의 NUM 열에 해당하는 이름으로 저장한다.
- **f.write('%nproc=4\n') 등:** Gaussian 입력 파일의 내용을 작성한다. Gaussian 계산에 필요한 여러 가지 정보(예: 코어 수, 메모리 크기, 사용하는 메소드와 베이시스 세트 등)를 포함한다.
- **conf = mol.GetConformer()와 그 이후의 코드:** 분자의 각 원자와 그들의 3D 좌표를 Gaussian 입력 파일에 기록한다.

Windows에서 위에서 해당하는 파일만큼 많은 계산을 하기 위해서는 batch 파일이 필요하다. batch 파일(.bcf) 또한 Python을 통해서 만들 수 있다. 아래의 코드를 보면 쉽게 이해할 수 있을 것이다.

```
import os

folder_path = r"/content" # bcf 만들기 위한 gjf 있는 파일 지정
folder_path2 = r"C:\Users\Keunhong Jeong\Desktop\PCC"  # 계산 수행하는
                                                    (gjf 있는) 폴더 경로 지정
output_file = "output.bcf"  # 저장할 BCF 파일명

bcf_code = '''!
!batch file
!start=1
!\n'''

gjf_files = [file for file in os.listdir(folder_path) if file.
                                                     endswith(".gjf")]

for gjf_file in gjf_files:
    gjf_path = os.path.join(folder_path2, gjf_file)
    out_path = os.path.join(folder_path2, gjf_file.replace(".gjf",
                                                          ".out"))
    bcf_code += f"{gjf_path} , {out_path}\n"

with open(output_file, 'w') as file:
    file.write(bcf_code)
```

해당 Python 코드는 특정 폴더 내의 모든 Gaussian 입력 파일(.gjf 파일)을 읽어서 각각에 대한 Gaussian 계산을 수행하는 .bcf 파일을 작성한다. .bcf 파일은 일괄 계산 파일(batch calculation file)로 Gaussian 계산을 자동화하는 데 사용된다.

코드 분석

- **import os:** 이는 Python의 표준 라이브러리인 os를 임포트한다. os 모듈은 운영 체제와 상호 작용할 수 있는 기능을 제공한다.
- **folder_path = r"/content":** 여기에서 folder_path는 .gjf 파일이 저장된 폴더의 경로를 지정한다.
- **folder_path2 = r"C:\Users\Keunhong Jeong\Desktop\PCC":** folder_path2는 Gaussian 계산을 수행할 폴더의 경로를 지정한다.
- **output_file = "output.bcf":** output_file 변수는 생성할 .bcf 파일의 이름을 지정한다.
- **bcf_code = '''! ... ''':** bcf_code는 .bcf 파일의 내용을 담는 문자열이다. !batch file 등의 주석은 .bcf 파일의 시작 부분을 구성한다.
- **gjf_files = [file for file in os.listdir(folder_path) if file.endswith(".gjf")]:** 이 부분은 Python의 리스트 디렉토리를 사용하여 folder_path에 있는 모든 .gjf 파일의 이름을 가져온다.
- **for gjf_file in gjf_files::** 이 줄은 .gjf 파일 목록에 대한 반복문을 시작한다.
- **gjf_path = os.path.join(folder_path2, gjf_file):** os.path.join 함수를 사용하여 .gjf 파일의 전체 경로를 생성한다.
- **out_path = os.path.join(folder_path2, gjf_file.replace(".gjf", ".out")):** 비슷하게, .out 파일 (Gaussian 계산의 출력 파일)의 전체 경로를 생성한다.
- **bcf_code += f"{gjf_path} , {out_path}\n":** bcf_code 문자열에 .gjf 파일과 .out 파일의 경로를 추가한다. .bcf 파일이 각 계산을 어디서 수행하고 결과를 어디에 저장할지 알 수 있도록 한다.
- **with open(output_file, 'w') as file::** 이 부분은 output_file(즉, .bcf 파일)을 쓰기 모드로 열고 이를 file 객체로 참조한다.
- **file.write(bcf_code):** 마지막으로, bcf_code 문자열을 .bcf 파일에 쓴다.

여기에서 주의할 점은 colab에서의 위치를 folder_path에 두어 존재하는 모든 gjf에 대하여 batch 파일 내로 들어가야 하며 이후 랩탑에 해당 gjf 파일을 두고 실제 out 파일이 생성되는 파일 경로를 folder_path2에 지정해야 한다는 것이다.

이렇게 하여 Gaussian 프로그램을 열어 batch 파일을 지정할 경우, 해당 계산들이 순서대로 들어가는 것을 확인할 수 있다.

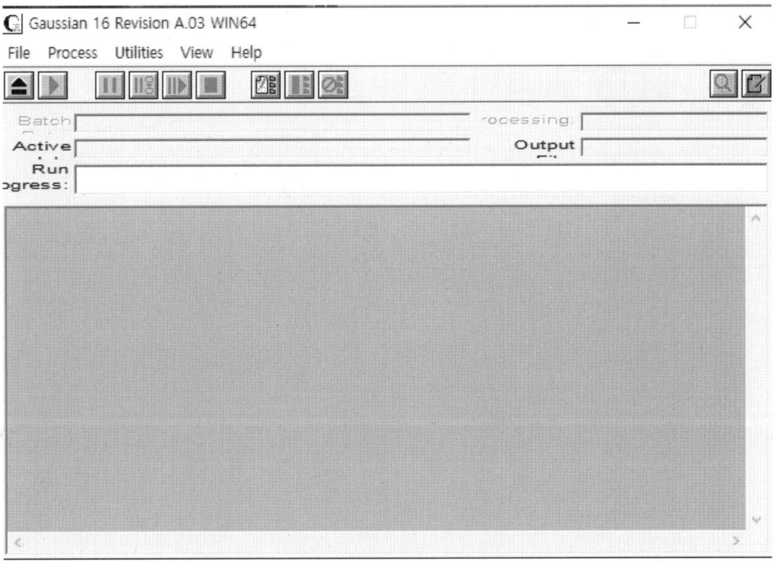

Window 10에서 Gaussian 16을 실행한 그림

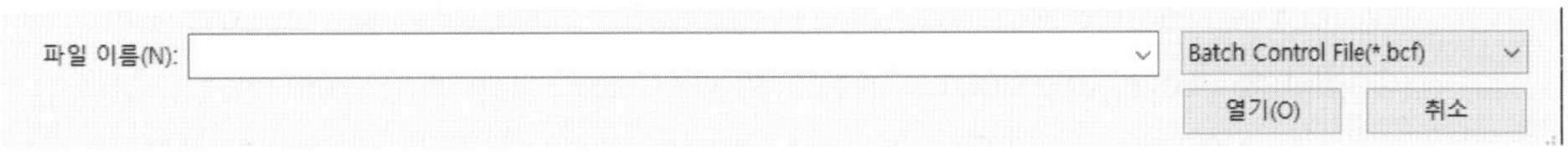

여기에 File-Open에서 파일 종류를 batch control file로 고를 경우 output.bcf를 넣을 수 있는 것을 알 수 있다.

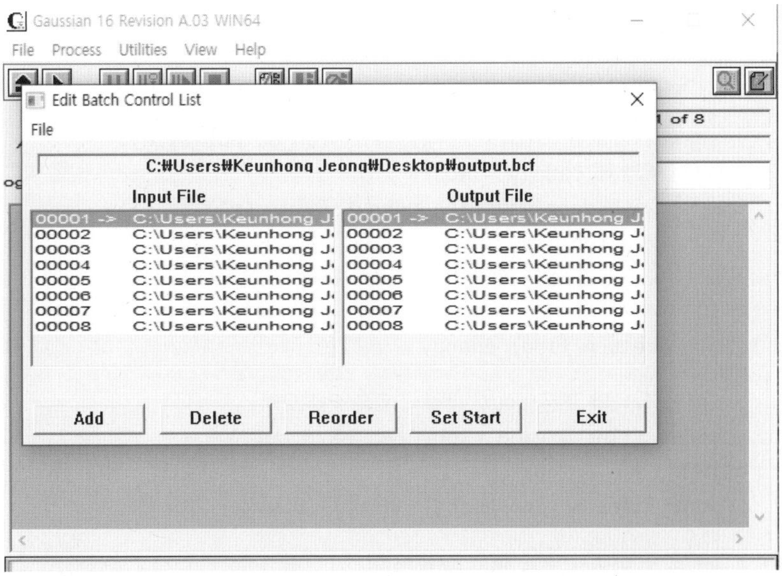

해당 batch file이 upload된 모습이다. 이후 Exit를 누른다.

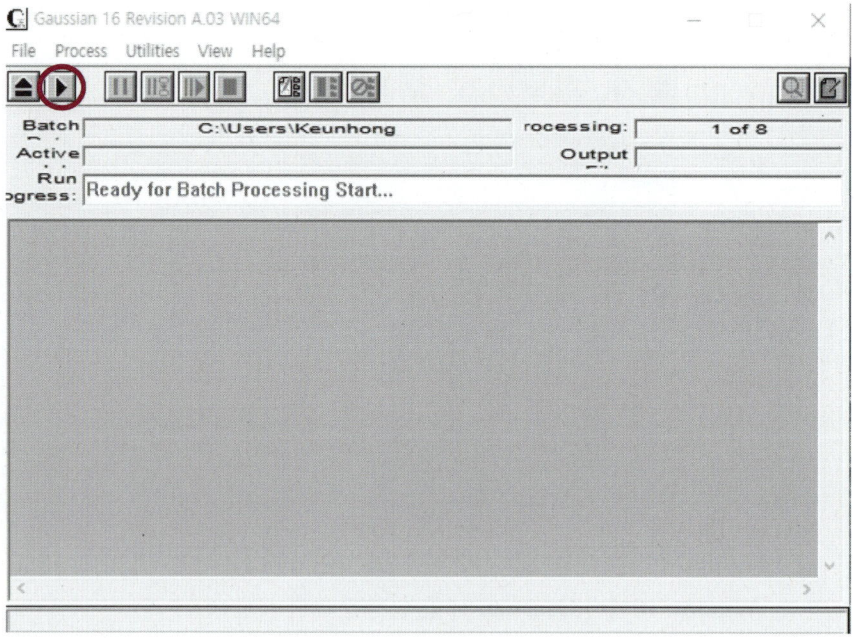

이후 위의 그림에서 원으로 표기된 run 버튼을 누르면 시작한다. 여기에서 Ready for Batch Processing Start...가 활성화되어 있는 것을 확인할 수 있다.

위와 같은 방법으로 Gaussian 프로그램을 활용한 대량의 양자화학 계산 데이터를 확보할 수 있다. 따라서 앞에서 계산한 Gaussian 출력 파일(모든 .out 파일)에서 최종 에너지를 추출하고, 각 파일명에 대한 최종 에너지를 컬럼으로 갖는 CSV 파일에 저장하는 예시이다. 이를 위해 glob 모듈과 pandas 라이브러리를 사용한다.

```
import glob
import pandas as pd

def extract_final_energy(gaussian_output_file):
    final_energy = None
    with open(gaussian_output_file, 'r') as file:
        for line in file:
            if "SCF Done" in line:
                final_energy = float(line.split()[4])
    return final_energy

# 폴더 내의 모든 .out 파일 경로를 가져오기
#out_files = glob.glob("폴더경로/*.out")
                                        # 폴더경로에는 실제 폴더 경로를 입력해야 한다.
out_files = glob.glob("*.out")  # 여기선 현재 폴더

# 최종 에너지 추출 및 CSV에 저장
data = []
for out_file in out_files:
    final_energy = extract_final_energy(out_file)
```

```
    filename = out_file.split("\\")[-1]  # 파일명 추출
    filename = filename.replace(".out", "")  # .out 확장자 제거
    data.append([filename, final_energy])

df = pd.DataFrame(data, columns=["Filename", "Final Energy (Hartree)"])
df.to_csv("output.csv", index=False)
```

코드 분석

- **import glob:** glob 모듈을 임포트한다. glob 모듈은 특정 패턴에 맞는 파일 경로명을 찾는 데 사용된다.
- **def extract_final_energy(gaussian_output_file): ~ return final_energy:** extract_final_energy 함수는 Gaussian 출력 파일에서 최종 에너지를 추출하는 기능을 한다. "SCF Done"이라는 문자열이 있는 줄에서 에너지 값을 가져온다.
- **out_files = glob.glob("*.out"):** glob.glob 함수를 사용하여 현재 디렉토리에서 .out 파일을 모두 찾아 out_files 리스트에 저장한다.
- **data = []:** 최종 에너지와 파일 이름을 저장할 빈 리스트 data를 생성한다.
- **for out_file in out_files::** out_files 리스트의 각 파일에 대해 반복문을 실행한다.
- **final_energy = extract_final_energy(out_file):** 각 .out 파일에서 최종 에너지를 추출한다.
- **filename = out_file.split("\\")[-1]:** 파일 경로에서 파일 이름만 추출한다.
- **filename = filename.replace(".out", ""):** 파일 이름에서 확장자 ".out"을 제거한다.
- **data.append([filename, final_energy]):** 파일 이름과 그에 해당하는 최종 에너지를 data 리스트에 추가한다.
- **df = pd.DataFrame(data, columns=["Filename", "Final Energy (Hartree)"]):** data 리스트를 사용하여 pandas DataFrame을 생성한다. 각 열의 이름은 "Filename"과 "Final Energy (Hartree)"로 설정한다.
- **df.to_csv("output.csv", index=False):** DataFrame을 CSV 파일로 저장한다. index=False는 인덱스 열이 CSV 파일에 포함되지 않도록 설정한다.

해당 코드를 실행하면 현재 디렉토리에 있는 모든 .out 파일에서 최종 에너지를 추출하고, 이를 "output.csv"라는 이름의 CSV 파일로 저장한다. CSV 파일에는 각 파일의 이름과 그에 해당하는 최종 에너지가 기록된다. 이외의 다른 에너지 및 주요 계산 데이터를 종합하는 비슷한 경우의 코드는 연습 문제와 답을 통해 도움을 받을 수 있을 것이다.

1 아세트산(CH_3COOH)에 대한 Gaussian 입력 파일을 작성하는 Python 코드를 작성하라.

2 위의 기본 코드를 변형하여 사용할 CPU 코어 수를 8개로, 메모리를 8 GB로 변경하고, 계산 메소드를 'M06-2X/6-311+G(2d,2p)'로 설정하는 Python 코드를 작성하라.

3 주어진 SMILES 문자열을 인자로 받아 해당 분자의 Gaussian 입력 파일을 생성하는 Python 함수를 작성하라.

4 "caffeine"이라는 이름의 물질을 Gaussian 입력 파일로 만들어 "caffeine.gjf"라는 파일에 저장하려고 한다. 이를 위한 코드를 작성하라.

5 이전 코드에서 사용자에게 분자 이름 대신 PubChem CID를 입력받아 이를 Gaussian 입력 파일로 변환하는 코드를 작성하라.

6 이전 caffeine.gjf 코드에서 3차원 구조 최적화를 MMFF 대신 UFF (Universal Force Field)를 사용하여 수행하는 코드를 만들고 해당 gjf 파일이 다른지 확인하라.

7 ethanol.out과 propanol.out에서 최종 에너지 값을 추출하는 함수를 작성하라.

8 HOMO와 LUMO 에너지를 추출하는 함수를 작성하고, ethanol.out과 propanol.out에서 이 값을 비교하라.

9 ethanol.out과 propanol.out에서 각각의 전기 쌍극자 편광성을 추출하고 비교하는 함수를 작성하라.

10 ethanol.out과 propanol.out에서 쌍극자 모멘트를 추출하고 비교하는 함수를 작성하라.

11 ethanol.out과 propanol.out에서 각 유형의 에너지 값을 추출하고 비교하는 함수를 작성하라.

12 폴더 내의 모든 .out 파일에서 HOMO와 LUMO 에너지를 추출하고, 각 파일명에 대한 HOMO와 LUMO를 컬럼으로 갖는 CSV 파일에 저장하는 코드를 만들어라.

13 폴더 내의 모든 .out 파일에서 열역학적 에너지를 모두 추출하고, 각 파일명에 대한 각각 에너지 이름을 컬럼으로 갖는 CSV 파일에 저장하는 코드를 만들어라.

14 대량의 Gaussian 실행파일을 만들기 위해 입력으로 사용할 분자의 이름(NAME)이 포함된 CSV 파일(book2.csv)을 읽고, 이를 기반으로 각 분자에 대한 Gaussian 입력 파일을 생성하는 코드를 만들어라.

제 7 장

ChatGPT 활용과 예

차례

7.1 서론

ChatGPT는 OpenAI에서 개발한 대화형 인공지능이다. 이는 기계 학습 모델인 GPT (Generative Pretrained Transformer)에 기반하며, 방대한 양의 텍스트 데이터를 학습하여 사람처럼 텍스트를 생성하는 능력을 가지고 있다. 그러나 이 모델은 단지 학습 데이터로부터 패턴을 파악하며, 실제로는 언어를 이해하거나 인지하지는 않는다. 이러한 특성을 고려해 보았을 때 ChatGPT를 적용할 수 있는 경우를 살펴보자면 다음과 같다.

- **자연어 처리와 대화 생성:** ChatGPT는 입력된 문장을 파악하고, 그에 대한 적절한 응답을 생성하는 능력이 있다. 이는 사람과 자연스러운 대화를 생성하는 데 사용될 수 있으며, 고객 서비스, 상담, 가상 어시스턴트 등 다양한 분야에서 활용될 수 있다. 화학적 측면에서는 화학반응, 위험성 등 정보를 제공할 수 있다.
- **코딩 도우미:** ChatGPT는 코딩에 대한 질문에 대답하고 코드 조각을 생성하는 데 유용한 도구이다. 이는 일반적인 프로그래밍 질문뿐만 아니라 알고리즘에 대한 지침, 데이터 구조, 프로그래밍 패턴 등 다양한 주제에 대한 문제 해결에도 활용될 수 있다. 또한, 이 AI는 주어진 코드에서 오류를 찾는 데 도움을 줄 수도 있다. 그러나 ChatGPT가 생성하는 코드는 생성형 AI의 특성상 항상 정확하지 않을 수 있으므로, 사용자는 반드시 코드를 직접 확인하고 수정해야 한다. 이는 특히 중요한 프로젝트나 안전이 중요한 경우에는 더욱 중요하다. 코딩의 효율성을 높이는 방법으로, ChatGPT는 복잡한 작업을 단순화하고 개발자가 더 효과적으로 시간을 사용하도록 도울 수 있다.

- **교육과 학습 도구:** ChatGPT는 학습자가 어떤 주제에 대해 이해를 깊게 하도록 도와준다. 그것은 질문에 답하거나, 복잡한 개념을 설명하는 데 사용될 수 있다. 또한 화학 학습자가 새로운 합성 스킬을 배울 때 가이드 역할을 할 수도 있다.
- **콘텐츠 생성:** ChatGPT는 콘텐츠 생성에서도 유용하다. 예를 들어, 블로그 게시물, 소설, 시나리오 등을 작성하는 데 도움을 줄 수 있다. 화학의 특정 지식 요약, 전망 등에 대한 지식을 제공할 수 있다.
- **양자화학 및 화학 응용 프로그램:** ChatGPT는 화학 및 양자화학의 다양한 분야에서 효과적으로 활용될 수 있다. 예를 들어, 복잡한 화학 반응을 분석하거나, 특정 화합물의 속성을 예측하거나, 분자 동력학 시뮬레이션을 설계하는 데 도움이 될 수 있다. 또한 ChatGPT는 화학 데이터를 분석하고 통찰력을 도출하는 데 활용될 수 있다. 이런 방식으로, AI는 연구자들이 화학적인 문제를 더 빠르고 효과적으로 이해하고 해결할 수 있도록 도울 수 있다. 하지만 그 결과는 항상 결과적으로 전문가의 검토와 검증을 필요로 한다. 이러한 응용 프로그램은 화학 및 양자화학 연구를 훨씬 더 빠르고 효과적으로 만들 수 있다.

7.2 ChatGPT를 이용한 화학과 양자화학 문제 해결의 사례

- **화학 반응 예측:** ChatGPT는 주어진 시작 물질로부터 예상되는 화학 반응의 결과물을 예측하는 데 도움이 될 수 있다. 이는 연구자들이 실험을 실제로 수행하기 전에 예상 결과를 미리 확인할 수 있게 해 준다. 예를 들어, 어떤 분자가 다른 분자와 반응했을 때 어떤 화합물이 생성되는지 예측하는 데 사용할 수 있다. 그러나 이러한 예측은 항상 실제 실험으로 검증되어야 한다.

DO

Answer me as a science teacher who knows chemical reactions very well. Please predict what substances will be produced if acetic acid and ethanol react

When acetic acid (CH3COOH) and ethanol (C2H5OH) react, they undergo a process known as esterification. This reaction typically occurs in the presence of a catalyst, commonly concentrated sulfuric acid.

In this reaction, the hydroxyl group (-OH) from the acetic acid combines with a hydrogen atom from the ethanol to form water (H2O). The remaining parts of the acetic acid and ethanol molecules then combine to form an ester, specifically ethyl acetate (CH3COOC2H5).

So, the overall balanced chemical reaction looks like this:

CH3COOH (acetic acid) + C2H5OH (ethanol) -> CH3COOC2H5 (ethyl acetate) + H2O (water)

Thus, the products of this reaction are ethyl acetate and water. Ethyl acetate is a commonly used solvent in paints, coatings, and adhesives. It also has a pleasant smell and is often used in perfumes.

- **양자화학 계산:** ChatGPT는 양자화학 계산에 필요한 코드를 작성하는 데 도움이 될 수 있다. 예를 들어, 특정 분자의 에너지 상태를 계산하거나, 분자의 전자 밀도를 시각화하는 코드를 생성하는 데 사용될 수 있다. 이를 통해 연구자들은 복잡한 양자화학적 계산을 더 효과적으로 수행할 수 있게 된다.

DO Create Python code using pyscf for calculating the most stable structure and energy of ethanol through quantum chemical calculations

To calculate the most stable structure and energy of ethanol using the PySCF library in Python, you'd first need to have PySCF installed. If not, you can install it using pip:

Copy code

```
pip install pyscf
```

Once you have PySCF, you can proceed with the following Python code:

python Copy code

```python
from pyscf import gto, scf

# Define the ethanol molecule
ethanol = gto.Mole()
ethanol.atom = '''
    O  0.000000  0.000000  0.685780
    C  0.000000  0.000000 -0.685780
    C  0.000000  0.000000 -1.685780
    H  0.000000  0.943208 -2.235780
    H  0.816883 -0.471604 -2.235780
    H -0.816883 -0.471604 -2.235780
    H  0.000000  0.943208  0.235780
    H  0.816883 -0.471604  0.235780
    H -0.816883 -0.471604  0.235780
'''

# Setting the basis set
ethanol.basis = 'sto-3g'

# Building the molecule
ethanol.build()

# Running the Hartree-Fock method
mf = scf.RHF(ethanol)
energy = mf.kernel()

print('Optimized energy (Hartree):', energy)
```

```
converged SCF energy = -150.922204504511
Optimized energy (Hartree): -150.92220450451074
```

- **데이터 분석:** 화학 데이터를 분석하고 이해하는 데는 많은 노력이 필요하다. ChatGPT는 이 과정을 간소화하고 가속화하는 데 도움이 될 수 있다. 이 AI는 화학 데이터를 분석하고 이해하는 코드를 작성하거나, 특정 패턴이나 추세를 찾는 데 도움이 될 수 있다.

DO

Create 50 random data of the reaction in which ethyl acetate (CH3COOC2H5) and water are produced from acetic acid (CH3COOH) and ethanol (C2H5OH) react with all concentrations according to time and temperature

Creating a simulated dataset for the reaction of acetic acid (CH3COOH) and ethanol (C2H5OH) forming ethyl acetate (CH3COOC2H5) and water can be a bit complex because it involves several variables, like concentration of reactants and products, time, and temperature. To keep things simple, let's assume that this is a first order reaction and we're observing this reaction under different conditions.

We can use Python's `numpy` and `pandas` libraries to create a DataFrame that contains this information.

python Copy code

```python
import numpy as np
import pandas as pd

# Set the seed for reproducibility
np.random.seed(0)

# Generate random values for the variables
time = np.random.uniform(low=0, high=120, size=50)  # Time in minutes
temp = np.random.uniform(low=20, high=100, size=50)  # Temperature in Celsiu
conc_acetic_acid = np.random.uniform(low=0.5, high=2.0, size=50)  # Molar co
conc_ethanol = np.random.uniform(low=0.5, high=2.0, size=50)  # Molar concen
conc_ethyl_acetate = np.random.uniform(low=0, high=1.0, size=50)  # Molar co
conc_water = np.random.uniform(low=0, high=1.0, size=50)  # Molar concentrat

# Create a DataFrame
df = pd.DataFrame({
    'Time (min)': time,
    'Temperature (C)': temp,
    '[Acetic Acid] (M)': conc_acetic_acid,
    '[Ethanol] (M)': conc_ethanol,
    '[Ethyl Acetate] (M)': conc_ethyl_acetate,
    '[Water] (M)': conc_water,
})

# Show the DataFrame
print(df)
```

```
    Time (min)    Temperature (C)    [Acetic Acid] (M)  [Ethanol] (M)  \
0    65.857620        65.615742             1.516725       0.724172
1    85.822724        55.088121             0.905012       1.802189
2    72.331605        99.069907             1.602791       0.743739
3    65.385982        28.163585             1.943283       1.423339
4    50.838576        36.710140             0.873130       0.685730
...
```

DO Create a coding to make a reaction rate equation based on the above data

Here's some python code that calculates the rate and performs linear regression to estimate k:

```python
import numpy as np
from scipy import stats
import pandas as pd

# Add a small constant to prevent division by zero
epsilon = 1e-7

# Assume the rate is change in concentration of ethyl acetate over time
df['Rate'] = df['[Ethyl Acetate] (M)'] / (df['Time (min)'] + epsilon)

# Log-transform the rate and the concentrations
df['ln(Rate)'] = np.log(df['Rate'] + epsilon)
df['ln([Acetic Acid] (M))'] = np.log(df['[Acetic Acid] (M)'] + epsilon)
df['ln([Ethanol] (M))'] = np.log(df['[Ethanol] (M)'] + epsilon)

# Perform linear regression to estimate the rate constant k
slope, intercept, r_value, p_value, std_err = stats.linregress(df['ln([Aceti

# The slope of the regression line is an estimate of the rate constant k
k_estimate = slope

print('Estimated rate constant k:', k_estimate)
```

```
Estimated rate constant k: 0.004454634283283648
```

- **교육 도구:** ChatGPT는 또한 화학 및 양자화학의 교육 도구로 사용될 수 있다. 학생들은 복잡한 개념이나 이론에 대한 설명을 요청하거나, 특정 문제를 해결하는 데 도움을 받을 수 있다. 이런 식으로 ChatGPT는 교사의 역할을 보조하고, 학생들이 더 효과적으로 학습할 수 있게 도울 수 있다.

DO Why is Schrodinger's equation impossible to calculate accurately in many electrons?

The Schrödinger equation is a fundamental equation in quantum mechanics that describes how the quantum state of a quantum system changes with time. It's a differential equation and, in principle, if we have the equation and the initial conditions, we can solve it exactly.

However, when it comes to many-electron systems, like atoms with more than one electron, molecules, and especially solids, the exact solution of the Schrödinger equation becomes practically impossible due to a phenomenon known as the many-body problem.

Here are the main reasons:

1. **Electron-Electron Interactions (Coulombic interaction):** Each electron in a system not only interacts with the nucleus but also with each of the other electrons. These interactions are not constant but change as the electrons move. This results in a complex, dynamic system that is computationally very difficult to solve exactly.
2. **Increased Complexity:** The number of variables in the Schrödinger equation increases with each electron added. For example, a single electron requires three spatial variables to describe its position. However, a system of N electrons in three dimensions would require 3N spatial variables. This results in a rapid escalation of complexity as the number of electrons increases.
3. **The Pauli Exclusion Principle:** Electrons are fermions, and due to the Pauli exclusion principle, no two electrons can be in the exact same state. This means that the wavefunction for the system must be antisymmetric with respect to the exchange of any pair of electrons. Keeping track of these antisymmetries increases the complexity of the problem.
4. **Quantum Correlation or Electron Correlation Problem:** In multi-electron systems, the motion of electrons becomes correlated with each other due to their mutual repulsion. This correlation makes it hard to describe the system with a single wavefunction and is not a simple task to include in numerical simulations.

Due to these challenges, approximations are often used when dealing with many-electron systems. These include methods such as Hartree-Fock and density functional theory (DFT) among others. These methods attempt to provide a balance between computational cost and accuracy. But, it's important to remember that they are, indeed, approximations. The accuracy of their results can vary depending on the specifics of the system being studied.

- **화학 신물질 개발:** 신물질의 개발은 대체로 시행착오의 과정이다. ChatGPT는 연구자가 신물질의 특성을 예측하고, 그러한 특성이 원하는 목표와 일치하는지 판단하는 데 도움을 줄 수 있다. 이는 신물질 개발의 시간을 단축하고, 실험의 효율성을 향상할 수 있다.

DO

If the structure of a polyehtyle terephthalate plastic is connected to a 1:1 polyvinyl chloride plastic structure, what properties would the material have?

Polyethylene terephthalate (PET) and polyvinyl chloride (PVC) are two different types of polymers with distinct properties.

1. **PET (Polyethylene terephthalate)** is a clear, strong, and lightweight plastic that is widely used for packaging foods and beverages, especially convenience-sized soft drinks, water, and the like. Also, because of its excellent wear properties, PET is used for synthetic fibers in the clothing industry.
2. **PVC (Polyvinyl Chloride)** is a versatile plastic with a wide range of uses due to its relatively low cost, durability, and flexibility. It's used in everything from pipes and flooring to clothing and is also used in a wide range of short-life or disposable medical devices.

Assuming by "connected" you mean blending or co-polymerizing the two plastics, the resulting material would likely exhibit a combination of these properties, depending on the specific method used to combine them and the relative proportions of each polymer. However, it's important to note that blending different polymers is not always straightforward, due to issues like phase separation and incompatibility at the molecular level.

Here are some possible properties of the combined material:

1. **Durability:** Both PET and PVC are known for their durability, so the combined material should also be quite durable.
2. **Flexibility:** PVC is more flexible than PET. Depending on the blend, the resulting material could have intermediate flexibility.
3. **Strength:** PET is stronger than PVC. Again, the resulting material would likely have strength characteristics somewhere between the two.
4. **Heat Resistance:** PET has better heat resistance than PVC, so the resulting material might also exhibit better heat resistance than pure PVC.
5. **Chemical Resistance:** PVC has good chemical resistance. Combining it with PET might improve the chemical resistance of the PET component.
6. **Transparency:** PET is typically clear, while PVC can range from clear to opaque, depending on additives. The resulting material's clarity would depend on the specific blend and processing.

It's important to note, though, that the properties of the resulting material would depend heavily on the specifics of how the PET and PVC are combined. Additionally, any processing or additives used could also significantly affect the material's properties. This is a simplified overview, and the actual material could behave differently based on various factors. Creating new materials by combining existing polymers is a complex field that involves a lot of experimentation and testing.

- 코딩 도우미로서의 예

DO

Explain line by line on the above coding. Especially I cannot understand the meaning of epsilon. Please include some examples on it.

T

Sure, I'm happy to break down the code and explain each line in more detail. This code uses the DataFrame generated from your previous question about creating random data for the reaction of acetic acid and ethanol forming ethyl acetate and water.

Here's a breakdown:

```python
import numpy as np
from scipy import stats
import pandas as pd
```

The first lines import the necessary libraries for the script. `numpy` is used for numerical operations, `scipy.stats` is used for statistics and regression, and `pandas` is used for data manipulation.

```python
# Add a small constant to prevent division by zero
epsilon = 1e-7
```

The epsilon variable is used as a small constant to avoid division by zero errors. This is a common technique when dealing with real-world data that might contain zero values. The epsilon value is very small (1e-7), so adding it doesn't significantly affect the results, but it prevents errors when calculating rates or taking logarithms.

```python
# Assume the rate is change in concentration of ethyl acetate over time
df['Rate'] = df['[Ethyl Acetate] (M)'] / (df['Time (min)'] + epsilon)
```

This line calculates the reaction rate as the change in the concentration of ethyl acetate over time. The epsilon is added to the time to avoid division by zero. This is a simplistic approximation, assuming that the rate is directly proportional to the concentration of the product.

python Copy code

```python
# Log-transform the rate and the concentrations
df['ln(Rate)'] = np.log(df['Rate'] + epsilon)
df['ln([Acetic Acid] (M))'] = np.log(df['[Acetic Acid] (M)'] + epsilon)
df['ln([Ethanol] (M))'] = np.log(df['[Ethanol] (M)'] + epsilon)
```

These lines add new columns to the DataFrame for the natural logarithm of the rate and the concentrations of the reactants. The epsilon is added to the rate and concentrations to avoid taking the logarithm of zero, which is undefined.

python Copy code

```python
# Perform linear regression to estimate the rate constant k
slope, intercept, r_value, p_value, std_err = stats.linregress(df['ln([Aceti
```

This line uses the `scipy.stats.linregress` function to perform linear regression on the log-transformed data. The goal of the regression is to estimate the rate constant k from the slope of the regression line. The inputs to `linregress` are the sum of the natural logarithms of the reactant concentrations and the natural logarithm of the rate. The outputs are the slope and intercept of the regression line, the correlation coefficient (r_value), the two-sided p-value for a hypothesis test whose null hypothesis is that the slope is zero, and the standard error of the estimated gradient.

python Copy code

```python
# The slope of the regression line is an estimate of the rate constant k
k_estimate = slope
```

This line sets the variable `k_estimate` to the slope of the regression line. In the context of this simplified model, the slope of the regression line is an estimate of the rate constant k.

python Copy code

```python
print('Estimated rate constant k:', k_estimate)
```

Finally, this line prints the estimated rate constant k.

이러한 사례들은 모두 ChatGPT가 화학과 양자화학의 다양한 측면에서 유용한 도구로 활용될 수 있음을 보여준다. 하지만 여전히 AI의 모든 결과와 정보는 전문가에 의해 검토되고 검증되어야 한다는 점을 명심해야 한다. 또한 이 책을 쓰기 시작했을 때 비해서 생성형 AI 시장은 비약적인 속도로 발전하고 있다. GPT 뿐 아니라 Claude, Perplexity 등 점차 고도화되고 있는 관련 툴에 대해서 적절히 쓰고 활용하는 것은 매우 중요해질 것으로 생각된다.

부록 1
Python 기본

간단한 Python 기본 문법을 익히기 위한 부록이다. 간단한 연습 문제도 포함하였으며, 추가 중요한 함수 및 객체 등에 관한 내용은 예시만 제시하였다.

1. 출력과 변수

```
# 'Hello, World!'를 출력
print("Hello, World!")

# 변수를 사용하여 문자열을 저장하고 출력
name = "Alice"
print("Hello, " + name + "!")
```

› 연습 문제

1.1 본인의 이름을 출력하라.

1.2 다양한 문자열을 조합하여 문장을 출력하라.

1.3 숫자를 변수에 저장하고, 그 숫자를 출력하라.

1.4 두 개의 변수를 만들고, 두 변수를 합한 결과를 출력하라.

1.5 문자열과 숫자를 함께 출력하라.

2. 데이터 타입과 연산자

```
a = 10
b = 3
print(a + b)
print(a - b)
print(a * b)
print(a / b)

# 문자열 연결
first_name = "Ada"
last_name = "Lovelace"
full_name = first_name + " " + last_name
print(full_name)
```

› **연습 문제**

2.1 두 숫자의 나눗셈 결과를 출력하라.

2.2 세 개의 문자열을 연결하여 출력하라.

2.3 본인의 이름과 나이를 변수로 저장하고, "나의 이름은 ○○○이고, 나이는 ○○세입니다." 형식으로 출력하라.

2.4 두 숫자의 나머지를 구해 출력하라.

3. 조건문

```
# if-else문 사용
age = 20
if age >= 18:
    print("성인입니다.")
else:
    print("미성년자입니다.")
```

› **연습 문제**

3.1 특정 숫자가 짝수인지 홀수인지 판별하는 프로그램을 작성하라.

3.2 세 개의 숫자 중 가장 큰 숫자를 찾는 프로그램을 작성하라.

3.3 변수에 저장된 점수에 따라 학점을 출력하는 프로그램을 작성하라(A, B, C, D, F).

4. 반복문

```
# for 반복문 사용
for i in range(5):
    print("This is loop iteration", i)

# while 반복문 사용
count = 0
while count < 5:
    print("Count is", count)
    count += 1
```

› **연습 문제**

4.1 1부터 10까지의 숫자를 출력하는 프로그램을 작성하라.

4.2 1부터 10까지의 합을 구하는 프로그램을 작성하라.

4.3 구구단 중 하나를 출력하는 프로그램을 작성하라(예: 3단).

4.4 사용자로부터 숫자를 입력받아 그 숫자만큼 "Hello"를 출력하는 프로그램을 작성하라.

5. 리스트

```
# 리스트 생성 및 출력
fruits = ["apple", "banana", "cherry"]
print(fruits)

# 리스트에 항목 추가
fruits.append("orange")
print(fruits)

# 리스트에서 항목 제거
fruits.remove("banana")
print(fruits)
```

› 연습 문제

5.1 5개 이상의 항목을 가진 리스트를 생성하고 출력하라.

5.2 리스트에서 특정 항목을 제거하라.

5.3 리스트에 새로운 항목을 추가하라.

5.4 리스트의 길이를 출력하라.

5.5 리스트의 첫 번째 항목과 마지막 항목을 출력하라.

6. 함수

```
# 함수 정의 및 호출
def greet(name):
    print("Hello, " + name + "!")
greet("Alice")
greet("Bob")
```

› 연습 문제

6.1 두 숫자를 더하는 함수를 작성하라.

6.2 리스트를 인자로 받아서, 리스트의 모든 요소를 더하는 함수를 작성하라.

6.3 숫자 하나를 인자로 받아서, 그 숫자가 소수인지 아닌지 판별하는 함수를 작성하라.

7. 모듈

```
# math 모듈 사용
import math
print(math.sqrt(16))  # 16의 제곱근을 출력
```

› 연습 문제

7.1 math 모듈을 사용하여 원의 넓이를 구하는 함수를 작성하라.

7.2 random 모듈을 사용하여 1부터 100까지의 무작위 숫자를 생성하라.

7.3 datetime 모듈을 사용하여 오늘 날짜를 출력하라.

8. 파일 읽기/쓰기

```
# 파일 쓰기
with open('example.txt', 'w') as file:
    file.write('Hello, file!')

# 파일 읽기
with open('example.txt', 'r') as file:
    content = file.read()
    print(content)
```

› 연습 문제

8.1 텍스트 파일에 여러 줄의 문자열을 쓰고, 다시 읽어서 출력하는 프로그램을 작성하라.

9. 람다 함수

```
# 간단한 익명의 함수 생성
square = lambda x: x ** 2
print(square(5))
```

10. 파일 처리

```
# file.txt 파일 생성 및 쓰기
with open('file.txt', 'a') as file:
    file.write("\nThis is an appended line.")
```

11. 클래스와 객체

```
# Cat 클래스 및 메소드 생성
class Cat:
    def __init__(self, name, breed):
        self.name = name
        self.breed = breed
    def meow(self):
```

```
        print("우웽")
my_cat = Cat("루나", "러시안블루")
my_cat.meow()
```

12. 상속

```
# Amimal 클래스 생성/공통 기능(speak) 메소드 정의
class Animal:
    def __init__(self, name):
        self.name = name
    def speak(self):
        pass
# Dog 클래스가 Animal 클래스 상속받음/speak 메소드 재정의
class Dog(Animal):
    def speak(self):
        print("월월!")
# Cat 클래스가 Animal 클래스 상속받음/speak 메소드 재정의
class Cat(Animal):
    def speak(self):
        print("우웽!")
dog = Dog("노루")
cat = Cat("루나")
dog.speak()
cat.speak()
```

13. 모듈 작성 및 임포트

```
# my_module.py 파일 내 코드
def hello():
    print("Hello from my_module")
# 다른 Python 파일에서
import my_module
my_module.hello()
```

14. 딕셔너리 정렬

```
#age 기준 나이순 오름차순 정렬
people = [{"name": "지혜진", "age": 42}, {"name": "정지현", "age": 15},
                                          {"name": "정근홍", "age": 44}]
sorted_people = sorted(people, key=lambda x: x['age'])
print(sorted_people)
```

15. Zip 함수

```
#튜블 데이터 형태로 묶어 리스트로 출력
names = ["지혜진", "정지현", "정근홍"]
ages = [42, 15, 44]
combined = zip(names, ages)
print(list(combined))
```

16. Enumerate 함수

```
# 인덱스와 과일 이름 동시 출력
fruits = ["apple", "banana", "cherry"]
for index, fruit in enumerate(fruits):
    print(index, fruit)
```

17. Map 함수

```
# 반복작업의 간략화(iterable 객체의 각 원소에 적용)
numbers = [1, 2, 3, 4, 5]
squared = map(lambda x: x**2, numbers)
print(list(squared))
```

18. Filter 함수

```
# 짝수만 필터링
numbers = [1, 2, 3, 4, 5, 6]
evens = filter(lambda x: x % 2 == 0, numbers)
print(list(evens))
```

19. JSON 데이터 처리

```
JSON (JavaScript Object Notation) 데이터의 Python 데이터로 변환
import json
data = {"name": "John", "age": 30}
json_data = json.dumps(data)
print(json_data)
python_data = json.loads(json_data)
print(python_data)
```

부록 1의 답

1.1

```
print("지혜진")
```

1.2

```
print("I" + " " + "love" + " " + "정지현")
```

1.3

```
number = 5
print(number)
```

1.4

```
a = 3
b = 7
print(a + b)
```

1.5

```
age = 15
print("I am " + str(age) + " years old.")
```

2.1

```
a = 10
b = 2
print(a / b)
```

2.2

```
print("정지현" + " " + "is pretty!")
```

2.3

```
name = "정지현"
age = 15
print("나의 이름은 " + name + "이고, 나이는 " + str(age) + "세입니다.")
```

2.4

```
a = 10
b = 3
print(a % b)
```

3.1

```
number = 5
if number % 2 == 0:
    print("짝수")
else:
    print("홀수")
```

3.2

```
a, b, c = 5, 8, 3
print(max(a, b, c))
```

3.3

```
score = 85
if score >= 90:
    print("A")
elif score >= 80:
    print("B")
elif score >= 70:
    print("C")
elif score >= 60:
    print("D")
else:
    print("F")
```

4.1

```
for i in range(1, 11):
    print(i)
```

4.2

```
total = 0
for i in range(1, 11):
    total += i
print(total)
```

4.3

```
n = 3
for i in range(1, 10):
    print(n, "x", i, "=", n*i)
```

4.4

```
count = int(input("Enter a number: "))
for i in range(count):
    print("Hello")
```

5.1

```
items = [1, 2, 3, 4, 5]
print(items)
```

5.2

```
items = [1, 2, 3, 4, 5]
items.remove(3)
print(items)
```

5.3

```
items = [1, 2, 3, 4, 5]
items.append(6)
print(items)
```

5.4

```
items = [1, 2, 3, 4, 5]
print(len(items))
```

5.5

```
items = [1, 2, 3, 4, 5]
print(items[0], items[-1])
```

6.1

```
def add(a, b):
    return a + b
print(add(3, 4))
```

6.2

```
def sum_list(items):
    return sum(items)

print(sum_list([1, 2, 3, 4, 5]))
```

6.3

```
def is_prime(n):
    if n < 2:
        return False
    for i in range(2, int(n**0.5) + 1):
        if n % i == 0:
            return False
    return True
print(is_prime(7))
```

7.1

```
import math
def circle_area(radius):
    return math.pi * radius * radius
print(circle_area(5))
```

7.2

```
import random
print(random.randint(1, 100))
```

7.3

```
import datetime
print(datetime.date.today())
```

8.1

```
with open('file.txt', 'w') as file:
    file.write("Hello, file!\n")
    file.write("This is the second line.")
with open('file.txt', 'r') as file:
    content = file.read()
    print(content)
```

부록 2
Colab 사용법부터 최신 연구 소개

A.1 Google Colab 사용법

Google Colab (구글 코랩)은 머신러닝, 데이터 분석, 그리고 교육을 위한 코드 작성 및 실습에 널리 사용되는 클라우드 기반의 Python 노트북 환경이다. Colab은 Google Drive와 통합되어 있으며, 사용자는 웹 브라우저를 통해 언제 어디서나 코드를 작성하고 실행할 수 있다. Colab은 특히 딥러닝 연구와 빅 데이터 프로젝트에서 매우 인기가 있으며 많은 장점이 있다. 이 부록에서는 Google Colab의 주요 기능, 사용법, 고급 기능 및 활용 사례에 대해 설명한다.

1. Google Colab의 주요 특징

1) 무료 GPU 및 TPU 사용

Google Colab은 무료로 GPU (Graphics Processing Unit)와 TPU (Tensor Processing Unit)를 제공하는데, 이는 복잡한 딥러닝 모델의 훈련과 같은 고성능 연산 작업을 수행하는 데 매우 유용하다. 사용자는 간단한 설정으로 GPU와 TPU를 활용할 수 있으며, 이로 인해 로컬 머신에서보다 훨씬 빠르게 작업을 진행할 수 있다.

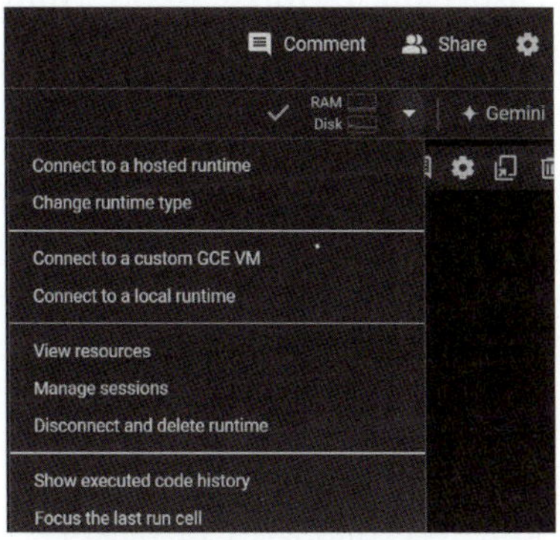

오른쪽 RAM, DISK 부분을 클릭

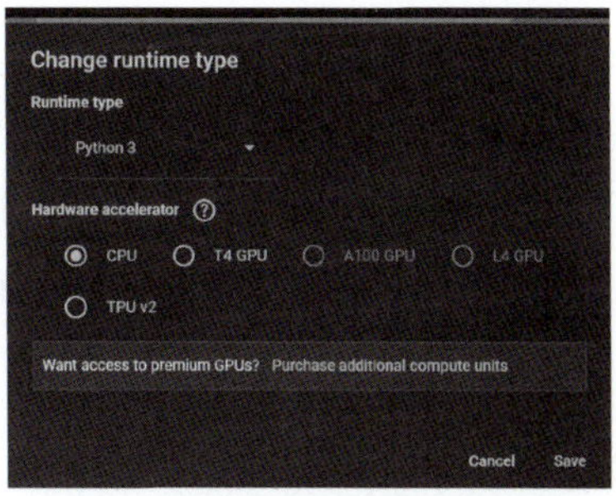

Runtime type을 고를 수 있음

2) 클라우드 기반

Colab은 클라우드에서 실행되므로, 사용자는 자신의 로컬 머신에 복잡한 환경을 설정할 필요 없이, 어디서나 인터넷만 연결되면 노트북을 열고 코드를 작성하고 실행할 수 있다. 모든 작업은 Google의 서버에서 처리되므로, 로컬 컴퓨터의 성능에 구애받지 않고 대규모 데이터 처리나 복잡한 계산을 수행할 수 있다. 또한, 클라우드 기반이기 때문에 프로젝트 파일을 언제 어디서든 쉽게 접근할 수 있다.

3) Google Drive와의 통합

Colab 노트북은 Google Drive에 저장되며, 다른 사람과 쉽게 공유하고 협업할 수 있다. 사용자는 Drive에 저장된 데이터를 Colab에서 직접 불러올 수 있으며, 작업 결과를 Drive에 자동으로 저장할 수 있다. 또한, Colab에서 작업한 모든 내용은 자동으로 저장되므로, 실시간으로 작업을 백업할 수 있다.

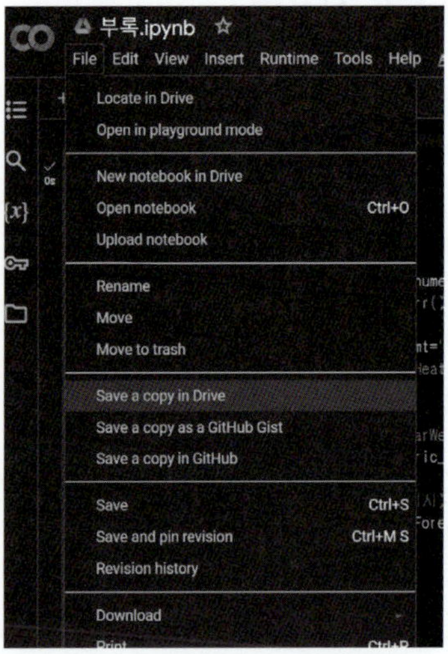

File에 Drive로 저장할 수 있는 기능이 있음

4) Python 및 다양한 라이브러리 지원

Colab은 Python 언어를 지원하며, TensorFlow, PyTorch, Keras, NumPy, Pandas 등 다양한 머신러닝 및 데이터 분석 라이브러리를 쉽게 사용할 수 있다. 이러한 라이브러리들은 최신 버전이 Colab에 기본적으로 설치되어 있으며, 추가적인 라이브러리도 사용자가 필요에 따라 설치할 수 있다. Colab은 또한 Jupyter 노트북과 완전히 호환되어, 아나콘다의 설치에 이은 Jupyter에서 작성된 노트북을 Colab으로 가져와 사용할 수 있다.

2. Google Colab 시작하기

1) Google 계정 로그인

Colab을 사용하려면 Google 계정이 필요하다. [Google Colab 웹사이트] (https://colab.research.google.com)에 접속하여 Google 계정으로 로그인한다. Colab은 무료로 제공되지만, Google 계정에 따라 추가적인 Google Drive 스토리지를 활용할 수 있다.

2) 새 노트북 만들기

로그인 후, 'File > New notebook'을 클릭하여 새 Colab 노트북을 생성할 수 있다. 생성된 노트북은 Google Drive에 자동으로 저장되며, 사용자는 언제든지 작업을 이어서 할 수 있으며, Colab에서는 Python 3를 기본적으로 사용하지만, 필요에 따라 다른 커널을 선택하여 사용할 수 있다.

3) 기존 노트북 열기

Google Drive에 저장된 노트북을 열거나, GitHub에서 직접 노트북을 가져올 수 있다. 'File > Open notebook'을 클릭하여 원하는 소스에서 노트북을 불러올 수 있다.

3. Google Colab의 기본 사용법

1) 셀(코드 및 텍스트)

Colab 노트북은 코드 셀이 주요 기능을 한다. 각 셀에서 Python 코드를 작성하고 'Shift + Enter'를 눌러 실행할 수 있다. 실행 결과는 셀 아래에 바로 표시되며, 결과 값을 쉽게 확인할 수 있다. 사용자는 코드 셀을 추가, 삭제, 이동할 수 있으며, 필요에 따라 여러 셀을 결합하여 복잡한 작업을 수행할 수 있다. 설명을 추가하거나 문서를 작성할 때는 텍스트 셀을 사용한다. 텍스트 셀에서는 Markdown 문법을 (구글링을 통해서 간단한 것은 학습할 수 있다. 주로 #와 >, - 등을 사용함) 활용하여 텍스트, 링크, 이미지, 표, 코드 블록 등을 삽입할 수 있다. 주로 사용하는 Ctrl+C, V도 활용이 가능하다.

2) 라이브러리 설치 및 불러오기

Colab에서는 필요한 Python 라이브러리를 설치하여 사용할 수 있다. 예를 들어, '!pip install library_name' 명령을 사용하여 라이브러리를 설치한 후, 'import library_name'으로 불러올 수 있다. Colab에서는 이미 많은 라이브러리들이 사전 설치되어 있어, 대부분의 작업에 필요한 라이브러리를 즉시 사용할 수 있다.

3) 데이터 파일 업로드

Colab에서 로컬 파일을 업로드하여 사용할 수 있다. 왼쪽 패널의 'Files' 탭에서 'Upload' 버튼을 클릭하거나, 코드 셀에서 'from google.colab import files'를 사용하여 파일을 업로드할 수 있다. 업로드된 파일은 '/content' 디렉터리에 저장되며, Colab에서 이를 불러와 사용할 수 있다.

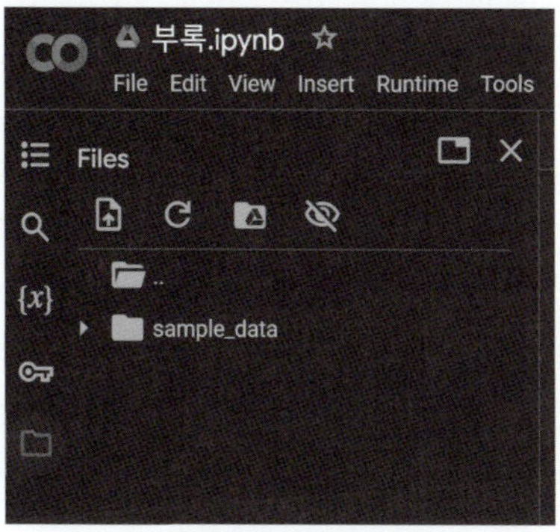

왼쪽 파일을 클릭할 경우

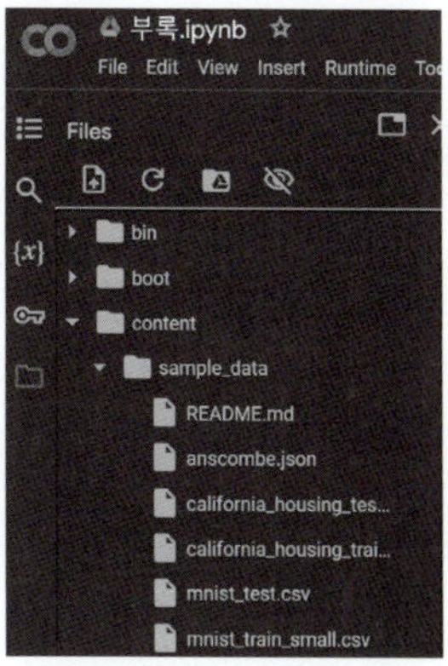

Content 안에 Sample data가 포함되어 있음

4) Google Drive 연동

Colab과 Google Drive를 연동하여 Drive에 저장된 파일을 불러오거나, 작업 결과를 Drive에 저장할 수 있다. 'from google.colab import drive' 명령을 사용하여 Drive를 마운트하거나 아래 그림처럼 왼쪽 구글 드라이브 모양을 클릭하여 연결한다. 이렇게 하면 '/content/drive' 경로에서 Drive에 접근할 수 있다.

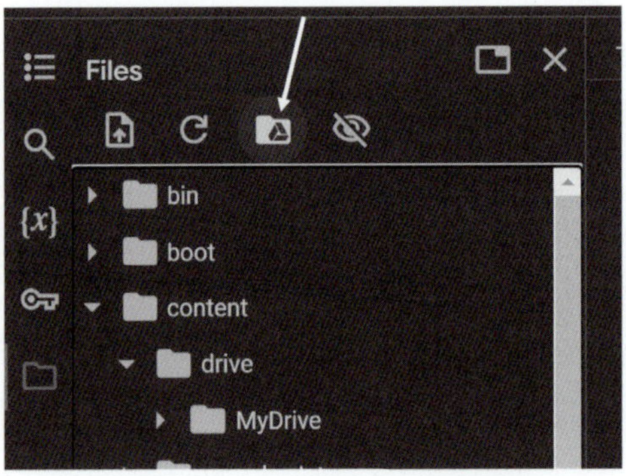

Googld Drive 연동하기 위한 버튼

5) 코드 공유 및 협업

Colab 노트북을 다른 사람과 공유하여 협업할 수 있다. 'Share' 버튼을 클릭하여 공유할 사람의 이메일을 입력하거나, 공유 링크를 생성할 수 있으며, 실시간으로 협업이 가능하여, 여러 사람이 동시에 노트북을 편집하고 실행할 수 있다.

6) GitHub와 연동

Colab은 GitHub와 쉽게 연동된다. 'File > Open notebook'에서 GitHub 탭을 선택하고, GitHub URL을 입력하여 노트북을 불러올 수 있다. 이를 통해 오픈소스 프로젝트와의 통합이 원활하며, 자신이 개발한 코드나 분석 결과를 쉽게 공유할 수 있다.

3. Google Colab의 제한 및 주의사항

1) 세션 종료 및 재연결

Colab은 일정 시간 동안 사용하지 않으면 세션이 종료되고, 세션이 종료되면 작업 내용이 저장되지 않을 수 있으므로, 작업 중인 코드를 주기적으로 저장하거나 로컬에 백업하는 것이 좋다. 이에 반드시 세션이 종료되기 전에, 작업 중인 코드를 Google Drive에 저장하거나, '.ipynb' 파일로 다운로드하여 백업해야 한다.

2) 리소스 제한

무료 사용자의 경우 GPU/TPU 사용량에 제한이 있다. 사용량이 많아지면 일시적으로 GPU/TPU 사용이 제한될 수 있으며, 이 경우 CPU로 작업을 수행해야 한다. 또한, Colab의 컴퓨팅 리소스는 Google의 정책에 따라 일정 기간마다 할당이 조정될 수 있으므로 주의해야 한다.

3) 인터넷 연결 필요

Colab은 클라우드 기반 서비스이기 때문에 인터넷 연결이 필수적이다. 네트워크 상태에 따라 작업 속도가 영향을 받을 수 있으며, 특히 대용량 데이터를 업로드하거나 다운로드할 때 지연이 발생할 수 있으므로 빅 데이터 또는 리소스가 많이 필요한 작업 시, 인터넷 연결의 안정성을 고려해야 한다.

4) 커널 초기화

Colab에서 작업을 진행하다 보면, 커널이 가끔 비정상적으로 초기화될 수 있으며 오래 사용한 사람이면 이를 생각보다 꽤 자주 겪는다. 앞에서 이야기한 바와 같이 이로 인해 메모리에 저장된 변수나 라이브러리가 모두 사라질 수 있으며, 사용자는 작업을 다시 시작해야 한다. 따라서 중요한 데이터는 지속적으로 저장하고, 주기적으로 작업 상태를 확인하는 것이 중요하다.

A.2 Openbabel

Open Babel은 화학 정보학을 위한 포괄적인 오픈 소스 도구이다. 이 도구는 화학 데이터 파일 형식 간의 상호 변환, 분자 구조의 읽기와 쓰기, 화학 정보 추출, 분자 변환, 분자 디스크립터 계산 등 다양한 화학 정보학 작업을 지원한다. 이를 통해 사용자는 서로 다른 화학 데이터 파일 형식 간의 통일된 인터페이스를 통해 데이터를 쉽게 조작하고 분석할 수 있다. Open Babel은 100개가 넘는 화학 데이터 파일 형식을 지원한다. 이는 광범위한 화학 데이터셋과 데이터소스에 액세스하는 데 유용하다. 이러한 형식에는 인기 있는 형식인 SMILES, SDF, PDB 등이 포함되며, 다양한 계산 화학 소프트웨어에서 사용하는 파일 형식도 포함된다.

Open Babel은 C++로 작성되었지만, 여러 프로그래밍 언어로도 제공된다. Python을 사용하는 화학 정보학자에게는 Pybel이라는 Python 라이브러리로 제공된다. 이를 통해 Python 사용자는 Open Babel의 기능을 Python 스크립트나 Jupyter 노트북에서 직접 사용할 수 있다. Google Colab와 같은 클라우드 기반의 Jupyter 노트북 환경에서는 Open Babel을 직접 설치하는 것이 어렵다. 이는 Open Babel이 C++ 라이브러리에 의존하며, 이러한 라이브러리는 pip를 통해 일반적으로 설치되지 않기 때문이다. 이런 경우에는 Open Babel을 지원하는 클라우드 기반의 화학 정보학 플랫폼을 사용하거나, Open Babel이 설치된 로컬 환경에서 Jupyter 서버를 실행하는 것을 고려할 수 있다. 아래는 openbabel을 사용하여 얻을 수 있는 여러 화학물질 표현자를 변경하는 예이다.

```
from rdkit import Chem
from rdkit.Chem import AllChem
import pybel

# 분자 SMILES 표기법으로 생성
smiles = "CCO"
```

```
# SMILES를 RDKit 분자 객체로 변환
mol = Chem.MolFromSmiles(smiles)

# 3D 좌표 계산
mol = Chem.AddHs(mol)
AllChem.EmbedMolecule(mol)
AllChem.MMFFOptimizeMolecule(mol)
Chem.RemoveHs(mol)

# RDKit에서 Open Babel로 변환
mol_block = Chem.MolToMolBlock(mol)
pybel_mol = next(pybel.readstring("mol", mol_block))

# Open Babel을 이용한 3D 디스크립터 계산
descriptor_values = []
for desc in pybel.ob.obDescList:
    descriptor_values.append((desc.GetTitle(), desc.
                                   PredictAndSave(pybel_mol.OBMol)))

# 결과 출력
for descriptor in descriptor_values:
   print(descriptor)
해당 코드를 실행하면 3D 디스크립터를 포함하여 160개의 디스크립터 생성이 가능한다.
```

또한 아래 코드는 jupyter notebook을 통해서 openbabel을 사용하여 book1.csv 파일에서 SMILES 컬럼을 읽어와서 해당 SMILES에 대한 Gaussian 입력 파일(.gjf)을 생성하고 NUM 컬럼의 이름을 사용하여 모든 SMILES에 대한 Gaussian 입력 파일을 저장하는 파이썬 코드이다. 이를 위해 pandas 라이브러리를 사용한다.

아래와 같은 방법을 사용하면 Window 컴퓨터에서 jupyter notbook을 직접 실행하고 해당 폴더에서 바로 해당 gjf를 생성할 수 있다.

```
import os
import pandas as pd
from openbabel import openbabel

# SMILES를 읽어서 Gaussian 입력 파일 생성하는 함수
def generate_gjf(smiles, num, output_dir):
   # Open Babel의 변환기 및 빌더 생성
   obConversion = openbabel.OBConversion()
   obBuilder = openbabel.OBBuilder()

   # SMILES 입력 형식 설정
   obConversion.SetInFormat("smi")

   # SMILES 문자열을 분자로 변환
```

```
    mol = openbabel.OBMol()
    obConversion.ReadString(mol, smiles)

    # 수소 원자 추가
    mol.AddHydrogens()

    # 3D 좌표 생성
    obBuilder.Build(mol)

    # Gaussian 입력 형식 설정
    obConversion.SetOutFormat("gjf")

    # 분자를 Gaussian 입력 형식으로 변환
    gjf_string = obConversion.WriteString(mol)

    # 불필요한 부분 제거
    gjf_string = gjf_string.split('\n', 3)[-1]

    # Gaussian 입력 파일의 추가 설정
    additional_input = (
        "%mem=1GB\n"  # 메모리 할당
        "%nproc=4\n"  # 프로세서 수
        "#p B3LYP/6-31G(d) opt freq\n"  # 계산 방법 및 기저 집합, 최적화 옵션
        "\n"
        f"Title Card {num}"  # 제목 카드(NUM 컬럼 값을 사용) )

    # 추가 설정 추가
    gjf_string = additional_input + gjf_string

    # Gaussian 입력 파일 저장
    filename = f"{output_dir}/{num}.gjf"
    with open(filename, 'w') as file:
        file.write(gjf_string)

# book1.csv 파일을 읽어와 SMILES에 대한 Gaussian 입력 파일 생성
data = pd.read_csv("book1.csv")
output_dir = "gjf_files"  # Gaussian 입력 파일을 저장할 디렉토리 이름

# 디렉토리가 존재하지 않으면 생성
if not os.path.exists(output_dir):
    os.makedirs(output_dir)

# 각 행에 대해 Gaussian 입력 파일 생성
for index, row in data.iterrows():
    smiles = row['SMILES']
    num = row['NUM']
    generate_gjf(smiles, num, output_dir)
```

A.3 PySCF와 DM21

PySCF는 Python으로 구현된 강력한 분자 전자구조 계산 소프트웨어 패키지이다. "Python-based Simulations of Chemistry Framework"의 약자로, 다양한 계산 방법과 기능을 제공하여 분자 및 고체의 전자 구조 및 분자 동역학을 연구하는 데 사용된다. PySCF는 Hartree-Fock (HF), 밀도 함수 이론(DFT), 포스트-하트리-퍼도크(Post-HF) 등의 전자 구조 계산 방법을 지원한다. 이를 통해 분자의 기하학적 및 전자 구조, 전자 밀도, 에너지 등 다양한 물리적 특성을 계산할 수 있다. 또한, 반도체 및 고체의 전자 구조 계산에도 활용할 수 있다. 해당 라이브러리는 다양한 기능을 제공하여 사용자가 직접 계산 방법, 근사, 기저 함수 등을 설정할 수 있다. 또한, PySCF는 다양한 분자 데이터베이스와의 통합도 지원하여 분자 구조 및 속성의 빠른 탐색과 분석이 가능하다. 특히 PySCF는 다양한 확장 모듈과의 통합을 지원하고 있다. 이를 통해 다른 계산 도구나 데이터베이스와의 연동이 가능하며, 보다 다양한 분석 기능과 응용이 가능하다. 그중에서 가장 주목받고 있는 것 중에 하나가 구글 딥마인드에서 구축한 DM21 (DeepMind21) 범함수의 개발로 인하여 이전 DFT에서 가장 큰 단점으로 여겨졌던 전하량에 대한 계산/예측에 대하여 신경망 기반의 범함수를 개발하였으며 이에 관련 연구는 큰 이목을 이끌며 Science에 발표되었다. (SCIENCE, 9 Dec 2021,Vol 374, Issue 6573, p. 1385-1389) 이를 PySCF에 통합하는 방식으로 지원하고 있다. 이에 대한 예는 아래와 같다.

```
!git clone https://github.com/deepmind/deepmind-research.git
cd deepmind-research/density_functional_approximation_dm21
pip install .
import density_functional_approximation_dm21 as dm21
from pyscf import gto
from pyscf import dft

# Create the molecule of interest and select the basis set.
mol = gto.Mole()
mol.atom = 'Ne 0.0 0.0 0.0'
mol.basis = 'cc-pVDZ'
mol.build()

# Create a DFT solver and insert the DM21 functional into the solver.
mf = dft.RKS(mol)
mf._numint = dm21.NeuralNumInt(dm21.Functional.DM21)

# Run the DFT calculation.
mf.kernel()
```

```
converged SCF energy = -128.870274503828
-128.87027450382806
```

- **import density_functional_approximation_dm21 as dm21:** DM21 밀도 함수 근사를 포함하는 사용자 정의 모듈을 가져온다.
- **from pyscf import gto:** PySCF의 gto 모듈을 가져온다. gto 모듈은 분자를 정의하는 기능을 제공한다.
- **from pyscf import dft:** PySCF의 dft 모듈을 가져온다. dft 모듈은 DFT 계산을 수행하는 기능을 제공한다.
- **mol = gto.Mole():** gto.Mole()을 사용하여 분자 객체를 생성한다.
- **mol.atom = 'Ne 0.0 0.0 0.0':** 분자의 원자를 지정한다. 여기서는 니오븀(Ne) 원자 하나로 이루어진 분자를 생성한다.
- **mol.basis = 'cc-pVDZ':** 사용할 기저 함수를 지정한다. 여기서는 cc−pVDZ 기저 함수를 사용한다.
- **mol.build():** 분자를 빌드하여 내부 계산에 필요한 데이터를 생성한다.
- **mf = dft.RKS(mol):** dft.RKS()를 사용하여 RKS(Restricted Kohn−Sham) 객체 mf를 생성한다.
- **mf._numint = dm21.NeuralNumInt(dm21.Functional.DM21):** DM21 함수 근사를 DFT 계산에 삽입한다.
- **mf.kernel():** DFT 계산을 실행한다.

이와 같이 Python 기반으로 만들어진 PySCF는 앞으로 발전할 수 있는 여러 모듈 및 library, 범함수 등을 적용하기에 우수한 양자화학 계산 패키지이므로 이에 대해 잘 익힐 필요가 있다.

A.4 Lipophilicity 데이터 다운 및 생성

GitHub는 전 세계 개발자들이 소프트웨어 프로젝트를 호스팅하고 협업할 수 있는 웹 기반 플랫폼이다. 이를 통해 사용자들은 소스 코드를 공유하고 관리할 수 있으며, 특히 오픈 소스 프로젝트의 경우 다양한 개발자들이 프로젝트에 기여할 수 있는 장점이 있다. GitHub는 버전 관리 시스템인 Git을 기반으로 하여 프로젝트의 모든 변경 사항을 추적하고 관리한다. 본인의 Git을 활용하여 이 책과 연결하려 하였으나, 책이라는 특성상 긴 기간의 영속성을 위하여 최대한 변경 가능한 내용은 넣지 않기 위하여 아래의 내용을 준비하였다. 우선 여기서 사용하는 빅데이터 관련 lipophilicity 데이터는 GitHub에 가져온 것으로 시작한다. 하지만 여기서 여러분이 데이터를 직접 생성하여 실습을 해볼 수 있는 방법을 제시하였다.

GitHub에서 데이터를 가져오는 방법은 비교적 간단하다. 프로젝트 저장소(repository)에서 원하는 파일의 URL을 찾아 이를 다운로드하면 된다. 예를 들어, 특정 데이터셋을 GitHub에서 다운로드하려면 해당 데이터 파일의 raw URL을 사용하여 파일을 직접 다운로드할 수 있다. 이는 일반적으로 다음과 같은 URL 형식을 따른다: https://raw.githubusercontent.com/사용자이름/저장소이름/브랜치이름/파일경로. 하지만 GitHub

의 데이터는 언제든지 변경될 수 있다. 저장소 관리자가 데이터를 수정하거나 삭제하면, 해당 데이터를 더 이상 가져올 수 없게 된다. 따라서 데이터가 변경되거나 삭제된 경우, 다운로드 시 오류가 발생할 수 있다. 이는 특히 머신러닝 및 딥러닝 프로젝트에서 신뢰성 있는 데이터 접근이 중요한 경우 문제가 될 수 있다. 따라서 정기적으로 저장소를 모니터링하거나, 저장소의 버전 기록을 확인하는 것이 필요하다. 또한, 중요한 데이터의 경우 로컬에 백업을 해 두는 것이 좋다.

```
import requests
url = 'https://raw.githubusercontent.com/jbr-ai-labs/lipophilicity
          -prediction/main/data/3_final_data/logd_Lip_wo_averaging.csv'
response = requests.get(url)

# 파일을 저장한다.
with open('Lipophilicity_test.csv', 'wb') as f:
   f.write(response.content)
import pandas as pd

# CSV 파일 읽기
data = pd.read_csv('Lipophilicity_test.csv')

# index 변경
data.set_index(['smiles', 'logD'], inplace=True)
data.index.names = ['SMILES', 'Lipophilicity']

# CSV 파일로 저장
data.to_csv('Lipophilicity.csv')
```

위의 코드는 GitHub에서 데이터를 다운로드하고 이를 처리하여 새로운 CSV 파일로 저장하는 과정을 보여준다.

- requests 라이브러리를 사용하여 GitHub에서 CSV 파일을 다운로드한다.
- 다운로드한 데이터를 'Lipophilicity_test.csv' 파일로 로컬에 저장한다.
- pandas 라이브러리를 사용하여 저장된 CSV 파일을 읽어온다.
- 데이터의 인덱스를 'smiles'와 'logD' 열로 설정하고, 인덱스 이름을 'SMILES'와 'Lipophilicity'로 변경한다.
- 처리된 데이터를 'Lipophilicity.csv' 파일로 저장한다.

위에서 다운 받은 데이터에 대하여 관련된 새로운 데이터를 생성하는 것에 대하여 고민해보자. 새로운 SMILES 문자열에 대한 새로운 지용성(lipophilicity) 데이터를 생성하는 것을 목표로 한다고 한다면 다음과 같은 방법을 사용할 경우 가능하다.

1. 위에서 다운 받은 데이터셋을 사용하여 머신러닝 모델을 훈련한다.
2. PubChem에서 무작위로 선택된 새로운 화합물의 SMILES 문자열을 가져온다.
3. 각 SMILES 문자열에 대해 물리화학적 디스크립터를 확보하여 모델을 만든다.

4. 훈련된 모델을 사용하여 새로운 화합물의 지용성을 예측한다.
5. 예측된 지용성 값을 새로운 데이터로 저장하여 활용할 수 있도록 한다.

이 과정은 새로운 화합물에 대한 신뢰성 있는 lipophilicity 예측 데이터를 생성할 수 있을 것이다.

```
import pandas as pd
from rdkit import Chem
from rdkit.Chem import Descriptors
from sklearn.ensemble import RandomForestRegressor
from sklearn.metrics import r2_score
import matplotlib.pyplot as plt
import pubchempy as pcp
import random

# CSV 파일 불러오기
df = pd.read_csv('Lipophilicity.csv')

# 여러 descriptor를 계산하는 함수
def calculate_descriptors(smiles):
    molecule = Chem.MolFromSmiles(smiles)
    logp = Descriptors.MolLogP(molecule)
    mw = Descriptors.MolWt(molecule)
    tpsa = Descriptors.TPSA(molecule)
    chi0v = Descriptors.Chi0v(molecule)
    chi1v = Descriptors.Chi1v(molecule)
    num_h_donors = Descriptors.NumHDonors(molecule)
    num_h_acceptors = Descriptors.NumHAcceptors(molecule)
    num_rotatable_bonds = Descriptors.NumRotatableBonds(molecule)
    qed = Descriptors.qed(molecule)
    return (logp, mw, tpsa, chi0v, chi1v, num_h_donors, num_h_acceptors,
                                            num_rotatable_bonds, qed)

# descriptor 계산 및 데이터프레임에 추가
df[['logP', 'MolecularWeight', 'TPSA', 'Chi0v', 'Chi1v', 'NumHDonors',
'NumHAcceptors', 'NumRotatableBonds', 'QED']] = df['SMILES'].
apply(lambda x: pd.Series(calculate_descriptors(x)))

# 피처와 타겟 변수 설정
X = df[['logP', 'MolecularWeight', 'TPSA', 'Chi0v', 'Chi1v',
'NumHDonors', 'NumHAcceptors', 'NumRotatableBonds', 'QED']]
y = df['Lipophilicity']

# Random Forest 모델 생성 및 학습
model = RandomForestRegressor(n_estimators=100, random_state=42)
model.fit(X, y)

# 예측 수행
```

```
y_pred = model.predict(X)

# 정확도 평가 (R^2)
r2 = r2_score(y, y_pred)

# 결과 출력
print(f"R^2: {r2:.2f}")

# 시각화
plt.figure(figsize=(10, 6))
plt.scatter(y, y_pred, color='blue', s=10, label='Predicted vs Actual')
plt.plot([y.min(), y.max()], [y.min(), y.max()], color='red',
linestyle='--', label='Ideal Fit')
plt.xlabel('Actual Lipophilicity')
plt.ylabel('Predicted Lipophilicity')
plt.title('Random Forest Model: Predicted vs Actual Lipophilicity')
plt.legend()
plt.grid(True)
plt.show()

# PubChem에서 무작위로 화합물 가져오기
def get_random_compounds(num_compounds):
    compounds = []
    while len(compounds) < num_compounds:
        try:
            cid = random.randint(1, 150000000)
                                        # PubChem CID 범위 내에서 무작위 선택
            compound = pcp.Compound.from_cid(cid)
            smiles = compound.isomeric_smiles
            if smiles is not None:
                compounds.append(smiles)
        except:
            continue
    return compounds

# 300개의 무작위 화합물 SMILES 가져오기
random_smiles = get_random_compounds(300)

# 유효한 랜덤 SMILES에 대한 descriptor 계산 및 데이터프레임 생성
valid_smiles = []
random_descriptors = []

for smiles in random_smiles:
    try:
        descriptors = calculate_descriptors(smiles)
        random_descriptors.append(descriptors)
        valid_smiles.append(smiles)
    except:
        pass
```

```
random_df = pd.DataFrame(random_descriptors, columns=['logP',
'MolecularWeight', 'TPSA', 'Chi0v', 'Chi1v', 'NumHDonors',
'NumHAcceptors', 'NumRotatableBonds', 'QED'])
random_df['SMILES'] = valid_smiles

# Lipophilicity 예측
random_df['Lipophilicity'] = model.predict(random_df[['logP',
'MolecularWeight', 'TPSA', 'Chi0v', 'Chi1v', 'NumHDonors',
'NumHAcceptors', 'NumRotatableBonds', 'QED']])

# 결과를 CSV 파일로 저장
random_df.to_csv('Lipophilicity_생성.csv', index=False)

print("Lipophilicity_생성.csv 파일이 생성되었습니다.")
```

위 코드는 새로운 화합물의 lipophilicity를 예측하기 위해 머신러닝 모델을 학습시키고, 이를 이용해 새로운 화합물의 지용성을 예측하는 과정을 포함한다:

- 데이터 처리와 분석을 위해 pandas를, 화학 구조와 디스크립터 계산을 위해 RDKit을, 머신러닝 모델링을 위해 scikit-learn을, 데이터 시각화를 위해 matplotlib을, 그리고 PubChem 데이터베이스에서 화합물을 가져오기 위해 pubchempy를 사용한다.
- **데이터 불러오기 및 전처리**: 'Lipophilicity.csv' 파일을 불러와 데이터프레임으로 저장하고, 각 화합물의 SMILES 문자열을 사용해 다양한 물리화학적 디스크립터(logP, 분자량, TPSA 등)를 계산하여 데이터프레임에 추가한다.
- **모델 학습**: 계산된 디스크립터를 입력 변수(X)로, 지용성(lipophilicity)을 타겟 변수(y)로 설정하여 랜덤 포레스트 회귀 모델을 학습시킨다. 모델의 성능은 R^2 점수를 통해 평가하고, 이를 출력한다.
- **예측 결과 시각화**: 모델의 예측 결과와 실제 값을 비교하는 산점도를 그려서 시각화한다.
- **무작위 화합물 데이터 생성**: PubChem에서 무작위로 선택된 300개의 화합물에 대해 SMILES 문자열을 가져오고, 이들에 대해 디스크립터를 계산한다. 유효한 SMILES 문자열과 디스크립터를 데이터프레임에 저장한다.
- **새로운 화합물의 지용성 예측**: 학습된 모델을 사용하여 무작위 화합물의 지용성을 예측하고, 이를 데이터프레임에 추가한다.
- **결과 저장**: 예측된 지용성 데이터를 'Lipophilicity_생성.csv' 파일로 저장하여 결과를 활용할 수 있도록 한다.

이 전체 과정은 기존 데이터셋을 사용해 모델을 학습시키고, 새로운 데이터에 대해 예측을 수행하여 새로운 lipophilicity_생성.csv 파일을 얻는 데 유용하다. 하지만 이 또한

GitHub 데이터가 있어야만 가능하므로 앞으로를 위해서 데이터가 없이도 가능한 방법을 알아보자.

```
import pandas as pd
from rdkit import Chem
from rdkit.Chem import Descriptors
from sklearn.preprocessing import PolynomialFeatures
from sklearn.linear_model import LinearRegression
from sklearn.pipeline import make_pipeline
from sklearn.metrics import r2_score
import matplotlib.pyplot as plt
import numpy as np

# CSV 파일 불러오기
df = pd.read_csv('Lipophilicity.csv')

# 여러 descriptor를 계산하는 함수
def calculate_descriptors(smiles):
   molecule = Chem.MolFromSmiles(smiles)
   logp = Descriptors.MolLogP(molecule)
   mw = Descriptors.MolWt(molecule)
   tpsa = Descriptors.TPSA(molecule)
   chi0v = Descriptors.Chi0v(molecule)
   chi1v = Descriptors.Chi1v(molecule)
   num_h_donors = Descriptors.NumHDonors(molecule)
   num_h_acceptors = Descriptors.NumHAcceptors(molecule)
   num_rotatable_bonds = Descriptors.NumRotatableBonds(molecule)
   qed = Descriptors.qed(molecule)
   return (logp, mw, tpsa, chi0v, chi1v, num_h_donors, num_h_acceptors,
                                              num_rotatable_bonds, qed)

# descriptor 계산 및 데이터프레임에 추가
df[['logP', 'MolecularWeight', 'TPSA', 'Chi0v', 'Chi1v', 'NumHDonors',
'NumHAcceptors', 'NumRotatableBonds', 'QED']] = df['SMILES'].
apply(lambda x: pd.Series(calculate_descriptors(x)))

# 피처와 타겟 변수 설정
X = df[['logP', 'MolecularWeight', 'TPSA', 'Chi0v', 'Chi1v',
'NumHDonors', 'NumHAcceptors', 'NumRotatableBonds', 'QED']]
y = df['Lipophilicity']

# 다항 회귀 모델 생성 및 학습(2차 다항식)
poly = PolynomialFeatures(degree=2)
model = make_pipeline(poly, LinearRegression())
model.fit(X, y)

# 예측 수행
y_pred = model.predict(X)
```

```
# 정확도 평가 (R^2)
r2 = r2_score(y, y_pred)

# 결과 출력
print(f"R^2: {r2:.2f}")

# 시각화
plt.figure(figsize=(10, 6))
plt.scatter(y, y_pred, color='blue', s=10, label='Predicted vs Actual')
plt.plot([y.min(), y.max()], [y.min(), y.max()], color='red',
linestyle='--', label='Ideal Fit')
plt.xlabel('Actual Lipophilicity')
plt.ylabel('Predicted Lipophilicity')
plt.title('Polynomial Regression Model: Predicted vs
                                                  Actual Lipophilicity')
plt.legend()
plt.grid(True)
plt.show()

# 모델의 계수 및 절편 추출
linear_model = model.named_steps['linearregression']
coefficients = linear_model.coef_
intercept = linear_model.intercept_

# 전체 coefficients 값 출력
np.set_printoptions(suppress=True, linewidth=np.inf)
display("Coefficients:", coefficients)
display("Intercept:", intercept)
```

위의 코드는 GitHub 데이터를 사용하지 않고도 화합물의 지용성(lipophilicity) 데이터를 생성할 수 있도록 설계하기 위해 우선 해당 데이터를 가져와서 학습 모델을 만들었다. 먼저, 기존의 'Lipophilicity.csv' 데이터를 사용하여 다항 회귀 모델을 학습시키고, 모델의 계수와 절편을 추출한다. 이 단계는 기존의 데이터를 기반으로 모델을 학습하는 과정이다. 이를 통해 학습된 모델의 계수와 절편을 저장해 두어, 이후 새로운 데이터에 대해 예측을 수행할 수 있게 된다.

```
import pandas as pd
from rdkit import Chem
from rdkit.Chem import Descriptors
import pubchempy as pcp
import random
import numpy as np
from sklearn.preprocessing import PolynomialFeatures

# 다항 회귀 모델의 계수 및 절편(위에서 추출한 값)
coefficients = np.array([ 0       ,  1.62976025,  0.04274099,
```

```
 0.05520114, -1.16300066,  0.09250546, -1.34806244, -0.34615441,
 0.40323258,  3.83158565, -0.04454407, -0.00738994, -0.00968529,
 0.07584042,  0.07224408,  0.11260017,  0.17621838, -0.0221013,
-0.31775579, -0.00001273, -0.00033276,  0.00025741,  0.00361549,
 0.00415767, -0.00112366, -0.00088726, -0.02732244, -0.00051005,
 0.00893936,  0.00038351,  0.01195146,  0.00769826, -0.00196499,
-0.03086069,  0.05938305, -0.20325151, -0.12257571, -0.05037024,
 0.02896463,  0.83239599,  0.07649792,  0.03354423, -0.00149946,
-0.00771636, -0.1527194 , -0.01719673, -0.08401076,  0.00387895,
 0.77205606,  0.04162358,  0.02176819,  0.24720752, -0.01245458,
-0.51080521, -2.06073746
])
intercept = -2.2179810364452868  #위에서 추출한 값

# 다항식 변환 함수
def polynomial_features(X):
   poly = PolynomialFeatures(degree=2)
   return poly.fit_transform(X)

# 예측 함수
def predict(X):
   X_poly = polynomial_features(X)
   return np.dot(X_poly, coefficients) + intercept

# PubChem에서 무작위로 화합물 SMILES 가져오기
def get_random_compounds(num_compounds):
   compounds = []
   while len(compounds) < num_compounds:
      try:
         cid = random.randint(1, 150000000)
                                        # PubChem CID 범위 내에서 무작위 선택
         compound = pcp.Compound.from_cid(cid)
         smiles = compound.isomeric_smiles
         if smiles is not None:
            compounds.append(smiles)
      except:
         continue
   return compounds

# descriptor를 계산하는 함수
def calculate_descriptors(smiles):
   molecule = Chem.MolFromSmiles(smiles)
   logp = Descriptors.MolLogP(molecule)
   mw = Descriptors.MolWt(molecule)
   tpsa = Descriptors.TPSA(molecule)
   chi0v = Descriptors.Chi0v(molecule)
   chi1v = Descriptors.Chi1v(molecule)
   num_h_donors = Descriptors.NumHDonors(molecule)
```

```
    num_h_acceptors = Descriptors.NumHAcceptors(molecule)
    num_rotatable_bonds = Descriptors.NumRotatableBonds(molecule)
    qed = Descriptors.qed(molecule)
    return (logp, mw, tpsa, chi0v, chi1v, num_h_donors, num_h_acceptors,
                                                    num_rotatable_bonds, qed)

# 300개의 무작위 화합물 SMILES 가져오기
random_smiles = get_random_compounds(300)

# 유효한 랜덤 SMILES에 대한 descriptor 계산 및 데이터프레임 생성
valid_smiles = []
random_descriptors = []

for smiles in random_smiles:
    try:
        descriptors = calculate_descriptors(smiles)
        random_descriptors.append(descriptors)
        valid_smiles.append(smiles)
    except:
        pass

random_df = pd.DataFrame(random_descriptors, columns=['logP',
'MolecularWeight', 'TPSA', 'Chi0v', 'Chi1v', 'NumHDonors',
'NumHAcceptors', 'NumRotatableBonds', 'QED'])
random_df['SMILES'] = valid_smiles

# 다항 회귀 모델로 Lipophilicity 예측
X_new = random_df[['logP', 'MolecularWeight', 'TPSA', 'Chi0v', 'Chi1v',
        'NumHDonors', 'NumHAcceptors', 'NumRotatableBonds', 'QED']].values
random_df['Lipophilicity'] = predict(X_new)

# 결과를 CSV 파일로 저장
random_df.to_csv('Lipophilicity_생성2.csv', index=False)

print("Lipophilicity_생성2.csv 파일이 생성되었습니다.")
```

위에서 추출한 다항회귀 모델의 계수 및 절편을 새로운 구조에 대하여 넣으면 이전 데이터 없이 이를 생성할 수 있다. 따라서 위의 코드를 사용하면 이 책에서 사용된 lipophilicity 빅데이터를 대체할 수 있다.

물론 2차원 다항회귀여서 정확도는 상대적으로 떨어진다. 하지만 책의 목적은 여러분에게 지속 가능한 내용과 데이터를 주는 게 목적이므로 해당 부록을 추가하였다. 실제로 위에서 이야기했던 Random Forest했을 때와의 차이를 보면 놀랍다.

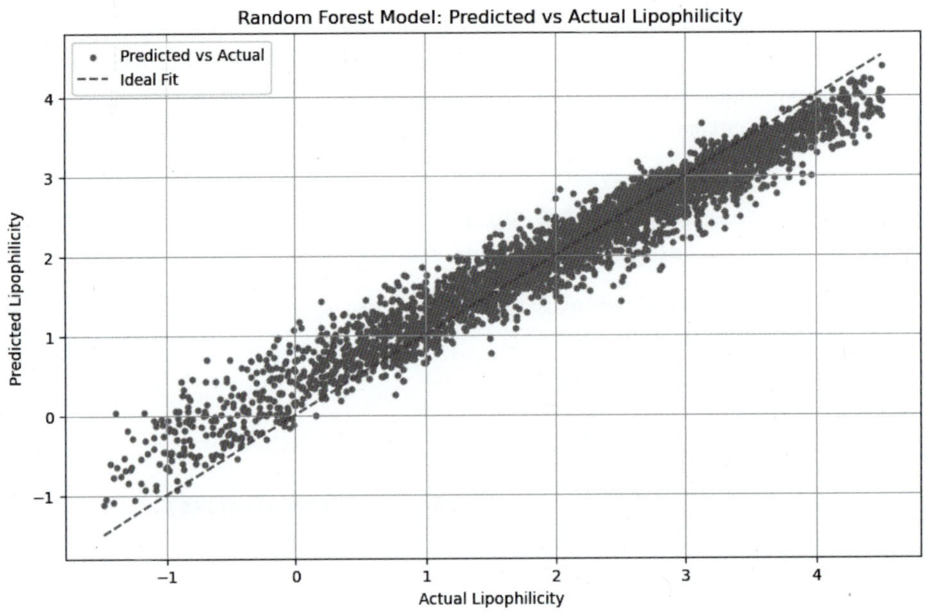

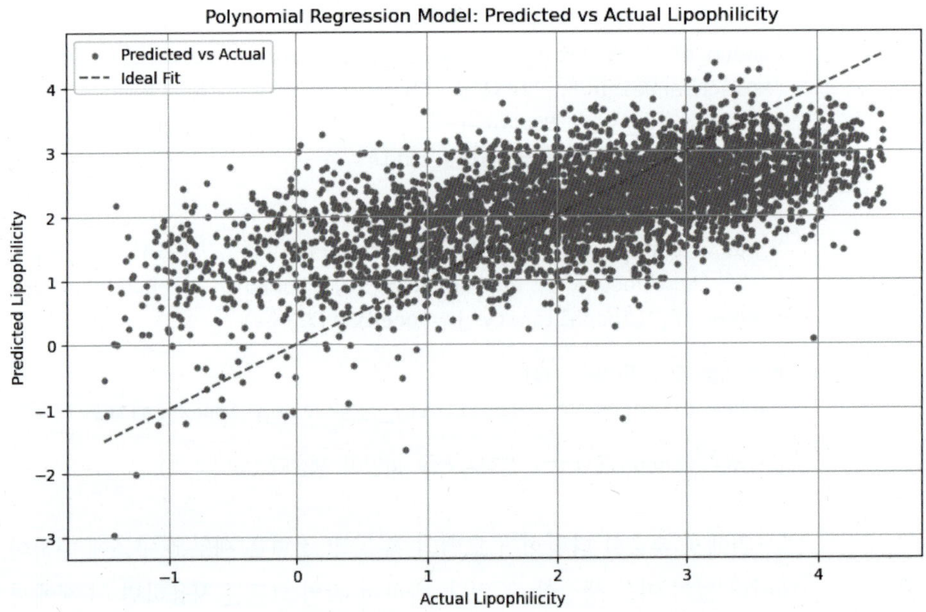

A.5 LazyPredict

우리가 본문에서 여러 머신러닝 방법을 사용했지만, 이 모든 것을 한 번에 비교해주는 것은 없을까? 저자가 많이 쓰는 방법은 여기서 소개하는 Lazypredict라는 방법과 Pycaret이라는 방법인데, Pycaret은 너무 방대하고 무거운 편이어서 설명은 생략하지만 꼭 들러보길 권한다(https://pycaret.gitbook.io/docs). 다음번에 기회가 된다면 추가 설명을 고려중이다. 반면 LazyPredict은 매우 직관적이고 가벼운 방법이다.

LazyPredict는 머신러닝 모델링을 단순화하고 자동화하기 위해 개발된 라이브러리이다. 이 라이브러리는 여러 머신러닝 모델을 자동으로 학습시키고 비교하는 작업을 쉽게 해준다. LazyPredict를 사용하면 다양한 모델의 성능을 빠르게 비교하여 최적의 모델을 선택하는 과정을 간소화할 수 있다.

LazyPredict는 다음과 같은 주요 기능을 제공한다:

- **다양한 모델 학습**: LazyPredict는 scikit-learn 라이브러리에 있는 다양한 머신러닝 알고리즘을 자동으로 학습시킨다.
- **모델 성능 비교**: 학습된 모델의 성능을 자동으로 평가하고, 성능 지표를 비교하는 기능을 제공한다.
- **사용자 친화적**: 간단한 코드 몇 줄로 여러 모델을 한 번에 학습시키고 평가할 수 있어 매우 편리하다.

```
pip install lazypredict
pip install rdkit
# 필요한 라이브러리 임포트
import pandas as pd
from sklearn.ensemble import RandomForestRegressor
from sklearn.model_selection import train_test_split
from lazypredict.Supervised import LazyRegressor
import matplotlib.pyplot as plt
import seaborn as sns

# 데이터 불러오기
data = pd.read_csv('Lipophilicity_생성.csv')

# descriptor 선택
descriptors = ['logP', 'MolecularWeight', 'TPSA', 'Chi0v', 'Chi1v',
               'NumHDonors', 'NumHAcceptors', 'NumRotatableBonds', 'QED']

# 입력 특성과 타겟 변수 분리
X = data[descriptors].values
y = data['Lipophilicity'].values

# 데이터를 훈련 세트와 테스트 세트로 분할
X_train, X_test, y_train, y_test = train_test_split(X, y, test_size=0.2,
                                                    random_state=42)

# LazyPredict를 사용하여 여러 회귀 모델 테스트
reg = LazyRegressor(verbose=0, ignore_warnings=True, custom_metric=None)
models, predictions = reg.fit(X_train, X_test, y_train, y_test)

# 성능 결과 출력
print(models)

# 상위 20개 모델 선택
```

```
top_10_models = models.sort_values(by='R-Squared', ascending=False).
                                                                head(10)

# 상위 20개 모델 시각화
plt.figure(figsize=(12, 8))
sns.barplot(x=top_10_models['R-Squared'], y=top_10_models.index)
plt.title('Top 10 Models Comparison on R-Squared Score')
plt.xlabel('R-Squared Score')
plt.ylabel('Model')
plt.show()
```

위와 같이 실행하면 아주 효율적인 결과를 낸다. 해당 라이브러리가 가지고 있는 모델에 대한 전체 데이터뿐 아니라 위에서 보인 것처럼 상위 20개 모델에 대해서는 아래와 같은 그림을 제공한다.

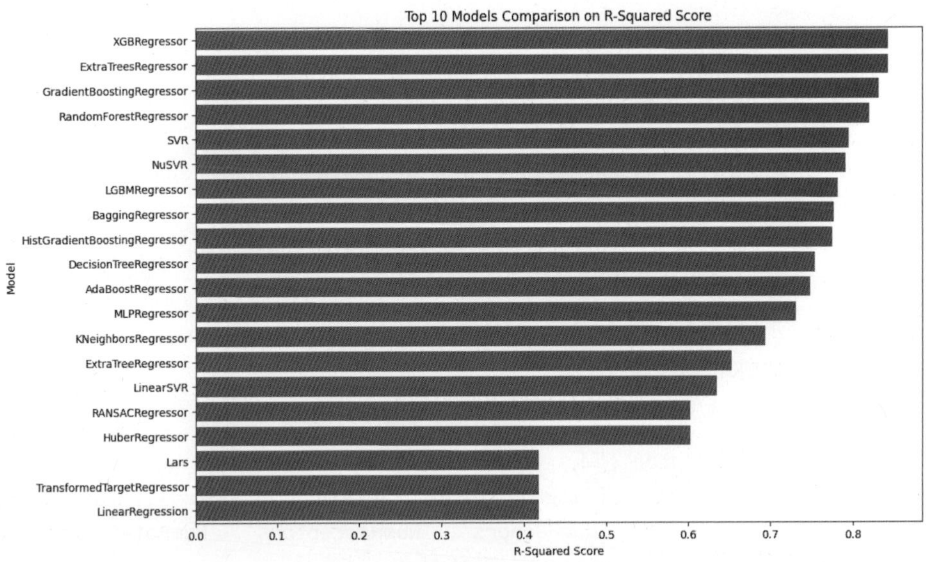

이를 기준으로 하면 대략적인 최고의 모델을 선정할 수 있다. 물론 이를 기준으로 hyperparmeter tuning을 해야 한다. 다음은 여러 성능에 대한 것을 추가적으로 보여줄 수 있다.

```
import matplotlib.pyplot as plt
import seaborn as sns

# 상관 관계 히트맵
def plot_correlation_heatmap(data, numeric_columns):
    corr = data[numeric_columns].corr()
    plt.figure(figsize=(10, 8))
    sns.heatmap(corr, annot=True, fmt=".2f", cmap="coolwarm")
    plt.title('Feature Correlation Heatmap')
```

```
    plt.show()

numeric_columns = ['logP', 'MolecularWeight', 'TPSA', 'Chi0v',
'Chi1v', 'NumHDonors', 'NumHAcceptors', 'NumRotatableBonds', 'QED',
'Lipophilicity']
plot_correlation_heatmap(data, numeric_columns)

# 피처 중요도 플롯 (Random Forest 예시)
from sklearn.ensemble import RandomForestRegressor

rf = RandomForestRegressor()
rf.fit(X_train, y_train)

# 피처 중요도 가져오기
importances = rf.feature_importances_

# 중요도 순으로 피처 정렬
indices = np.argsort(importances)[::-1]

# 피처 중요도 플롯 함수
def plot_feature_importances(importances, indices, feature_names):
    plt.figure(figsize=(10, 6))
    plt.title('Feature Importances')
    plt.bar(range(len(indices)), importances[indices], color="r",
                                                        align="center")
    plt.xticks(range(len(indices)), [feature_names[i] for i in indices],
                                                          rotation=90)
    plt.xlim([-1, len(indices)])
    plt.show()

plot_feature_importances(importances, indices, descriptors)

# 머신러닝 모델 예측 vs 실제값 플롯
def plot_predictions_vs_actual(y_test, y_pred):
    plt.figure(figsize=(10, 6))
    plt.scatter(y_test, y_pred, alpha=0.3)
    plt.plot([y_test.min(), y_test.max()], [y_test.min(), y_test.max()],
                                                          'r--', lw=2)
    plt.xlabel('Actual')
    plt.ylabel('Predicted')
    plt.title('Predictions vs Actual')
    plt.show()

# 예측 값 생성 (Random Forest 예시)
y_pred = rf.predict(X_test)
plot_predictions_vs_actual(y_test, y_pred)
```

이를 실행시키면 아래와 같은 그림이 생성된다. 많이 활용하길 바란다.

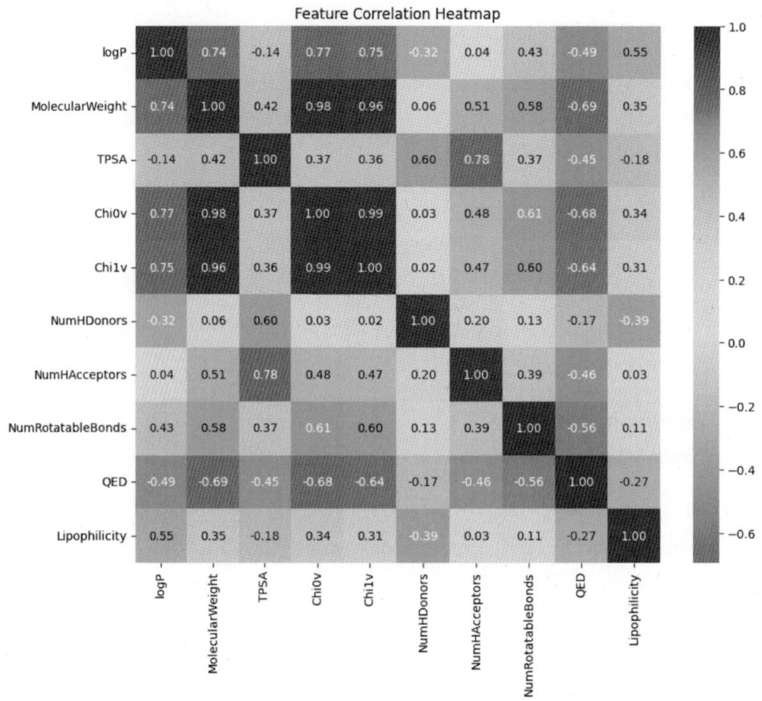
Feature Correlation Heatmap
logP
MolecularWeight
TPSA
Chi0v
Chi1v
NumHDonors
NumHAcceptors
NumRotatableBonds
QED
Lipophilicity

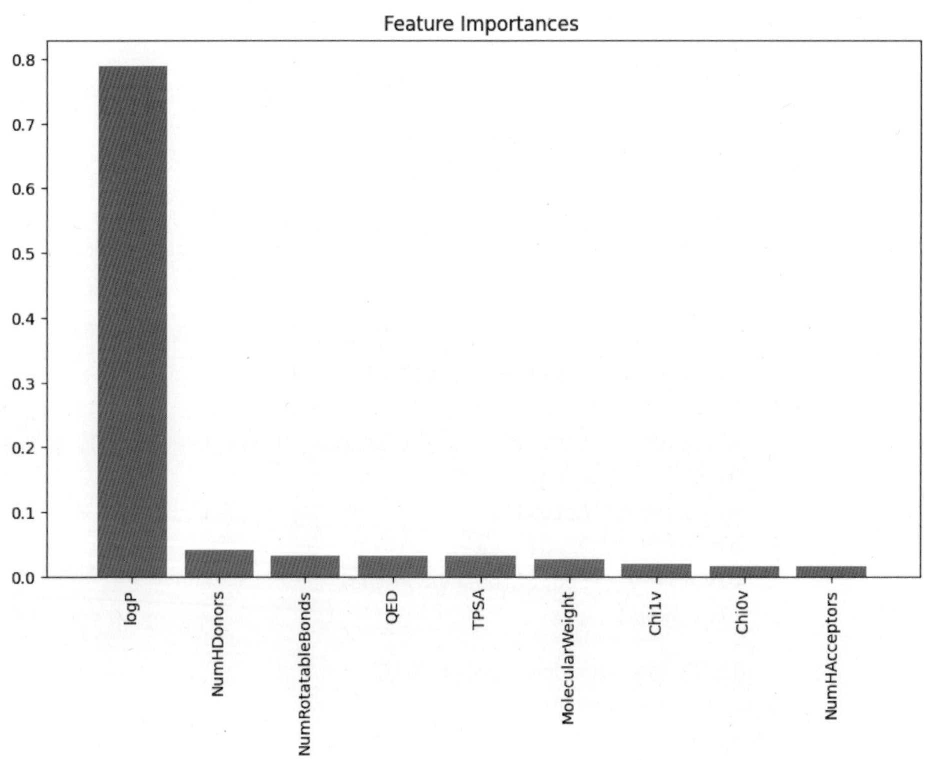
Feature Importances
logP
NumHDonors
NumRotatableBonds
QED
TPSA
MolecularWeight
Chi1v
Chi0v
NumHAcceptors

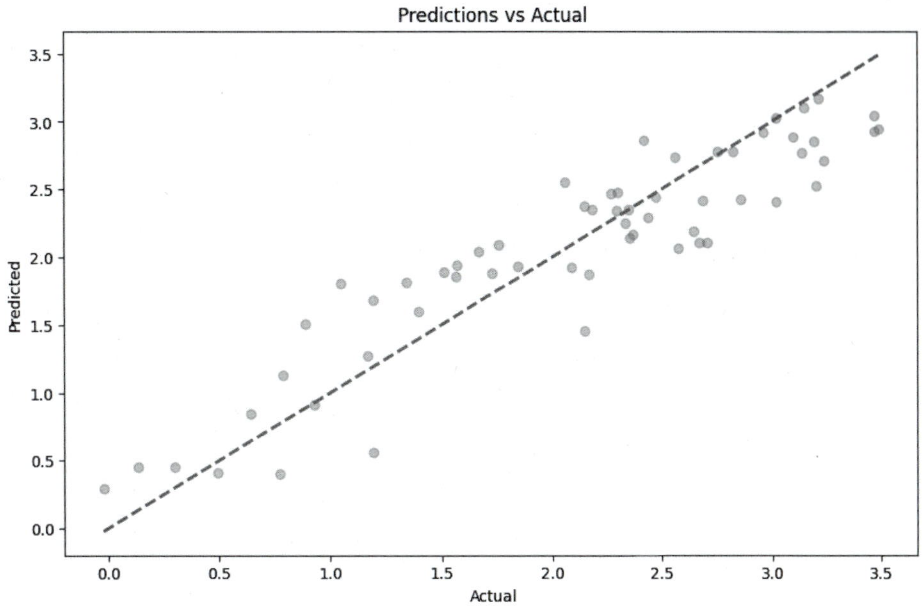

A.6 양자머신러닝(VQE)

1. 소개

양자머신러닝(Quantum Machine Learning, QML)은 양자컴퓨팅과 머신러닝의 융합 분야로, 최근 큰 주목을 받고 있다. 이 분야는 양자컴퓨터의 큐빗을 직접 사용, 양자역학의 원리를 활용하여 기존 머신러닝 알고리즘의 성능을 향상시키거나 새로운 알고리즘을 개발하는 것을 목표로 한다.

QML의 주요 장점으로는 병렬계산이 가능하여 고차원 데이터 처리 능력이 높아질 수 있고, 특정 문제에서의 계산 속도가 지수배만큼 증가할 수 있으므로 알고리즘의 발전과 함께 최적화문제에 특장점을 가질 수 있으며, 양자 상태의 중첩과 얽힘을 이용한 새로운 패러다임을 머신러닝에 적용하는 게 가능해진다. 여기서는 간단한 개념에 이어서 간략한 예제 및 설명을 제시한다.

- 큐비트(Qubit): 양자 정보의 기본 단위(중첩과 얽혀 있는 양자 기본 단위)
- 양자 회로(Quantum Circuit): 큐비트에 대한 연산을 순차적으로 표현하는 방식(양자 게이트의 시퀀스로 구성), 회로 깊이(circuit depth)는 연산의 복잡도를 나타냄
- 양자 게이트(Quantum Gate): 큐비트를 조작하는 기본 연산자로 유니터리 특성을 가지므로 알고리즘 설계가 가능하다. 이에는 단일 큐비트 게이트(X(NOT), H(Hadamard), R_x, R_y, R_z 등), 다중 큐비트 게이트(CNOT, SWAP, Toffoli 등) 등이 있다.
- 측정(Measurement): 양자 상태를 관찰하여 고전적 결과를 얻는 과정으로 양자회로의 중첩상태를 붕괴시켜 확률적 결과를 얻어내는 과정을 말한다.

2. 간단한 QML 코딩 예제

```
import pennylane as qml
from pennylane import numpy as np
import matplotlib.pyplot as plt

# 양자 장치 설정
dev = qml.device("default.qubit", wires=2)

# 변분 양자 회로 정의
def ansatz(params, wires):
    qml.RY(params[0], wires=wires[0])
    qml.RY(params[1], wires=wires[1])
    qml.CNOT(wires=[wires[0], wires[1]])
    qml.RY(params[2], wires=wires[0])
    qml.RY(params[3], wires=wires[1])

# H2 해밀토니안 정의
def h2_hamiltonian(distance):
    c_0 = 0.715
    c_1 = 0.330
    c_2 = 0.330
    c_3 = 0.180
    c_4 = 0.045
    c_5 = 0.045

    # 파울리 연산자 정의
    I = qml.Identity(0)
    Z0 = qml.PauliZ(0)
    Z1 = qml.PauliZ(1)
    X0X1 = qml.PauliX(0) @ qml.PauliX(1)
    Y0Y1 = qml.PauliY(0) @ qml.PauliY(1)
    Z0Z1 = qml.PauliZ(0) @ qml.PauliZ(1)

    hamiltonian = (
        c_0 * I +
        c_1 * Z0 +
        c_2 * Z1 +
        c_3 * Z0Z1 +
        c_4 * X0X1 +
        c_5 * Y0Y1
    )

    return hamiltonian

# 양자 회로 정의
@qml.qnode(dev)
```

```
def circuit(params, hamiltonian):
    ansatz(params, wires=[0, 1])
    return qml.expval(hamiltonian)

# 비용 함수 정의
def cost(params, hamiltonian):
    return circuit(params, hamiltonian)

# 최적화 및 에너지 계산
distances = np.linspace(0.3, 3.0, 20)
energies = []

for dist in distances:
    hamiltonian = h2_hamiltonian(dist)
    opt = qml.AdamOptimizer(stepsize=0.1)
    params = np.random.randn(4)  # 초기 파라미터

    for _ in range(200):  # 반복 횟수
        params = opt.step(lambda p: cost(p, hamiltonian), params)

    energies.append(cost(params, hamiltonian))

# 평형 결합 길이 및 기저 상태 에너지 찾기
min_energy_idx = np.argmin(energies)
equilibrium_distance = distances[min_energy_idx]
ground_state_energy = energies[min_energy_idx]

print(f"예측된 평형 결합 길이: {equilibrium_distance:.4f} Å")
print(f"예측된 기저 상태 에너지: {ground_state_energy:.4f} Hartree")

# 실제 값과 비교(실험 및 정밀 계산 결과)
actual_equilibrium_distance = 0.74  # Å
actual_ground_state_energy = -1.13  # Hartree

print(f"\n실제 평형 결합 길이: {actual_equilibrium_distance:.4f} Å")
print(f"실제 기저 상태 에너지: {actual_ground_state_energy:.4f} Hartree")

print(f"\n결합 길이 오차: {abs(equilibrium_distance - actual_equilibrium_
                                                    distance):.4f} Å")
print(f"에너지 오차: {abs(ground_state_energy - actual_ground_state_
                                                    energy):.4f} Hartree")
```

```
예측된 평형 결합 길이: 2.8579 Å
예측된 기저 상태 에너지: 0.2350 Hartree
실제 평형 결합 길이: 0.7400 Å
실제 기저 상태 에너지: -1.1300 Hartree
결합 길이 오차: 2.1179 Å
에너지 오차: 1.3650 Hartree
```

위의 변분 양자 고유값 해법(Variational Quantum Eigensolver, VQE)을 사용한 H_2 분자의 퍼텐셜 에너지 곡선 계산 예제는 양자컴퓨팅과 고전적 최적화 기법을 결합한 대표적인 사례이다. 이 방법은 NISQ (Noisy Intermediate-Scale Quantum) 시대의 양자컴퓨터에서 실행 가능한 알고리즘으로 활발하게 연구되고 있다. 본 예제에서는 PennyLane 라이브러리에서 제공하는 양자 시뮬레이터를 활용하여 VQE 알고리즘을 구현했으며, 이 시뮬레이터는 양자 시스템을 모델링하지만, 실제 양자 하드웨어의 여러 실험에서 기인하는 복잡성과 노이즈를 완전히 반영하지는 못하므로 시뮬레이션 결과와 실제 실험 결과 사이에는 차이가 발생할 수 있다.

여기 제시된 계산 결과는 실제와 많이 다름을 알 수 있다. VQE 알고리즘의 핵심 요소는 양자 회로(Ansatz)와 Hamiltonian로서 사용된 양자 회로는 두 개의 큐비트에 대한 회전 게이트(RY)와 CNOT 게이트로 구성되어 있다. 이 간단한 구조는 H_2 분자의 실제 전자 파동함수를 완벽하게 표현하기에는 부족할 수 있으며, 만일 더 정확한 결과를 위해서는 더 정교한 Ansatz 설계가 필요할 것으로 예상된다. 또한 위에서 제시한 Hamiltonian 구성에 사용된 계수들은 근사값으로 계산의 단순화를 위한 것으로 해당 계산 답이 부정확한 이유가 될 수 있을 것이다. 더 정확한 결과를 위해서는 더 많은 상호 작용을 고려할 수 있을 것이다. 양자컴퓨팅의 특성상 위의 VQE 알고리즘은 여러 번의 측정을 통해 기댓값을 추정해야 한다. 본 예제에서는 각 데이터 포인트에 대해 200번의 최적화 반복을 수행했지만, 실제로 알고리즘을 여러 번 실행해보면 매번 약간씩 다른 결과가 나오는 것을 확인할 수 있다. 이는 양자 측정의 본질적인 확률적 특성과 최적화 과정의 확률적 요소 때문이다. 해당 코드를 좀 더 자세히 설명하면 아래와 같다.

- **import pennylane as qml:** PennyLane 라이브러리를 가져온다. 이 라이브러리는 양자 회로를 설계하고 실행할 수 있는 기능을 제공한다.
- **from pennylane import numpy as np:** PennyLane에서 제공하는 NumPy 모듈을 가져온다. 이 모듈은 일반 NumPy와 호환되며, 양자 회로와 함께 사용할 수 있다.
- **dev = qml.device("default.qubit", wires=2):** 2개의 큐빗을 사용하는 기본 양자 시뮬레이터 장치를 설정한다. 여기서는 'default.qubit' 시뮬레이터를 사용한다. 분자의 전자 구조를 표현하기 위해 2개의 큐빗이 사용되었다.
- **def ansatz(params, wires):**

```
qml.RY(params[0], wires=wires[0])
qml.RY(params[1], wires=wires[1])
qml.CNOT(wires=[wires[0], wires[1]])
qml.RY(params[2], wires=wires[0])
qml.RY(params[3], wires=wires[1])
```

- 'RY' 게이트는 큐빗을 'Y' 축을 중심으로 회전시키는 역할을 한다. 여기서 'params'는 각 회전 각도를 결정하는 파라미터로서, 'params[0]', 'params[1]', 'params[2]', 'params[3]'는 각각 첫 번째와 두 번째 큐빗에 적용되는 회전 각도를 의미한다. 예를 들어, 'RY(params[0], wires=wires[0])'는 첫 번째 큐빗을 'params[0]'만큼 회전시킨다. 'CNOT' 게이트는 두 큐빗 간

의 얽힘(entanglement)을 생성한다. 첫 번째 큐빗이 제어 큐빗(컨트롤 큐빗)으로, 두 번째 큐빗의 상태를 조정한다. 이 게이트는 두 전자 간의 상호작용을 모델링하는 데 사용되는 대표적인 게이트이다. 이 회로는 결국, 입력 파라미터 'params'에 따라 다양한 양자 상태를 생성하고, 이 상태들은 최적화 과정에서 조정된다(찾아진다).

- **def h2_hamiltonian(distance):** H_2 분자의 해밀토니안을 정의하는 함수를 생성한다. 이 함수는 주어진 원자 간 거리 'distance'에 따라 시스템의 에너지를 계산한다.
- **c_0 = 0.715:** 해밀토니안에 사용되는 상수를 정의한다. 이 값은 시스템의 에너지 계산에 사용된다.
- **Z0 = qml.PauliZ(0):** 첫 번째 큐빗에 대해 파울리-Z 연산자를 정의한다. 이 연산자는 큐빗의 스핀 방향을 측정한다.
- **X0X1 = qml.PauliX(0) @ qml.PauliX(1):** 두 큐빗에 대해 파울리-X 연산자의 텐서 곱을 정의한다. 이 연산자는 두 큐빗 간의 상호작용을 모델링한다.
- **hamiltonian = (c_0 * I + c_1 * Z0 + c_2 * Z1 + ...):** 해밀토니안을 구성하는 연산자와 상수의 조합이다. 이 해밀토니안은 H_2 분자의 전체 에너지를 나타낸다.
- **@qml.qnode(dev):** 'circuit' 함수를 양자 회로로 정의하기 위한 데코레이터이다. 이 데코레이터는 PennyLane의 qnode로, 양자 회로를 실행할 수 있도록 한다.
- **def circuit(params, hamiltonian):** 양자 회로를 정의하는 함수이다. 이 함수는 주어진 파라미터 'params'로 양자 상태를 생성하고, 해밀토니안의 기댓값을 계산한다.
- **return qml.expval(hamiltonian):** 생성된 양자 상태에 대해 해밀토니안의 기댓값(에너지)을 계산한다. 이 값이 시스템의 에너지를 나타낸다.
- **def cost(params, hamiltonian):** 비용 함수를 정의한다. 이 함수는 양자 회로를 실행하여 주어진 파라미터에서의 시스템 에너지를 계산한다.
- **distances = np.linspace(0.3, 3.0, 20):** 수소 원자 간의 거리를 0.3 Å에서 3.0 Å까지 20개의 값으로 나누어 배열을 생성한다.
- **energies = []:** 에너지를 저장할 빈 리스트를 초기화한다.
- **for dist in distances:** 주어진 각 거리 'dist'에 대해 반복하여 에너지를 계산한다.
- **hamiltonian = h2_hamiltonian(dist):** 주어진 거리에서 H_2 분자의 해밀토니안을 생성한다.
- **opt = qml.AdamOptimizer(stepsize=0.1):** Adam 최적화 알고리즘을 초기화한다. 최적화는 파라미터를 조정하여 비용 함수를 최소화한다.
- **params = np.random.randn(4):** 회로의 초기 파라미터를 랜덤하게 설정한다.
- **for _ in range(200):** 200번의 반복을 통해 파라미터를 최적화한다.
- **params = opt.step(lambda p: cost(p, hamiltonian), params):** 현재 파라미터에 대해 비용 함수를 계산하고, 이를 최소화하기 위해 파라미터를 업데이트한다.
- **energies.append(cost(params, hamiltonian)):** 최적화된 파라미터로 계산된 에너지를 리스트에 추가한다.

결국 이와 같은 코드는 VQE 알고리즘을 통해 H_2 분자의 전자 구조를 최적화하여, 다양한 거리에서의 에너지를 계산하고 퍼텐셜 에너지 곡선을 생성하는 과정을 보여준다. 주어진 파라미터 params에 따라 양자 회로가 실행되어 특정 양자 상태 $|\psi(\text{params})>$가 생성되고, 이 양자 상태에 대해 해밀토니안의 기대값이 계산된 후

$$(E(\text{params}) = \{\psi(\text{params})\,|\,\hat{H}\,|\,\psi(\text{params})\})$$

해당하는 기댓값인 $E(\text{params})$이 위의 cost 함수의 계산값이며, 이는 고전적 최적화 알고리즘에 의해 사용되는 것이다. 즉, 각 파라미터는 양자 회로에서 전자의 상태를 결정하며, 최적화 과정을 통해 다양한 수소 원자 간 거리에 대해 시스템의 기저 상태 에너지를 찾는 과정이며 이를 통해 퍼텐셜 에너지 곡선을 만드는 것이다. 이 VQE 구현은 양자-고전 하이브리드 알고리즘의 기본 원리를 잘 보여주지만, 동시에 현재 양자 시뮬레이션의 한계도 보여주고 있다.

더욱 정확한 결과를 얻기 위해서는 더 복잡한 Ansatz, 더 정밀한 Hamiltonian, 더 많은 측정, 그리고 더 효율적인 최적화 알고리즘 등이 필요할 것이다. 또한 실제 양자 하드웨어에서의 구현과 클라우드 등을 활용한 서비스 개설이 필수적이며 이에 대하여 미국, 중국 등 주요국을 중심으로 하루가 다르게 발전하고 있으며 국내에서도 이를 구축하는데 많은 노력을 기울이고 있다. 양자컴퓨터를 활용한 양자머신러닝 알고리즘은 양자 화학 분야에서 큰 잠재력을 가지고 있으며, 향후 양자 하드웨어와 서비스, 알고리즘의 발전에 따라 더 복잡한 분자 시스템에 대한 정확한 시뮬레이션이 가능해질 것으로 기대된다.

찾아보기

Index

ㅍ

ㅎ

A

B

C

D

E

F

G

H

I

J

K

L

M

N

O

P

Q

R

S

T

V

X

Z

지은이 소개

정근홍 육군사관학교 화학과 학사
서울대학교 유기화학 석사
UC Berkeley 생물리화학 박사

파이썬을 이용한
화학 인공지능
Chemical Artificial Intelligence *Using* **Python**

| 발행일 2024년 10월 15일 초판 1쇄 발행
2025년 3월 20일 초판 2쇄 발행
| 지은이 정근홍
| 발행인 박종성
| 발행처 사이플러스 Science plus
| 주　소 (우) 07202 서울특별시 영등포구 양평로 30길 14
세종앤까뮤스퀘어 1106호
| 전　화 02-332-6171
| 팩　스 02-332-6185
| 등　록 2005.10.20. 제2022-000100호

| ISBN 979-11-88731-61-9 93430　　값 39,000원

학습을 위한 관련 코드는
https://github.com/doas1min/CAIP에 포함되어 있다.